VIII. IX.

Cap. fl. Hufacus.
Sorices.
Salotime.
Teagina.
Hermoca.
Humphi.
Chimerium.
Chrisopolis.
Calcedonia.
Apollonia. xii.
Thera. x
Buatico xii.
Scyllam. xii.
Philias. xx.
Thimea. xii.
Sycas.
Byzantium
ad statuas. xviii.
Constantinopolis.
Melentiana
Regio. xii.
Syrallo. x.
Heraclea
Macrontecos.
Callipoli.
Leuce.
Lemnos
Lesbos
Cydonia.
Cisamos.
Lappa. xxxii.
Subrita.
Cortina.
Lyso. xxx.
Cantano. xvi.
Ledena.
Cyrenis. col.
Balacris.
Apollonia.
Agabis.
Pahuris. xxxiii.
Antipego.
Cardu. xxxvi.
Catabathmo. xxxiii.
Montes Cyrenei.
Heracleamina.
Speleo. xiii.
Syene. xii.
Ombos. xx.
Pylae.
Blenna. xx.
Inata.
Arcade. xxx.

ERICH SINZ

Gudrun

kam vom Schwarzen Meer

Abb. 1 »Einem Gabilune waz ez anelich ...« (S. 97 und 194)
Motiv von einem Goldkrug aus dem Schatz von Nagyszentmiklos

Erich Sinz

Gudrun

kam vom Schwarzen Meer

Die Enträtselung einer Sage

mit 19 Abbildungen und Karten

Herbig

Hinweise

Die Texte der »Kudrun« sind zum Teil vorsichtig modernisiert wiedergegeben, um sie auch dem Leser, der mit dem Mittelhochdeutschen nicht vertraut ist, verständlich zu machen. Der Sinn und die Struktur der Texte wurde dadurch nicht verändert. In anderen Fällen wurden den Originalen (in der Fassung von K. Bartsch) Übersetzungen beigefügt.

Zur Herkunft weniger bekannter im Buch genannter Sagenstoffe und zur Identität von griechischen, lateinischen und sonstigen Schriftstellern siehe die Bibliographie im Anhang.

Zur Genealogie der Hegelingen-Agilolfinger siehe Stammbäume im Anhang.

Umschlaggestaltung: Werner Rebhuhn, Hamburg
Das Schutzumschlagmotiv und Abb. 1 stellte freundlicherweise
das Kunsthistorische Museum der Stadt Wien zur Verfügung.
Beide Motive stammen von einem Medaillonkrug
aus dem Schatzfund von Nagyszentmiklos (9. Jahrhundert).
Das Motiv auf dem Schutzumschlag könnte eine Szene aus der »Kudrun«
darstellen: Wate mit dem gefangenen Hartmut und dem Kopf Ludwigs.
Die Karte auf den beiden Vorsätzen stellt einen Teilabschnitt
aus der Tabula Peutingeriana dar (siehe S. 62/63).
Herstellung und Layout: Franz Nellissen
Satz: Fotosatz Uhl + Massopust GmbH, 7080 Aalen
Gesetzt aus der 10/12.50 Punkt ITC Garamond
Druck: Jos. C. Huber, Diessen
Binden: R. Oldenbourg, München
Printed in Germany
ISBN 3-7766-1310-6

Wie sie nun gefahren, wer möchte euch das sagen?
Man hört' in ihren Segeln das Tosen und das Wogen,
da sie gewendet waren von des Königs Lande
zu einem wilden Werder, der war geheißen da zum Wülpensande.

Kudrun Str. 809

Man saget von dem Sturm, der uf Wolfenwerde geschach,
da Hildenvater tot gelach,
zerwisken Hagenen unde Waten...

Lamprechts Alexanderlied v. 321–323

»En cor gentil Domnei per mort no passa.«

Inhalt

Vorwort

»Gudrun kam vom Schwarzen Meer« greift ein altes Thema der germanistisch-historischen Wissenschaft unter einem neuen Aspekt auf und zeigt, daß die Wissenschaft sich seit hundertfünfzig Jahren auf dem Holzweg befunden hat.
Aber fürchten Sie nicht, Leser, daß Ihnen hier ein Gelehrtengezänk von geringem sachlichem Interesse und bescheidenem Unterhaltungswert geboten wird.
Das Thema, um das es hier geht, das mittelhochdeutsche Epos »Kudrun«, enthält eine Robinsonade, Kriege, Segelanweisungen, Familienskandale, Mord und Totschlag, geschichtliche Überlieferung, uralte Tradition und eine bittersüße, traurige Liebesgeschichte.
Es ist so aufregend wie ein Western, so spannend wie ein Kriminalroman und so aufschlußreich wie ein Expeditionsbericht.
Eine Expedition in einen fernen Kontinent: Unsere eigene Vergangenheit. Weitab von den Holzwegen der überkommenen Theorien.
Holzwege, auch Knüppeldämme genannt, führen im besten Falle durchs Moor, meist aber nur in den Sumpf, wo jetzt die Schlachtrosse der Ritter vom Geist bis ans Knie im Baaz stecken und nicht wissen, wie's weitergeht.
Da muß denn der angebliche Erbauer des Holzweges herhalten, der an allem schuld sein soll, der Dichter nämlich, dessen Text so gründlich mißverstanden wurde.
Das klingt dann so:
»Es gibt im einzelnen Unausgeglichenes ... Es dürfte daher nie eine endgültige Fassung ... gegeben haben.« (Fr. Naumann)
»Dieser Mangel an Gefühl für die Zusammenfügung der Gesamtperspektive ist zugleich ein Mangel an künstlerischer Begabung.« (K. Stackmann)
»Das Heroische und das Spielmännische lagen ihm gleich fern. Er hat kein richtiges Pathos und keinen Humor ... Es ist eine Verirrung, daß er abenteuerlich und daß er altheldisch sein will.« (Hermann Schneider)
Wir aber werden diesen Dichter ernst nehmen, als Führer auf dieser Expedition, denn er kennt den Weg, die Gefahren und Schönheiten ...
Denn er weiß, was abenteuerlich ist, was heldenhaft, und Humor hat er, sogar schwarzen ... Manche Strecke freilich werden wir aus flüchtigen Notizen vergessener Fahrensleute, Karten lang verstorbener Kapitäne und mündlichen Berichten obskurer Eingeborener rekonstruieren müssen. Aber es lohnt sich! Glauben Sie mir!
Und am Ende werden Sie sagen:
Donnerwetter, ja! Er hat recht!
Nein, nicht von mir, dem Verfasser, ist die Rede, denn ich bin nur der Packträger, der Dokumentalist, der Ihnen Berichte, Karten und Beweise nachträgt und hier und da

der Dolmetsch ist, der die Eingeborenen des Kontinents »Vergangenheit« zum Sprechen bringt.
Recht hat der Dichter, den die wissenschaftsstolzen Germanisten und Historiker so schmählich abkanzelten.
Und drum ist »Gudrun kam vom Schwarzen Meer« zwar voll von Quellenbelegen, aber doch kein wissenschaftliches Werk für staubige Bibliotheksregale, sondern ein Buch für den interessierten und aufgeschlossenen Laien.
Denn die Eröffnung eines ganzen, bisher verschlossenen Bereiches unserer Geschichte ist die Tat dieses namenlosen mittelalterlichen Dichters und geht nicht nur die Fachleute etwas an, sondern jeden von uns!

1. Kapitel

Einleitung: Von Mir, von Mme. Dourin und vom Weltbild des Mittelalters. Widmung an die Muse

Wie die meisten meiner Altersgenossen bin ich während meiner Schulzeit mit »Germanen«, »Nordischen Helden« und »Deutschen Heldensagen« so überfüttert worden, daß ich schließlich froh war, daß das »Tausendjährige Reich« auch alle die »Großsteingräber« und »Streitaxtleute«, diese Cherusker, Goten, Wikinger, die Gunter, Walter, Herwig, Siegfried, Dietrich und so weiter unter seinen Trümmern begrub.

Mitsamt ihren Sonnenrädern, Luren, Streitäxten, Brünnen, Schwertern und »einschneidigen Langsachsen« (vulgo Säbel genannt).

Um 1950 hätte ich nicht geglaubt, je wieder auf sie zurückzukommen – und erst noch gar freiwillig –, und die Existenz einer Schulausgabe der Gudrunsage unter meinen Büchern stellte nur eine kuriose Erinnerung dar...

Die veränderte Welt, die sich aus den Trümmern erhob, ohne »germanische« Ideologie, wenn auch nicht so sehr verändert, wie wir damals glaubten, diese Welt orientierte meine Berufswahl in eine eher unerwartete Richtung, und dieser Beruf wiederum führte mich, ein dutzend Jahre später, nach Burgund.

Es war freilich nicht das Burgund der Nibelungentreue, sondern das Burgund der großen Weine und der guten Küche, in dem ich seither zwanzig Jahre verbrachte. Die kleine alte Stadt, die mich fünf Jahre beherbergte, kauert im Kranze ihrer Ringmauer auf einem Hügel, eine erstarrte Lawine grauer Granithäuser, zwischen ihrer überdimensionalen Kirche, letzter Erinnerung an eine einst mächtige Abtei, und dem Place de la foire, der sich vor der Porte de Barle ausbreitet.

Die Bibliothèque municipale, zusammengetragene Geschenke und Hinterlassenschaften der verschiedensten Art, war ein weiterer Zufall: Sie enthielt die Bücherei eines historisch interessierten Ortsbewohners, dessen Hinterbliebene die alten Schwarten vor sechzig oder siebzig Jahren der Gemeinde gestiftet hatten.

Jäh in eine Welt versetzt, deren soziale Strukturen mich noch tiefstes 19. Jh. dünkten, von Auto und Fernsehen nur höchst oberflächlich modernisiert, erschien mir diese Lektüre gerade recht für diese Umgebung von sparsamen 25-Watt-Lampen, offenen Kaminen, die die Häuser mit dem unverkennbaren Geruch von Eichenholzrauch parfümierten (traditionelles Deputat aus dem Gemeindewald), dem Glas Rotwein in Nachbars Wohnküche (Venez, un pti'canon, Monsieur), wo noch nicht einmal das Radio die Terrine aus Fayence de Nevers verdrängt hatte und wo das blanke, ständig benutzte Kupfergeschirr die Wände schmückte...

Kann man da Sartre lesen? Ich nicht. Balzac vielleicht, aber der war nicht in der Gemeindebibliothek vertreten...

Einen Abend pro Woche verbrachte Mme. Dourin, die Lehrerin, in dem düsteren gewölbten Saal der Mairie mit den grauen Regalen und schrieb mit sorgfältiger Schrift auf, welche Bücher die Gemeindemitglieder ausliehen. Da es die »republikanische« Bibliothek war, kamen die Kirchgänger nicht, und da die gesamte Gemeinde nur 450 Einwohner hatte, Kleinkinder und den Ortsidioten mitgerechnet, blieb Mme. Dourin viel Zeit, nebenbei die Hefte ihrer Schüler zu korrigieren.

Was freilich »l'Allemand« gebissen hatte, statt Zola, Victor Hugo oder Mauriac immer wieder die abgeschabten Bände der »Classiques Nizard«, zweisprachige Ausgaben (wissenschaftlich längst überholt) von Strabo, Jordanes, Plutarch, Dio Cassius... oder die vergessenen Monographien längst verstorbener »Erudits« des 19. Jh. auszuleihen, das verstand Madame sichtlich nicht.

Immerhin, trotzdem ihre schüchternen Versuche, mich für die Schönheiten der französischen Literatur zu interessieren, vergeblich waren, gab sie mir die gewünschten Werke zu treuen Händen, und nur als ich versuchte, die riesigen Schweinslederbände Dom Bouquets auszuleihen, hieß es: »Je regrette, Monsieur...«

Ich verbrachte also einen langen Winter über die Samstagabende in ihrer Gesellschaft, wie sie in Mantel und Halstuch, und durfte an der spärlichen Wärme teilhaben, die ihre Heizsonne ausstrahlte...

Ein sonderbares Geschichtsstudium...

Anfangs waren es gar nicht so sehr die Autoren, die mich interessierten, sondern die winzigen halbverwischten Fußnoten des Vorbesitzers, aus denen sich ein Bild des vergessenen Notabeln ergab:

»De Belloguet, Ethnogenie Gauloise« hatte fast das ganze Vorsatzpapier mit einem bissigen Kommentar bedeckt, »Michelet, Histoire de France« war ohne Bemerkungen, aber voller Unterstreichungen (war das dieselbe Hand?), und die »Questions Bourgignonnes, par Roger Baron De Belloguet, anc. Officier des Grenadiers à cheval de la Garde imperiale«, trug die schöne Devise »Amicus Plato, Magis Amica Veritas« und eine eigenhändige Widmung des Verfassers an meinen Vorgänger in der Lektüre. Übrigens ein gescheites Buch.

Mit der Zeit aber glitt mein Interesse von dem ehemaligen Besitzer dieser Schätze zum Inhalt der Bücher, und ich begann mich festzulesen, ohne zu ahnen, wo mich das hinführen sollte.

Und als mir dann eines Tages, zwischen zwei Pariser Bahnhöfen, Joseph Bediers kritische Untersuchung der Chansons de Geste, der Heldenlieder des karolingischen Sagenkreises, in die Hände fiel, da hatten meine Interessen ein Ziel und einen Mittelpunkt: Ich suchte das einzige vergleichbare Werk heraus, das ich besaß, weil es eine Feuernacht des Jahres 1944 überlebt hatte: »Kudrun«, in Karl Simrocks Übersetzung. Fünfundzwanzig Jahre lang hatte ich dieses Buch nicht geöffnet, nur als Kuriosität und Erinnerungsstück aufbewahrt. Jetzt kam es zu unverhofften Ehren. Und meine wahllosen neuerworbenen Kenntnisse gaben mir zu denken. Was da in der »Kudrun« auftauchte, diese unlokalisierbare Pseudohistorie, das klang irgendwie vertraut. Derartigem war ich doch gerade begegnet? Wie war das doch gewesen in den »Grandes Chroniques de France«, im »Roman de Rou«, bei Geoffrey von Monmouth...?

Das waren alles keine Historiker, aber das war die Historie, wie man sie verstand, als die »Kudrun« geschrieben wurde...

Sie gaben das Geschichtsbild des »Kudrun«-Dichters...

Und ich begann meine neuen Kenntnisse auf die »Kudrun« anzuwenden.

Ach, sie waren jammervoll unzulänglich, wie zu erwarten. Überholt, nicht mehr auf dem laufenden angesichts der heutigen Wissenschaft, so obsolet wie meine Übersetzung von Karl Simrock. Sie reichten nicht weit, die Kenntnisse, die ich mir in der Bibliotheque municipale angelesen hatte.

Und doch... und doch... die verstreuten Lichter, die da auf meine alte Schulausgabe gefallen waren, die machten mich unruhig... unruhig genug, mir erst eine, dann noch eine kommentierte moderne Ausgabe zu besorgen...

Dann aber kam der Tag, an dem ich, nicht leichten Herzens, die kleine alte Stadt mit einer größeren vertauschte, mit einer besseren Bibliothek, und schließlich halbwegs nach Paris zog, wo ich mir angewöhnte, nicht nur die Wühlkästen der Bouquinisten, aus denen ich den Joseph Bedier geklaubt hatte, sondern auch die zahllosen Antiquariate des Quartier Latin zu durchstöbern.

Und in dem vergangenen Jahrzehnt habe ich dann mehr und mehr gelesen. Aber das ist so, wie wenn ein Eskimo einen gestrandeten Walfisch findet: Er kann nicht aufhören zu essen, solange noch etwas dran ist...

Von literarischen Untersuchungen zu Geschichtswerken, von kritischen Analysen zu Quellenschriften, von späten Lateinern bis zu frühen Isländern, vom Gamlenorsk (altnordisch) zu Angelsächsisch, zu Gotisch und Ossetisch...

Und von Buch zu Buch wuchs meine Unruhe und das Gefühl, daß irgend etwas nicht stimme in den klugen Worten über das »Kudrun«-Epos...

Und meine Notizen wuchsen und wuchsen, traten in Zusammenhänge untereinander, griffen über die »Kudrun« hinaus und gaben Erklärungen ab, an die ich zuerst selber nicht glauben wollte:... Eine wahre Obsession war es geworden.

Dann kam ich so in die Jahre, in denen Männer jüngeren, viel jüngeren, Mädchen nachsteigen. »Johannistrieb« nennt man das auf deutsch, »demon du midi« heißt es hierzulande: Mittagsdämon, der auftritt, wenn die Richtung der Schatten wechselt und sie, zuerst noch unmerklich, länger zu werden beginnen...

Mittagsdämon.,. mancher lauert dann den kleinen Mädchen am Schultor auf. Ich fing an, den ewig jungen Schwestern vom Parnaß nachzulaufen.

Und, na ja, da ist's halt passiert: Die Klio warf sich mir eines Tages an den Hals, die Geschichtsschreiberin und Geschichtenerzählerin.

Statt zum Hammer griff ich immer öfter zur Feder und schrieb auf, was ich von der »Kudrun« weiß, von ihrer Entstehung und ihrem Hintergrund.
Es ist schon etwas Merkwürdiges um die Musen. Da wimmelt es seit Generationen von Scharen junger Doktoren und Doktoranden aller Sorten, vom schmissetragenden kaiserlichen Leutnant der Reserve bis zum schöngeistigen, langhaarigen Parkabewohner. Sie hätte wahrhaftig die Auswahl gehabt, Klio, die Süße...
Aber mit wem läßt sie sich ein? Mit mir!
Freilich, schon zur Zeit der alten Griechen waren sie ein bisserl pervers, die Musen:

»Ihr groben Hirten, schämt euch, Wänste seid ihr,
nicht Menschen. Überzeugende Erfindung
beherrschen wir seit je und gleichermaßen,
wenn's uns gefällt, die Wahrheit zu berichten.«
So sprachen sie zu mir mit heller Stimme,
die Töchter des gewalt'gen Zeus und gaben
mir frischgepflückt den Stab von blüh'ndem Lorbeer
und hauchten in den Mund mir heil'ge Stimmen,
die Zukunft und Vergangenheit zu feiern. (Hesiod: Theogonie)

Hab' ich's nicht gesagt? Pervers.
Zuerst heißen sie ihn Bauernfünfer und nacher busseln sie ihn ab, den Hesiod.
Ich habe mich anfangs den bestehenden Hypothesen und Theorien mit viel Respekt genähert, bestrebt, Auskünfte zu erhalten, mich zu bilden – und mußte feststellen, daß sie sich wie der Betrunkene um die Litfaßsäule drehen: »Herrgott im Himmel, lebendig eingemauert!« Alle die gelehrten Analysen und das meiste der nicht unbeträchtlichen Sekundärliteratur dreht sich im Kreise.
Und sie wissen nicht einmal, ob sie *Am* Kreis sind, oder *Im* Kreis...
Und je schwächer die Beweise, um so umfangreicher die Bibliographie...
Lassen Sie mich aber vorausschicken:
Ich bin kein Astrologe mit einer funkelnagelneuen Wissenschaft, kein Gesundbeter historischer Zusammenhänge. Ich habe keine alles erklärende wunderbare Hohlwelttheorie, und ich behaupte auch nicht, daß die Hegelingen der »Kudrun« außerirdische Astronauten gewesen wären. Ich bin's nicht, der solche Dinge behauptet, wenigstens was die »Kudrun« angeht!
Die Wissenschaft aber verkündet derartige Prinzipien seit mehr als hundert Jahren. Solange nämlich schon sucht man die Schauplätze der Ereignisse im Bereich der Ost- und Nordsee.
So lange schon versäumte man, die geistige Welt des Dichters, das Weltbild des Mittelalters zu befragen, gerade so, als hätte man von Kolumbus den Gebrauch von Bezeichnungen erwartet, die erst nach ihm eingeführt worden sind. Statt dessen betreibt man Ortsnamenkunde am Saume der Nordsee.

Denn von dem Dichter des 13. Jh. das Weltbild des 19. Jh. zu erwarten und seine Vorstellungen daran zu messen, das ist so intelligent, wie Barbarossa vorzuwerfen, daß er auf dem Kreuzzug die Zündnadelgewehre nicht mitgenommen habe.
Das Geschichts- und Geographiebild des Mittelalters nämlich, das war ganz anders als unseres:
Da war Karl der Große ins heilige Land gefahren (Chanson de Geste) und hatte Cäsar von den Bayern Prügel bezogen (Kaiserchronik), da waren die Sachsen Abkömmlinge der Mazedonier, die unter Alexander gekämpft hatten (Sachsenspiegel). Da war ein Däne Herzog der Bayern (Turpin) und ein König von der Donau saß auf den Orkney-Inseln (Dudo v. St. Quentin).
Da waren die Franken von Troja über die Dobrudja und Ungarn nach Frankreich gekommen (Chronik v. St. Denis), die Kelten gar von Ceylon über das Schwarze Meer nach England (Triaden der Insel Britannien).
Da hießen die Dänen Daker (Anonymus Ravennatis) die Normannen Aquitanier (Saxo Grammaticus) und die Bayern Armenier (Annolied).
Die Reihe ließe sich beliebig verlängern: an Behauptungen und an »Quellen«. Der einzige Unterschied zwischen ihnen und unserer »kanonischen« Geschichtsschreibung ist, daß diese Berichte den Historikern nicht ins System passen. Die Herkunft der Goten aus Skandinavien (und der Langobarden desgleichen) ist nämlich um kein Haar besser belegt als das, was hier über Sachsen und Bayern behauptet wird.
Für jetzt, und im Zusammenhang mit der »Kudrun«, kommt es bei diesen Behauptungen nicht auf ihre Richtigkeit an. Sie gehören zum Weltbild des Dichters und an ihnen muß er gemessen werden, nicht am Kataster von Schleswig-Holstein.
Als ich aber soweit mit meinen Überlegungen gelangt war, da schaute ich mir die bisherigen Behauptungen in diesem Lichte an und war schockiert.
Was man doch alles als Wissenschaft ausgeben kann! Aber ich schwöre Ihnen, daß ich nichts erfunden habe, was Sie im Nachfolgenden über diese Ergebnisse der Wissenschaft erfahren werden.
Damit mir aber Klio gnädiger ist als den Herren Historikern und mich nicht mit »überzeugender Erfindung« auf's Glatteis führt, sondern »wenns ihr gefällt, die Wahrheit zu berichten«, will ich dem alten Brauche folgen und mein Werkel der Muse widmen:

An Klio:
Setz' Dich auf's Knie mir, o Muse, und lege die göttlichen Arme
mir um den Hals. Verkünde dem eifrig lauschenden Ohre,
was da geschah, als der Höglinge Heer die finstere Meerflut
auf der Spur der geraubten Herrin der Schwäne durchstreifte.
Nein, hör' auf, mich zu kitzeln, Unsterbliche, nimmer vertragen
Leser von heute die Worte, die Du in den Geist mir geflüstert.
Denn was als attisches Salz einst zur Ehre gereichte dem Dichter,

heißt Beleidigung heut' und man fordert, ich soll es verschweigen.
Aber die Sänger sind tot, verhülle das Haupt Dir, O Göttin,
und der Nachgeborene kann sie nicht Dir ersetzen,
ob Du auch selbst ihm den Daimon geweckt und die Feder geführt hast.
Wenig melodisch ist drum mein Bericht wie der Schrei der Satyre,
und Deine Hilfe ist vielfach vonnöten, o Muse, dem Spätling.
Doch nicht die blitzende Waffe des Pathos wag' ich zu fordern.
Gib mir die Rute der Hasel vielmehr, den Zwiesel der Hexen!
Quellen will ich erschließen, Herrin, geheime, und schmerzhaft
treffen die Waden damit gelüstiger Burschen, o Klio,
die Dir so oft mit unreinem Vorsatz genaht.

2. Kapitel

Von Kudrun, vom Nasalschwund und von Schichtls Zaubertheater

Die Gudrunsage wird hier behandelt, oder, wie schon bemerkt, Kudrun, Kutrun, Chautrun, wie der Name auch geschrieben steht.
Und hier stock' ich schon, denn die Form des Namens ist bereits eine Aussage.
Lesen wir, was Karl Stackmann in seiner Einleitung zur Neuauflage der Ausgabe von Karl Bartsch (Wiesbaden 1980) schreibt:
»Ein Indiz für die Existenz einer niederländisch-flämischen Vorstufe ... bietet schließlich die Lautgestalt des Namens Kûdrûn selbst. Die Einzelheiten sind umstritten, man darf aber als gesichert ansehen, daß die Form mit Nasalschwund und Ersatzdehnung nur aus einer küstennahen Mundart des heutigen Belgien oder der heutigen Niederlande stammen kann ...
...solange keine ernsthaften Gegengründe vorgebracht werden, wird man doch den Namen mit den übrigen Spuren einer niederländisch-flämischen Vorstufe ... in Verbindung bringen.«
Die »übrigen Spuren« sind genau zwei, und von solcher Fragilität, daß man kaum wagt, sie genau anzuschauen. (Ich werde sie in gegebenem Zusammenhang besprechen.)
Aber die »Lautgestalt ... Kûdrûn ... mit Nasalschwund und Ersatzdehnung ...«?
Betrachten wir zuerst die Formulierungen Stackmanns:
»... *man darf* als gesichert *ansehen*, daß die Form *nur* aus einer Mundart stammen *kann*.« Er sagt beileibe nicht: »Die Form stammt aus einer Mundart.«

Dazu kommen noch »umstrittene Einzelheiten«, und »solange keine ernsthaften Gegengründe vorgebracht werden…«, wird der Name in Verbindung gebracht. Womit? »Mit *Spuren* einer Vorstufe.«

Es tut mir leid, Herr Stackmann, aber:

Die Einzelheiten sind umstritten, aber man darf als gesichert annehmen, daß diese Argumentation mit Konjuktivschwulst und Ersatzdehnung nur aus mangelnder Überzeugung stammen kann.

Wer sich derart windet, sollte vermeiden, anschließend fortzufahren: »Einleuchtende Argumente sprechen also für die Richtigkeit der niederfränkischen These.«

(»Also« sagt er! Wegen des »Nasalschwunds« und der »Ersatzdehnung«.)

Wasch mir den Pelz, aber mach mich nicht naß, ist hier die Devise.

Es hilft auch nichts, daß Herr Stackmann anschließend eine Reihe von Einwänden als Rückversicherung vorbringt, vor allem, wenn diese selber wieder teilweise entstellt sind. So etwa, wenn er behauptet, daß der Name der Insel Wülpensand von der Hildesage (Teil II der Kudrun) in die Gudrunsage (Teil III der Kudrun) »übergegangen« sei. (Seite L III der Einleitung zur zitierten Ausgabe.) Der Name »Wülpenwerder, Wülpensand« kommt nämlich nirgendwo in der Hildesage und ihren Parallelen vor, sondern ausschließlich in der Gudrunsage.

(Wußten Sie schon, daß Island früher Korsika hieß, und der Name dann auf die Mittelmeerinsel übergegangen ist? Woher ich das weiß? Weil Island nicht mehr Korsika heißt, muß der Name gewandert sein. Elementar, lieber Watson!)

Aber Herr Stackmann will, wie gesagt, »ernsthafte Gegengründe«, es genügt ihm nicht, daß seine, die bisherige, Argumentation nur lächerlich ist.

Nun denn:

Zu den wenigen unbezweifelbaren Tatsachen hinsichtlich der Kudrun gehört, daß das Gedicht in Südtyrol aufgezeichnet wurde und daß es im bayerischen Sprachgebiet, vermutlich zwischen Passau und Regensburg, gedichtet wurde.

Wer nun aber je den Südtyroler Dialekt sprechen gehört hat, kann nicht zweifeln, daß der Aufzeichner Hans Ried mit seinem heimatlichen Kehllaut Chûtrûn statt Gudrun aussprach. Wenn man will »Khutrun«.

Im Oberpflälzer Dialekt aber, von dem der Alt-Regensburger nur eine Variante ist, sagt man »hout« für Hut, während das Altbayerische »huot« ausspricht. Der Name muß dort etwa wie Khoudrun geklungen haben.

Warum aber kapriziert man sich auf die flämisch-niederfränkische Form? Mir scheint, weil man fest davon überzeugt ist, daß die Geschichte nur an der Nordseeküste spielen kann. Beweisbar war das aber noch nie. So ist man denn um jedes Argumentlein froh, das diese Behauptung stützen zu können vorgibt, auch wenn es noch so krumm daherkommt.

Die Sprachform stützt (scheinbar) das Argument der Nordseeherkunft, und die Nordseeherkunft liefert der hinkenden Sprachhypothese die Krücke.

In meiner Einleitung habe ich davon gesprochen, daß sich die Wissenschaft im

Kreise dreht. Und wir haben es hier weder mit dem einzigen noch mit dem eklatantesten Beispiel zu tun.
Im übrigen, scheint es Ihnen wirklich glaubhaft, daß ein Bayer, der letzten Endes für Landsleute dichtet, sich den Namen einer fernen Gestalt *nicht* mundgerecht macht, sondern die fremdartige Lautgestalt phonetisch korrekt wiedergibt?
Fragens amal den Xare, Lugge, Michi oder die Res, die Sef, die Leni. (Sogar aus der Gisela haben sie eine Gisella gemacht.)
Die Philologen, für die Karl Stackmann hier nur Stellvertreter ist, haben dem altbayerischen Gedicht den Titel, den Kopf genommen und nach Holland verpflanzt. Sie arbeiteten mit der Guillotine.
Aber keine Angst, es ist gar nicht so schlimm.
So was hat früher in München »Schichtls Zaubertheater« gemacht: Das Zersägen einer Dame bei lebendigem Leibe und das Köpfen eines Freiwilligen aus dem Publikum. Die Opfer waren nachher so gesund wie vorher, und die altbayerische Kudrun ist es ebenfalls;
Nur hat der alte Schichtl das halt auf dem Oktoberfest gemacht.
Nicht an der Universität.

3. Kapitel

Die Ambraser Handschrift, eine verzweifelte Lage und die Literatur von Tlön

Die Sage von der schönen Gudrun ist uns in einem einzigen Manuskript überliefert, dem sogenannten »Heldenbuch von der Etsch« oder »Ambraser Handschrift«, die 1504 von dem Bozener Zolleinnehmer Hans Ried für Kaiser Maximilian zusammengestellt wurde. Worauf sich der wackere Zöllner dabei stützte, wissen wir nicht. Aus der Sprachform läßt sich jedoch, wie gesagt, schließen, daß das Gedicht bayerischen Ursprungs ist. Das hindert aber nicht, daß man einhellig der Meinung ist, alle Protagonisten, und somit die Sage, stammten von der Nordsee, vielleicht auch von der Ostsee, keinesfalls jedoch aus der Gegend zwischen Oberpfalz und Adria.
Wir müssen daher annehmen, daß die Bayern des frühen Mittelalters der gleichen Meinung wie die Gelehrten des 19. Jh. waren, nämlich, daß nordische Herkunft für Heldentum eine unerläßliche Vorbedingung sei.
So wird denn einerseits eine rein literarische Erfindung vermutet, wobei das ganze Gedicht in eine Unzahl von Mini-Motiven zerlegt wird, die dann nach dem Prinzip der »variierenden Wiederholung« und dem ebenso interessanten des »überra-

schenden Wechsels« verwendet werden (Karl Stackmann), andererseits soll aber die Überlieferung von einem geschichtlichen nordischen Schauplatz zuerst nach Flandern und dann rheinaufwärts bis zur Donau, oder gar in die Steiermark, getragen worden sein.

Nun kann man eigentlich von einer nordischen Sage, die erst einmal durch die Mühle des »überraschenden Wechsels der variierenden Wiederholung« (oder umgekehrt) gedreht worden ist, nicht mehr verlangen, daß das Endprodukt noch viel Ähnlichkeit mit der ursprünglichen Sage aufweist. Da aber die Ähnlichkeit Voraussetzung für den Nachweis der Wanderung ist (denn wir kennen die Zwischenstufen nicht), scheint die »variierende Wiederholung des überraschenden Wechsels« (oder umgekehrt) nicht gar so glaubhaft zu sein, wie die schöne Sicherheit, mit der diese Behauptung vorgetragen wird, es annehmen läßt. Im übrigen setzen derartige Konstruktionen voraus, daß der Dichter keinerlei Kritik seiner Zuhörer zu gewärtigen hat, daß diesen also die Erzählung völlig unbekannt war. Dagegen aber spricht wieder, daß wir zwei isolierte Zitate besitzen, die voraussetzen, daß die Sage bekannt war.

Nach allem, was wir wissen, ist anzunehmen, daß der mittelalterliche Zuhörer die Sagen als geschichtlich betrachtet hat.

Übrigens tun das ja auch die Leute, die die Gudrunsage partout irgendwo an der Nordsee lokalisieren wollen.

Und ich auch! Freilich aus anderen Gründen.

Aber es ist nicht meine Absicht, dem Leser alle Theorien vorzukauen, die bisher in diesem Zusammenhang aufgetischt worden sind (ich bin einer gehörigen Menge begegnet, aber immer noch nicht sicher, daß ich wirklich alle kenne). Nur auf eine sehr aufschlußreiche Arbeit will ich hinweisen: Auf die »Deutschen Heldensagen« von Schneider-Wisniewski.

Dort wird nämlich nicht nur die bisherige Literatur aufgelistet, sondern Professor Dr. H. Schneider zieht die Summe des bisherigen Wissens (und Prof. Wisniewski bringt diese Erkenntnisse auf den modernsten Stand).

Sehen wir also nach, was da so über die Hildesage (die Kapitel V–VIII der Kudrun) steht. Es werden mehrere Stufen angenommen, aus denen sich die uns bekannte Fassung der Sage entwickelt hat:

Also, da gab es zuerst:

1. »Das alte Ostseelied … spätestens zu Anfang des 5. Jahrhunderts.« Es wird durch die Erwähnung der Könige Hagena, Heoden und Wada im angelsächsischen Widsith-Gedicht (7. Jh.) »bewiesen«. (Als ob das dieselben Herren sein müßten, wie die Hagen, Hetel und Wate der Kudrun, obwohl die von ihnen beherrschten Völker ganz andere Namen tragen.)
2. »Nordische Neufassungen in Dänemark, Norwegen und Island …« (Damit sind die drei Versionen einer Sage gemeint, die uns durch den Isländer Snorri Sturluson, die anonyme Sage Sörlathattr aus Island und die auf isländische Quellen zurück-

gehende Erzählung des Dänen Saxo Grammatikus überliefert wurden. Norwegisch? Ja mei, weil halt die Isländer aus Norwegen gekommen sind.
Außerdem denkt er vielleicht noch an die Ragnarsdrapa, das Preislied des Skalden Bragi Boddason auf den Seekönig Ragnar Lodbrock. Zwar war Bragi Norweger, aber die Drapa ist trotzdem kein norwegisches Gedicht. Warum, das werde ich erklären, wenn ich bei der Ragnarsdrapa angekommen bin.)
Die nächste Stufe ist nach Schneider:
3. »Ein deutsches Hildelied ... um 1130 an der Mosel bekannt.« (Das wird aus einer Bemerkung aus dem Alexanderlied des Pfaffen Lamprecht geschlossen. Da wir nicht wissen, für welches Publikum der Alexander geschrieben wurde, beruht diese Hypothese nur auf Lamprechts Herkunft vom Mittelrhein. Etwas mager, scheint mir, zudem das Fragment eher auf die Gudrun- als auf die Hildesage bezogen werden kann.)
4. Ein »älteres Hildeepos«, das Schneider einem Bayern oder Österreicher zuschreibt, ist die nächste Stufe. Es »müßte der sogenannten spielmännischen Stilform angehört haben. Eine epische Leistung im großen Stil ... war es nicht«. »War es nicht«, sagt Herr Schneider – er weiß es genau.
(Ich habe verzweifelt gesucht, wo denn Spuren dieses Epos vorliegen. Vergeblich. Außer in Herrn Schneiders Theorien habe ich nichts entdecken können. Da er aber sogar weiß, daß es keine Leistung großen Stils war, muß er ein Manuskript besessen haben, das er uns vorenthielt. Also wenn Sie mich fragen, ich finde das schnöde von ihm.)
So werden Hypothesen errichtet, indem man Vermutungen und Möglichkeiten aufeinandertürmt und mit Eventualitäten krönt:
Sch.-Wi., Deutsche Heldensagen, Seite 123:
»... hat dem Kudrundichter *vermutlich* ein Werk ganz anderer Art vorgelegen ... *Es gibt einen* Balladen*typus, der die ... Personen* und Momente *enthält, die wir brauchen* ... Er hat, *wie es scheint,* Anfang des 13. Jh. schon *bestanden* und *ist vom Kudrundichter benutzt worden,* der sich auch durch diese hochmoderne Quelle als Kind einer neuen Zeit kundtut.« (Hervorhebungen E. S.)
Fazit: Indem man auf eine Vermutung einen Wunsch und darauf einen Anschein türmt, beweist man nicht nur, was der Dichter tat, sondern auch gleich noch, wes Geistes Kind er war. So einfach ist das. Nun ja, wie die beiden Autoren so treffend sagen:
(H. Schneider, Seite 6): »Deutsche Heldensage nennen wir die ... Wissenschaft von der deutschen Heldendichtung, die in unserer heroischen Vorzeit wurzelt, vor allem in der Völkerwanderung ...«
Und
(R. Wisniewski, Seite 5): »Diese Darstellung ... vermittelt auch heute noch die Grundlagen für die wissenschaftliche Beschäftigung mit der germanischen Heldensage.«

Habe ich da recht verstanden?
»Diese Wissenschaft ist eine Sage, die vor allem in einer Wanderung wurzelt.« Und »diese Darstellung vermittelt auch heute noch die Grundlagen für die wissenschaftliche Beschäftigung damit«.
Leider stimmt's!
Und: le style, c'est l'homme!
Professor Schneider nannte also die Wissenschaft, der er sich widmete, eine Sage, und die Professoren Wisniewski und Stackmann (der Schneiders Buch als bibliographisches Hilfsmittel empfiehlt) sind vom wissenschaftlichen Wert solcher Feststellungen überzeugt.
Eine bloße Stilfrage? Ein lapsus calami?
Ich fürchte, nein.
Was ist von einem Anatomen zu halten, der seine Demonstration beginnt, indem er sich in den Finger schneidet, von einem Mathematiker, der nicht weiß, wieviel zwei mal zwei ist?
Was ist von einem Philologen zu halten, der so etwas schreibt, wieder liest (wir wollen's hoffen), Korrektur liest und drucken läßt, und nicht merkt, was ihm da in die Feder gerutscht ist?
Er muß davon überzeugt gewesen sein: Deutsche Heldensage nennen wir die Wissenschaft von der deutschen Heldendichtung.
Und Professor Wisniewski hat es nicht für notwendig gehalten, diese Formulierung bei der Bearbeitung mit einem gnädigen Federstrich zu beseitigen. Aber freilich, sie hat recht gehabt. *Ein* Federstrich hätte nicht genügt. Das Buch wimmelt von solchen Formulierungen. (»... ihm hat der jüngere Epiker das Mark aus den Knochen gesogen.«)
Aber es vermittelt immer noch »die Grundlagen für die wissenschaftliche Beschäftigung«.
Der argentinische Dichter J.-L. Borges beschreibt einmal ein phantastisches Land namens Tlön. Dort pflegt die Kritik gewöhnlich die Autoren zu erfinden. »Man wählt zwei ungleiche Werke ... schreibt sie dem gleichen Verfasser zu, und bestimmt dann genau die Psychologie dieses interessanten homme de lettres.« Die Hildesagentheoretiker sind noch einen Schritt weitergegangen.
Tlön im Quadrat, sozusagen.

4. Kapitel

Ein gleichgültiger Dichter und die historische Wirklichkeit

Es ist an der Zeit, die »Kudrun« neu zu analysieren und sie als das zu nehmen, was sie ist: Die mittelalterliche Ausprägung einer älteren Sage, die vielleicht Material aus frühen Schichten der Überlieferung enthält, sicher aber dem Weltbild ihrer Entstehungszeit entsprechen muß.

Dabei stellt sich heraus, daß ein großer Teil der uns bekannten historischen Tatsachen für ihre Erklärung irrelevant ist, weil diese der geistigen Welt des Dichters fremd sind, während andere, oft recht obskure Behauptungen, von denen ich schon eine Probe gegeben habe, eine ungeahnte Wichtigkeit erhalten.

Eine derartige Analyse hätte schon längst erfolgen können, wenn nicht eben diese zuständige Wissenschaft »in unserer heroischen Vorzeit wurzelte«, oder mit anderen Worten randvoll mit nationaler Ideologie befrachtet wäre. Das ist an sich keine deutsche Spezialität, aber die deutsche Literaturgeschichte, und speziell die Erforschung der Sagen, hat wie keine andere ihr eigentlich fremde Aufgaben übernehmen müssen:

Die Hervorbringung eines Nationalgefühls und die Konstruktion einer nationamen Vorgeschichte.

Das Nibelungenlied mußte darüber hinwegtrösten, daß die Staufer nicht in Nürnberg oder Frankfurt herrschten, und der italienische Gote Theoderich mußte uns dafür entschädigen, daß Karl der Große von einem belgischen Geschlecht abstammte (und von den südfranzösischen Ferreoli). Objektive Wissenschaft war das alles nicht, und diese alte Belastung liegt noch heute schwer auf dieser Forschung.

In dem uns hier interessierenden Falle, der »Kudrun«, kommt hinzu, daß die, wirklichen oder vermuteten, Ereignisse »am Rande unserer Welt« und unseres Geschichtsverständnisses zu liegen scheinen. Zeitlich und räumlich in dem dunkelsten Bereich der europäischen Geschichte.

Statt aber die »Kudrun« so lange zu drehen und zu wenden, zu zerlegen und zu berichtigen, bis sie in ein vorgefaßtes Geschichtsbild paßt, mehr oder weniger (wie das bisher üblich war), soll sie hier als historischer Bericht aufgefaßt werden, an dem nicht a priori zu deuteln ist.

Was ich untersuche, ist nicht eine vermutete Urform, sondern sind geographische und historische Vorstellungen, die mit der »Kudrun«, so wie sie uns vorliegt, in Übereinstimmung sind.

Dabei wird sich auch das Rätsel lösen lassen, warum sie in den Gegenden, in denen sie doch spielen soll, so völlig unbekannt ist.

Wohlgemerkt, ich spreche hier vom Teil III des Epos, der Erzählung von »Kudrun«, der Hegelingenprinzessin, nicht von der vorhergehenden Hildesage, die das Schicksal ihrer Mutter behandelt.

Diese hat freilich Parallelen im Norden, und ich werde wohl gezwungen sein, Rechenschaft abzulegen, wie das zugeht, wenn ich überzeugen will.

Gerne! Und um das Maß voll zu machen, werde ich auch für die Einleitung der »Kudrun«, für die Hagensage, eine Entsprechung im Norden nachweisen, die freilich bis jetzt noch niemand bemerkt hat.

Diese nördlichen Entsprechungen aber sind es, die die Vermutung aufkommen lassen, die Kudrun-Hildesage (Teil II des Epos) bestünde aus mehreren Schichten und stelle eine Synthese verschiedener Überlieferungen – oder gar ursprünglich verschiedener Sagen – dar. Auch darüber soll im nachfolgenden gesprochen werden.

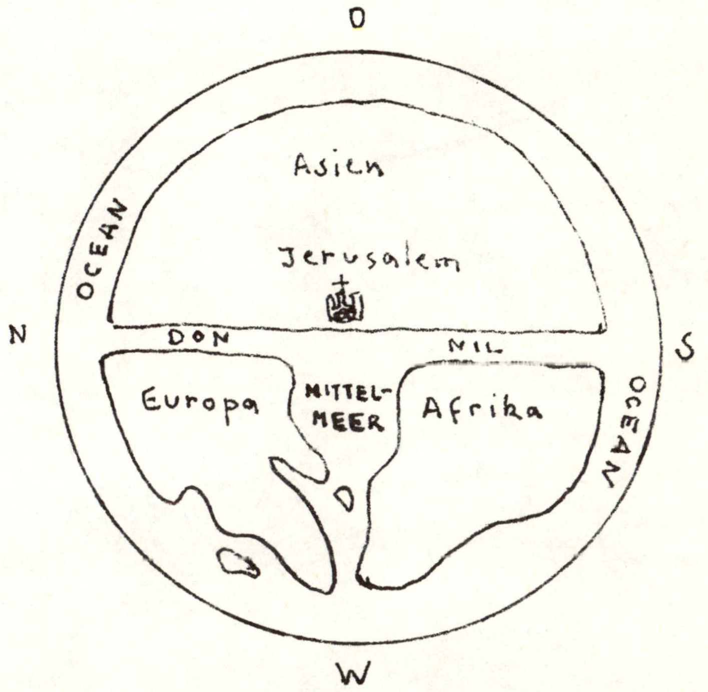

Abb. 2a Die verbreitetste mittelalterliche Weltdarstellung war vom Typ »T in O« mit Jerusalem als Mittelpunkt der Welt. (Hier nach der Mappa Mundi der Kathedrale von Hereford [ca. 1300].) Osten ist oben. Dort befindet sich auch das »irdische Paradies«.

Seit der Antike war man der Meinung, Don und Nil lägen »einander gegenüber« und es bestünde eine Verbindung Nil–Rotes Meer (der sog. Pharaonengraben). Hinzu kam die Vorstellung, daß Don, Wolga, Dnjepr und Düna alle aus einem See kämen, daß man also vom Schwarzen Meer über den Don (die Grenze zwischen Asien und Europa), seinen Quellsee und die Düna auf dem Wasserweg in die Ostsee und damit in den nördlichen Ozean reisen könne. Diese Vorstellungen schlugen sich im »T in O«-Schema nieder, und das Schema, Ausdruck religiöser Überzeugung und philosophischer Harmoniebestrebung, trat an die Stelle von Wissen und Beobachtung.

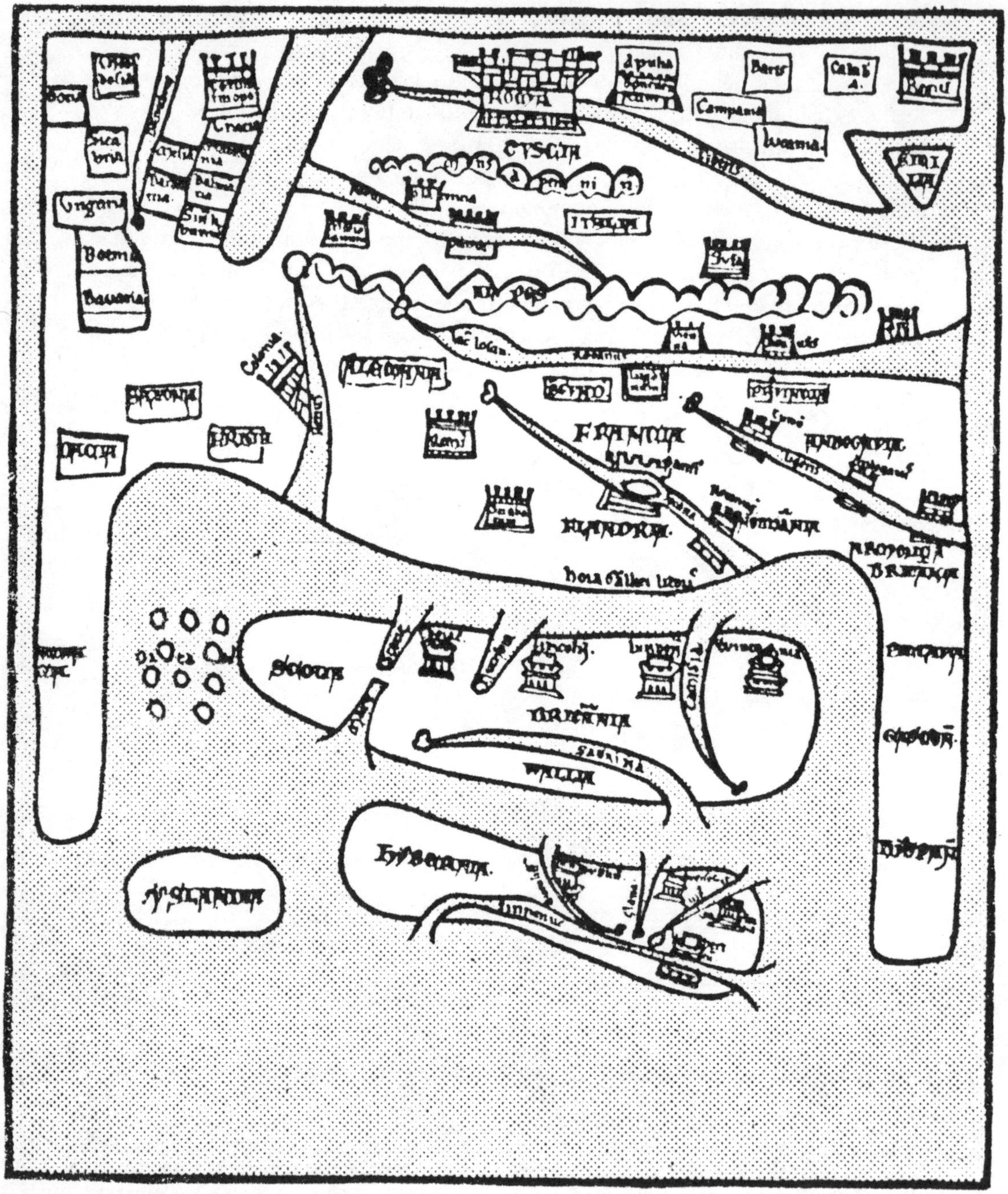

Abb. 2b Landkarte zur »Topographia Hiberniae« (Beschreibung Irlands) des Giraldus Cambrensis (Gerald v. Barri 1146–1223). MS 700 irische Nationalbibliothek (12. Jh.).
(Nach der Ausgabe der Penguin Classics 1982)

Hinweise: *Norden ist unten.* Die Inselgruppe ist England, Irland, Island und die Orkneys. Die linke Landzunge ist Scandinavien, die rechte die Bretagne, Poitou, Gascogne und Spanien. Die Bergzüge in der Mitte sind die Alpen (unten) und Apenninen (oben).

A. *Am linken Rand der Karte von Oben nach Unten: Theodosia* (Fedosiya auf der Krim), *Gotia* (Gotenland), *Sicābria* (Sicambien, das legendäre Frankenland am Schwarzen Meer), *Ungaria, Boemia* (Böhmen), *Bavaria* (Bayern), *Dacia* (Dazien-Dänemark), *Norwagia* (Norwegen).
B. Sonstige Flüsse, Städte und Buchten im Uhrzeigersinn v. links oben:
1. *Danubius* (Donau) *Konstantinopel*
2. Adria mit *Padus* (Po) und *Mediolanum* (Mailand)
3. Die dreieckige Insel *Sicilia, Tiberus* (Tiber) und *Roma* (Rom)
4. *Rodanus* (Rhone), der aus dem *Lac̄ Losan̄* (Genfer See) kommt.
5. *Liger* (Loire). Zwischen Rhone und Loire *Provincia* (Provence) und *Andegavia (Anjou)*
6. Secana (Seine) mit der Insel *Parisii* (Paris) zwischen *Francia* (Ile de france) und *Flandria* (Flandern)
7. Renus (Rhein) mit *Colonia* (Köln) zwischen *Alemania* (linksrheinisch), *Frisia* (Friesland) und *Saxonia* (rechtsrheinisch)

Bemerkung: Wenn der Dichter eine ähnliche Karte benutzte, so haben sich die Ereignisse der »Kudrun« am »linken Ufer« dieses Europabildes abgespielt. Sie würde die Einführung »Islands« und »Norwegens« in den Text erklären.

In diesem Zusammenhang werden sich wohl auch einige der Widersprüche lösen, die bisher dem Dichter vorgeworfen wurden.
So wird die Zahl der Krieger, die ausziehen, Hilde zu entführen, einmal mit 3000 angegeben, Hilde gegenüber spricht man von 700, aber nur etwa 60 gehen an Land, während sich die übrigen in den Schiffen verborgen halten. Schließlich wird einmal noch eine Zahl von 1000 Mann genannt.
Ebenso sieht es aus, als könne der Dichter sich nicht entscheiden, ob die Hegelingen als Kaufleute oder Vertriebene auftreten sollten und ob sie die Entführung durch Gewalt oder List vornehmen wollten.
Eine derartige Verwirrung wird von Karl Stackmann so erklärt:
»Wir lernen daraus etwas über die Arbeitsweise des Autors. Es war ihm vermutlich bis zu einem gewissen Grade gleichgültig, ob in seiner Erzählung alles genau ineinander griff... Er führt die Einzelheit aus, ohne auf Vorhergehendes oder Künftiges übermäßig viel Rücksicht zu nehmen.«
Nun ja, es ist freilich sehr schön, wenn wir von einem Dichter, von dem wir außer seinem Dialekt nichts wissen, somit wenigstens feststellen können, gegen was er »bis zu einem gewissen Grade gleichgültig« war.
In Tlön hätte man seine Freude daran.
Wir wollen uns die Geschichte aber doch etwas genauer ansehen, und anstatt einem lange toten Dichter, der sich nicht wehren kann, unser Papierl anzuhängen, lieber der Frage nachgehen, ob diese Widersprüche wirklich welche sind; wenn ja, wie sie zustande gekommen sind.
So wäre es denkbar, daß diese Widersprüche, gehäuft in der Hildesage auftretend, gerade ein mangelhaftes Einschmelzen verschiedener Überlieferungen verraten. Dann dürften wir dem Dichter aber statt einer gewissen Gleichgültigkeit eher übermäßige Skrupel im Umgang mit seinem Material zuschreiben. Natürlich ist auch dies Hypothese, doch erscheint es mir glaubhafter, anzunehmen, er habe Einwände dieser Art mit dem Hinweis beantwortet: »So ist es uns in alten maeren gesait« als mit dem Satz (auf altbaierisch): »Dös is miar in gewissem Grad wurscht.«
Die in der Hagensage und der eigentlichen Gudrunsage auftauchenden Widersprüche aber, die ihm auch zur Last gelegt werden, mache ich mich anheischig, von ihrer Widersprüchlichkeit zu entkleiden und als historische Tatsachen nachzuweisen.
Finden wir nämlich für Hagen- und Gudrunsage einen gemeinsamen geographisch-chronologischen Nenner, und gelingt es uns, von der Hildesage die oben erwähnten nordischen Einflüsse abzulösen, so müssen die verbleibenden Elemente in den gleichen Zusammenhang passen.
Nur wenn dies nicht gelingen sollte, müssen wir annehmen, daß die »Kudrun« eine rein literarische Konstruktion ist, andernfalls aber müssen wir den gesamten Komplex als die Überlieferung einer einheitlichen ethnischen Gruppe auffassen (wenn auch nicht unbedingt als echte Familiengeschichte).
Da die »Kudrun«, trotz nordischer Hildesage, aber nur den Bayern bekannt war,

jedenfalls in der erhaltenen Form, so ist es naheliegend, in diesen die Überlieferungsträger zu sehen.
Nun hat zwar H. Rosenfeld (in »Kudrun«, herausgegeben von K. Bartsch, Seiten XI, LXIX und LXXXIII) schon aufgrund von Namenswahl und Wappenschilderungen vermutet, daß der Dichter aus dem nördlichen Alpenvorland (bis zu Donau, Regen und Altmühl) stamme, aber der Respekt vor der überkommenen reinen Lehre scheint doch so groß gewesen zu sein, daß er den logischen Schritt vom Dichter zu den Trägern der dichterischen Überlieferung nicht mehr tat[1].

5. Kapitel

Hahilingen, König Wigaleis und die Gewohnheiten bei der Kindstauf

Die bayerische Herkunft des Gedichtes sei unbestritten, habe ich gesagt, und angedeutet, daß ich den Namen der Heldin, Gudrun, Tochter Hetels, Königs der Hegelingen, auch für bayerisch halte, und nicht für irgendwie nordisch-skandinavisch-niederdeutsch.
Das bezieht sich natürlich nur auf die Lautgestalt, denn der Name ist an sich, wenn schon nicht gemeingermanisch, doch weit verbreitet. Er scheint weniger primär bekannt, als durch die Sagen »in Mode« gewesen zu sein.
Sehen wir uns also lieber Gudruns Vaters- und Sippennamen an, denn hier wird das Bild nicht durch Einflüsse aus anderen Quellen getrübt. Hegelingen, das sind die Herrscher von »Tenelant«, ein Geschlecht, das über ein gut Halbdutzend Völker herrscht.
Zentrale Gestalt ist der König Hetel, dessen Name vermutlich auf dieselbe Wurzel zurückgeht, wie der Beiname, den der letzte Abkömmling des angelsächsischen Königshauses trug: Edgar Aetheling (Edgar Aethelsohn) »Der Edle« heißt es.
Das ist eigentlich gar kein richtiger Name, und so scheint es, daß »der König Hetele« eigentlich ein »König edele« ist. Daß sein wirklicher Name verloren ging, braucht uns nicht wundern, Attila ging es nicht anders, Ermanarich = Jörmundreiks (König des Erdreichs) und Theoderich-Dietrich-Teutrich (Volkskönig) ebenfalls. Wir wissen also nicht, welchen Namen der König trug?
Doch!

(581–582):
Vor der Hetelen bürge   sie taten dicke Ritterschaft vil nahen.

Do Hilden und ir tohter   giengen in den sal,
vor Wigaleises huse   hörten sie dicke schall,
da die von Morlande   mit ritterlichen Kreften
wohl ritten zu sehen...

(Nahe vor des Hetels Burg trieben sie gewaltige Ritterschaft.)
[Ein Turnier ist gemeint.]
(Als Hilde und ihre Tochter gingen in den Saal
hörten sie vor Wigaleisens Haus ganz gewaltigen Schall,
da die von Morlande mit ritterlichen Kräften
stattlich anzusehen daherritten...)

Dazu gibt ein Kommentator den schönen Satz zum besten: »Wigaleis, einer von Hetels Mannen, der also in der Nähe wohnte; oder ist gemeint, daß sich die Szene auf der Burg des Wigaleis abspielt?«
Oh, hättest du geschwiegen...
Vor des Hetels Burg turnieren die Helden.
Hilde und ihre Tochter gingen in den Saal. In welchen? In Hetels natürlich.
Vor Wigaleisens Haus hörten sie lauten Schall. Des Turniers.
Die von Morlande ritten »ihnen zu sehen«, vor Wigaleisens Haus, vor Hetels Saal.
Natürlich kann der famose Dienstmann auch sein Haus genau gegenüber der Burg gehabt haben und demnach ein wichtiger Mann unter den Hegelingen gewesen sein, bloß schade, daß er sonst nirgends auftaucht...
Nirgends?
Doch! Strophe 759 schickt der Ormanier Hartmut Parlamentäre an Hetels Frau (der König und Wate, sein Oheim, sind abwesend) mit dem Vorwurf:

»Daz Wigaleise   dez gevolget hat
unde Waten dem alten,   daz wir nit haben rat
so maniger langen reise   her ze Hegelingen,
des wirt vil manic weise.   Ich wilz an ein ende gerne bringen.«

Zugegeben, der Vers ist schwierig, weswegen sich der große Karl Bartsch auch vor einer Erklärung drückt. Er schreibt nur: nit haben rat... = daß wir gezwungen sind zu. – des = davon.
Einverstanden, aber das genügt nicht. Ich übersetze:

»Daß Wigaleis das verursacht hat
und Wate der alte, daß wir gezwungen sind

zu einer so langen Reise, her nach Hegelingenland,
das sollen alle wissen (= viel männigliche). Ich will die Sache jetzt zu Ende bringen.«
Sinn: Wigaleis und Wate sind selber schuld, daß wir jetzt da sind.

Wer's besser kann, ist herzlich willkommen. Nur, da der Grund für Hartmuts Unternehmen die Ablehnung seiner Brautwerbung durch *Hetel* ist, weiß ich wirklich nicht, was der hypothetische Dienstmann hier soll.
Ja, ist denn das glaubwürdig?
Ist nicht eher Wigaleis, wenn schon kein Dienstmann, so doch vielleicht ein Titel, ein Epithet? »Hetel, der Kämpfer«, (von Wig = Kampf) etwa? Nun ist aber Wigaleis als Name durch den gleichnamigen Versroman des Wirnt von Grafenberg (ca. 1204) belegt, der sein Vorbild im französischen Guinglain des Renaut von Beaujeu hat. Guinglain-Gvenolin-Ganelon-Wendelin aber hat, trotz seiner Verbindung mit dem »bretonischen Zyklus«, verschiedene bayerische Querverbindungen. (Ich komme noch darauf zu sprechen.) Wie aber es sich auch damit verhalten mag, daß es ein Eigenname ist, läßt sich nicht abstreiten. Der Kudrun-Dichter, der den Namen rund 30 Jahre nach Wirnt aufgriff, muß wohl einen Grund dafür gehabt haben, auch wenn der uns unbekannt ist.
Und noch ein drittesmal taucht der geheimnisvolle Name auf: In der XIII. Aventiure. Dort sind die Helden der Hegelingen in einen Krieg verwickelt und hauen kräftig drein. Nur Hetel nicht, scheinbar.
Man höre:

(713):
Hetele der riche, durch daz in dar gesant
hete sin schoeniu tohter in Herwiges lant,
daz ers friden solte, sit tet er in der mâze,
der gerne leben wolte, der mohte im sine marke ligen lâzen.

(= Der reiche Hetel wurde von seiner schönen Tochter in Herwics Land gesandt, um Frieden zu stiften, das tat er in solcher Weise, daß, wer gerne am Leben blieb, nicht an seine Grenzen zu rühren wagte.)

Hetels Marken sind aber gar nicht angegriffen. Sein Verhalten laut dieser Strophe ist das eines Politikers, und man müßte annehmen, daß er nicht mitkämpfte, wenn, ja wenn nicht Wigaleis Hand anlegte:

(715):
Wigaleis der guote tet den gesten leit. (= tat den Gästen Leid an.)

So merkwürdig es also auch erscheint, der »König (H)etele« hieß Wigaleis und bezeichnenderweise stabt das mit dem Namen seines Oheims Wate.

Wer mir aber das nicht glauben will, der soll mir die Fragen beantworten, warum

1. bei Hetels Heiratsvorbereitungen alle Hegelingenfürsten aufgeführt werden, nur »Wigaleis« nicht,
2. er nur bei Ereignissen erwähnt wird, bei denen auch »Hetel« anwesend ist, und
3. man nach Hetels Tod nie wieder eine Erwähnung von Wigaleis findet, obwohl auch nicht gesagt wird, daß er gefallen sei.

Unser Held hat aber auch einen Namensvetter, den »Seekönig« Hygelac oder Chochileich, der Anfang des 6. Jahrhunderts die friesisch-fränkische Küste heimsuchte, aber dort erschlagen wurde. Das Beowulflied nennt ihn König der Geaten, der fränkische Geschichtsschreiber Gregor von Tours aber Dänenkönig. Wie Hetel.
Der Einfachheit halber, und weil es sich nun einmal so eingebürgert hat, werde ich den Hegelingenkönig aber weiterhin Hetel nennen.
Um »Hetel« gruppieren sich seine Verwandten: Wate, Frute und Horant, Onkel, Vettern oder Neffen, man weiß es nicht so ganz genau.
Was aber den Namen Hegelingen angeht, so ist es schwer zu sagen, ob wir es da mit »Söhnen Hegels« zu tun haben, Hahilingen, Söhnen des Gehenkten, oder Aggilingen, Aggilssöhnen.
Die Frage ist aber sekundär, denn Hagal ist ein Name Odins-Wotans, Aggilus heißt auf gotisch der Himmelsbote, und das weist über den Götterboten Merkur-Hermes ebenfalls auf Wotan, denn dieser ist sein germanisches Äquivalent. Schließlich ist der »Gehenkte« wiederum niemand anderes als Odin, der »Hangatyr«, der Gehenktengott, der selber

»hing am windigen Baum,
neun Nächte lang
verwundet vom Speer
geopfert dem Odin.
Ich selbst mir selbst.«

(So das Eddagedicht Havamal.)

Der Zweck dieser schamanischen Praktik ist der Erwerb der Runenweisheit. Ob wir also auf den Hagal oder auf den Gehenkten zurückgehen, immer finden wir Odin-Wodan, den Schamanengott, an der Wurzel dieses Stammbaums.
So erklärt sich auch die gewaltige Rolle Wates, des Kriegers, Heilers, Weltkenners und klugen Ratgebers.
Wenn wir ihn nicht als Inkarnation Wotan-Odins auffassen, so zumindest als seinen Priester.
Die Wotanssöhne, die Söhne Hagals-Yggs (alles Namen Odins), sind also die Hegelingen, die stammesbildende Sippe der »Kudrun«.
Nun findet sich, und damit kehren wir einen Augenblick nach Bayern zurück, in der

»lex baioarorum«, dem alten bayerischen Stammesgesetz, der Bericht, daß sechs edle Geschlechter im Bayernvolke seien, »als deren edelstes das der Agilolfinger gilt, aus dem daher immer der König oder Herzog gewählt wird«.
Die übrigen fünf »Genealogiae« (Sippen, Geschlechter) sind:
Die Fagana, die Huosi, die Drozza, die Aniana und –
jawohl – die Hahilinga.
Wie bestellt!
Suchen wir diese in Bayern zu lokalisieren, so stoßen wir auf eine Untersuchung von Hans Dachs: Germanischer Uradel im frühbayerischen Donaugau (1936). Er kommt darin aufgrund von Stifterurkunden und Ortsnamen zu folgenden Schlüssen:
»Unter dem letzten Agilolfinger Tassilo, unter Karl dem Großen und Ludwig dem Frommen tritt aus den Urkunden mit besonderer Deutlichkeit eine im Donaugau und darüber hinaus reich begüterte Familie hervor, die ... zu den ersten grundherrlichen Geschlechtern ... gehört haben muß ... (die) Kronlehen innehaben ... (und deren) nächste Standesgenossen die hohen Ämter eines Grafen und Domvogtes bekleiden.
Es ist nicht ausgeschlossen, daß wir in dieser Adalung-Sippe ... eines der fünf ... Hochadelsgeschlechter vor uns haben, die als die Ersten nach den Agilolfingern bezeichnet werden.
Hierfür im Donaugau die Adelsdynastie der ›Hahilinga‹ anzusetzen, hat in dem in Bayern allerdings einmaligen Vorkommen des Ortsnamens Hailing (um 830 Hahilinga), 15 km südlich von Straubing, eine gewisse, wenn auch nicht voll beweiskräftige Stütze.«
Dazu ist zunächst zu sagen, daß der Name Adalung, wie das älteste urkundlich bezeugte Mitglied heißt, nichts anderes als Hetel-Sohn bedeutet. Zum andern aber besaß die Familie (nach Dachs) Güter in Hedinpah, also in Hedinsbach (zwischen Isar und kleiner Laaber, in der Gegend von Mallersdorf).
Es scheint im übrigen nicht ausgeschlossen, daß diese Hahilingen niemand anderes sind als der ältere Zweig der Agilolfinger, oder, wenn man will, die Agilolfinger eine Hahilingen-Sekundogenitur darstellen, die mit fränkischer Hilfe sich an die erste Stelle setzte. (Wir werden noch darauf zurückkommen.)
Versuchen wir zuvor, festzustellen, wo die Kudrun eigentlich spielt, denn die bisher angenommenen Schauplätze setzen voraus, daß diese Geschichte den Bayern als ein literarisches Produkt zugebracht worden sei. Wir sehen aber, daß nicht nur das Gedicht aus Bayern stammt, sondern daß sich dort auch eine Sippe befindet, die sichtlich in ihrer Namenwahl Bezug auf die Hegelingen der Sage nimmt.
Nun pflegte man damals keinem Kind einen Namen zu geben, weil man ihn schön fand, sondern Namen, ob gleiche oder ähnliche, zeigen immer Familienbeziehungen an. Es ist unvorstellbar, daß jemand einfach die Hetel-Adal, Gudrun, Ute, Wate, Hagen eingeführt hat, weil er Gefallen an einer Sage fand. Finden wir also die Namen der Kudrun bereits im 7.–8. Jahrhundert in den Geschlechtern der

Hahilingen und Agilolfinger, so muß die Sage entweder mindestens seit mehreren Generationen als eigene Vorgeschichte der Familien gelten – oder wirklich Vorgeschichte sein[1].

Die erstere Möglichkeit allein genügt, um alle bisherigen Vermutungen ad absurdum zu führen.

Daß die zweite Möglichkeit zutrifft, das will ich im nachfolgenden zeigen.

6. Kapitel

Nordseebayern, Balkanbayern und das bayerische Nationalepos

Das *Buch von Kudrun* also ist so etwas wie das bayerische Nationalepos, wobei ich dahingestellt sein lassen will, ob diese Behauptung auf alle seine drei Teile zutrifft. Zweifelsfrei scheint mir diese Feststellung für die eigentliche Gudrunsage zuzutreffen, mit großer Wahrscheinlichkeit für die Sage von Gudruns Großvater Hagen. Was schließlich die Sage von Gudruns Mutter Hilde angeht, so glaube ich die Existenz einer Ur-Hildesage nachweisen und sie ungefähr rekonstruieren zu können, die, wenn auch nicht unbedingt in der Generation zwischen Hagen und Gudrun spielend, zumindest zum ältesten Sagenbestand der Bayern gehört.

Die *Kudrun* ist, so wird sich zeigen, mehr als eine Sage. Sie ist Geschichte der Bayern, hundert Jahre, ehe diese zum erstenmale erwähnt wurden.

Allerdings, die bayerischen Hahilingen-Agilolfinger mit den Hegelingen der Sage zu verknüpfen, scheint ein gewagtes Unternehmen, werden diese doch als Dänen, Iren, Seeländer bezeichnet und in der Nachbarschaft von Normannen, Waleisen, Stürmen, Dietmers und Friesen erwähnt.

Nun hat zwar schon einmal ein Herr Krusch, hannoveranischer Staatsarchivdirektor a. D., behauptet, die Bayern seien aus der Gegend der Elbmündung gekommen. Aber, um meine Argumentation auf die »Kudrun« zu beschränken, das setzt die Ereignisse auf einen so frühen Zeitpunkt, daß die Normannen der Sage – Römer sein müßten, ihre Könige römische Offiziere des litus saxonicus, oder gar Gallier-Belgae.

Es lohnt sich überdies nicht, die Argumente gegen die Theorie des Herrn Krusch hier nachzutarocken, aber es ist unbestreitbar, daß man derartiges einmal ernst genommen hat. Vielleicht, weil der schöne Titel des Herrn Staatsarchivdirektors Eindruck gemacht hat, wohl aber eher, weil seine nordische Theorie die Bayern von dem Makel einer verdächtigen südöstlichen, böhmischen oder balkanischen Herkunft befreite.

Diese südöstliche Herkunft ist aber unbezweifelbar. Auch wenn man heute mit mehr Objektivität annimmt, daß der Stamm sich in seinen jetzigen Sitzen konstituierte, bleibt die Frage für die Namen gebende Oberschicht weiter bestehen.
Ob man daher die Herkunft auf das böhmische Becken bezieht, auf die Karpaten oder auf die Pußta, oder ob man noch weiter östlich nach ihrer Herkunft sucht, es ist klar, daß die Bayern nicht aus dem Norden kamen, weder insgesamt noch teilweise, weder der Stamm noch die sechs Geschlechter. Wollen wir daher die Hegelingen der Sage auf die Hahilingen beziehen, so müssen wir zunächst sehen, wieso die Hegelingen als Dänen bezeichnet werden, inwieweit diese Feststellung mit geographischen Gegebenheiten auf einen Nenner zu bringen ist, und schließlich versuchen, die Ereignisse wenigstens annähernd zu datieren.
Wie ich vorhin erwähnt habe, glaube ich eine Ur-Hildesage rekonstruieren zu können. Wenn ich die vorliegende Version nicht ohne weiteres als echt gelten lassen kann (viel Mühe wäre mir erspart geblieben), so deshalb, weil diese Sage unbestreitbare Parallelen in der skandinavischen Überlieferung hat.
Es wäre nun natürlich bequem, den Namen »Dänen« auf den Einfluß dieser nordischen Sagen zurückzuführen.
Ich will aber gleich sagen, daß das nicht zutrifft. Da ich aber diesen Fragenkomplex ausführlicher zu diskutieren habe, bitte ich Sie, sich noch zu gedulden. Ich werde mich ein Kapitel lang damit beschäftigen.
Zuvor aber will ich zur leichteren Übersicht eine Nacherzählung der *Kudrun* folgen lassen, nach der Einteilung in Gesänge oder Kapitel aufgeteilt, Aventiuren nennt's der Dichter. Schließlich kann ich bei allem guten Willen des Lesers nicht erwarten, daß er, wenn er meines Alters ist, sich an alle Ereignisse dieses Gedichtes noch erinnert.
Die Jüngeren haben sowieso eher Brecht durchgenommen.

7. Kapitel

Hagensage, Hildesage und tumpliche Witze

I. Die Hagensage

1. Aventiure

Ez wuchs in Irlande ein richer künic her;
geheizen was er Sigebant, sin vater der hiez Gêr,
sin muoter die hiez Uote und was ein küniginne.

So beginnt das Buch von Kudrun mit der Genealogie der Könige von Irland. Ger, der König, hat sieben Fürstentümer und mehr als 4000 Krieger in seinen Diensten. Nach seinem Tode herrscht sein Sohn und vermählt sich mit einer Prinzessin von Norwegen, die ebenfalls Uote heißt. Der Sohn dieser Ehe heißt Hagen. Eines Tages sitzt Sigebant unter einem Zederbaume, als seine Frau mit ihm zu reden beginnt und ihn auffordert, ein Turnier zu veranstalten. (Nebenbei gesagt, wachsen Zedern nicht in Irland.) Während die Gäste alle einem Spielmann zusehen, geschieht ein Unglück:

(55)
Ez was ein wilder Grife, der kam da geflogen,
daz im der künic Sigebant hät zur liebe erzogen,
sin groß ungelücke mochte er dabei kiesen
sinen sohn den jungen mußt er von dem starken grifen verlieren.

Das heißt, so wie es dasteht, daß der König einen Greifen zu seinem Vergnügen (im ... zur liebe) aufzog, so wie andere Könige Falken oder Habichte, und daß er sich damit ein großes Unglück erwählt (kiesen) hatte, weil der entkommene Greif ihm seinen Sohn raubte.

Eigentlich ist das ganz einfach, aber es gibt immer Leute, die mit dem Einfachen nicht zufrieden sind. So kommentiert man (Peiper, Kudrunherausgeber) zur Zeile 2: »Es ist natürlich das Kind Hagen gemeint.« Natürlich! (Im selben Sinne übersetzt auch Karl Simrock.)

Sigebant hat sich also ein großes Unglück erwählt, als er seinen Sohn aufzuziehen beschloß, denn »dabei kiesen« in Zeile 3 bezieht sich eindeutig auf das, was sich der König »ze liebe erzogen« hat (Kiesen = Wählen).

Anders ausgedrückt: Hätt' er den Bankert gleich weggeschmissen, hätt's nachher keinen Ärger gegeben.

Und so was soll der Kudrun-Dichter »natürlich« gemeint haben! Warum man ihm so etwas zutraut, werden wir später sehen.

Der Greif entführt den Knaben weithin »wohl dreier Tage weile« (Str. 80), während die Familie des Irenkönigs in Trauer zurückbleibt.

2. Aventiure

Hagen wird vom Greifen in sein Nest gebracht. Während sich die jungen Greifen um ihn balgen, gelingt es ihm zu entkommen. Er schließt sich drei Prinzessinen an, von Indien, von Iserland und von Portugal, die auf die gleiche Weise dorthin gekommen sind.

Von ihnen ernährt wächst er auf, bemächtigt sich der Rüstung und Waffen eines tot angeschwemmten Schiffbrüchigen und erschlägt die ganze Greifenfamilie. Anschließend erlegt er einen Gabilun und macht sich mit seinen Gefährtinnen zu einem Marsch durch den Wald auf. Nach 24 Tagen kommen sie ans Ufer des Meeres und machen sich einem Schiff bemerkbar. Der Schiffsherr, der Graf von Garadie, läßt ein Boot aussetzen.

3. Aventiure
Hagen und die Mädchen werden an Bord gebracht. Als der Graf entdeckt, daß Hagen der Sohn seines Feindes Sigebant ist, will er ihn als Geisel behalten. Hagen wirft 30 Seeleute ins Meer und zwingt die anderen, nach Irland zu fahren, wo er sich durch ein goldenes Brustkreuz ausweist.
An dieser Stelle finden wir wieder eine der merkwürdigen Erklärungen der Kommentatoren. Karl Bartsch gibt (nach Martin) in einer Fußnote an: »das ›guldin kriuze‹ ist ein rötlich schimmerndes Muttermal in Gestalt eines Kreuzes.«
So was ist denkbar, aber was hat den Dichter dann gehindert, ein »rôtes kriuze« zu erwähnen? Sollte man zur Zeit der Kudrun-Niederschrift »rötlich schimmernde Muttermale« auf den Kirchtürmen gehabt haben?

4. Aventiure
Uote erkennt Hagen wieder. Dieser sorgt für Versöhnung zwischen Sigebant und dem Grafen von Garadie. Nach vierzehn Tagen reist dieser ab. Hagen heiratet Hilde von Indien und übernimmt die Herrschaft des Landes. Seiner Tapferkeit halber nennt man ihn »Valant aller künige«. Die Prinzessin von Iserland wird nach Norwegen, in die Heimat von Hagens Mutter, verheiratet, die dritte bleibt unverheiratet bei Hofe.
Hilde bekommt eine Tochter, die ebenfalls Hilde genannt wird. Als sie zu großer Schönheit herangewachsen ist, werben viele Fürsten um sie. Hagen läßt alle Boten, die eine Werbung vorbringen, hängen, und

(Str. 200)
Der selben Fürsten einer bi Tenemarke saß
ze Waleis in dem Lande. Do er gehörte das,
daß si so schöne wäre, do rang er nach ir sere.
Das verschmähte Hagene; ...er nam ihm beide, leib und ehre.

(Einer dieser Fürsten nah bei Tenemarke saß
zu Waleis in dem Lande. Und als er hörte das,
daß sie so schöne wäre, rang um ihre Hand er sehre.
Doch Hagen verschmähte die Werbung und nahm ihm Leib und Herrschaft.)

(Im mittelalterlichen Sprachgebrauch kann die Ehre eines Landes auch die Herrschaft über ein Land sein. So heißt es einmal von Karl dem Kühnen: Er besaß »l'honneur de Gand« = Herrschaft über Ghent.)

Soweit die Hagensage. Man hat sie für gewöhnlich als pure Erfindung abgetan. Ich erlaube mir aber die Frage, was die zuletzt zitierte Strophe in einer reinen Erfindung soll. Sie ist ohne Sinn, es sei denn, hier wäre die Spur eines vergessenen Ereignisses stehen geblieben. Trifft diese Tatsache aber zu, so können wir uns nicht leisten, die ganze Sage ungeprüft ins Reich der Fabel zu verweisen.

II. Die Hildesage

5. Aventiure

(Str. 204)
Ein Held, der war erwachsen   in Teneland.
Ze Stürmen in einer Marke,   das ist wohlerkannt.
Da saßen seine Magen (= Verwandte),   die erzogen ihn nach Ehren...

So beginnt der zweite Teil der »Kudrun«, die Geschichte von König Hetels Werbung um die schöne Hilde von Irland. Seine Helden werden vorgestellt: Wate, der Alte, Hetels Verwandter, Horant, der Biedere, Wates Schwestersohn, Herr von Dänemark, Morunc, der Junge, von Niflant, Frute, der Grauhaarige, Hetels Neve (= Gevatter). Auf Moruncs Anregung hin beschließt Hetel um Hilde zu werben, trotz der schlimmen Gerüchte von Hagens Benehmen. Er ruft den erfahrenen Fruote und den weitgereisten Horant zur Beratung:

(Str. 224)
»Die Helde gingen sitzen   in einen Palas weit.
Mit tumplichen witzen   begundens reden (da)seit
von edeler frouwen minnen,   Horant und Fruote.
Der könig hörte es gerne;   darum gab er in miete (= Lohn) guote.

Zween brüstlin wi zwei epflin,   di hat diu edele maid,
so sprach der herre Fruote,   man het es mir geseit.
Nit schöner waden iemant   an einer frouen sah
sit vilen hundert jaren   vom Rhin bis an den Rha (= alter Name der Wolga).

So »tumpliche Witze« machten sie also, die Herren von Teneland...
Aber nein, der gewitzte Leser hat's schon gemerkt: Ich habe versucht, ihm einen Bären aufzubinden. Nur die erste Strophe ist natürlich echt! Die andere habe ich selber erfunden, weil ich mir so etwa die Sprüche vorstelle, die in dem »Palas weit« über den Bierkrügen gemacht wurden, und weil ich das Gelächter der Helden dröhnen höre.
Aber die Kommentatoren wissen das besser:

»tumplich = (adj.) jugendlich, – witze = (stark. Fem.) Klugheit, Erfahrung.«
So, jetzt habe ich mein Fett. Ich bin halt nicht seriös.
»Mit jugendlicher Klugheit und Erfahrung sprachen die beiden älteren Herren Fruote und Horant von edler Frauen Minne[1].«
Die Kommentatoren wissen das!
Aber ich bin nicht nur unseriös, sondern auch hartnäckig, und stelle deshalb fest, daß »tumplich« nicht jugendlich bedeutet, sondern jung, jung und naiv, »jung und dumm« eben, unerfahren.
Glauben Sie wirklich, daß man sagen könnte: Herr Wate, der Alte, sah noch sehr tumplich aus...?
Ich glaub's nicht. Und ich vermute, meine Leser auch nicht. Denken Sie sich was anderes aus, meine Herren Kommentatoren!
Denn außerdem stehen sie im Plural, die »tumplichen Witze«.
Kämpfte man im Mittelalter »mit Müten«?
Sprechen Sie da mit Vernünften, meine Herren Kommentatoren?
In Ernsten? Dann kleiden Sie sich sicher auch mit Geschmäcken!
Gebrauchen wir unseren Verstand, liebe Leser, unseren gesunden Menschenverstand. Von den Helden Hetels wissen wir nichts, sie waren vielleicht tatsächlich so steifleinen wie die Kommentatoren behaupten, aber der mittelalterliche Dichter läßt sich in Str. 16 vernehmen:

(Sigmunt und Uote)
Da er küssen sollte die minnicliche maid
um ihn ward gedrungen mit grosser arebeit.
Da hörte man erschallen manigen buckel richen
von ir schilde stössen si kunden einander nicht entwichen.

(Da sollte er küssen die minnigliche Maid,
so ward er gedränget mit vielem Geschrei.
Da hörte man erschallen manch Schildbuckel reichen.
Die Schilde stießen zusammen, sie konnten einander nicht entweichen.)

Da schildert der Dichter, wie ein grölender Haufe sich um ein schüchternes Paar drängt und es zwingt, sich in aller Öffentlichkeit zu küssen. Soll da wirklich »mit jugendlicher Klugheit« gesprochen worden sein? Oder hat man da nicht eher »tumpliche Witze« gemacht, nach des Dichters Meinung?
Ich hab' da keine Zweifel. Und grad zum Leid den steifleinenen Philologen bereichere ich die »Kudrun« noch um ein Gstanzl:

Und auch der Herre Horant der uebet sinen witz.
Beschrib mit zieren worten der edlen maged sitz.

Ain warmeflasch mit oren, sprach er, hat notig sere,
so sei er unverfroren, der edel könic here.

Genug, ich habe ja eigentlich einen Abriß des Kudrun-Inhalts zu geben im Sinn gehabt, und nicht, mich mit tumplichen Witzen auf Kosten ernsthafter Forscher zu amüsieren.
Fahren wir also fort:
Wate, Horant und Fruote fahren aus, Hilde zu entführen. Sie wollen sich für von Hetel vertriebene Kaufleute ausgeben, verstecken aber für alle Fälle eine Kriegerschar in ihrem Schiff.
Im Lande der Iren angelangt, bitten sie Hagen mit Geschenken um Frieden und Geleit. Schön gekleidet erregen sie bei Hofe Aufsehen, besonders Wate. Bei einem Schaufechten zwischen ihm und Hagens Fechtmeister und schließlich mit Hagen selbst erregt er großes Aufsehen.

6. Aventiure
Eines Abends singt Horant so schön im Hof, daß die junge Königin ihn in ihre Kemenate bittet, zusammen mit Morung. Bei dieser Gelegenheit bringt er Hetels Werbung vor. Hilde nimmt an, und ein gemeinsamer Fluchtplan wird verabredet. Vier Tage später nehmen die Hegelingen Urlaub und laden Hagen mit seiner Familie zum Abschied auf ihr Schiff ein. Hagen nimmt die Einladung an.

7. Aventiure
Während König Hagen die Kaufmannsware auf einem Schiff betrachtet, wird unauffällig die Prinzessin von ihrer Mutter getrennt, und das Hauptschiff der Hegelingen sticht mit ihr in See. Als Hagen die Verfolgung aufnehmen will, muß er feststellen, daß seine Schiffe angebohrt sind. Die Hegelingen sandten Boten voraus, ihre Ankunft anzumelden, und landen in Hetels Reich »ze Waleis in der Marke«. Hetel trifft ein und begrüßt seine Braut und seine Mannen mit einem Fest.

8. Aventiure
Am nächsten Morgen naht sich Hagen. Ein wilder Kampf beginnt, in welchem Hetel von Hagen und dieser von Wate verwundet werden. Auf Hildes Bitte trennt Hetel die beiden Gewaltigen und es wird Friede geschlossen. Wates Kunst heilt die Verwundeten. Hagen begleitet seine Tochter ins Land der Hegelingen und bleibt zwölf Tage. Nach seiner Rückkehr erzählt er seiner Frau, wie gut es ihrer Tochter ginge. Hätte er noch mehr Töchter, meint er, so würde er die alle zu den Hegelingen senden. (Auch Hildburg, die dritte Greifenbeute, wurde mit Hilde entführt und bleibt bei den Hegelingen.)

8. Kapitel

Gudrun, eine geheime Leidenschaft und das kürzeste deutsche Liebesgedicht

III. Die Gudrunsage

9. Aventiure

Hetels Helden kehren in ihre Länder zurück, mit Ausnahme von Horant, der »seine helde, zu Givers auf den Sand« bringt, »wo sie ihn Herren hießen«. Es heißt weiter, »si erwerten da ir selden«, und es wird berichtet, daß man weithin der Herren Namen kannte.

Das klingt zunächst, als läge Givers auch in Tenelant, aber weil es wenig wahrscheinlich ist, daß dieses Reich nicht nur einen König (Hetel), sondern auch noch gleich zwei Vizekönige hat, glaube ich, daß »der Herr« der »Tenen« Frute ist, und Horant eben nur »daher«.

Zudem werden wir Givers noch in einem Zusammenhang kennen lernen, der zeigt, daß Horant und seine Helden in Wirklichkeit zu einem berühmten Fürsten, anscheinend in Dienst, gehen.

»Si erwerten da ir selden« heißt daher wohl eher, »sie waren da wert ihren Sold« als »sie waren dafür bekannt, daß sie ihre Wohnsitze tapfer zu verteidigen wußten«, wie Karl Bartsch kommentiert.

(Eine solche Deutung ist zwar verbale Notzucht und das »tapfer« auf jeden Fall frei erfunden, aber wenn man erst einmal ein berühmter Philologe ist, darf man so etwas ungestraft tun.)

Hetel und Hilde bekommen einen Sohn, Ortwin, und eine Tochter, Gudrun, die noch schöner ist als ihre Mutter.

Ihretwegen stellt sich zu gegebener Zeit ein König Sifrit ein, der »von Môrlant« genannt wird, obwohl er noch ein halbes Dutzend anderer Reiche besitzt.

Hetel reagiert aber fast ebenso wie sein Schwiegervater Hagen einst: Er lehnt ab, wenngleich er sich nicht die gleichen groben Manieren leistet, oder leisten kann. Verständlicherweise zieht der Werber unter wilden Drohungen davon: »Er wollte ihm brennen alle seine Lande!«

10. Aventiure

Auf Rat seiner Mutter Gerlint beschließt auch Hartmut, Sohn Ludwigs von Ormanieland, sein Glück bei Gudrun zu versuchen.

Die Boten erhalten einen abschlägigen Bescheid, denn er gilt nicht als ebenbürtig. Königin Hilde sagt von seinem Vater:

(611)
Er saß in Frideschotten; da verschuldete er das,
daß er des König Oten Bruder ward verhaßt,
der auch die Lehen hatte von Hagen, meinem Herrn.
Der verfremdete sich ihm sere;

Bei dieser rätselhaften Strophe haben die Interpreten wieder einen Festtag: »Da sich Sagen und Lieder von König Otto und seinem Bruder Heinrich von Geschlecht zu Geschlecht fortpflanzten, so könnte eine Erinnerung daran hier durchschimmern.« (Karl Bartsch)
Abgesehen davon, daß ein so berühmter Gelehrter wie K. Bartsch nicht Geschlecht mit Generation verwechseln sollte und Sagen keine Fortpflanzungsorgane besitzen, dürfte er vielleicht Überlieferungen, Anekdoten, Berichte kennen, Sagen aber schwerlich. Die Frage nach den Liedern aber wollen wir ihm lieber ganz ersparen[1].
Da nach Strophe 9 Hagens Mutter anscheinend aus Frideschotten stammt (wo immer das sein mag), so genügt es, eine Verschreibung von »Königin Uote« zu »König Ote« anzunehmen, um die Situation zwanglos zu erklären. Aber dazu müßte man der Königin Uote eine wichtigere Funktion zuschreiben als nur Thronfolger zu gebären. (Schrecklicher Gedanke, nicht wahr?)

11. Aventiure
Auch Herwic von Seelant wirbt und wird abgewiesen.
Kurz darauf erscheint Hartmut von Ormanieland selber – inkognito.
Was nun berichtet wird, ist eine Episode, die in der gesamten Erzählung aus dem Rahmen fällt. Ob das schon jemand aufgefallen ist, weiß ich nicht, bezweifle es aber, denn »Germanische Helden« dürfen bekanntlich nur hehr und kühn sein. (Lauter Muskeln, kein Hirn und keine Gonaden.) Der Leser mag sich selber einen Reim drauf machen. Ich zitiere (Von Hartmut ist die Rede):

(622)
Ihn sahen Frauen edele, da er war gegangen,
mit seinem edlen Benehmen vor Frau Hilde stehn.

Und:

(623)
Sein Leib war wohl gewachsen schön und balt (= strahlend, glänzend),
milde und kühne...

Und die Strophe 624 im Urtext:

Der sîn herze gerte,   die hêt er nu gesehen,
tougen ougen blicke,   was dâ vil geschehen.
Er enbôt ir heimliche,   daz si daz erkande,
daz er hieze Hartmout   unde waere von Ormanîelande.

Wenn man sie wirklich braucht, dann sind sie natürlich nicht da, die Kommentatoren. Wenn eine Keilerei beschrieben wird, geben sie immer ihre Bemerkungen dazu, auch wenns gar nicht nötig ist.
Aber hier?
Kommentar Bartsch: daz... erkande, Flickzeile.
Mehr weiß er dazu nicht.
Danke, Herr Bartsch!
Ich weiß nicht, was der Leser denkt, ich weiß nicht einmal, was das genau heißt:
»tougen ougen blicke,   was da vil geschehen.«
Vielleichts ist's ja auch entstellt, aber das ist mir egal.
»tougen ougen blicke,   was da vil geschehen.«
Für mich ist das eines der schönsten deutschen Liebesgedichte.
Und das kürzeste, ein deutsches Haiku.
Sehen wir weiter:

(625)
Da kündete sie dem Degen,   daß es ihr wäre leid
– sie gönnte ihm wohl zu leben,   die herrliche Maid –,
daß er sollte gehen   von dem Hofe von dannen,
wenn er leben wollte   vor ihrem Vater und vor allen seinen Mannen.

Vor ihrem Vater und allen seinen Mannen also wechselten sie schnell und heimlich ein paar Worte. In jugendlicher Verwegenheit und aufbrennender Leidenschaft: tougen ougen blicke...
Und weiter:
Im Original:

(626)
Si sach in also schönen,   daz ir ir herze riet,
swie sin bote gehönet   uz dem lande schiet.
Si was im doch genaedic,   der er im herzen gerte,
swie si Hartmuoten   sins willen vil lützel iht gewerte.

Übersetzen wir:
Sie sah ihn so schöne, daß ihr ihr Herze ritt (= hüpfte, sprang)
– obwohl sein Bote (zuvor) verhöhnet aus dem Lande geschieden –.

Sie war ihm doch genädig, (sie) die er im Herzen begehrte,
so wie sie Hartmut seines Willens viel wenig nicht gewährte.

Meinetwegen soll auch die erste Zeile heißen: »...daß ihr ihr Herze riet« (obwohl dann nicht gesagt wird, was es riet), aber die letzte heißt unbestreitbar: »so wie sie auch Hartmut fast alles, was er wollte, gewährte.«
Lesen wir noch einmal die dritte Zeile:
»Si was im doch genaedic, der er im herzen gerte,«
Si was im *wol* genädig – nein, das ist »hôvelich«.
Si was im *ser* genädig – nein, das ist wohlwollend.
»Si was im *doch* genaedic« – das ist ein verzweifelter Aufschrei:
Der Dichter sieht es, wir sehen es, und um ein Haar könnten es auch »ihr Vater und all seine Mannen« sehen (und die Philologen).
Glücklicherweise hat man nichts bemerkt. Wir können nur vermuten, daß sie sich wiedersahen, aber wir wissen nichts.
Ich weiß nicht, was sich der Dichter dachte, als er Hartmut als den eindrucksvollsten, edelsten und liebenswertesten Helden der Sage darstellte, oder warum er ihm eine heimliche Liebesgeschichte mit der schönen Gudrun gewährte.
Ich weiß nur, daß das absolut nicht in den Zusammenhang paßt. Vielleicht, wer kann es sagen, spricht da sein eigenes Herz:
»tougen ougen blicke, was da vil geschehn.«
tougen ougen blicke war's um ihn geschehn... wer weiß?
So und jetzt, Leser, genießen Sie die Fußnoten zur Strophe 626.
Die Stimme der Wissenschaft spricht hier:
Zeile 1: irz, ihr riet, so zu handeln; ihn durch einen Boten warnen zu lassen.
Zeile 2: gehöhnet, mit Hohn bedeckt.
Zeile 4: vil lützel iht, durchaus nicht.
Schön, und jetzt will ich den warnenden Boten im Text sehen, nicht den verhöhnten aus der vorigen Aventiure, sondern den Warner: Wo ist er? Alles, was ich sehe, ist ein Paar, das sich in aller Öffentlichkeit »vor ihrem Vater und vor allen seinen Mannen« unterhält;
Und was hat ihr ihr Herz geraten? Ein Z einzuflicken, wo keines nötig ist?
Und »gehöhnet« heißt »mit Hohn bedeckt«? Denk mal einer an! Man lernt nie aus.
Und »vil« heißt viel, »lützel« klein oder wenig, »ibt« nicht, aber »vil lützel iht« soll »durchaus nicht« heißen?
Herr Bartsch, Sie waren ein berühmter Germanist, und vil lützel klug! Durchaus klug! (Was dachten Sie denn, Leser?)
(Du aber, geh heim, Hartmut! Es hat ja doch keinen Zweck!
Und komm nicht wieder, sonst geschieht ein Unglück. Hörst Du?)

Sehen wir weiter:

(627)
Also schied von dannen der wol gezogene gast,
daz er über rücke truog den großen last...
(Ich fürchte, er hat mich nicht gehört.)
wie er sich geräche, an Hetelen der leide,
und daz er doch darunder nit verlör die Huld der viel schönen Maide.

Herr Bartsch, bitte:

»der leide, Gen. Pl., für die Verletzung seiner Ehre.«
Ja, so sehen Sie aus! Für die Verletzung seiner Ehre muß er sich rächen!
Sonst nichts!
Daß er die Herzliebste nicht kriegt, das ist ihm also wurscht, dem Hartmut, aber die verletzte Ehre muß reingewaschen werden. Man fragt sich nur, warum er dann erst noch inkognito gekommen ist. Die beleidigende Ablehnung war ja vorher geschehen.
Und was weiß Karl Stackmann, im Jahre 1964 dazu zu sagen?
Vorwort: »...von der alten Ausgabe so viel wie möglich bewahren ...war ein selbstverständliches Gebot der Pietät...

12. Aventiure
Kurz darauf fällt König Herwic in Hetels Reich ein, und versucht dessen Residenz zu stürmen. Der heftige Kampf wird auf Gudruns Intervention hin aber abgebrochen. Herwic hält um ihre Hand an, und es kommt zu einer förmlichen Verlobung. Wenigstens behaupten das die Interpreten.
Der Dichter, von dem sie leben, aber den sie dauernd für einen Trottel erklären, der Dichter sagt (Str. 665):

Da gap man si im ze wibe; daz geschach in kurzen Ziten...

(Kurz darauf gab man sie ihm zum Weibe.)

Ich glaube ihm, und nicht den klugen Forschern, den vil lützel klugen Forschern. Interessant ist aber die Frage, warum die Herren unbedingt, entgegen dem Wortlaut des Gedichtes, auf einer Verlobung statt Heirat bestehen. Nicht so sehr für die Kudrun-Interpretation, wie für ihre eigene Mentalität: Daß Herwic und die Hegelingen nämlich später zur Befreiung einer Ehefrau ausziehen, das ist ihnen unvorstellbar. Nur eine »edle Jungfrau«, eine fabrikneue Prinzessin lohne den Aufwand, meinen sie, eine schon gebrauchte nicht. Wenn das sich aus der Zeitatmosphäre erklärt, so wär's doch angebracht, da einmal auszumisten. Aber wie gesagt, so etwas wird unbesehen übernommen: »Selbstverständliches Gebot der Pietät.«...

Entgegen dem Wortlaut des Gedichtes. Aber man sieht eben nur das, was man sehen will.

Saxoborussia sei's Panier! Kaisermanövermentalität!

Solche Interpretationen sind ja nicht gleichgültig. Aus der Mentalität ergibt sich die Interpretation, aus dieser dann Schlußfolgerungen, nicht nur auf den Dichter, sondern auch auf die »ritterliche Haltung«, »die Germanen«, und am Ende hat man, ohne es zu merken, die Geisteshaltung des 19. Jh. auf die Völkerwanderung zurückprojiziert. Aber sehen wir weiter:

(656)
Herwic sprach zer frouen: »mir ist daz geseit
[...]
daz iu versmähe durch min lihtez künne
ofte bi den armen habent riche liute guote wünne.«

(Herwic sprach zur Fraue: Man hat mir gesagt,
...
daß ihr mich verschmähet ob meiner geringen Herkunft.
Oft bei den Armen haben reiche Leute große Wonne.)

Aber da der Held wie an die Wand gemalt dasteht (»wie er us meisters hende wol entworfen waere an einer weissen wände...«), antwortet sie ihm:

(657)
»holder dann ich iu waere ist kein maget (= Magd) di ir ie gesähet.«

(Kein Mädchen, das ihr je gesehen, ist euch mehr hold als ich.)

So bietet er ihr denn Herz und Hand:

(661)
»...min bürge und mine mage
daz soll iu allez dienen...«

(Meine Burgen und meine Sippe,
sie sollen alle euch dienen..)

Und ihre Antwort ist:

(662)
»ich gihe (= gestehe) iu gerne, daz ich iu wese hold.« Und
»du solt immer mit mir haben wünne.«

Man beachte die Psychologie des Dichters, der hier von der höflichen zweiten Person Plural in den Singular wechselt. Gudrun beginnt ihren Freier zu duzen.

Was will man mehr?
Aber, *aber*:
Haben wir nicht gerade entdeckt, daß die schöne Kudrun eine »Affaire«, no, sagma halt, »ein Affairl« mit dem Hartmuot gehabt hat?
Und jetzt Herwic? »Du solt immer mit mir haben Wünne.«
Und wenn ich's recht überlege, wie das war, mit dem Sifrit von Moere: »si truog im holden willen – ofte tet si daz –.« (Str. 583)
Haben Sie gesehen, »ofte tet si daz –«! Holden Willen tragen. Na ja.
Wir stehen erstaunt vor der Feststellung, daß unserer kleinen Kudrun jeder recht ist, der Hosen, pardon, eine Rüstung anhat.
Ist die rührende kleine Kudrun »mannstoll«?
Pfui, wer wagte so etwas zu sagen?
Und doch, wenn wir dem Gedicht folgen: Kudrun ist eine »femme fatale«, ein Vamp.
Die Sage von den Leiden der edlen Jungfrau und ihrer endlichen Befreiung ist nämlich gar nicht wahr.
Ich hätte es gern vermieden, das zu behaupten, denn es ist peinlich, in den Geruch zu kommen, alles umzudrehen, nur um des Umdrehens, der Paradoxe willen. Aber die Tatsachen sind hartnäckig, oder vielmehr, die Tatsache (Singular).
Kudrun hat nicht nur das Recht, sich spielerisch mehr oder weniger weit mit jedem einzulassen, es ist geradezu ihre Pflicht.
Und das bei den Germanen? Den keuschen Germanen?
»Preisgegebene Keuschheit wird nie verziehen...« (Tacitus, Germania)
Tja, der alte Puritaner spukt noch immer in den Köpfen.

9. Kapitel

Germanische Moral, der moerische Krieg und ein Frauenraub

Sehen wir uns die germanische, die skandinavische Mythologie an:
(Und darf ich gleich darauf hinweisen, daß man sich da nicht aus der Affaire ziehen kann, mit der Behauptung, es sei da ein Unterschied. Die Gleichung stammt nicht von mir.)

Von Freya, der großen Göttin:
»... stammt die Ehrenbezeichnung vornehmer Weiblichkeit: Frova = Frau« (Gylfaginning). Ihr berühmtester Besitz ist der Schmuck Brisingamen.
Erworben hat sie ihn, indem sie sich drei Zwergen prostituierte (Flateyarbok).
»Vornehme Weiblichkeit«. (Wer lacht da?)
Frigga, Odins Gemahlin, tut dasselbe um eine Goldstatue (Saxo Grammaticus) und betrügt ihren abwesenden Mann mit dessen Brüdern (Snorri Sturluson).
Gefion tut das gleiche, um in den Besitz der Insel Seeland zu kommen, nur ist es bei ihr ein Riese.
Idun ist mannstoll und inzestuös,
Skadi betrügt ihren Mann mit Loki (Lokasenna).
Kurzum, wie Odin im Harbartslied sagt:
»Herzige Weiber hatten wir, / wären sie uns handzahm geworden; / tüchtige Weiber hatten wir, / wären sie uns treu geblieben.«
Die Erklärung aber für Kudruns Verhalten, und ebenso für die vorstehenden Beispiele, werde ich nachliefern, wenn wir erst mit dem Kudrun-Lied weiter fortgeschritten sind.
Wie gesagt, Herwic und Kudrun werden verheiratet, aber sonderbarerweise folgt eine Strophe, die uns mitteilt:

(667)
Man riet Herwigen, daz er si lieze da,
daz er mit schönen wiben vertriebe anderswo
di zit und sine stunde darnach in einem jare.

»Doch ist dort strenge Ehe und in Nichts ist ihr Charakter lobenswürdiger...« (Tacitus, Germania) So, so!
Sifrit von Morland, der abgewiesene Werber, denkt nicht daran aufzugeben (so wenig übrigens wie Hartmut). Er baut Schiffe, sammelt Mannen und überfällt Herwic in Seeland:

(672)
Gen des meien ziten si kamen über see,
di Helde uz Abakie und di von Alzabe.

(Abakie und Alzabe sind zwei der sieben Reiche Sifrits.)

(674)
In lant des Herwiges wurfen si den brant...

(676)
Der strit werte lange des lag da maniger tot
Herwic der edele kam in große Not
daz er bis uf sine marke (= Grenzland) mußte so entrinnen
daz lant rauchte allenthalben das entbot er Kudrun der Kuniginne.

Man sieht, Kudrun ist nicht seine Braut, sondern seine Königin. Boten werden an Hetel gesandt, und dieser kommt mit einem starken Heer seinem Schwiegersohn zu Hilfe.

(698)
Wüßtens die von Alzabe, so möhten si ihn furchten sere.

Und sie werdens gleich zu spüren kriegen:

(702)
Daz waren zwene künige, denen ir arbeit
kam zu unsanften maeren...

Böse Neuigkeiten, meine Herren! Aber wieso zwei? Hat Sifrit nicht nur Krieger aus zweien seiner Tributländer aufgeboten, sondern gleich noch deren König? So ähnlich muß es sich der Dichter wohl vorstellen. Oder weiß er, daß die meisten der Germanenvölker in Südrußland ein Doppelkönigtum hatten?

(718)
Am drizehenden morgen vor Frühmeß ziten
sprach Sifrit mit sorgen: »seht was hier liegt
unser guter recken...«

(719)
(Sie) riten in eine Veste, da si genesen kunden...

(720)
Si wichen von dem streite ze einer Warte dan,
da zu einer seite ein grosser Phlum ran. (Phlum = flumen = Fluß)

In einem Zweikampf mit Hetel zieht Sifrit den kürzeren (Str. 721–722), und die Hegelingen beginnen die Belagerung, während die Moere »ieglicher doch daheime gerner were« (723). Man kann's ihnen nachfühlen.
Während dieser vorläufigen Pattstellung schickt Hetel beruhigende Boten nach Hause. In der Strophe 726 wird ausdrücklich gesagt:

da man (zu) dienen pflag / der schoenen Kudrunen und Herwic uz Selanden.

Genügt das, als Beweis für die Eheschließung? Mir schon.
Ich glaub' dem Dichter!

13. Aventiure
Während so die Belagerung fortschreitet,

der kunic uz Karadine der edlen Moere Herre
im kom vil wenig hilfe siniu lant diu lagen von im gar ze verre (= weit),

erfolgt ein Szenenwechsel.
Hartmut von Ormanie hat Späher ausgesandt:

(730)
Diu spehe Hartmuotes was dar gesandt
– si goumten da nit guotes – von Ormanilant.

»goumen (schwaches Verb): wahrnehmen, bemerken«, steht in den Anmerkungen. Sie bemerkten also nichts Gutes, die Spione Hartmuts. Aber daß Hetel abwesend ist, sollte Hartmut doch freuen?
Ja mei, ein Germanist müßte man halt sein, der die Wahlverwandtschaften gelesen hat, denn da stehts, was goumen wirklich heißt: Vermitteln.
Die Späher haben nicht etwas Ungutes wahrgenommen, sondern etwas *für die Hegelingen Ungutes übermittelt*: Hetels Abwesenheit.

(732)
di boten eilten widere in Ormanilant
di sageten in deheine *diu libe Maere*
daz Hetele und Herwic vil unmüßig in dem strite wäre.

(daß Hetel und Herwic eifrig im Kampf seien)

So »libe maere« (na also) »goumten« sie, und daraufhin beschließen Hartmuot und sein Vater Ludwic, Kudrun zu rauben.

(737)
Des was vil genoete diu alte Gerlint
wi si daz rechen möchte, daz Hetele sin kint
versaget smäheliche ir sune Hartmuoten.
Si wunschte, daz si hahen solten beide Waten unde Fruoten.

(Dessen war sehr eifrig die alte Gerlint,
um zu rächen, daß Hetel sein Kind
schmählich versagt hatt' ihrem Sohne Hartmuten.
Sie wünscht, daß man henke Waten und Fruten.)

Im weiteren sehen wir, daß der Raub Kudruns für Ludwic eine politische Tat ist, für Gerlint in erster Linie eine Abrechnung mit ihrem Intimfeind, dem »Wotanspriester« Wate. Hartmuot selber sieht nicht das brutale Mittel, sondern träumt von einer glücklichen Zukunft.

»Ein Gedicht ohne sonderliche literarische Qualität, von seinem Autor wohl niemals bis in alle Einzelheiten ausgeformt...« (K. Stackmann), zeigt hier eine psychologische Differenzierung, die einen erstaunen läßt.

(745)
die guten schifliute Ludewic gewan,
den die merstraze ze rehte waren kunde.

(Gute Seeleute für sich Ludwig gewann,
denen der rechte Seeweg kund war.)

Die erste Werbungsgesandtschaft reiste zu Lande, jetzt zieht man zu Schiff aus. (Mit gemieteten »schifliuten«.) Die vielzitierte »Wikingische Luft« scheint bei diesen Landratten jedenfalls nicht zu wehen.

(748)
Mit dri und zwanzig tausent si fuoren über see.
Es was nach Kudrunen Hartmuoten weh.

Ich hab's ja gesagt, er kann's nicht lassen. Hartmut, Hartmut, das wird nicht gut gehen, armer Junge...

Schließlich kommt die Flotte:

(750)
ze Hegelingen lande...
daz si palas unde türme in der schoenen Hilden bürgen sahen.

Man beachte, daß es Hildes Burg ist, nicht Hetels. Sie ist die wahre Herrin – ebenso wie Gerlint in Ormanie.

14. Aventiure

Hartmuot sendet Boten aus und bringt noch einmal seine Werbung vor:

(754)
Ob si minnen wolte, als er ihr eh entbot
– ihm waz mit gedanken vil dicke nach ihr not...

Vor ihrer Mutter antwortet Gudrun:

(769)
»...ich will des haben rat
daz der kuene Hartmuot bei mir nit enstat (nit enstat ist doppelter Negativ)
vor unser beider fründen unter kuniges krone
er ist geheißen Herwic dem ich sins guoten willen gerne lone.
Dem bin ich bevestent: ich lobete in ze einem man,
er nam mich ze wibe. Dem recken ich wol gan
swaz im immer kunde geschehen grozer ere.«

(770)
»Alle mine stunde ger ich uf minne deheines friundes mere.«

Wenn wir jetzt den wirklichen Text hätten, statt eines »berichtigten« (aber darauf komme ich später), so wäre diese Übersetzung vielleicht möglich. So aber, mit einem zurechtgestutzten, sind wir in einer dummen Lage. Kudrun lehnt die erneute Werbung ab. Ich will's ja glauben, aber warum sagt sie dann:

»...Ich will es dahin bringen (des haben Rat)
daß der kühne Hartmut bei mir steht (nit entstat = nicht nicht steht)
vor unser beider Freunden unter der Königskrone.
Dem Herwic will ich seine Gutwilligkeit gerne entlohnen.«

Die zweite Strophe ist klarer, aber auf wen bezieht sie sich? Auf den, dessen Gutwilligkeit man gern belohnt, oder auf den, den man gekrönt neben sich stehen haben will? Wohlgemerkt, Kudrun spricht hier in der Öffentlichkeit.
»Dem bin ich verlobt: Ich habe ihn mir zum Manne verlobt.
Er nahm mich zum Weibe. Dem Recken ich wohl gönn (gan = gönnen, nicht gehen), was ihm immer konnte geschehen an großer Ehre.
Alle meine Stunde begehre ich die Liebe keines Freundes mehr!« (oder »deines«?)
Also, wer ist gemeint? Hartmut oder Herwic?
Sehen wir weiter:
Einer der Boten Hartmuts kündigt das Kommen seines Herrn und seiner Recken in Matelane auf den dritten Morgen an. Kudrun, die eben den Antrag abgelehnt hat, muß da natürlich erschrecken.
Was sagt der Dichter?

»Des erlachte diu vil wol getane.« Und denkt nicht daran, in der Zwischenzeit zu flüchten. Zugestanden, im weiteren Verlauf scheint Kudrun sich deutlich gegen Hartmut zu stellen, aber ich vermute, daß der Dichter hier selbst schwankt. Vergessen wir nicht, daß in allen anderen Brautraubsagen die Geraubte willig ist. Da wir die genaue Genesis des Gedichtes nicht kennen, können wir nur vermuten, daß er zwischen widersprüchlichen Varianten schwankte.

Machen wir's kurz: Im Rest der Aventiure wird geschildert, wie Matelane erobert wird und Kudrun mit ihren Jungfrauen entführt. Merkwürdig ist dabei, daß die Ormanier nicht versuchen, Hilde etwa als Geisel mitzunehmen, obwohl das naheläge. Aber hier ist der Respekt vor der königlichen Frau zu groß.

Es ist an dieser Stelle vielleicht angebracht, auf die These von Jean Carles »le poème de Kûdrûn« hinzuweisen. Dieser stellt fest, daß unser Gedicht zwischen seinen eigenen Versen Strophen im Versmaß der Nibelungen enthält; das ist an sich nichts Neues, aber Carles stellt zu Recht fest, daß diese Nibelungenstrophen nichts zur Handlung beitragen, sondern die Erzählung nur ausschmücken, und schließt daraus auf eine Einarbeitung eines zweiten Gedichts im Nibelungenversmaß. In dieser 14. Aventiure sind nun fünf Nibelungenstrophen enthalten (von 57), und das könnte ein Zeichen sein, daß die unsichere Redaktion des Dichters aus dieser Erweiterung sich erklärt. Bezeichnenderweise ist Hartmuots heimliche Werbung (tougen ougen blicke) – die kürzeste Aventiure, mit Abstand (wenn wir von dem Schluß absehen). Ich will hier auf diese Frage nicht weiter eingehen. Monsieur Carles hat das besser untersucht, als ich es hier widergeben könnte.

Lassen wir diese Frage also. Die weiteren Abenteuer Kudruns werde ich später erzählen, da sie sich nicht wie das bisher Gesagte dazu eigenen, Erzählung und geographisch-historische Analyse zu trennen.

Wenden wir uns also jetzt Hetels Reich zu, denn schließlich ist es nicht unwichtig, wo das alles, nach des Dichters Meinung, geschehen ist.

10. Kapitel

Hetels Reich an der Nordsee, der unwissende Dichter und die klugen Forscher

Wenden wir uns jetzt dem Reich der Hegelingen zu, wie es in der Kudrun beschrieben wird. Ich bin nicht der erste, der das tut, und meine Vorgänger haben gründliche Arbeit geleistet. Wahrhaftig! Es gibt keine Ortsangabe, für die sie nicht einen, meist aber mehrere Standorte ausgemacht haben:

Der Wülpensand liegt an der Scheldemündung, und nahe dabei Ca(e)dsant, der Normannenburg Kassiane der »Kudrun«. Gustrate ist in England zu suchen, Ikaria im Mittelmeer, Galeis bei Calais, Abakie und Alzabe in der portugiesischen Algarve und so weiter und so fort.

Freilich passen, leider, die Ortsangaben nicht zusammen, und so wird eben der Dichter in die Ecke gestellt. Seine Schuld ist es, wenn man sein Gedicht nicht versteht. Er hat Quellen vermischt, Motive entliehen, Ortsangaben umgekehrt und mißverstanden...

Es ist halt ein Kreuz mit den Dichtern. Am besten täte man ja daran, sie abzuschaffen, aber das geht leider nicht. So schaltet man zwischen dem vermuteten Urtext und der eigenen Interpretation möglichst viele Zwischenstufen ein, denn das erlaubt scharfsinnige Konstruktionen, Emendationen, Rektifikationen, Interpretationen, frei von der schnöden Realität und ihren Zwängen. Die aber sagt: Hier ist der Text! Erkläre ihn, nicht eine vermutete Zwischenstufe!

Ich will's versuchen.

Begnügen wir uns für den Augenblick mit der Gudrunsage (Kudrun III) und sehen, was die bisherigen Interpreten über die Völker und Schauplätze zu sagen haben. Frau Professor Roswitha Wisniewski hat die verschiedenen Meinungen dankenswerterweise in ihrer »Kudrun« von 1963 zusammengestellt und durch eigene Feststellungen bereichert. Folgen wir also ihren aufschlußreichen Erklärungen:

Sie beginnt: »Jeder Interpretation des mhd Kudrunepos stellt sich schon in den primitivsten Grundlagen eine große Schwierigkeit in den Weg: Die geographischen Angaben. Irland, Wales, Holstein, die Normandie, das holländisch-westfriesische Gebiet und schließlich der Mittelmeerraum werden mit einzelnen Orten benannt, lassen aber kaum erkennen, wie der Dichter sie zueinander ordnet...

Wichtiger als jede Interpretation des geistigen Gehalts... muß es daher sein, zunächst Klarheit in diesen Dingen zu gewinnen, weshalb auch die Forschung gerade darauf besondere Mühe verwandt hat. Wenn man nicht von vornherein – wie etwa H. Schneider (Heldensage Bd. 1) – zu der Anschauung neigt, daß die »Kudrun« sichtlich keine einheitliche geographische Vorstellung besitzt, dann wird man versuchen, so viele Namen wie irgend möglich miteinander in Einklang zu bringen.«

So hat schon K. Müllenhoff im vorigen Jahrhundert eine Lokalisierung versucht. R. Wisniewski:

»Er geht davon aus, daß unter Seeland nicht die niederländischen Seelande an der Scheldemündung zu verstehen seien und erst recht nicht die dänische Ostseeinsel, sondern die friesischen Seelande an der Ems und Weser. Das Land Hetels, das Hegelinge- bzw. Hedeningelant denkt sich Müllenhoff ebenfalls im südlichen Nordseegebiet, nämlich am unteren Rhein, der unteren Maas und Schelde; da aber Hetele offensichtlich auch König von Dänemark ist, das Horant als sein Lehnsmann besitzt, muß er auch dieses zu Hegelingenland rechnen.«

Wie wir sehen, ist also Hervics Seeland zwischen zwei Besitztümern Hetels wie eingeklemmt, und überdies ist Sturmlant, das Hetels Oheim Wate beherrscht, »...nicht die Provinz Stormarn, sondern der Sturmigau an Aller und Weser um Verden«. Von drei Seiten also umgibt Hetels Reich Seeland?
Eine recht unwahrscheinliche Situation also, aber immerhin möglich. Pikant wird die Sache erst durch das Kunststück »Land Hetels, das Hegelinge- bzw. Hedeningelant«. Diese Gleichsetzung kommentiert nämlich R. Wisniewski (oder Müllenhoff?) in Klammern folgendermaßen: »Auch einige Ortsnamen weisen g statt des älteren d auf, so Högling Hegelingaz, 804 urkundlich belegt.«
Heureka, da haben wir ja das Hegelingenland. Wieso es allerdings beweisen kann, daß die ursprüngliche Form Hedeninge war, das kann ich nicht verstehen.
Vielleicht verstehen Sie es, Leser.
Und außerdem – liegt Högling in Bayern. Bei Amberg nämlich. Wenn also die ursprüngliche niederdeutsche oder friesische Form des Namens Heteninge ist, und das bayerische Hegelingaz von 804 eine jüngere Ableitung, so ergibt sich mit aller wünschenswerten Schärfe, daß Bayerisch – ein plattdeutscher Dialekt ist.
(Herr Staatsarchivdirektor Krusch läßt schön grüßen!)
Fahren wir mit R. Wisniewski fort, die Mäander des Müllenhoffschen Geistes zu erforschen:
»Der Name Morlant hat viele Deutungen erfahren (= eine niederländische Moorgegend, fries. Moorsaten, das Moor- und Brokmännerland, Maurungania jenseits der Elbe, Land der gallischen Moriner in Flandern). Müllenhoff glaubt nicht, daß in ihm ein echter geographischer Begriff steckt... Auch Ortland ist... kein bestimmtes geographisches Gebiet innerhalb von Hetels Reich, sondern eine weitere, umfassende Bezeichnung dieses Reiches, nämlich Nortlant, das vom Kudrundichter versehentlich zu einem eigenen Teilgebiet gemacht wurde...
Müllenhoffs Ansichten blieben weitgehend unwidersprochen und formen noch heute unsere Vorstellungen vom Geschehen in der Kudrun.«
Mir scheint, wenn man dem Ortland schon ein N anklebt, so sollte doch was Besseres herauskommen als ein Versehen. Der König Sifrit aber, der um Kudrun wirbt und Seeland angreift, kommt nach Müllenhoff nicht aus einem echten geographisch faßbaren Lande, sondern aus dem »Einfluß der Kreuzzugsdichtung«.
Aber Müllenhoff ist auch der Forscher, der in den 1705 überlieferten Strophen der Kudrun nicht weniger als 1291 als unechte jüngere Zudichtung entlarvte. Da bleiben freilich nicht viel Ortsangaben übrig.
Wie soll man so jemand nennen?
Vielleicht, wie er selber den kritischen und gebildeten alten Geographen Strabo genannt hat?
»... böswillig und zugleich dumm... arger Tölpel...«
Ich werd' mich hüten!
Sehen wir weiter bei R. Wisniewski: »Eine wichtige Ergänzung verdanken wir R.

Meissner, der das rätselhafte Gustrate als einen wichtigen Orientierungspunkt... identifizierte, nämlich als ein Vorgebirge an der englischen Südküste, das mittelniederdeutsch ›to den Gholtsterte‹ oder ›Goustert‹ heißt... bleibt leider nur die Schwierigkeit bestehen, daß Goustert von der Normandie aus östlich liegt und daher niemals von den in der Normandie befindlichen Hegelingen als Ort des Sonnenuntergangs gesehen werden kann, wie es die Str. 1146 nahelegt...«
Man kann es nicht besser sagen! Aber was folgt daraus?
»... daß wieder eine Unstimmigkeit vorliegen und man dem Dichter... vorwerfen muß, daß er den Ort des Sonnenaufgangs mit dem des -untergangs verwechselte, was wieder auf mangelnde geographische Kenntnisse des Dichters schließen läßt.«
Sakra, sakra, dieser Dichter, immer im Wolkenkuckucksheim... keine so soliden geographischen Kenntnisse wie die Philologen...
R. Wisniewski: »Einige Abweichungen... bietet W. Jungandreas. Er kehrt zu der Anschauung zurück, daß unter Seelant... Zeeland zu verstehen ist. Als das Land Hetels sieht er Brabant an (Macelanes, Maslinas = Mecheln). Bei... Ortlant geht er von der Nebenform Hortland aus, die die Handschrift einige Male bietet, und denkt sie aus Holtland und schließlich Holland entstanden, was allerdings kaum glaubhaft erscheint.
Friesland ist wie bei Müllenhoff das friesische Stammland zwischen Rhein- und Wesermündung... Tenmarke neben Galeis (= Calais) an der nordfranzösisch-belgischen Küste gelegen.«
Roswitha Wisniewski hat gegen diese Deutungen sinnvolle und logische Einwände. Sie weist darauf hin, daß sie nicht mit den Ereignissen der Erzählung zu vereinbaren sind. So wäre etwa der Wülpensand, den man mit dem Wulpensand an der Scheldemündung identifiziert, nach Müllenhoff mitten im Hegelingenland, nach Jungandreas in Hervics Seeland gelegen.
»Muß man also dem Dichter der Kudrun wieder absolute Unkenntnis der Ortsverhältnisse zuschreiben?«
Man muß nicht: R. Wisniewski schreibt:
»Wie aber, wenn man die Angaben der Kudrun ernst nimmt und davon ausgeht, daß zu Hetels Reich Tenmarke, Dietmers und Holzanelant gehören, die wir sicher lokalisieren können und die wir einmal als Teile eines geschlossenen Blockes von einzelnen Ländern nehmen wollen... Wir würden demnach den Kern des Reiches nicht an der südlichen Nordseeküste suchen, sondern vielmehr auf der jütischen Halbinsel.
Die einzelnen Teile von Hetels Reich lassen sich ganz gut erkennen. Horant beherrscht Tenmarke, Wate Sturmlant, Ortwin Ortlant oder Ortriche, Irolt ist Herr der Friesen und der Holzsaezen. Dietmers wird lediglich einmal als Teil von Hetels Reich genannt.
Können diese geographischen Angaben auf die jütische Halbinsel bezogen werden? Bei den Holsteinern versteht sich das ebenso von selbst wie bei den Tenen. Mit den

Friesen können die Nordfriesen gemeint sein. Bei Sturmlant möchte man um so eher an die Provinz Stormarn denken, als Wate, der ihr Herr ist, so abfällig über die Sachsen urteilt, wie es eigentlich nur ein Nachbar tun kann (Str. 1503).«

Hoppla! Was sagt Wate? Er will die Kinder seiner Feinde umbringen und erklärt: »...sollten die erwachsen, / so wollte ich ihnen nicht mehre getrauen als einem wilden Sachsen.«

Wenn der wilde Krieger, der selbst Säuglinge nicht verschonen will, die Sachsen wild nennt, ist das »abfällig geurteilt«?

Sehen wir weiter.

R. W.: »Schwierigkeiten bereitet Ortland... (darüber) macht der Dichter einige genauere Angaben. Ein breiter Fluß wird erwähnt (Str. 1097)... und als Hartmut... fährt, um Kudrun zu rauben, segelt er neben Ortlant (Str. 749).«

Wieder Hoppla! Was steht da? »...ja truogen si die ünde neben Ortlande«, von Segeln steht da nichts.

Betreibe ich da Haarspalterei? Gewiß, aber nicht wenige der Erklärungen, die ich bezweifle, sind durch Haarspaltereien gewonnen. Habe ich nicht dasselbe Recht? Und was wird *mir* geschehen, wenn *ich* falsch zitiere?

Weiter: »Ortland muß also eine Insel oder besser noch eine Halbinsel sein, die weit ins Meer vorspringt und daher den Namen Ort zu recht trägt. Es gibt tatsächlich in Holstein eine solche Halbinsel... Es ist die Halbinsel Eiderstedt, die jetzt nach dem sie charakterisierenden Fluß genannt wird und an deren Spitze Ording liegt.

Fährt man an der Nordküste Eiderstedts (= Ortlands?) entlang, so kommt man in das Gebiet um die Stadt Husum. Das ist altes friesisches Siedlungsland und es trägt heute wie früher den Namen Goesharde. Das erinnert sofort an Gustrate, so daß wir hier den etwas entstellten Namen des Heimatlandes der Hegelingen vor uns haben werden.«

Mit einem minimalen Kunstgriff, einer Änderung der Interpunktion, gelingt es R. Wisniewski auch tatsächlich elegant, Gustrate von der Nähe des Normannenlandes in die Heimat der Hegelingen zu versetzen. Meine Hochachtung!

R. Meisner hat »to den Gholtsterte« umsonst gefunden. Armer Meisner, undankbare Nachwelt. Also? Alles klar?

Nein, leider nicht, denn gleich darauf folgt:

»Nördlich von den Goesharden liegen die Karrharde, d. i. Karadê, Karadie, Karadine, ein Teil von Sivrits von Morlant Herrschaftsbereich. Damit wird auch die Bezeichnung Morlant identifizierbar; denn es ist augenscheinlich das friesische Morland, die Harde(Risum)moor, deren Einwohner noch heute als Moringer, Moeringer bezeichnet werden.«

Und weiter gehts: »Man ist versucht, die noch fehlenden Namen, die Burgen Campatille und Matelane, Morungs Reich Nifland, Givers, das zu Dänemark zu gehören scheint (Str. 564), Abakie, Abalie und Ikarja, die zu Morlant gehören, Morungs Lehen Waleis ebenfalls als geographisch festlegbare Bezeichnungen dieses

Raumes zu nehmen und nach ihnen zu forschen. Vielleicht gelingt es eines Tages wirklich, sie zu finden.«
Danach zu suchen ist natürlich legitim, denn die Kudrun gibt eine ausführliche Beschreibung, Str. 1129:

> Da leben die leute schöne; so reiche ist ihr land,
> da die wasser fliessen, da sei silbern der sand:
> damit mauern sie burgen. Was sie haben als steine,
> da ist gold das beste. So ist ihre Armut kleine.

Müßte leicht in Jütland zu finden sein, wenn in der fraglichen Strophe 564 nicht eben Horant von Tenemarke aus Hetels Reich nach »Givers uf den sant« reiste, was eben nicht heißt, daß es zu Dänemark gehört. Jaja, die ungefähren Zitate…
Es kommt aber noch schöner:
»… die Strophen 108 ff. bezeichnen Garade als Eyrland benachbart. Garade dürfte nur eine andere Schreibung für Karade sein, also ebenfalls die nordfriesische Karrharde bezeichnen. Dort befindet sich als ein Hauptort Soholm, was wohl das Salme des Hildeteils (Str. 110) ist. Es erhebt sich also die Frage, ob auch Eyrlant tatsächlich Irland meint, bzw. ursprünglich gemeint hat. Vielleicht haben wir hier eher das friesische Land an der Eider (= Eiderstedt) zu vermuten oder irgendeinen anderen Teil der jütischen Halbinsel. Nur so wird es auch verständlich, daß man von Norwegen nach Eyerlant segelnd des Westwindes bedarf, um landen zu können (Str. 13).«
Diese Sorge um das Eintreffen der norwegischen Prinzessin Uote in Eyerland ehrt Frau Professor Wisniewski. Leider ist der Preis zu hoch. Denn bei dieser Lokalisierung müssen die Hegelingen, anscheinend von Ortland ausfahrend, sechsunddreißig Tage (Str. 286) auf der Eider umherpaddeln bis sie endlich in dem »friesischen Land an der Eider… oder irgendeinem anderen Teil der jütischen Halbinsel« ankommen, d. h. am anderen Ufer. Bei der Flucht mit der geraubten Hilde geraten diese famosen Seeleute aber unerwartet an die Scheldemündung, wo auch R. W. den Wülpensand vermutet, obwohl in der »Kudrun« der Hetel-Hagenkampf nicht auf dem Wülpensand stattfindet, sondern »ze Waleis in der Marke« (Str. 465). Andererseits sind diese Sonntagsschipper aber fähig, »in wenig Tagen« (Str. 222) von Portugal nach Stormarn zu segeln.
R. W.: »So ist es gut denkbar, daß Galeis (= Calais, Land Herwigs) und Waleis (=Land im Mündungsgebiet des Rheins? vgl. Waal) aus dieser Quelle stammen und vom Dichter des Kudrunliedes kurzentschlossen zu einem Teil Holsteins gemacht wurden.«
Kurzentschlossen!
»Die Schwierigkeiten… entstehen… vor allem daraus, daß die Lage der Schauplätze im Verlaufe der Sagenentwicklung wechselte. Das mag damit zusammenhängen,

daß sowohl in den friesischen Stammlanden... südlich der Nordsee, die Sage erzählt wurde – und dann war der Dänenkönig jenseits des Meeres der Gegenspieler, ein... friesischer Held der Befreier –, als auch im nordfriesischen Auswanderungsgebiet, in dem verständlicherweise die Lokalisierung umgedreht wurde...«
Verständlicherweise!
Tatsächlich muß aber diese Umkehrung die verworrene Geographie erklären und die verworrene Geographie die Umkehrung beweisen. Meines Wissens nennt man so etwas einen Zirkelschluß. Da zudem die Gudrunsage an der ganzen Nordsee unbekannt ist, die Hildesage aber zumindest in Friesland (West-, Ost- und Nordfriesland), frage ich mich, was da eigentlich umgedreht wurde?
Genug des grausamen Spieles. Wenn der Leser nun glaubt, ich zielte besonders auf Professor Wisniewski, so irrt er sich. Sie hat nur das Pech, ihre Argumente so handlich zusammengestellt zu haben, daß mir viel Nachschlagen erspart geblieben ist. Im übrigen sind die erwähnten Forscher nicht die einzigen, die sich unter die Spreu mischten und deshalb hier von der Sau gefressen wurden. Die Herren Panzer, Frings, Martin u. a. haben nur Glück gehabt. Ihre Argumente sind anders, aber nicht besser. Die Sau bin ich.
Kurzum: Shakespeare hatte recht!
»Etwas ist faul im Staate Dänemark.«
Versuchen wir also Ordnung zu schaffen:

11. Kapitel

Der Hegelingenfluß, wissenschaftliche Sorgfalt, Schiere und Bastarde

Ich bin nicht so scharf auf Bosheiten, wie der Leser sich nach dem Vorstehenden vielleicht denkt. Auch sind die Autoren, über die ich mich da ausgelassen habe, nicht meine persönlichen Feinde. Weit gefehlt! Es gibt, neben diesen Bona-fide-Irrtümern, hier und da ausgemachten Schwindel.
Ein Beispiel dieser Art werde ich gleich vorstellen. Zuvor aber noch einmal zurück zu den bayerischen Hahilingen.
Es mag sein, daß mir etwas entgangen ist, aber ich konnte nirgendwo meine oben vermutete Identität der Hahilingen mit den Hegelingen diskutiert finden. Auch nicht im ablehnenden Sinne. Das erscheint um so merkwürdiger, als niemand an der bayerischen Herkunft der »Kudrun« zweifelt und es doch naheliegend gewesen wäre, zumindest das bayerische Interesse an diesem Stoff mit dieser Namensgleichheit, oder meinetwegen -ähnlichkeit, zu motivieren.

Nun gibt es aber, abgesehen von den bayerischen Hahilingen-Hegelingen, noch einen Hinweis, der hätte weiterführen können. Ohne komplizierte Ortsnamenforschung und ohne Interpretationsakrobatien.
Aber lassen wir zuerst noch einmal Karl Stackmann das Wort: »Nehmen wir an, daß die englischen Nachrichten in ihrer Substanz vielleicht auf ethnische Verhältnisse des 4. oder gar des 3. Jahrhunderts zu beziehen sind, ... so kommen wir ... auf eine ostseegermanische Hildesage ... Im Endergebnis führen solche Kombinationen zu der Annahme, daß in der Hildesage eine der ältesten germanischen Heldensagen überhaupt vorliegt.«
Auf die »englischen Nachrichten« komme ich noch zu sprechen.
Aber kehren wir zu den famosen »ethnischen Verhältnissen des 4. oder 3. Jahrhunderts« zurück. Wer nämlich so etwas vermutet, der sollte sich dort orientieren, wo die Verhältnisse für diesen Zeitraum dokumentiert sind; zum Beispiel in der Tabula Peutingeriana, einer römischen Weltkarte aus dem 4. Jh.
Dort finden wir, östlich des Donaudeltas, und ehe man zu den »Ruxulani Sarmatae« kommt, eine Steppengegend verzeichnet: Sors desertus, verlassene Gegend. Mitten hindurch aber fließt ein Fluß, der aus den bastarnischen Alpen kommt, den östlichen Karpaten und, wahrhaftig, da steht's:
Fl.agalingus, flumen Agalingus, der Hegelingenfluß.
Im vierten Jahrhundert also gab es Hegelingen – und die Römer wußten davon. Aber die Kudruninterpreten suchten lieber nach der vagen Ähnlichkeit zwischen einem modernen Ortsnamen und den Angaben der »Kudrun«. Der Hegelingenfluß war nämlich nicht an der richtigen Stelle, denn germanische Helden haben aus dem Norden zu stammen.
Ah, aber in der »Kudrun« kommen doch unzweifelhaft Nordseeanrainer vor! Und wenn die Iren, Dänen, Seeländer und Normannen auch, wie wir gesehen haben, nicht im richtigen Verhältnis zueinander hausen – sie an das Schwarze Meer zu verpflanzen ist eine Tat, für die die deutsche Sprache gar kein Wort hat. Da muß man schon zum Jiddischen greifen und von Chutzpe sprechen.
Im nächsten Kapitel werde ich in mich gehen...
Weil wir aber gerade in der wilden Walachei oder da herum sind, lassen Sie mich noch eben schnell nachsehen, was es da für Völker gab.
Bei Strabo, um die Zeitenwende, ist da herum die Wüstenei der Geten (vielleicht auch der Goten), und die verschiedenen Angaben, die er liefert, sind mager: »Oberhalb (= landeinwärts) von der Küste, ... die von der Donau bis zum Dnjepr geht, befindet sich die Getenwüste, dann kommt das Gebiet der Tyrageten (Tyras ist der Dnjestr), denen die Sarmaten Jazygen folgen, und dann die königlichen Sarmaten und die Ourgoi, Nomaden zum größten Teil, aber mit einer kleinen Zahl ackerbauender Stämme gemischt, die man nicht selten am Donauufer zu beiden Seiten des Flusses antrifft. Noch weiter im Innern trifft man die Bastarnen... Germanen... die sich in mehrere Stämme teilen; man unterscheidet etwa die

Atmanen – die Sidonen, die Peukinen (die die Insel Peuke in der Donau bewohnen) und die Roxolanen ... die die Ebene zwischen Don und Dnjepr bewohnen.« (Strabo VII, 17)

Nicht viel, wie gesagt, und Plinius und Mela wissen noch weniger. Letzterer nennt gar keine Namen, kennt aber die Gewohnheiten dieser Völker:

»Sie haben keine Städte und keine festen Wohnstätten ... Allen Besitz schleppen sie mit sich herum ... Sie sind so kriegerisch, frei, unbezähmbar, grausam und schrecklich, daß die Frauen wie die Männer in den Krieg ziehen ... Bogenschießen, reiten, jagen sind die Aufgabe der jungen Mädchen, einen Feind töten ist Pflicht der erwachsenen Frauen. Wer das nicht fertig bringt, ist verurteilt Jungfrau zu bleiben.« (Pomponius Mela III, 4)

Herzchen!

So, und jetzt schauen wir uns Tacitus an: Germania:

XLV: »Nach den Suionen folgen die Sitonen (siehe Strabo: Sidonen), die ihnen in allem gleichen, mit einer Ausnahme: Sie gehorchen einer Frau. So tief sind sie gefallen ... Hier endet das Suebenland.«

XLVI: »Ob die Peucinen, Veneden und Fennen Germanen sind, kann ich nicht sagen. Jedoch haben die Peucinen, die einige Bastarnen nennen, die Sprache, Kleidung und festen Wohnstätten der Germanen. Schmutzig und stumpf leben sie alle; durch Mischehen eignen sich viele sarmatische Sitten an ...«

Lassen wir's dabei. Es ist klar, daß diese Schmutzfinken die »kleine Zahl ackerbauender Stämme« Strabos sind.

Hinzuzufügen ist aber noch, daß diese Angaben geographisch ziemlich verzerrt sind, denn Strabo wie Tacitus glauben, die Mündung des Dnjepr läge auf der gleichen nördlichen Breite wie die Elbmündung.

In diesem Zusammenhang ist es aber angebracht, einmal nachzusehen, was die Wissenschaft aus solchem Material macht.

Schlagen wir also ein Buch auf, das 1970 schon in der 4. Auflage erschienen ist und als Einführung in die Geschichte der Völkerwanderung dienen soll: »Der Eintritt der Germanen in die Geschichte« von Prof. D. Dr. Johannes Haller und Prof. Dr. Heinrich Dannenbauer (der erstere ist sogar D. Dr., also Doktor der Theologie und der Philosophie).

Seite 35 dieses Opus maior:

»Zu den Goten gehören auch die Skiren und Bastarnen, diese schon früh in der heutigen Ukraine mit Sarmaten vermischt – daher der Name? (= Bastarde) – wogegen die Skiren die Reinen (Schieren) wären.«

So steht's da! Und ist nicht zu fassen.

Schlägt man ein Wörterbuch auf, so findet man, was Basterna heißt: Sänfte, Tragsattel, Karren. Es ist also »Bastarnen« der lateinische Name jener Völker, die die Griechen »Hamaxoebiae« = Karrenbewohner nannten. Sie lebten in der gleichen Gegend.

2. 3. 4.

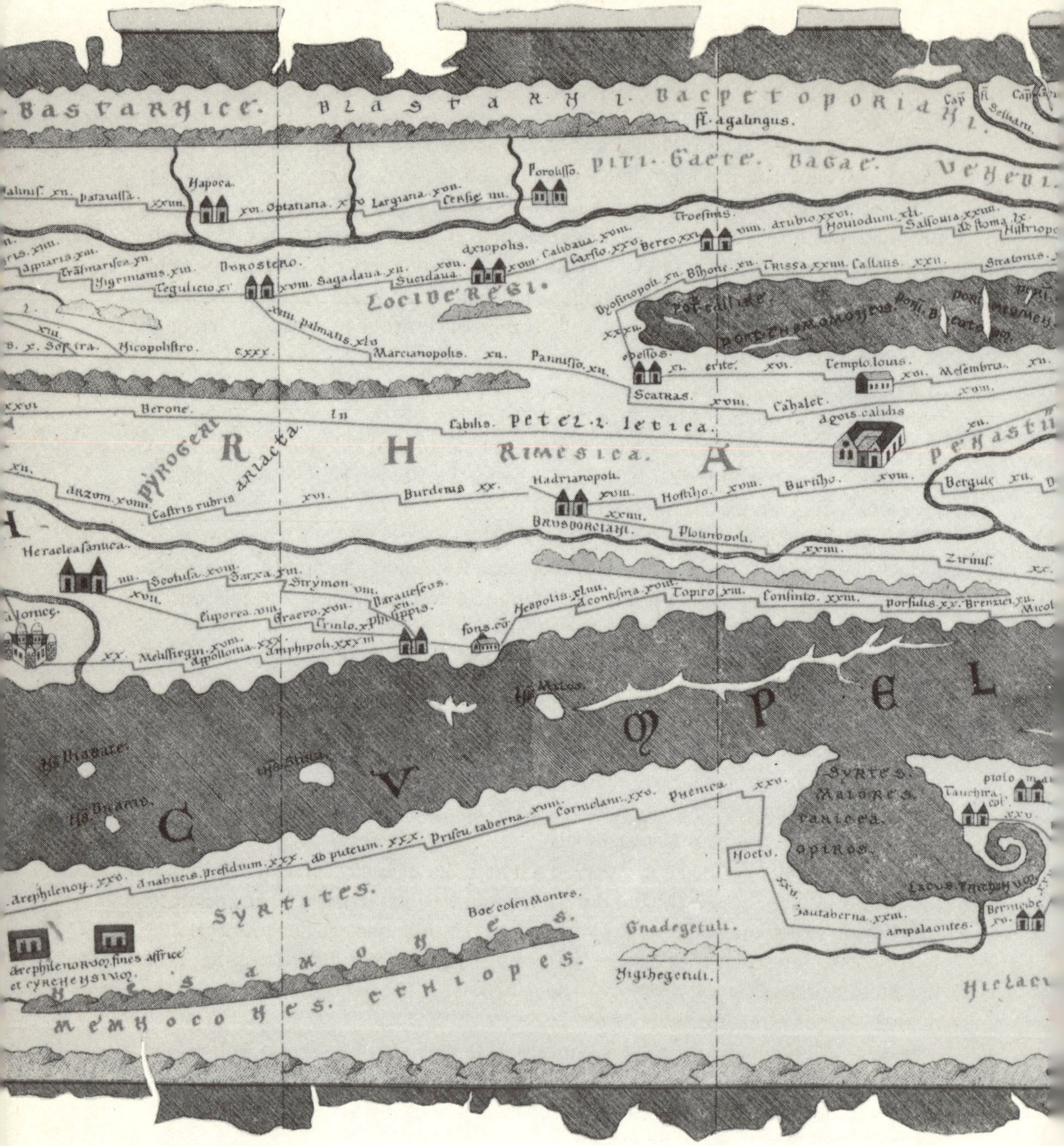

Klausenburg — Mojgrad

Silistria — Rassowa — Iglitza

Gözeken

Varna — Dzamal

DemirHissar — Adrianopel

Filibah Kawala

Saloniki

Mukdar — Tokra Tol Ber

Abb. 3 Teilabschnitt aus der Tabula Peutingeriana (ca. 4. Jahrhundert).
Oben links von der Mitte: fl. agalingus, der Hegelingenfluß.
Oben rechts: Saurica, das Reich des Sifrit von Moere.

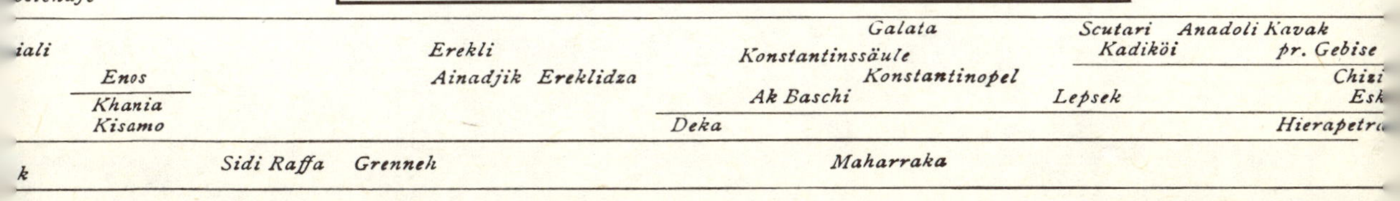

Den Tacitus also haben die Herren gelesen. Aber sonst?
Man ist einfach blind gegen das, was einem nicht in den Kram paßt.
Aber wer waren die Skiren?
Scyricum nennt Plinius eine blaue Farbe, und die seßhaften Thraker pflegten sich blau zu tätowieren oder zu bemalen. Skyros aber heißt auch öde Gegend, Steppe, und wir sind hier in der desertus Getarum, der »Geten-Einöde«.
Auch so kann der Name also gedeutet werden.
Schließlich heißt Skiros die Wurzel. Nicht übel als Bezeichnung für Seßhafte.
Wer aber weiß, daß im Bayerischen eine »Wurzen« ein gutmütiger Mensch ist, den man leicht ausnutzen kann, der kann sich gut vorstellen, daß die hochmütigen Reiterkrieger, die Bastarnen, ihre tributzahlenden ackerbauenden Hintersassen als »Skiren«, die »Wurzen« bezeichneten.
Ich will nicht behaupten, daß unbedingt eine dieser drei Erklärungen richtig sei – aber alle sind sie glaubwürdiger als das famose Gegensatzpaar Reine (Schiere) und Bastarde.
Diodor übrigens unterscheidet die Skythen in Paloi und Napoi.
Pales aber ist eine Hirtengottheit und Napes heißt die Rübe, also die Wurzel.
Ziehen Sie Ihre Schlüsse selbst.
Freilich, das ist so eine meiner selbstgestrickten Etymologien, von denen die Wissenschaft nichts weiß. Aber die offiziellen Lesarten gehen fast alle auf Kaspar Zeuss (1837) zurück. Sie sind so gut wie nicht begründet und haben den meinen nur 150 Jahre Patina voraus. Sonst nichts.
Man hat sie unbesehen übernommen, und so kommen denn solche Monstrositäten wie die »Reinen – Bastarde« heraus.
Die Ideologie, die dahintersteckt, kann einem noch heut den kalten Schauer über den Rücken schicken.[1])
Doktor der Theologie ist der Herr Haller. Und legt falsch Zeugnis ab wider seinen Nächsten. (Denn daß er »die Germanen« als seine Nächsten ansieht, ist unverkennbar.)
Heiliger Lessing, hätt' ich Deine Feder! Dein Pastor Lange hat nur den Horaz verhunzt und nicht Generationen von Gehirnen vergiftet. Aber so etwas dient heute noch als Einführung und konditioniert die Köpfe, die sich später mit diesem Gegenstand beschäftigen. Wenn sie dann anfangen die Quellen zu lesen, dann wissen sie bereits, was sie finden werden: Reine und Bastarde.
Die Herren Haller, Dannenbauer und ihresgleichen haben die Elle geliefert, mit der die Realität gemessen wird.
So, das war's – an einem Beispiel aufgezeigt.
Aber es war nötig, das einmal zu sagen.

12. Kapitel

Hetels Reich am Schwarzen Meer, Germanen und Beutegermanen

Ja, nun muß ich mich also rechtfertigen für meinen Spott über meine Vorgänger. Also:

»Ist mir doch wohlbekannt, daß die Menschen in der Regel, wenn sie zuvor einen alten Satz kennen gelernt haben, sich nicht mehr um die Aufdeckung des wahren Sachverhalts bemühen und auf eine neue Erkenntnis umstellen wollen ...« (Prokop von Kaisareia, Gotenkriege VIII,6,9)

Trotzdem will ich's erzählen, wie es war, mit der Kudrun, wie es wahrscheinlich war. Und so beginne ich denn mit der Lage des Hetelreiches am Hegelingenfluß: Freilich, das ist nur eine ungefähre Angabe, denn einmal ist dieser Fluß nicht genau bestimmbar, obwohl das meiste für den Dnjestr spricht, zum anderen aber müssen wir diesen Fluß als Rückgrat des Landes und nicht als seine Grenze auffassen, so daß sich das Hegelingenreich von der Donaumündung bis zum Dnjepr erstrecken kann. Da die Hegelingen in diesem Bereich natürlich keine feste Herrschaftsstruktur entwickeln konnten, auch wenn der Dichter des Mittelalters sich das so vorstellt, müssen wir sie als Nomaden ansehen, deren Untertanen nicht immer die gleichen sind, sondern eben jeweils diejenigen Seßhaften, denen sie zu einem gegebenen Zeitpunkt gerade Herrschaft und Tribut auferlegen konnten. Wir haben eine derartige Struktur im Reich der Waräger von Kiew, deren Herrschaft lange Zeit nur darin bestand, den umwohnenden Slavenvölkern durch gelegentliche oder regelmäßige Einfälle von Zeit zu Zeit Tribute abzupressen, während die gleichen Stämme zur selben Zeit ihre eigenen sozialen Strukturen unverändert besaßen. Ebenso unbestimmt wie die Ausdehnung des Reiches im Raum müssen wir aber auch seinen Bestand in der Zeit annehmen. Die Vorstellung, daß der Hunnensturm das Land von Goten leergefegt habe und erst lange danach langsam Slaven eingesickert seien, geht völlig an den Möglichkeiten vorbei, die Völker dieser Kulturstufe haben. Ihre Bevölkerungszahl ist so gut wie stabil, und Ausdehnung wie Neubesiedelung ist nicht eine Frage von Jahrzehnten, sondern von Jahrhunderten. Da nun Jordanes und Prokop im 6. Jh. bereits die slavischen Gruppierungen (aus jeweils mehreren Stämmen bestehend) der Veneter, Anten und Sklavenen kennen, müssen diese bereits Teil des gotischen Reiches gewesen sein, also wohl nicht später als im 3. Jh. sich konstituiert haben, möglicherweise aber wesentlich früher.

Wie dem aber auch sei, wir sind, glaube ich, berechtigt, zur Deutung der Namen von Hetels Untertanen alle Angaben zwischen dem 2. und 9. nachchristlichen Jahrhundert heranzuziehen.

Betrachten wir also Hetels Untertanen:

Wir erfahren im Laufe der Erzählung, daß er Herr über 8 Länder oder Völker war: 1. Holzanelant (Bewohner: Holtsäten), 2. Waleis, 3. Frisland, 4. Ortland, 5. Dietmers, 6. Stürmen, 7. Niflant, 8. Daneland oder Teneland.

Betrachten wir sie nun der Reihe nach:

1. Die »Holtsäten« von »Holzanelant« hält man in der üblichen Theorie für Holsteiner. Ob der Name Holsten und Holstein alt genug für diese Deutung ist, muß dahingestellt bleiben. Es ist jedoch relativ unwichtig, denn der Stammesname Holsten bedeutet nicht das gleiche wie »Holtsäten« (= Holzsitzer), Waldbewohner. Auch Holzanelant bedeutet ja Land der Holzanen, der Holzbewohner.

Die zweifelhafte Gleichung Holst = Holt = Holz würde voraussetzen, daß die Einwohner Holsteins sich ursprünglich den sinnigen Namen »die Hölzernen« gegeben hätten, denn Holt bedeutet Holz – Gehölz – Hain, aber nicht Wald.

Die Kudrun zeigt uns nun, daß die Holzanen kaum an den Ereignissen Teil nahmen. Es bedarf eines ausdrücklichen Aufgebots aller Kräfte zu einer großen Fahrt (Str. 1089), damit sie erwähnt werden. Bei der Nähe von Holstein, Stürmen (als Stormarn aufgefaßt) und Dänemark leuchtet das nicht ein.

Anders liegen die Verhältnisse, wenn wir die »Holzsitzer« als eine Bevölkerung im Umkreis des Hegelingenflusses betrachten, das heißt, am oberen Dnjestr oder eventuell auch am Bug, jedenfalls aber in der Waldsteppe, weit landeinwärts oder sogar am Fuße der Karpaten. In diesem Fall könnte ihr Verhältnis zu den Hegelingen etwa dem entsprechen, das die slavischen Waldbewohner an die Kiewer Waräger band. Diese ließen von den zinspflichtigen Stämmen im Winter Einbäume herstellen, die einen Teil der zu leistenden Steuer darstellten. Mit diesen schafften die Waräger ihre Handelsware ans Schwarze Meer, denn es war klar, daß kein Wikingerschiff die Dnjeprstromschnellen aufwärts fahren konnte. Statt also eine Unzahl von Schleppstellen zu überwinden, war es bequemer »Einwegfahrzeuge« zu verwenden. Diese Einbäume waren aber groß und seetüchtig genug, bei Gelegenheit zum Vorstoß gegen Byzanz verwendet zu werden.

Ob die gleichen Verhältnisse zu Hetels Zeiten herrschten, oder ob ein Dichter, wissentlich oder durch Zufall, die Verhältnisse der Drevljanen (Derevo = Baum) und Waräger auf die Hegelingen und ihre Vasallen projizierte, ist eine Frage, die wir für den Augenblick offen lassen müssen. Man sieht aber, daß die »Holzanen« der Kudrun den gleichen Suffix der Lokation haben wie die slavischen Drevljanen. (Im übrigen heißt zwar Derevo Baum, aber im Litauischen bedeutet dervà Holz, Kienholz, ebenso wie altisländisch tyrvi.) (Wenn wir das Holz als Buche aufzufassen wagen, so können wir die Holzanen als Bukojanen, Einwohner der Bukowina, betrachten.)

2. Weiterhin beherrscht Hetel laut der »Kudrun« das Land Waleis. Der jiddische »Dukus Horant« bestätigt das, denn ein »alter Walere« entspricht dort dem Frute der »Kudrun« in seiner Ratgeberfunktion (wir kommen noch auf ihn zu sprechen). Sind die Holzanen Bewohner eines Waldlandes, so müssen wir unter den Waleisen

nicht etwa Waliser verstehen, sondern Veleten-Wilzen, Verehrer des Sonnengottes Veles.

Es handelt sich um die Bevölkerung an Pruth und Dnjestr, deren Vorfahren oder Vorgänger einstmals Poseidonios als Keltoskythen oder Galater bezeichnete (mit dem griechischen Wechsel von Digamma = W zu Gamma = G). Auch wenn wir nicht unbedingt mit einer biologischen Vererbung rechnen, müssen wir doch eine Art kultureller Überlieferung annehmen.

So mag auch die Velesverehrung von den Galatern bis zu den Waleisen-Wilzen reichen, wobei die westgotischen Balthen-Könige eines der Zwischenglieder darstellen dürften. Namensgeber ist in allen Fällen der Sonnengott Veles-Beli-Phol (Merseburger Zaubersprüche)-Balder. Da er als Viehgott gilt, ist seine Identifizierung mit dem Ossetischen (skythischen?) Faelvara nicht ausgeschlossen. Vor allem aber müssen wir ihn mit dem »rinderreichen Helios« gleichsetzen, dem Vater der nördlichen Bernsteinnymphen, der Heliaden. Alle gehen auf die gleiche Wurzel *Uel zurück.

Daß man vom Kaukasus bis Skandinavien und Britannien den gleichen Gott verehrte, zeigt, wer er ist: Der »hyperboräische Apoll«, – Herr der weißen Pferde und der nordischen Singschwäne.

Angesichts der Verbreitung seines Kultes ist es nicht verwunderlich, daß wir Schwierigkeiten haben, die verschiedenen, von seinem Namen abgeleiteten Volks- und Ländernamen in vernünftigen Zusammenhang zu bringen.

Man könnte, um bei der »Kudrun« zu bleiben, die dort vorkommenden Waleis und Galeis, Portigale und Galitzenland als Synonyme auffassen, wenn nicht Hetels Waleisen gegen Galitzenland, alias Portigale kämpften, während das fast gleichnamige Galeis dem Nachbarkönig Hervic gehörte. Diese scheinbare Verwirrung kann aber gerade zum Schlüssel dienen: Galitzenland oder Portigale scheint demnach die heutige Hafenstadt Galatzi am Zusammenfluß von Sereth und Donau zu sein, die Ende des 6. Jh. unter dem Namen Xaltis belegt ist (Sebeos).

(Auf Galais kommen wir später.)

Der Markgraf von Waleis, Morung, ist, nach seinem Namen zu schließen, ein Sohn der Moere, ein Pferdesohn. Die Sagen um Dietrich von Bern kennen eine ganze Reihe von solchen »Pferdenamen«: Studas, Heime (= Hengst), Wittich (= Schimmel), Stutfuchs, und diese Gewohnheit wird von der Geschichte bestätigt. Saphrax (= Grauschimmel, Rouan) und Aspar (= Roß) sind Alanen, Rispa (= Rotschimmel) ein gotischer Herzog und auch die Sachsenfürsten Hengist und Horsa gehören in diesem Zusammenhang genannt.

3. Von Morung wird uns gelegentlich auch gesagt, daß er Herr »Frislants« sei, obwohl dieses Land sonst einem Fürsten Irold unterstellt erscheint. Der Name Frise könnte von einem griechischen Phrygia = Borte stammen und somit Uferland bedeuten, aber Ptolemäus kennt im Binnenland, zwischen Dnjestr und den Veneterbergen die Phrygundionen (= Bewohner des *Phrygund). Es ist daher

wahrscheinlicher, daß nach dem griechischen Begriff Phrygana = Dornendickicht (ital. Macchia, frz. Maquis) wir es hier mit einem Steppenvolk zu tun haben. Ein aus dem Griechischen abgeleiteter Name ist am Ufer des Pontus nicht ungewöhnlich. Es wäre allerdings auch denkbar, daß wir es hier mit einem »Land der Frigga«, »Land der Freia« zu tun haben, da die an der Mündung des Dnjepr verehrte Hekate trivia mit ihr möglicherweise identifiziert wurde. Frigga in ihrem von Katern gezogenen Wagen ist niemand anderer als die »germanische« Erscheinungsform der Artemis-Potnia-Theron auf dem Löwenwagen, die im Zeichen des griechisch-orientalischen Synkretismus mit Hekate identifiziert wurde[1].

Schließlich wäre es noch denkbar, daß Frise einfach ein »Land der Freien« war. Wie dem aber auch sei, wichtiger als diese Überlegungen ist für uns die Tatsache, daß Irold – *Iroald – *Irwalt, wie sein Name zeigt, ein »Walter der Ir« ist, ein Alanenfürst, deren Nachkommen, die Osseten, sich noch heute in Iron und Digor unterscheiden.

Markgraf Morung-Irold ist also ein »Grenzgraf« oder »Pferdegraf« (Mark = Hengst, Kudrun Str. 64), »Pferdesohn, Walter der Ir«, und das von ihm beherrschte Waleis-Frisland muß nahe der Küste liegen, denn er wird auch als Herr Ortlands genannt.

4. Ortland. Die Erklärung dieses Namens ist eines der geographischen Kernprobleme der Kudrun. Wie wenig von der Deutung Müllenhoffs zu halten ist, der die Namensform schlicht als »Versehen« betrachtet, habe ich schon gesagt. Auch die anderen Deutungen, mit Ausnahme der Erklärung von R. Wisniewski, verdienen nicht, daß man sich damit aufhält.

Wenden wir uns also der Identifikation Ortland = Eiderstedt zu. Ich habe mich zwar über die Seemannskünste der Hegelingen lustig gemacht, die diese Lokalisierung nötig macht, aber es ist natürlich nicht ausgeschlossen, daß es nicht die Identität von Ortland ist, die falsch interpretiert wurde, sondern die Reisen unserer Helden.

Sehen wir also, ob die Deutung Ording-Eiderstedt = Ortland glaubhaft ist. Zunächst setzt diese Feststellung voraus, daß Ort tatsächlich Schwertspitze heißt, und daß zum anderen Eiderstedt eine Halbinsel ist, die ihren Namen aus einem derartigen Vergleich zieht.

Nehmen wir also an, daß Eiderstedt tatsächlich einmal Ording hieß (was freilich unbewiesen ist). Nun sind aber -ing-Orte nach einem Gründer genannt, und von dieser Erklärung abzugehen, machte so ziemlich die ganze Ortsnamenforschung schrottreif.

Ordsland und Ortland aber als identisch anzusehen, zwingt uns, auch Lappland als Land-in-Form-eines-Lappens und Irland als Land-von-irrer-Form zu betrachten. Anders ausgedrückt, »*Ords-land« sagt nichts über die Form des Landes aus. So geht es also nicht.

Man sollte aber überhaupt den Begriff Ort = Spitze nicht zu sehr strapazieren. Wer um eine Halbinsel herumsegelt, hat keinen Begriff von deren Form. Bezeichnenderweise hat keine Karte vor der Mitte des 16. Jh. auch nur die geringste Vorstellung von der Form Jütlands, geschweige denn Eiderstedts. Jütland wird keulen-, zungen-, haken-, beilförmig, aber auch als runde oder viereckige Insel dargestellt, oder gar als einfache, von West nach Ost laufende Küste. Erst Lope Homem (1554) und Merkator (1569) geben eine ungefähr richtige Form.

Hinzu kommt aber, daß »Ort« gar nicht »Spitze« heißt.

Die Beispiele des Duden sind:

Vor Ort: Ende eines Bergwerksstollens;

Darszer Ort: Halbinsel auf Rügen;

Ortbrett: Eckbrett;

Ortband: Beschlag an der Schwertscheide.

Das ist jedesmal »von innen gesehen«, die Stelle, wo es nicht mehr weiter geht. Ein Ortbrett ist *in* der Zimmerecke und nicht außen an der Hausecke, ein Ortband nicht an der Schwertscheidenspitze, sondern am Schwertscheidenende, »vor Ort« das Ende des Stollens – von innen gesehen.

Das einzige Gegenbeispiel, Ort = Schusterahle, dürfte, wie der Name des Handwerkers (*sutor*) und fast alles, womit er umgeht (Sohle, Öse, Schuhlitze), aus dem Latein stammen (ortus).

Immerhin ließe sich die Idee verteidigen, daß Ortland seinen Namen vom Vergleich mit einer Schwertscheide hat. Dann müßte es sich aber nicht um eine beliebige Halbinsel handeln, sondern um eine langgestreckte Landzunge, eine Nehrung. Derartiges ist aber an der dänischen Küste nicht auszumachen.

Dagegen haben wir ein zu diesem Begriff passendes Land in »Frise« an der Schwarzmeerküste. Nach Strophe 1096 liegt Ortland an einem großen Fluß. Wir können in ihm den Dnjepr sehen und Ortland im sogenannten »Dromos Achilleis« (Achills Rennbahn), der Halbinsel von Djarilgatsch. Sie wurde schon von Pomponius Mela mit einem Schwert verglichen, ist etwa 40 km lang und 2–3 km breit und war der gewöhnliche Sammelpunkt der Waräger, die deshalb von den Byzantinern »Dromitae« genannt wurden (Stephanus v. Byzanz).

Trotz Mela aber, und trotz des Begriffes Ort = Scheidenspitze dürfte Ortland anders zu deuten sein.

Ortland, Nebenform Hortland, ist aller Wahrscheinlichkeit nach das Hardeland, Land der Haered, der Aufgebote. Eine sandige Nehrung wie der Dromos ist kein Siedlungsgebiet, bestenfalls für ein paar Fischerdörfer geeignet. Wenn also Strophe 371 Ortland als Heimat von Hetels Mannen genannt wird, so besagt das einfach, daß es der Sammelplatz war für »Hetels Dromitae«[2].

5. Beherrscher von Dietmers (Str. 208) ist Hetel ebenfalls. Die einfachste Deutung dieses Namens ist »Leute«, denn Thiudos heißt eben nichts anderes als »Gentes = Leute«. Theoderich und Thiudemir sind ebenso davon abgeleitet wie Theodo und Teutobold.

Allerdings ist das einzige Volk in der Gotengeschichte, das einen derartigen Namen trägt, weit im Norden identifiziert worden: Die »Thiudos inauxis« des Jordanes sind vermutlich die Tschuden in der Leningrader und Nowgoroder Gegend (Mommsen).

Wenn diese tatsächlich Hetels Untertanen gewesen sein sollten, dann müßten wir ihn für Ermanarich halten. Aber der Name Dietmers-*Thiudemirs ist ja eine Passepartout-Bezeichnung.

Es scheint überzeugender, Dietmers in dem slavischen Stamm der Tivertsen zu sehen, denn die Nestorchronik kennt Oulitschen und Tivertsen am Bug und unteren Dnjestr und sagt von ihnen, daß sie einst bis zum Meeresufer und zur unteren Donau lebten.

Die Bezeichnung »Oulitschen und Tivertsen« Nestors entspricht wörtlich dem »Waleis und Dietmers« der Kudrun in der Strophe 207.

Oulitschen sind wörtlich »Söhne Veles'«, während Tivertsen Verehrer »Tivers« sind, slavisierte Nachfahren der Tyr verehrenden westgotischen Tyrvingen. Ob wir nun »Dietmers« auf diese oder ihre slavischen Erben beziehen wollen, das hängt von der Datierung von Hetels Reich ab. Wir kommen an gegebener Stelle darauf zurück.

Von den Tivertsen wird gesagt, daß sie als Dolmetsche bekannt seien (Jahr 907), also mehrsprachig waren, wie die Tyrvingen – Westgoten[3].

6. Stürmen ist das Land, das Wate, Hetels Oheim, die markanteste Gestalt der »Kudrun«, beherrscht.

Es ist nutzlos, Stürmen an der Nordsee oder Ostsee suchen zu wollen. Stormarn ist es nicht. Zwar liegt das so hübsch bei Holsten und Jüten, Friesen und Dänen, aber die Gründe überzeugen trotzdem nicht. Man hat Wate nicht nur mit Stormarn in Verbindung gebracht, die gleichen Kommentatoren haben ihn auch als Personifikation der Meeresgewalt aufgefaßt, als »Watenden«, als Riesen, der Ebbe und Flut erzeugt. (So was nennt man »Volksetymologie« und nimmt es nicht ernst. Aber natürlich nur, wenn es die anderen tun.)

Ein »watender Sturmriese, der Ebbe und Flut verursacht«, sollte nicht ausgerechnet an der Leeküste der gezeitenarmen Ostsee hausen.

Da wir bisher mit der Annahme einer nordpontischen Geographie gut gefahren zu sein scheinen, wollen wir Stürmen auch dort suchen:

Naheliegend ist es, sich dabei zuerst im Griechischen umzusehen. Dort finden wir Boreas, den personifizierten Nordsturm, der als Thraker oder Skythe gilt. So ist es nur logisch, wenn wir an der Berührungsstelle der beiden Völker, an der unteren Donau »Boreum ostia«, »die Mündung der Stürme« als nördlichsten Deltaarm finden. Mit anderen Worten: Stürmen eben.

Das aber ist die Gegend, wo Wate gegen »Galitzenland« kämpft, und nicht weit davon, an der Spitze des Deltas, kennt Ptolemäus ein Volk namens »Oetenses«. Das ist das Volk Wates, oder das Volk des Sturmgottes, dessen riesiger, weiser, segelkundiger, heilkundiger Vertreter Wate von Stürmen ist.

Man sieht auch hier wieder die kulturelle Kontinuität des getisch-dakisch-thrakischen Volkstums, das zwar im Laufe der Jahrhunderte den Namen wechseln kann und gelegentlich unter Fremdherrschaft gerät, aber seine religiös-kulturelle Identität bewahrt.

»Vat« aber ist der Name des iranischen Sturmgottes, und die religiöse Gemeinsamkeit zwischen Thrakern und Iraniern zeigt sich in ihrer gemeinsamen Verehrung des Verethragna-Herakles.

7. Niflant wird ebenfalls unter Hetels Ländern genannt.

Der Verdacht liegt natürlich nahe, daß das eine Anleihe beim Nibelungenlied ist. Aber so einfach liegt die Sache nicht. »Nifland« kann das Land der Nibelungen, das heißt der Burgunder, sein. Kann!

Nach Gregor v. Tours aber ist das burgundische Königshaus, »ex stirpe Athanarici«, aus dem Geschlecht des westgotischen »Richters« Athanarich. Was also hier behauptet wird, heißt einfach: Hetel besaß die ehemaligen Länder Athanarichs. Das mag verblüffen, denn wir sind gewohnt, die Burgunder in Worms zu sehen, oder, wenn wir es sehr genau nehmen, doch jedenfalls links des Rheins.

Aber diese waren nicht die einzigen ihres Namens, ja sie waren nicht einmal *die* Burgunder, sondern nur *auch* Burgunder.

Der byzantinische Geschichtsschreiber Agathias kennt Ourougundoi noch zur Regierungszeit Leons I. († 474) östlich der Karpaten. Zu dieser Zeit aber waren die Gundahar-Burgunder bereits friedliche römische Vasallen in Genf. Da die Kudrun im Umkreis des Nibelungendichters entstanden sein muß (ihr Dichter benutzt teilweise das Nibelungen-Versmaß), ersetzte er vermutlich den Namen Burgunder durch den Namen Niflungen-Nibelungen und Burgunderland durch Nifland. Wir haben keinen Grund, ihm das als Fehler anzukreiden. Sie sehen, ich schiebe, wie meine Vorgänger, hier dem Dichter eine Verwechslung in die Schuhe, und obwohl diese nicht so schwerwiegend ist, wie die anderen Mißverständnisse, die man ihm nachsagt, so ist mir doch nicht recht wohl dabei. So will ich Ihnen vorsichtshalber noch eine andere Deutung liefern:

Zu den Völkern, die zum Reich des Markomannenkönigs Marbod (um Christi Geburt) gehörten, zählen nach Strabo auch die Mougilones, und das sind nichts anderes als slavische »Bewohner der Hügel (Moghila)«, was aber gewisse überschlaue Interpreten nicht ruhen ließ: Man denke, Slaven unter Marbods Völkern! Am Ende noch gar Slaven unter Arminius' Scharen, unerträglicher Gedanke.

So drehte man die Mougilones um und machte Lougi Manes draus. Uff, gerettet war das edle Glied... Sie wissen schon, denn Lugier und Manimi sind nach Tacitus und seiner Germania, jawohl, erraten: Germanen.

(So eine Umkehrung heißt im Deutschen Schüttelreim, im Französischen drastischer contrepeterie = Gegenfurzerei.)

Was die Komik dieses Bemühens aber noch steigert, ist die Tatsache, daß der historische Gegenfurz nutzlos war: Die Lugier des Tacitus sind mit größter Wahrscheinlichkeit Liakhs, slavische »Wildnisbewohner, Waldbewohner« und Vorfahren der Polen.

Kehren wir zu den Mougilones zurück: Es gibt nämlich ein ähnlich lautendes slavisches Wort, Mogleno oder Meglensko, und das bedeutet »Nebelland« oder Nifland[4]. Daß ein »Hegelinge« oder ein bayerischer Dichter des Mittelalters Mougilones und Mogleno verwechselte, wer will ihm das verdenken?
Das Hügel-Nebelland muß, wenn wir Strabos Bericht Glauben schenken, in den Karpaten liegen. Zugegeben, das ist etwas weit entfernt für das Hetelreich, aber die Verwechslung kann überall auftreten, wo Slaven in einem Hügelland wohnen. Mein Hinweis auf Strabo, der etwa 65 v. Chr. geboren ist, soll auch eher als zeitlicher denn als geographischer Hinweis gelten: Zu dieser Zeit finden sich bereits slavische Ortsbezeichnungen.
Auf jeden Fall war das alles vom Standpunkt des bayerischen Dichters aus: Irgendwo hinter den Karpaten.
Und da scheint das Hetelreich nach dem Vorstehenden wirklich gelegen zu haben!

13. Kapitel

Dänen, Daker, Dudo und Großvaters umstrittene Herkunft

Wir haben gesehen, daß alle Völker des Hetelreiches in der südrussischen Steppe oder den unmittelbar benachbarten Gegenden nachzuweisen sind. Trotzdem genügt diese Feststellung nicht, denn der Nachweis des Hauptvolkes steht noch aus. Wenn es nicht gelingt, die Dänen (Denen, Tanen) im gleichen Bereich ausfindig zu machen, so ist meine Theorie das Papier nicht wert, auf das sie geschrieben ist.
Fragen wir also: Gab es Dänen in Südrußland?
Die Antwort kann nur lauten: Nein.
Bin ich also widerlegt?
Da muß ich eine Gegenfrage stellen:
Gab es im Mittelalter Dänen in Dänemark?
Eine stupide Frage, nicht wahr? Natürlich gab es Dänen in Dänemark!
Das weiß man doch!
Erlauben Sie mir aber doch, diese Selbstverständlichkeit nachzuprüfen:
Also, wie nannte der Kartograph Petrus von Nola (1414) das Land zwischen Nord- und Ostsee?
Dänemark! Falsch!
Er nannte es: Dacia!
Und Hieronymus Münzer, 1493?
Dacia!

Abb. 4 Hieronymus Münzer: Liber Chronicarum, Nürnberg 1493
Man beachte: Dänemark heißt Dacia. Die Walachei, in Wirklichkeit auf der Breite Südtirols, ist hier auf der Breite der Rheinpfalz. Das Schwarze Meer erstreckt sich bis auf die Breite von Köln. Man beachte auch die relative Lage von Norwegen und Irland.

Und Sebastian Münster, 1532?

Dacia!

Und sie sind keine Ausnahmen, diese drei Herren. Alle Welt nannte die Dänen: Dacier.

Freilich, das beweist noch nicht, daß auch die Dacier Dänen genannt wurden; wie es für meine Beweisführung notwendig wäre.

Sehen wir also weiter:

Im 7. Jh. schrieb ein Unbekannter in Ravenna eine »Cosmographia«, die das ganze Mittelalter hindurch großen Einfluß ausübte.

In dieser »Cosmographia Anonymi Ravennatis« heißt es nun:

»Eine Insel (Skythiens)... die der sehr gelehrte Geograph Jordanes Scanza nennt: von dieser Insel sind gleichermaßen die westlichen Völker ausgezogen, nämlich Goten und Dänen und ebenso die Gepiden...«

Es ist klar, daß diese Dänen, die hier zwischen Goten und Gepiden genannt werden,

Abb. 5 Sebastian Münster in Orbis Novus v. Simon Grynaeus, Basel 1532

Dänemark = Dacia. Die Mündung des Don auf der Breite Jütlands.

auch zwischen deren Wohnsitzen hausen, jedenfalls nach Meinung des Anonymus. Aber schlagen wir auch Jordanes auf (denn der »sehr weise Geograph« ist in Wirklichkeit der Gotenhistoriker):
Nachdem er eine Reihe von Völkern aufgezählt hat, kommt er auf die »Suetidi« zu sprechen. Das sind nicht, wie meist angenommen, die Schweden, denn diese erwähnt er einige Sätze vorher unter der Bezeichnung »Suehans« in der Nähe der Screrefennae (vermutlich der Lappen), sondern das Volk, das Strabo Sidonen nennt, und von dem Tacitus sagt: Nach den Suionen (= Schweden) folgen die Sitonen... (Siehe oben Kap. 11.)
Von ihnen sagt Jordanes:
»Suetidi, unter all den übrigen Völkern wegen ihrer Körpergröße bekannt: Ebenso die Dänen, die aus ihnen ihren Ursprung nahmen und die Heruler aus ihren Sitzen vertrieben...«
(Ja, ich weiß, diese Ereignisse sollen sich in Skandinavien abgespielt haben, aber der einzige Beweis für diese Behauptung ist eben der zitierte Satz. Ich für meinen Teil bin nicht bereit, das als Beweis gelten zu lassen.) Auch hier wollen wir das Wort des Jordanes nicht auf die Goldwaage legen. Die Ereignisse mögen gewesen sein wie sie wollen. Für das ganze Mittelalter war Jordanes eine Art Kirchenvater der Geschichtsschreibung, und wenn er sagt, »die Dänen sind aus den Suetidi hervorgegangen und haben die Heruler aus ihren Sitzen verdrängt«, so waren diese drei Völker eben im Umkreis der Karpaten und der Donaumündung ansässig, zudem Tacitus die Sitonen-Suetidi als Nachbarn der Peucinen an der Donau kennt. Daran zweifelte niemand.

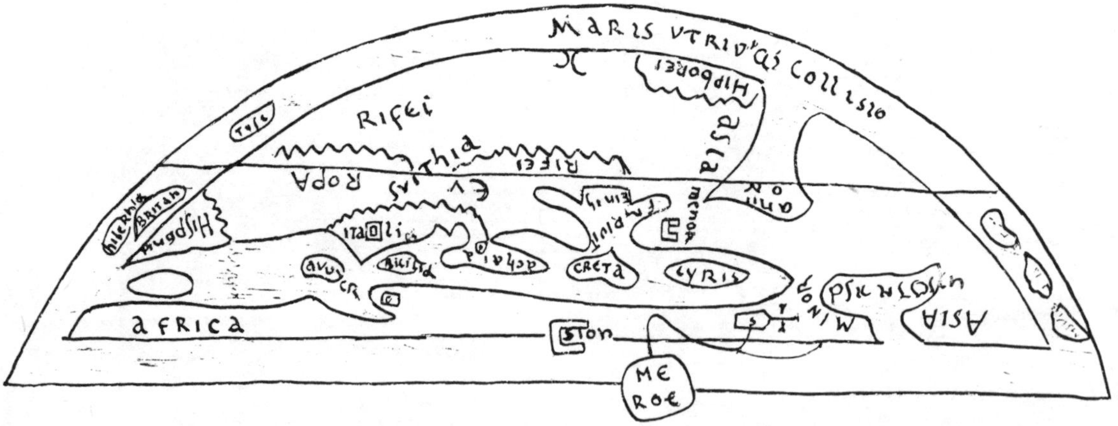

Abb. 6 Weltkarte v. St. Benigne in Dijon (10.–11. Jh.). Die Inschriften stehen teilweise auf dem Kopf.
Man bemerke: »Svithia« zwischen den beiden Hälften des »Rifei«, der »Rhiphäischen Berge« im Norden und Osten Europas. Das kaspische Meer ist eine Bucht des nördlichen Ozeans. Skandinavien fehlt. Lediglich Hibernia, Britan, Thule sind eingezeichnet, aber »Maris utriusque collisio« (der Zusammenstoß zweier Meere) könnte sich auf das Skagerak und den Belt beziehen, wo Nord- und Ostsee zusammenstoßen. Sion (Jerusalem) ist das Zentrum der Welt.

Daß es sich nicht um Vorgänge im Norden handelt, sondern um Ereignisse in Südrußland, das geht aus der Schilderung des Isländers Snorri Sturluson hervor, der um 1200 Rußland »Svithiod hin Mikla« nennt, was eben nicht Groß-Schweden heißt (Schweden ist Sverige, das Svear-reich und nicht Svithiod), sondern »das Land des großen Suet-volkes« oder »das große Land des Suet-volkes«. Zum Beweis aber, daß Jordanes wirklich so verstanden wurde, wie ich gesagt habe, und nicht wie ihn sich die Historiker in neuerer Zeit zurechtschnitzelten, wollen wir Guilleaume von Jumieges als Kronzeugen aufrufen.

Guilleaume (Guglielmus Calculus) schrieb eine Geschichte des normannischen Herzogshauses bis zur Eroberung Englands (»De Ducum Normannorum Gestis«), in der er von den Vorfahren der Herzöge von Rouen berichtet, und im Verlauf seiner Erzählung zu berichten weiß:

»(Die Westgoten) drangen ins Innere Germaniens vor, besetzten die mäotischen Sümpfe (= Asowsches Meer) und verbreiteten sich in verschiedenen anderen Gegenden. Sie machten zum anderen Halt in Dacien, das auch Dänemark genannt wird. (Ihr König Antenor) herrschte über Dazien und nannte es Danemark, nach dem Namen eines gewissen Danaus, eines Königs aus seiner Familie.

Aus diesem Grunde werden die Dacier von ihren Volksgenossen (d. h. den anderen Westgoten) Danier oder Danaier genannt. Sie nennen sich auch North-Manns... Aber wie die Namen auch seien, es ist bekannt, daß die Dänen von den Goten abstammen. In der Folge vermehrten sich die Dänen so sehr, daß alle Inseln voll von Menschen waren und viele zur Auswanderung gezwungen waren...«

Es ist klar, daß dieser letzte Satz sich bereits auf die Dänen Dänemarks bezieht. Es ist hier nicht der Platz, die Glaubwürdigkeit derartiger Behauptungen zu untersuchen. Jedenfalls ist die Vorstellung, daß die Dänen von Süden nach Norden gezogen seien, weniger absurd, als man im allgemeinen annimmt.

Natürlich sind nicht ganze Völker gewandert. Die Wissenschaft hat etwa bei den Langobarden das Problem aus der Welt geschafft, indem sie von einer Wanderung des »Traditionskernes« um den König und die Dynastie sprach.

Das ist durchaus überzeugend und wird gestützt durch das, was wir aus späterer Zeit von den Warägern wissen.

Bei der Vorstellung aber, daß dieser Vorgang auch in süd-nördlicher Richtung verlaufen sein könnte, wird die emotionelle Betrachtung des Problems offenkundig[1].

Merkwürdigerweise wird aber dieser Süd-Nordzug bei den Herulern durchaus akzeptiert, von denen Prokop von Kaiseraia berichtet, daß ein Teil des Stammes nach Skandinavien zog. Als die Dynastie bei den auf dem Balkan Zurückgebliebenen ausstarb, erzählt er, holten sie einen neuen König bei den nördlichen Verwandten. Der Grund, weswegen der Zug nach Norden bei den Herulern akzeptabel erscheint, ist wohl im schlechten Ruf der Heruler zu suchen. Sie sind nämlich keine so ganz richtigen germanischen Helden, sondern ein Volk von Magiern und Homosexuel-

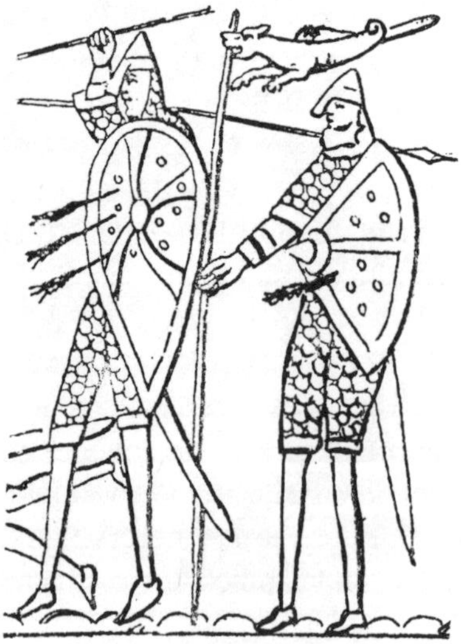

Abb. 7a Zur Ausrüstung der Hegelingenkrieger Normannen Wilhelms des Eroberers (nach dem Teppich von Bayeux). Entstanden 1077 für Bischof Odo, Bruder Wilhelms. Man vergleiche die Bogenschützen mit den Russen und Kaukasiern (Abb. 8f und 15). (Die Umzeichnung hier ist nach Dom Montfaucon: Monuments de la Monarchie francaise 1730)

Abb. 7b Nach dem Teppich von Bayeux (1077) Normannisches Feldzeichen (Wilhelm der Eroberer führte den Drachen als Schildzeichen). Man vergleiche das Drachenzeichen der Daker-Geten oder Sarmaten auf der Trajansäule (Abb. 8d). Typisch für Reitervölker (es flattert nur bei schneller Bewegung des Trägers). Die Mongolen führten ähnliche Zeichen. Die Grundausrüstungen (kurzärmeliger Schuppen- oder Ringpanzer und konischer Helm) haben sich seit den Sarmaten der Fresken von Kentsch, 1000 Jahre früher, nicht geändert.

len. Sogar »Umgang mit Eseln haben sie und sind überhaupt die allerschlechtesten Menschen, die es gibt«. (Prokop)

(Sicher hat man sie im Norden bekehrt, und zu so keuschen Schlagetoten gemacht, wie die Germanen nach Meinung ihrer Interpreten alle waren.)

Kehren wir zu den dakischen Dänen oder dänischen Dakern zurück.

Der eben zitierte Guilleaume von Jumieges hat seine Kenntnisse über die Anfänge des normannischen Herzogshauses von einem älteren Autoren: Dudo von St. Quentin, der etwa um 1015 schrieb.

Dudo hat einen schlechten Ruf bei den Wissenschaftlern, aber es kommt hier nicht auf seine Glaubwürdigkeit an. Tatsächlich schreibt er in einer allitterierenden lateinischen Prosa, was vermuten läßt, daß seine Quelle ein stabreimendes Heldenlied war.

Nun berichtet Dudo aber selbst, daß er die Auskünfte für sein Werk von Raoul (Rodulfus) von Ivry habe, dem Bruder Herzog Richards I. und Enkel Rollos (Gangahrolfrs), des Begründers der Dynastie, der so ein Dazier-Däne gewesen sein soll. Die Wissenschaft lehnt diese Darstellung aber ab, und zieht es vor, sich auf Snorri Sturluson zu stützen, der 200 Jahre später schrieb, um Rollo als Sohn Ragnvalds, Jarls von Moere in Norwegen, zu bezeichnen, während Dudo eben behauptet, er sei aus Dazien gekommen.

Freilich, wenn Dudo mit seiner dänischen Herkunft der Familie recht hätte, so müßte man die dakische Herkunft auch etwas näher ansehen – und das tut man lieber nicht. (Die dänische Dynastie beginnt mit Gorm dem Alten, Vater Harald Blauzahns, und Gurm nennt Dudo den jüngeren Bruder Rollos, was mit den bekannten Daten zu vereinbaren ist.)

Ich weiß nicht, was der Leser von all diesen Behauptungen hält, zudem die Frage noch weit komplexer ist, als ich sie hier dargestellt habe. Mir ist's auch egal, wo die Normannen der Normandie hergekommen sind. Ich kann aber nicht umhin, festzustellen, daß hier Snorri als glaubwürdig gilt, daß er aber ebenso wie Dudo zusammengestaucht wird, wenn seine Behauptungen den Historikern nicht ins Konzept passen.

Was aber Raoul von Ivry angeht, und seinen Ghostwriter Dudo, so meine ich halt, Raoul müßte besser als alle anderen gewußt haben, wo Großpapa herstammte. Lassen wir diese Frage und überlegen statt dessen, wie der Dichter der »Kudrun« ein Volk nennen mußte, das am östlichen Karpatenfuß lebte.

Wir haben gesehen, und die Belege ließen sich ohne Mühe vermehren, daß man allgemein der Meinung war, die Dänen seien aus dem Gebiet gekommen, das östlich der Karpaten liegt, und seien Abkömmlinge der Westgoten.

Unter diesen Umständen aber konnte unser Poet seine Hegelingen gar nicht anders nennen als Dänen. Das war der modernste Name für Germanen, die in dieser Gegend lebten. Sie Goten oder Wisigothen zu nennen, wäre einfach eine historische Koketterie gewesen.

Dänen mußte der Dichter die Hegelingen nennen.
Nun heißt aber auf Ossetisch-Alanisch »Dan« einfach Fluß, so daß Daneland eben das »Flußland« am Hegelingenfluß ist.
(Danuvius ist der große Strom im Westen des Gotenlandes, Tanais der große Strom im Osten. Zwischen beiden fließen Danaster und Danaper. Heute sagen wir Donau, Don, Dnjestr und Dnjepr.)
Das erklärt uns aber noch nicht, wieso der Name Dänen = Flußmänner an dem Volk mit solcher Hartnäckigkeit hängen blieb.
Für eine Erklärung müssen wir weiter ausholen:
Es ist kein Geheimnis, wird aber meines Erachtens lange nicht genug betont, daß die südrussischen Germanen völlig unter dem kulturellen Einfluß der nordiranischen Reitervölker standen. In der Zeit, die für unsere Untersuchung relevant ist, in den ersten Jahrhunderten nach Christus, waren dies nicht mehr die Skythen, die selber eine kulturelle Wandlung durchgemacht zu haben scheinen, sondern die Völker, die wir als Sarmaten, Jazygen und Alanen kennen. Die Bezeichnungen schwanken und sind keinesfalls genau oder auch nur annähernd gegeneinander abzugrenzen. Die Bezeichnung »Sarmaten« scheint überhaupt nicht faßbar zu sein, denn Sarwat (Kudrun 463,2) bedeutet »Kriegskleid, Rüstung«, und somit sagt die Bezeichnung Sarmate nichts über die ethnische Zugehörigkeit aus. Im Griechischen aber bedeutet Sarma Eidechse, weswegen wir annehmen müssen, daß der Name eine Anspielung auf den Schuppenpanzer dieser Völker ist, der im übrigen häufig aus Horn von Pferdehufen gefertigt war. Die Jazygen finden sich noch viel später als Stamm und ihre Metamorphosen (Jassen, Jatwigen) würden uns hier zu weit führen[2].
Die Alanen aber zählt Prokop als Gotenstamm (Prokop III,3,1). Sie scheinen sich leicht assimiliert zu haben, was wohl weniger an ihnen lag als an der Tatsache, daß Vandalen, Goten, Burgunder und, jawohl, Hegelingen von ihnen etwas lernen konnten, und daher willig waren, sie aufzunehmen.

Abb. 8a Parthischer Kataphrakt, Sgraffitto aus Dura Europos, wahrscheinlich 1. Jh. nach Christus. (Nach Ghirshman: Iran, Penguinbooks, Hammondsworth, Middlesex G.B.)

Abb. 8b Sarmatische Reiter von der Trajansäule (ca. 110 n. Chr.)
Römische Interpretation von Schuppenpanzer und Spangenhelm (hier nach Gautier: Geuseric, Payot Paris 1951).

Die Alanen waren wahrscheinlich die Erfinder der schweren Lanzenreiterei im Schuppen- oder Kettenpanzer, mit Spangenhelm, Hiebschwert und beidhändig geführter Stoßlanze.

Was aber hat das mit den Dänen zu tun?

Nun, östlich der Alanen saßen, von ihnen nicht zu unterscheiden oder zu trennen, die Daaoi, Daae, Dahoi oder Dahen, denen wir die gleiche Art der Bewaffnung zuschreiben dürfen. Wir sind hier in einem Bereich angekommen, von dem uns antike Autoren gerade genug mitteilen, um einer endlosen Diskussion Tür und Tor zu öffnen.

Ich bin meinesteils der Ansicht, daß der Name Dahen (und seine graphischen Varianten) überhaupt kein Volk bezeichnet, sondern vielleicht, wie Strabo meint, »Wolf« bedeutet, auf jeden Fall aber den Reiterkrieger bezeichnet. Ob diese Bezeichnung auch bei den Alanen üblich war, ist unbekannt, aber die Sache selbst, der Panzerreiter, ist von diesen auf die Goten übergegangen.

Das Gotische hat uns nur einen biblischen Wortschatz hinterlassen, so daß es nicht verwunderlich ist, daß wir dort kein entsprechendes Wort haben. Im Deutschen aber gibt es für diesen Krieger das Wort Degen, im Nordischen Thegn und im Englischen Thane.

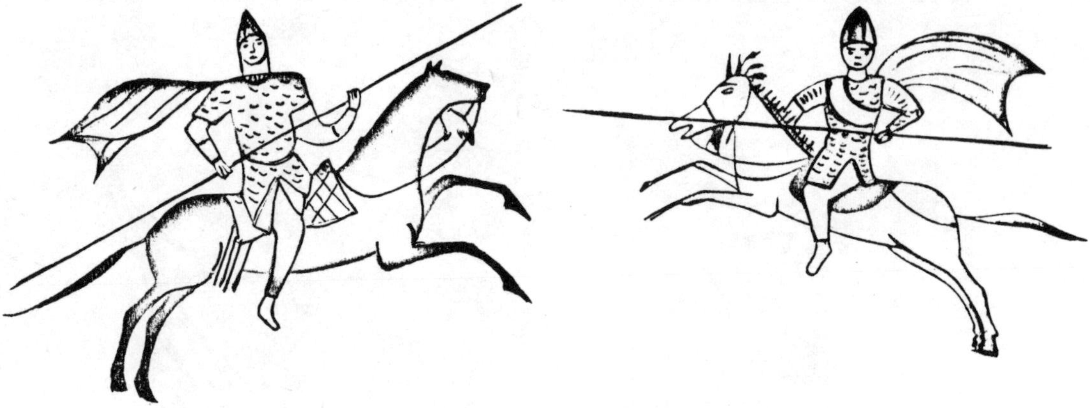

Abb. 8c Alanische Reiter (Grabfresken von Kertsch auf der Krim) 1.–2. Jh. n. Chr. (hier nach Gautier: Genseric Roi des Vandales, Payot Paris 1951)

Die drei Begriffe differieren leicht in ihrem Sinngehalt, haben aber den gemeinsamen Wert: Edler Krieger.

Der Adlige der königlichen Gefolgschaft aber war zweifellos der erste, der Neigung und Möglichkeit hatte, die neue, aus dem Osten gekommene Ausrüstung und Kampfesweise anzunehmen[3].

»... durch Mischheirat haben nicht wenige (Germanen) sarmatische Sitten angenommen ...« (Tacitus, Germania)

Daß es sich dabei überwiegend, wenn nicht ausschließlich, um die Oberschicht handelte, das liegt auf der Hand. (Strabo bestätigt diesen Einfluß.) Wenn man nämlich nicht a priori der Meinung ist, daß die Germanen überall, wo sie hinzogen, als Bringer von Kultur (den Slaven), Moral (den Römern), Zivilisation und Herrschaftstrukturen (den Galliern) auftraten, dann sprechen die schriftlichen wie die archäologischen Dokumente eine eindeutige Sprache:

Die germanische Kultur der Völkerwanderungszeit (und die von dieser abgeleiteten Kulturen) sind von nordiranischem Einfluß geprägt, der aus dem Osten kam. Ausgang genommen hat sie von den südrussischen Goten.

Aber freilich, das sind meine Hirngespinste, nicht wahr? Die Goten, diese Germanen par excellence, ein zweifelhaftes Mischvolk, Dreckspatzen östlich der Karpaten, beherrscht und so halbwegs mit zentralasiatischer, iranischer Zivilisation beleckt durch die Vermittlung von nordwestiranischen Reiterkriegern? So etwas kann doch nicht sein! Unsere Goten!

Sehen wir uns um:

Um 394 (!) schrieb der Bischof Epiphanios aus Zypern einen »Tractat über die zwölf Steine«, darin er sagt: In der nördlichen Weltgegend, die die Alten Skythien zu nennen pflegten, leben »Gothi et Dauni, Uenni quoque et Arii usque ad Germano-

Abb. 8d Oben rechts: Römische Interpretation der schuppengepanzerten Sarmaten mit Spangenhelmen und Drachenstandarte (von der Trajansäule ca. 110 n. Chr.). Man vergleiche hierzu Abb. 7: Normannisches Feldzeichen.

rum Amazonarumque regionem«, also »Goten und Dänen, Uenni beide und Arier (Iranier), bis zu den Germanen und Amazonen«, oder: » Zwischen den Germanen im Westen und den Amazonen im Osten leben die Stämme der Goten und Dänen, die eigentlich Weni und Iranier sind« (auf die Erklärung des Namens Weni komme ich noch zu sprechen.)

Hier haben wir nicht nur Dauni, statt Dahen (Ende des 4. Jh.), sondern auch die Feststellung, daß die Goten und die Dänen aus zwei älteren Völkern entstanden sind, deren eines Iranier waren.

Was aber die Dänen angeht, so sind diese nach Jordanes aus den Suetidi hervorgegangen. Über dieses Volk aber zitiert Mommsen in seiner Jordanesausgabe Müllenhoff und Zeuss, die hierzu eine Liste von Namen aufführen, von unbestreitbar dekorativem Effekt: Heiðnir und Eiðsivar und Aethini etc. Nur haben sie alle nichts mit den Suetidi-Svithones zu tun, nichts mit den Dänen und nichts mit den Goten. Und ihre allen etymologischen Regeln spottenden Identifikationen müssen auch heute noch herhalten, weil man sich nämlich an so großen Namen der Wissenschaft nicht reibt. Und weil ihre Behauptungen so beruhigend sind. Es tut mir leid, und wenn diese Behauptungen zehnmal von einem Nobelpreisträger (Mommsen) garantiert sind, sie sind trotzdem Unsinn.

Die Dänen, nach Jordanes aus den Svithonen-Suetidi hervorgegangen, nach Epiphanios aus Uenni und Iraniern entstanden, sind nämlich keine Skandinavier. (Übrigens, hat es Sie niemals gewundert, warum das Heimatland der Dänen, Dänemark, »das Grenzland der Dänen«, nämlich »Mark« heißt? Wo lag das Kernland?)

Sehen wir weiter:

124 n. Chr. schrieb Dionysius von Alexandrien in seiner »Periegesis« (im Mittelalter viel gelesen) folgendes: »Entlang dem Ufer des Kaspischen Meeres leben im Norden

Abb. 8e Reiter im Schuppenpanzer. Kushanreich (nördl. Baktrien)
Relief vom Palast von Chaltschajan, vermutlich 3. Jh. n. Chr.
(hier nach Masson: Das Land der 1000 Städte)

Abb. 8f Russische Reiter im 16. Jh.
Schuppenpanzer, »hunnische Pferde«
(Nach dem Reisebericht des kaiserlichen Gesandten Sigismund v. Herberstein, Holzschnitt)

die Skythen, dann die Dynoi (!), nach ihnen die Kaspier und die kriegerischen Alanen.«

Otto J. Maenchen-Helfen hat nun überzeugend nachgewiesen, daß Jordanes oder sein Vorbild Cassiodor aus diesem Werk geschöpft hat, als er schrieb, das gotische Vaterland habe im Osten die Serer zu Nachbarn, im Westen die Germanen an der Weichsel (für ihn sind also die Goten keine Germanen). Diese Serer sind die »Serinder«, die Einwohner der Oasenstädte an der zentralasiatischen Seidenstraße. Wir wollen es vorläufig bei diesen Behauptungen belassen und nur feststellen, daß sich aus den vorstehenden Zitaten nach den Regeln elementarer Logik ergibt:

1. Goten und Dänen (= Daker, Dahen, Dani, Dauni, Dynoi) sind beides Mischvölker, deren kulturell dominierender Teil Iranier sind.
2. Die Masse des Volkes besteht aus wenig hoch geschätzten Stämmen, deren Volkstum nicht genau bestimmbar ist (Tacitus zweifelt an ihrem Germanentum).
3. Das Substrat der Dänen sind entweder die Suetidi-Sithones-Sidonen oder die Uenni.
4. Demnach sind Suetidi und Uenni wenigstens teilweise identisch. Ob das stimmt, das müssen wir abwarten.

14. Kapitel

Aquitanische Spekulationen, Ygg und die Landshuter Fürstenhochzeit

»Ein Kerl, der spekuliert, ist wie ein Tier auf dürrer Heide...« (Goethe, Faust)
Und so komme ich mir auch vor. Aber kann ich dafür, daß sich die Ereignisse der Kudrun auf der dürren Heide der »Desertas Getarum«, des »Sors desertus« abspielen? Warum konnten die Hegelingen nicht in einer weniger unwirtlichen Gegend leben? An der Riviera vielleicht. Dort könnte ich Ortsnamenstudien treiben... Das wäre was anderes als Bessarabien...

Aber leider geht das nicht. Schade!

Halt! Ich habe eine Idee!

Wie wäre es, wenn ich die dänischen Hegelingen in Aquitanien suchte? Ah, Bordeaux, Biarriz, St. Jean de Luz, das ist auch nicht schlecht...

Sehen wir uns die Sache näher an:

Der dänische Geschichtsschreiber Saxo Grammatikus nennt seinen normannischen Kollegen Dudo: »rerum Aquitanorum Scriptor.«

Kamen die Vorfahren Wilhelms des Eroberers also aus Aquitanien?

Oder bedeutet dieser Ausdruck einfach, daß Saxo die Herren von Rouen für Westgoten hielt?

Die saßen schließlich lange in dieser Gegend.

Lange? Hmm!

Es ist aber eigentlich verfehlt, das tolosanische Reich der Westgoten als Aquitanien zu bezeichnen. Ihr erstes Siedlungsgebiet, das Garonnetal, stellte die Grenze zwischen Aquitania II und Novempopulania dar, während ihre Hauptstadt Toulouse selbst in der Provincia Narbonnensis lag. Auch später ging ihr Eroberungsdrang zum Mittelmeer und nach Spanien, während ihnen die Atlantikküste ziemlich gleichgültig war.

Die Auvergne, Aquitania I, bekamen sie erst nach 50 Jahren in den Griff (467) und weitere 40 Jahre später verloren die Balthenkönige das ganze Reich an die Franken (507). Aquitania II aber, den Poitou, besaßen sie überhaupt nie ungestört.

Wenn also von dem tolosanischen Reich als von Aquitanien gesprochen wurde, statt daß man von einer der sich anbietenden anderen Bezeichnungen Gebrauch machte, so müssen wir annehmen, daß die Westgoten zu diesem Namen eine besondere Affinität besaßen, daß etwa ein derartiger Name sie an die alte Heimat erinnerte.

Ich habe im vorhergehenden Kapitel den Namen »Dänen« mit den »Degen, Thegn, Thane« identifiziert und offen gelassen, ob er nach Strabo »Wölfe« oder nur einfach »Flußmänner« bedeutet; für möglich halte ich beides, doch würde die letztere

Ableitung ein gewichtiges Argument dafür sein, daß die gotische-germanische Oberschicht iranischer Herkunft ist.

Lassen wir das auf sich beruhen, und kehren wir zu den »Aquitaniern« zurück:

Bei Pomponius Mela findet sich ein Volk der »Axiacen« zwischen Bug und Dnjestr, das seinen Namen nach einem Fluß Axiaces hat. Das ist vielleicht der heutige Tiligul, jedenfalls aber liegt er in der Nähe der griechischen Stadt Olbia. Da Dan (ossetisch) oder Dánu (avestisch-persisch) Fluß heißt, aksaena aber (skythisch) dunkel, muß dieses Gewässer auf skythisch etwa *Axaena-dan geheißen haben, seine Anwohner sind »die Dunklen«, entweder, weil sie sich zu bemalen pflegten (eine mehrfach bezeugte Sitte) oder weil sie eben am dunklen Fluß wohnten[1].

Skythische Bezeichnungen waren aber bis in die gotische Epoche üblich, so daß wir für die von dort stammenden Goten die Bezeichnung *Axiadani erschließen können.

Ob es sich dabei um Westgoten oder Ostgoten handelte, läßt sich beim bisherigen Stand der Wissenschaft nicht sagen.

Auf jeden Fall sieht man hier, daß Saxos Bezeichnung für die Normannen von Rouen mit dieser Bezeichnung einerseits, mit ihrem Selbstverständnis als Dacier andererseits übereinstimmt.

Hinzuzufügen ist aber, daß diese Verwirrung und Kontraktion des gesamten europäischen Nordostens allgemein verbreitet war. Ja, wir können sogar sagen, daß seit dem Altertum der »psychologische Nordpol« etwa in der Moskauer Gegend lag. Nur langsam setzte sich, mit dem Kompaß, eine andere Vorstellung durch. Aber noch im 19. Jh. war unter Journalisten üblich, Rußland als den »Bär des Nordens« zu bezeichnen, nicht des Ostens[2].

»Ein Kerl, der spekuliert…«

Ja, ja, aber irgendwann muß die dürre Heide doch einmal ihr Ende nehmen. Bis jetzt wissen wir also, daß die Normannenherzöge von Rouen für den Dänen Saxo Aquitanier waren, nach ihrem Selbstverständnis »Dänen« aus dem Mündungsgebiet der großen südrussischen Flüsse, und daß es dort höchstwahrscheinlich »Aquitanier« gab.

Aber die Hegelingen?

Geduld, auf die komme ich jetzt.

Wenn Sie zurückblättern, Kapitel 5, so werden Sie feststellen, daß ich Ihnen dort eine Behauptung aufgestellt habe, die dort durch nichts bewiesen ist: Ich habe die Hegelingen-Hahilingen als Söhne Wotan-Hagal-Yggs erklärt. Eben diese Identität ist lediglich von mir postuliert. Zwar sind Hagal und Ygg beides Namen Odins, aber das heißt noch nicht, daß das der gleiche Name ist. Und außerdem müßte Wodan-Odin auch erst am Schwarzen Meer nachgewiesen werden, ehe man Schlüsse zieht.

Nun, daß in dieser Gegend Thraker und Skythen zusammenstoßen und sich durchdringen, habe ich bei der Erklärung des Namens »Stürmen« erwähnt. Von den ersteren weiß Herodot, daß sie Ares, Dionysos und Bendis-Artemis verehren. Die nordische Entsprechung zu Ares ist Tyr, zu Dionysos Freyr und zu Bendis: Vanadis (Freya).

Hermes aber, so weiß Herodot, ist der Sondergott der Basileis, der thrakischen Stammesfürsten. Sein germanisches Äquivalent ist Wodan.

Sehen wir uns jetzt den skythischen Olymp an:

Nach Lukian v. Samosatas (um 120 n. Chr.) Dialog »Toxaris« verehren die Skythen den Wind und das Schwert als Götter. Falls diese Behauptung richtig ist, müßte die skythische Göttergesellschaft wesentlich geschrumpft sein, doch sind Lukians Skythen eher Goten (angesichts des Datums) als Iranier.

Auf jeden Fall aber haben beide Autoren den Schwertgott gemeinsam.

Nach Herodot wird der Kriegsgott als aufgepflanztes Schwert verehrt, dem man Menschenopfer darbringt. »Diesen wird ein Arm abgeschnitten...«

Kann die Parallele zu dem nordischen Tyr-Teut-Ziu-Saxnot noch deutlicher sein? Der hat nämlich nur eine Hand (Snorri Sturluson)!

Warum schreibe ich nun das alles auf?

Auf dem kulturellen Niveau, auf dem sich in der vorliegenden Untersuchung die Hegelingen-Dänen herauszuschälen beginnen (hoffe ich), wird ein Volk durch seinen Kult definiert, nicht durch seine Sprache, materielle Kultur und nicht einmal durch gemeinsame Herkunft, am allerwenigsten aber durch seine geographischen Grenzen.

Da wir aber sehen, daß thrakische, skythische und germanische Religiosität sich den gleichen Göttern zuwandte, ist es unmöglich, hier genau Grenzlinien zu ziehen, zudem weder die Zahl der Völker noch der Götter sich auf die hier aufgezählten beschränkt.

Nur die Überkompensation nationaler Minderwertigkeitskomplexe hat hier Grenzen gezogen und verteidigt sie mit viel Getöse. Oft unter dem Vorgeben der leidenschaftslosen Objektivität.

Kehren wir zu den Hegelingen am »Flumen Agalingus« zurück:

Claudius Ptolemäus im 2. Jh. nennt das gesamte Gebiet, in dem wir uns hier bewegen, »Europäisches Sarmatien.« Da aber seine Kartographie verzerrt ist, lassen sich seine Ortsangaben nur mit Vorsicht verwenden, jedoch gehen wir wohl nicht fehl, wenn wir sein 3. Buch, Kap. 5, Absatz 9, auf die Gegend des Hegelingenflusses beziehen.

Zuvor sprach er von den Bessi, einem Thrakerstamm an den Karpaten, und fährt dann fort:

»Von den hier Aufgezählten gegen den Aufgang folgen unterhalb der Weneden die Galindae, Sudini und Stavani bis zu den Alanen. Unterhalb von diesen sind die Igyllonen, dann die Kostoboken und die Transmontani bis zu den Peukinerbergen.«

Man sieht, das ist alles sehr vage, aber wir erkennen doch die Veneter und die schon besprochenen Suithonen und Alanen und die thrakischen Kostoboken[3]. (Die Transmontani sind natürlich einfach »die hinter den Bergen«.)

Abb. 9 Karte des Agathodaimon zu Claudius Ptolemäus, ca. 180 n. Chr. ▷

DACIA . MŒSIA . THRACIA
EUROPÆA
Olbia
Ordessus
Borysthenes F.
Axiaces F.
Ticonium
Ophiussa
Physca
Tyras F.
Hermonactis vicus
Harpis
Thiagola Palus
Thiagola s. Psilon ost.
Boreum ost.
Pseudostonum
Calon ost.
Naracium ost.
Sacrum ost.
Sacrum pr.
Borysthenis I.
Leuce s. Achillis I.
Britolagæ
Harpii
Peucini
Trœsmis
Troglodytæ
Istros
Tomi
Axiopolis
Callatis
Dionysopolis
Tiristis pr.
Odessus
Mesembria
Anchialus
Apollonia
Tonzus
Peronticum
Thynias pr.
Salmydessus litus
Philia pr.
Phinopolis
Bosporus Thracius
Byzantium
Chalcedon
Olbia
Astacus
Nicomedia
Bithynia
Prusias
Apamea
Nicæa
Olympus M.
Apollonia
Cyzicus
Mysia Minor
Mysia Major
Phrygia Minor
Dardanum
Abydus
Lampsacus
Ilium
Sestus
Chersonesus
Cardia
Coela
Elaeus
Tenedos
Mastusia pr.
Lectum pr.
Gargara
Assus
Antandrus
Palaescepsis
Alexandria
Scepsis
Hellespontus
Propontis
Proconesus
Lysimachia
Heraclea
Perinthus
Selymbria
Bisanthe
Pactya
Aphrodisias
Cypsela
Enus
Melas F.
Melas S.
Imbros I.
Samothrace I.
Lemnos I.
Hephaestia
Myrina
Hebrus F.
Maronea
Thasos I.
Abdera
Bistonis L.
Dyme
Trajanopolis
Plotinopolis
Philippopolis
Pergamum
Nicopolis ad Nestum
Drosica
Topiris
Philippi
Edonis
Amphipolis
Strymon F.
Arethusa
Stagira
Acanthus
Athos
Stratonice
Nymphaeum
Ampelus pr.
Singus
Torone
MARE ÆGEUM
PONTUS EUXINUS
THRACIA
Sardica
Pautalia
Dentheletica
Bennica
Rhodope M.
Usdicesia
Nicopolis ad Haemum
Haemus Mons
Opisena
Selletica
Samaica
Drusipara
Bergule
Carpudaemon
Cabyle
Tonzus
Orcelis
Bizya
Arxus
Appiarenses
Appiaria
Tramarisca
Durostorum
Sucidava
Danubius F.
Carsum
Nœviodunum
Dinogetia
Ister F.
Oetenses
Obulenses
Tibisca
Piroboridava
Polonda
Hierasus
Zargidava
Petrodava
Tamasidava
Utidava
Carsidava
Patridava
Triphulum
Angustia
Sangidava
Arcobadara
Costoboci
Cœstoboci
Cauceoenses
Praetoria Augusta
Comidava
Ramidava
Zusidava
Pirum
Cotenses
Netindava
Prista
Sornum
Trimammium
Dausdava
Novae
Dimum
Dimenses
Oescus Triballorum
Picphigi
Triballi
Sardica
Maetonium
Flexus
Eractum
Vibantavarium

Galindo kommt unter den spanischen Westgoten als Eigenname vor und könnte *Galas-Indoi bezeichnen (den Sonnengott Veles verehrende Eneter-Veneter), und da sind wir endlich endlich wieder bei der »Kudrun«, der Prinzessin Hilde von Indien nämlich[4].

Was die Iggylonen betrifft, so will ich zwar nicht behaupten, daß Ygg und Hagal nur graphische Varianten seien, aber den gleichen Gott bezeichnen sie halt doch.

Die Iggylonen (= Männer aus Yggs Land) erscheinen Jahrhunderte später als litauisches Fürstengeschlecht: die Jaggelonen.

Für Litauer auffallend sind dabei die Namen ihrer Mitglieder. Einer trägt nämlich den germanischen Namen Olgerd (Holger – Helgi) und sein Sohn Ladislas (Wladislav = Im Namen des Weles) wird Gründer einer polnischen Dynastie.

Eine Tochter dieses Hauses aber heiratete eines Tages nach Bayern, und das feiern die Landshuter noch heute.

Die Sache wäre freilich unwichtig für unsere Betrachtungen, wenn die junge Dame nicht ausgerechnet Jadwiga geheißen hätte, *Yutvica, die Tochter Uotes. Ausgerechnet dieser Name taucht also wieder auf, ein Leitnamen der bayerischen Tradition (und man erzähle mir nichts von den Nibelungen. Uote heißt die Ahnfrau der Nibelungen in der *bayerischen* Version der Sage, im Nibelungenlied).

Die polnischen Jaggelonen also scheinen Verbindungen zu den Westgoten-Axaenadani (= Aquitaniern) gehabt zu haben, und das erklärt vielleicht, warum der Westgotenheld »Walther von Aquitanien« in den polnischen Chroniken des Mittelalters eine seltsame Karriere machte.

Der Name Iggylonen-Jaggelonen aber ist nichts anderes, als (siehe Ygg-Hagal) eine Variante von Hahilingen-Hegelingen. Als Jadviga-Hedwig den Herzog Georg den Reichen heiratete, muß man unter den Mitgliedern ihrer Familie die Vorstellung gehabt haben, es handle sich da um einen entfernten Vetter.

Vorausgesetzt natürlich, sie hatten ein so langes Gedächtnis. Die Bayern jedenfalls hatten es. »Kudrun« beweist es.

15. Kapitel

Iren und Alanen, Uote und die Magie

> Es wuchs in Irlande ein reicher König her.
> Geheißen war er Sigebant, sein Vater der hieß Ger.
> Seine Mutter hieß Uote, und was ein Küneginne...

So beginnt die »Kudrun« mit der Genealogie des Königshauses von Irland. Nach Müllenhoff, dessen Autorität hier unbestritten ist, deutet »Sigebant« auf die

bayerische Herkunft des Dichters. Nun ist letztere nicht anzuzweifeln, doch fragt man sich, warum er den König eines ihm doch ziemlich fremden Landes mit einem ihm vertrauten Namen begabt.
Bemerkenswert! Analog ist wohl anzunehmen, daß man in der Umgebung Wolfram von Eschenbachs Trevrizent, Gurnemanz und Schionatulander hieß (oder daß Wolfram aus dem »gasten land« stammt...). Es ist aber doch wohl eher anzunehmen, daß »Sigebant« wenn schon bayerisch, dann doch eher eine »Einbayerung« des ursprünglichen Namens darstellt.
In der Strophe 22 wird dann berichtet, wie Sigebant von seiner Frau, die ebenfalls Uote heißt, ein Sohn geboren wird und wie dieser getauft wird:

> ...bi sinem Namen Hagene, davon man daz Maere wol erkennet.

Es ist also eine wohlbekannte Geschichte, die der Sänger da anhebt und beileibe keine ferne exotische story, wie man meinen könnte, was recht erstaunlich ist, denn in der Tat ist dieser Hagene außerhalb der »Kudrun« völlig unbekannt, zumindest aber »daz Maere«, das der Dichter da anhebt. Es scheint also, daß sich das »wol erkennen« auf die Zuhörer allein bezieht. Im übrigen beweist das, daß er diese Maere nicht erfunden hat.
Sigebant ist König von Irland, und den Ir sind wir oben bei dem Margrafen Irold von Waleis-Frise-Ortlant schon begegnet.
Spuren der Ir-Alanen finden sich über ganz Europa und halb Asien verbreitet. Mit den Wandalen zogen sie nach Afrika und mit Dschingis-khan gegen China, Ammian kannte sie unter den Indoskythen, und Gräber ihres Volkes hat man in der Bretagne ausgegraben. Ihre eigentliche Heimat aber lag zwischen Yaik und Dnjepr, Ural und Kaukasus. Die Zeit Sigebants und Hagens scheint aber später zu liegen, in den Jahrhunderten, als sie von den europäischen Völkern assimiliert wurden (wenigstens ihr westlicher Zweig), als Irold zum Hegelingen wurde, und nur noch in den Bergen des Kaukasus ihr Name und die Identität ihres Volkes lebendig blieb.
Da Hetels Mannen – und hier greifen wir der Erzählung etwas vor – die Hauptstadt der Ir, Baljane genannt, zu Schiff aufsuchen, müssen wir diese am Schwarzen Meer oder an einem seiner Zuflüsse vermuten.
Nun berichtet die Strophe 288:

> ...So wir hoeren sagen,
> daz er (der Irenkönig) herre waere ze Polay...
> sie lügen tobeliche; ez ist dem maere nit geliche.

Es muß also verschiedene Meinungen darüber gegeben haben, wo der Irenkönig herrschte. Wenn der Dichter hier demnach polemisiert, so muß die Geschichte

bekannt gewesen sein. Wo? Unter den Zuhörern, für die er dichtete, unter den Bayern! Also?
Unser Sänger hat allerdings recht, denn Baljan ist in der Tat nicht Polay, sondern vermutlich Balandjar im Kaukasus, während »Polay« die »Kalmückensteppe« ist, das Tiefland der kaspischen Senke, von den altrussischen Heldenliedern, den Bylinen, »Dikojeh Pole« genannt, »das wilde Feld«.
Der Autor dieser Polemik in der »Kudrun« ist sich nicht mehr ganz über die Verhältnisse im klaren. Er besteht darauf, daß sein Ir-König in einer festen Siedlung, Burg oder Stadt wohnt, und das mag auch stimmen, aber »Baljane« heißt nun einmal nichts anderes als »Ebenenbewohner« = Poljane.
Wir sind also deutlich in der Gegenwart eines seßhaft gewordenen Alanenherrschers. Kein Wunder also, daß die Pferde der Ir zahlreich und groß sind (Str. 65):

...Moere, Zelter und Marc (Stuten, Passgänger und Hengste)
die roz us Irlande, michel hoch und stark... (gewaltig groß und stark)

Irische Krieger kämpften zu Fuß oder im Streitwagen mit zwei Pferden bespannt, die mehr eine Art Doppelpony waren, kaum größer als Haflinger. Die heutige irische Pferdezucht datiert erst aus der Renaissance.
Die »roz... michel hoch und stark« sind dagegen schwere Kriegsrösser iranischer Zucht, die, selbst gepanzert, einen schwer geharnischten Reiter tragen konnten. Die Alanen waren vermutlich die Erfinder dieser schweren Lanzenreiterei.
Daß die Alanen sich leicht assimilierten, ist bekannt.
Sprachliche Verwandtschaft mag ein übriges dazu getan haben. Manche »Indogermanische« Form mag dazumal noch undifferenziert gewesen sein. Vor allem aber: nicht wenige, scheinbar germanische Begriffe sind iranische Lehnworte (Gau, Recke, Sippe, Haered = ossetisch quaeu, Reck, Safa, Aeruaedz).
So heißt, wie erwähnt, der erste König der Dynastie Ger und das wird als »Speer« gedeutet. Aber man heißt nicht »Speer« sondern Gerhard zum Beispiel, Gerbold, Gerlind...
Und scharf schneiden heißt auf ossetisch »kaerd«. Scharpfe aber heißt in der bayerischen Tradition der Sohn Attilas.
Gers Sohn ist Sigebant und das gilt, wenn nicht als bayerisch, so doch als Anleihe aus dem Nibelungenlied. Aber einmal beschränkt sich die Parallele auf eine einzige Silbe (die der Dichter weiß Gott auch anderswo hätte finden können), zum anderen ist es schwer begreiflich, warum der *Gegner eines Hagen* die Hälfte seines Namens hergeben soll, um einem *anderen Hagen* einen *Vatersnamen* zu verschaffen. Rechnen wir aber mit einer Eindeutschung, so könnte der ursprüngliche Name »Xicau-binat«, Herr des Hauses, oder »Xicau-bun«, Grundherr, gewesen sein (nach Benveniste).

Vater Ger und Sohn Sigebant sind beide mit Frauen verheiratet die Uote heißen. Sie werden beide als Königinnen bezeichnet.
Die jüngere Uote schon vor ihrer Heirat, was kein Zufall ist. Geht man nämlich die Uote-Uta-Oda-Auda der Sagen durch, so stellt man ohne Mühe einen gemeinsamen Zug fest: Wann immer eine Aussage erfolgt und nicht nur der Name genannt wird, handelt es sich um Sippenmütter oder Erbtöchter. Das erklärt den Namen: Uote-Oda ist die Trägerin des Numen der Sippe, ihrer Lebenskraft, des Od, das auf dem Odhal liegt, dem freien Besitz.
So heißt denn im Alt-nordischen odr = Lebensenergie, (adj. = rasend), odliga (= odgleich) = Wie nicht gescheit. Diese wilde Kraft aber ist auch mit dem Namen des Gottes Odin verwandt und mit dem deutschen Wuot = Wut, die im Namen Wotan steckt.
Im Ossetischen aber heißt Uadz Zauberspruch und Uadzaeftauae ist der Name einer Magierin (eigentlich Uadz des »mächtigen Geistes« Avdiuag).
Auf Germanisch: Runa (Zauberspruch) das God oder Gaut.
Runa-Got, Gudruna[1].
Sigebants Frau, die jüngere Uote, ist eine Prinzession von Norwegen und Frideschotten. Sie kommt (eine etwas merkwürdige Vorstellung, wenn wir auf der Nordseelokalisierung bestehen) mit »Westerwind« an der Grenze zweier Länder an, bei den Ir nämlich.
Apropos, *wo?* Irland, Eiderland, Rügen, Jütland?
Die Überlieferung der »Kudrun« ist korrekt:
Königin Uote kommt den »Nordrweg« herunter, das heißt, den Don, und ihr Schiff läuft mit Westwind in den Kuban ein.
Die »Frideschotten« erklären sich als *Freit-Skoti, Herrenschotten, mit einem Wort: Königliche Skythen (Herodot).
(Ernst darf man solche Bezeichnung natürlich nicht nehmen. Es handelt sich so wenig um echte Skythen wie echte Schotten, aber die Bezeichnung Skythen und Skythien für die südrussische Steppe war literarisch noch bis zur beginnenden Neuzeit gebräuchlich.)
Diese lebten östlich des Don »im Lande Gerrhoi« – aber tausend Jahre vor Hagen[2].

16. Kapitel

Greifenbeute. Vier Königskinder essen ein Kamel

Unser Erzähler freilich hat schwerlich Herodot gelesen. Er überliefert uns eine vage Erinnerung: Kudruns Ahnen stammen weit aus dem Osten, dort wo die zauberkräftigen Runas, die Königinnen Uote zu Hause sind.
Sigebant und Uote also haben einen Sohn: Hagen.
Das ist aber eigentlich kein Name, sondern ein Titel: Khagan, Quagan, Gaganus. Khan der Khane. Franz Altheim erklärt ihn als Weiterentwicklung von Kav-Kavi nach dem Namen der mythischen iranischen Dynastie der Kavi.
Freilich ist es unwahrscheinlich, daß dieser Titel von den Germanen der Völkerwanderungszeit getragen wurde. Trotzdem er wohl den Alanen bekannt war (als Iraniern), scheinen sie ihn bei ihrer Angleichung an die Germanen nicht weiterverwendet zu haben.
Im Kontrast dazu finden sich eine Reihe von Gagan, Quaquan, Khagan bei den Wolgawarägern und den Nachkommen Ruriks, ebenso wie bei ihren Zeitgenossen, den Khazaren. Da wir von diesen wissen, daß sie ihre Armee großenteils in Chwarezm rekrutierten, mag der Titel von ihnen dort entlehnt worden sein und, mit den Warägern nach Norden gebracht, Grund für die verschiedenen Högni und Hakon sein.
Was den Gebrauch des Namens in der deutschen (Hagen), fränkischen (Hüon) und langobardischen (Hugdietrich) Sage angeht, so ist er allerdings wohl auf alanische, hunnische und eventuell awarische Einflüsse zurückzuführen.
Da mir aber Franz Altheim, trotz der monumentalen Ausmaße seiner Werke, als Kronzeuge nicht genug ist, will ich hier einen bescheidenen Anonymus zum Beleg heranziehen. Er schreibt:

> ... li quens Rollant gentement se cumbat, ...
> (... der Kens Roland kämpft adelig, ...)

Nun, anonym im genauen Wortsinn, ist er nicht, der das schrieb: Turoldus, der angebliche Verfasser des Chanson de Roland. Er kennt den emperere magnes, den großen Kaiser, den reis, d. h. den König (lat. rex, gall. rix, got. reiks) den arcevesce (Erzbischof), dux (Herzog), marchis (Marquis = Markgraf), cunte (comte = Graf), baruns (Baron) und den chevaler (chevalier = Ritter).
Nur Roland und einige andere Paladine nennt er Quens, was eben nicht das gleiche wie Graf oder Markgraf ist, denn dieser Ausdruck wird für den Dux (Herzog) Ogier ebenfalls verwendet. Da es auch nicht »der Tapfere« (li bers) heißt, sehe ich keine andere Möglichkeit, als *Quens* für die altfranzösische Schreibweise von *Khan* zu halten[1].

Soweit das Chanson de Roland. Wir werden später noch einmal darauf zurückkommen müssen, denn von seinen Ereignissen geht, ich kann nicht helfen, eine höchst verblüffende Querverbindung zu den Hegelingen. Auf die Gefahr hin, mich dem Vorwurf auszusetzen, ich sähe Hegelingen an jeder Ecke, werde ich dem Leser bei Gelegenheit diese Geschichte noch vorsetzen.

Für den Augenblick wollen wir uns auf die Tatsache beschränken, daß der Titel Khan unter der Form Quens noch im 12. Jh. gebräuchlich war, und daß die Steigerungsform »Khan der Khane« gleich Khagan wenn nicht gebräuchlich, so doch bekannt war. So berichten etwa die Karolingischen Reichsannalen unter dem Datum des 17. Januar 839 über eine Gesandtschaft des byzantinischen Kaisers Theophilus an Ludwig den Frommen:

»Er (Th.) schickte mit ihnen (seinen Gesandten) gewisse Leute... bekannt unter dem Namen Rous', deren Herrscher Chacanus genannt wird.« (Annales Bertiniani)[2]

Von diesen Rous' stellte man in Ingelheim, an der Kaiserpfalz, fest, »gentis esse sueonum«, daß sie Schweden seien. Da man im Frankenreich zu dieser Zeit bereits die ersten schlechten Erfahrungen mit den skandinavischen Wikingern gemacht hatte, ließ der Kaiser die verdächtigen Untertanen des Chacanus erst einmal festnehmen und nachprüfen, ob sie keine Spione seien (über ihr weiteres Schicksal sind wir nicht orientiert). In Rußland wurde der Titel Khagan anscheinend von den warägischen Herrschern Wladislav der Heilige, Jaroslav der Weise (der mit halb Europa versippt war), Mstislav von Tmuturakan und Oleg von Tschernigov getragen. Bei Khazaren und Awaren herrschten anscheinend immer zwei Fürsten, von denen der eine Khagan hieß, so daß wir annehmen dürfen, daß dies der Titel des Kriegshäuptlings war. Da aber auch Hephtaliten, Goten, Hunnen, Ungarn, Burgunder, Sueven, Angelsachsen diese Doppelherrschaft kannten, war es natürlich leicht möglich, daß der eine oder andere dieser Fürsten nachträglich den Titel Khagan »angehängt« bekam (auch wenn er ihn bei Lebzeiten nie führte) und daß dieser Titel in der Erinnerung besser bewahrt blieb als der ursprüngliche Name.

Weisen wir noch darauf hin, daß die Struktur des *Namens* Hagen völlig gegen die Regeln der germanischen Onomastik der Völkerwanderungszeit verstößt, und wenden wir uns wieder dem Sohne Sigebants zu: Er wurde ein gewaltiger Held, so wird berichtet, und man nannte ihn »Valant aller Könige«.

Die gängige Deutung dieses Namens ist »Teufel«, aber in Wirklichkeit steckt darin Veles-Beli-Balder-Phol, der Sonnengott. Mit der Zeit wurde dieser zum Feuergott, Herrn der Schmiede, weswegen Wieland-Voelundr-Velent-Galas, der kunstreiche Schmied, in der Thidreksaga »Enkel des Königs Wilzinus« genannt wird. Anders ausgedrückt: Er ist ein Abkömmling des Herrn der Veleten, Abkömmling des Feuergottes. Aller Wahrscheinlichkeit nach war also der Name, den Sigebants Sohn bei der Geburt erhielt, nicht Hagen, sondern »Velent«.

Glauben Sie nicht, daß ich absichtlich alle Personen umtaufe: Hetel-Wigoleis, Hagen-Velent... aber was soll ich machen, die Tatsachen sind da, sind im Text.

Dieser »Valand, aller Könige Khagan« (man sieht, es genügt, das Komma zu verschieben), war noch ein Kind, als ihm das in Kapitel 7 erzählte Abenteuer zustieß: Er wurde von einem Greifen geraubt.

Der Greif gilt seit dem Altertum als Tier des transkaspischen Asien. Als die Saraguren 465 eine Gesandtschaft nach Byzanz schickten, weil sie von ihren östlichen Nachbarn bedroht wurden, berichteten sie, daß der Ausgangspunkt dieser Bewegung »die Stämme, die die Meeresküste bewohnen (d. h. des Kaspischen Meeres), und die Greifen« seien. Wenigstens berichtet so Priskos[3], der byzantinische Diplomat des 5. Jahrhunderts.

Kein Wunder, denn das ganze Altertum war von der Existenz der Greifen im Nordosten überzeugt.

Greifen ein Kind in Irland-Eire rauben zu lassen, wäre niemand eingefallen. Auch Herzog Ernst begegnet einem Greifen im Orient und nicht im Schwarzwald. Anzunehmen, daß die asiatischen Greifen so plötzlich Europa überquert hätten (selbst vom »uebel tiuvel« gesandt), das wäre eine Zumutung für den mittelalterlichen Hörer oder Leser gewesen – gerade weil man von ihrer Existenz überzeugt war. Man fürchtete ja auch keine Invasion von Löwen, und der Greif hatte den gleichen Realitätsgehalt.

Am Kaukasus aber, im Lande der Ir, ist es ganz normal, Greifen im Käfig zu halten, wie anderswo Falken oder Adler. Denkt der Dichter. Er hat das Problem der Kommentatoren nicht.

Im Land der Ir gibt es aber tatsächlich Greifen in großer Zahl. Der Greif ist von den Skythen bis zu den Awaren eines der beliebtesten Dekorationsmotive der nordiranischen Nomaden.

Der entkommene Greif des Königs also entführt den Prinzen drei Tage weit übers Meer und erreicht sein Nest, wo er ihn der jungen Brut als Futter überläßt. So berichtet die »Kudrun«.

Wir haben aber allen Grund, diese Erzählung anders auszulegen. Doch sehen wir zunächst weiter.

Dem Knaben gelingt es zu entkommen und die Gesellschaft dreier Prinzessinnen zu finden, die auf gleiche Weise dorthin gekommen sind. Die drei jungen Damen stammen aus Isserland, Indien und Portugal.

Indien, Island, Portugal und Irland?

Wahrhaftig, die Greifen der Kommentatoren kommen weit herum und es müßte demnach damals im europäischen Luftraum ein reger Greifenverkehr geherrscht haben (denn die vier jungen Leute sind ja nur die Nichtgefressenen).

Nein, die Greifen des Dichters sind vernünftiger. Sie leben im Kaukasus und entführen Adelskinder bei den Iron, den Jassen, einem anderen Zweig der Alanen, bei den Indern-Eneten-Wenden und in Portegale, das wir schon an der Donau ausgemacht haben.

Mit andern Worten: Die »Greifen« sind kaukasische Seeräuber, Kamariten nennt sie

Tacitus, die die Küste des nördlichen Schwarzen Meeres heimsuchen (– und warum sollen die kein Greifentotem gehabt haben? Welches andere Tier ist überhaupt charakteristischer für Piraten als ein Greif? Niemand hat ihn je gesehen, halb Fußgänger, halb Segler der Lüfte, und sehr gefährlich.)

Vielleicht war der Greif, den Sigebant aufzog, einfach eine Geisel (daher das »ihm zu liebe«), die mit dem Königssohn entfloh.

Hagen und die drei Prinzessinnen leben in Angst und Schrecken im Wald und in Felsenhöhlen, stets auf der Hut vor den Greifen, bis ein »gotes Her« kentert, »vor den Steinwänden«, und der herangewachsene Hagen-Valant sich mit den Waffen eines Ertrunkenen rüsten kann.

Für die Ausleger und wohl auch schon für den Dichter der letzten Fassung war es ganz klar: Was da auf exotischen Meeren schwimmt, das können nur Pilger, Kreuzfahrer sein.

Wenn aber die Sage den Greifen in einem wilden »Tann« hausen läßt, so ist es klar, daß das nicht der aride Orient der Kreuzzüge ist. Erfunden wurde das daher nicht. Entweder wußte der Dichter, daß es sich um den Kaukasus handelte, ohne ihn zu nennen, oder die Tradition war stark genug, den »Tann« gegen alle Eindrücke aus dem Heiligen Land zu bewahren. (Man hätte den Greif ja auch in Felsen hausen lassen können.)

Es ist daher wahrscheinlich, daß es sich ursprünglich um ein Gotenheer handelte, dessen Schiffe da an den Steinwänden scheiterten. Der Fuß des Kaukasus hatte einen schlechten Ruf als Schiffsgrab, nicht zuletzt wegen der oben erwähnten Kamariten.

Hagen also war erwachsen, bewaffnet und konnte die Greifen bestehen. In Strophe 100–102 wird berichtet, daß unser junger Held nach den Greifen ein Ungeheuer erschlug: »Einem Gabilune waz ez anelich...« Das ist ein Chamäleon, lautet die gewöhnliche Erklärung. Das ist nicht unmöglich, denn es heißt ja nicht, es sei ein »Gabilun« gewesen, sondern nur, daß es einem solchen ähnlich war. Trotzdem erlaube ich mir, auch hier anderer Meinung zu sein. Es erscheint mir nämlich unwahrscheinlich, daß der durchschnittliche Hörer im 13. Jahrhundert so auf Anhieb wußte, wie ein Chamäleon aussieht. Ich meine vielmehr, daß hier von einem zweihöckerigen Kamel die Rede ist[4]. Ein einhöckeriges Kamel kann nicht gemeint sein. Das heißt in der »Kudrun« olbend (gotisch Ulbandus). Das zweihöckerige baktrische Kamel aber galt im ganzen Altertum als typisches Haustier der Meder, und diese saßen unmittelbar südlich des Kaukasus in Aserbeidschan, also in nächster Nähe unserer vier Robinsone[5]. Sein Fell, so wird berichtet, wurde zu geschätzten Kleidern verarbeitet, sein Fleisch nur in der Not gegessen, aber zu medizinischen Zwecken verwendet. Das entspricht genau der Situation Hagens und seiner Mädchen: Er hüllt sich in die Haut, obwohl er ja doch die Kleider des Ertrunkenen hat, und

von der fremeden spise höhte sich ir herze und ir gemüete.

In diesem Zusammenhange taucht auch, etwas unvermittelt und funktionslos, ein Löwe auf, dessen Verhältnis zu Hagen uns unerklärlich bleibt. Wir finden aber in der Geschichte von Herzog Horant, auf die wir noch kommen werden, daß Hagen anscheinend einen zahmen Löwen besaß.
(Die Motivkombination von Greifenentführung und zahmen Löwen findet sich in der Sage von Heinrich dem Löwen wieder. Dieser war aber bayerischer Abstammung, ein Welfe.)
Anschließend machen sich die jungen Leute auf den Weg und kommen nach 24 Tagen »durch den Tan« an ein Ufer, wo sie ein Schiff aus »Garadie« sehen.
Es ist zumindest sonderbar, daß man von den Steinwänden, wo Schiffe scheitern, 24 Tage braucht, bis man ein Schiff trifft. Da diese Wanderung dramaturgisch nicht notwendig ist, dürfte es sich um eine echte Erinnerung handeln.
Halten wir hier für einen Augenblick inne und überlegen wir, was die Geschichte bedeutet. Der Dichter erzählte sicher nicht ohne Überlegung, und wenn er selbst nie die Frage nach dem »Warum« gestellt hätte, so würden es seine Zuhörer getan haben. Was kann er also einem vorlauten Zuhörer antworten, der ihm mit der simplen Frage ins Wort fällt, warum eigentlich die jungen Leute nicht schon früher loszogen, statt angstvoll im Bereich der Greifen auszuharren?
Man sollte die Menschen des Mittelalters nicht unterschätzen. Die Antwort muß entweder eine logische Erklärung enthalten, oder das Argument: So ist es eben überliefert!
Logisch ist aber die ganze Erzählung nicht.
Was verbirgt sich also hinter dieser Geschichte?
Wir haben oben vermutet, daß der Sohn des Ir-Königs von einer flüchtenden Geisel entführt und die drei Mädchen von den Kamariten geraubt wurden. Es ist klar, daß man später unter den Ir nicht zugeben konnte, daß der König seine Jugend in Gefangenschaft und Sklaverei verbracht hatte. Man mußte also eine Schilderung erfinden, bei der das personifizierte Schicksal eingriff, der Greif, Totem und Schicksalsvogel.
Was wahrscheinlich geschah (eine andere Möglichkeit wird später diskutiert werden), ist, daß der gefangene junge Ir zu Waffen kam, als die Beute eines Raubzuges ausgeladen wurde. Er erschlug seine Herrschaft und entfloh mit drei Sklavinnen. Unter diesen Umständen ist es klar, daß er weder früher flüchten, noch, in anbetracht der Nachbarn, an Ort und Stelle auf ein Schiff warten konnte.
Die mühsame Flucht dauerte 24 Tage, »und es ging ihnen so schlecht, daß sie am Ende gezwungen waren, ihr Kamel zu schlachten«.
So etwa könnte der ursprüngliche Bericht gelautet haben.
Wenn der Dichter es sich leisten konnte, so eine unwahrscheinliche Geschichte zu erzählen, ohne auf unliebsame Zwischenfragen zu stoßen, so kann das nur eines bedeuten: Die Form stammt von ihm, die Sache aber war bekannt. Anders ausgedrückt: Den Zuhörern des Dichters war eine Geschichte dieser Art geläufig.

Sie einem »Hagen von Ir-land« zuzuschreiben, weckte weder Erstaunen noch Widerspruch. Daß dies zutrifft, zeigt sich wieder in der Geschichte von dem Welfenherzog Heinrich dem Löwen von Sachsen (und Bayern, was gern vergessen wird).

17. Kapitel

Ein Schiff aus Garadie. Valand aller Könige

Das Schiff aus Garadie, das die Flüchtenden antreffen, ist wohl ein Schiff aus Gardariki, dem Reich der Garde, der Städte. Das scheint in diesem Fall nicht Rußland zu sein, sondern die große Handelsstadt an der unteren Wolga, die aus mehreren Teilstädten bestand, Astrachan.
Angesichts der Tatsache, daß dort eine Warägerkolonie saß und daß es später Waräger waren, die die Einheit »Gardariki« (Rußland) schufen, ist diese Verwechslung verständlich.
Auf jeden Fall aber flüchten die vier jungen Leute ans Ufer des Kaspischen Meeres, was absolut logisch ist, wenn man den Seeräubern des Pontus aus dem Wege gehen will. Die Luftlinie von Suchumi nach Lenkoran ist etwa 800 km, so daß die täglich zu überwindende Entfernung 33 km Luftlinie entspricht. Das ist nicht unmöglich. Auf jeden Fall stimmt die Größenordnung.
Garadie also ist ein Land, dem »Irriche« benachbart und verfeindet, weswegen »der Graf von Garadie« den Irprinzen als Geisel behalten will. Die übermenschlichen Kräfte des jungen Mannes zwingen ihn aber, die Reise nach Baljan zu unternehmen, wo es in anbetracht des freudigen Ereignisses zum Friedensschluß zwischen den Nachbarn kommt. So erzählt jedenfalls die »Kudrun«, und wir haben keine Möglichkeit, zu entdecken, was sich etwa hinter den übermenschlichen Kräften, die eine ganze Schiffsbesatzung terrorisieren, verbirgt.
Die Fahrt dauert 17 Tage, was immerhin eine exakte Zeitangabe ist. Ob sie glaubhaft ist, muß dahingestellt bleiben, doch wenn wir annehmen, daß die Flüchtlinge einen Fischer und nicht einen »Grafen« von Garadie zwangen, so ist zugleich der Logik und der Entfernung Genüge getan, beziehungsweise der Reisezeit.
Auf jeden Fall ist diese Fahrt unvergleichlich glaubwürdiger als die Vorstellung, daß man in 17 Tagen vom Orient, wo es Greifen und Kreuzfahrer gibt, nach Irland oder Dänemark kommt.
Hagen-Valands Abenteuer endet mit dem, was man heute ein Happy-End nennt: Er nimmt »Hilde von Indien zur Frau«, während die Prinzessin »von Isserland« mit einem Fürsten aus »Norwegen«, also aus der Heimat von Hagens Mutter, verheiratet

wird. Da Jassen und Iron beides Alanen sind, ist diese Bevorzugung verständlich, ebenso Hagens Ehe, bringt sie ihm doch Erbansprüche auf Indien-Wendland, die venetischen Stämme im Westen seines Reiches.

Die dritte »Prinzessin«, aus einem Land und Volk, das weder in verwandtschaftlichen Verhältnissen zu Ir steht, noch einen Erbanspruch garantiert, bleibt unverheiratet als Gefährtin der neuen Königin bei Hofe.

Anschließend bleibt nur eines übrig: Sigebant dankt zu Hagen-Valands Gunsten ab. Ein merkwürdiger Zug, diese Abdankung, und im germanischen Bereich ohne Parallele. Weniger ungewöhnlich aber in einer Gegend, wo eine starke Tradition von Frauenherrschaft besteht, wie am Fuße des Kaukasus.

Da der Titel Khagan ursprünglich (nach Franz Altheim) Kav-Kavi gelautet haben soll, abgeleitet von dem mythischen Schmied Kavi, Ahnherrn der Kayaniden iranischer Tradition, können wir ihn frei übersetzt als »Schmied der Schmiede« auffassen. Andererseits ist Wieland-Velent-Wölundr-Galas der Erz- und Archischmied der germanischen Tradition, so daß Hagen und Valand praktisch Synonyme sind. Angesichts der Schmiedetradition des Kaukasus steigt natürlich die Wahrscheinlichkeit, daß Baljan im Kaukasus liegt[1].

Irgendwo in dieser Gegend des Kaukasus liegt auch wohl das Land Salme (Str. 110), aus dem der »Graf von Garadie« stammt. Das könnte Samandjar sein, oder die »Burg Salms« »im Alanenland«, die das persische Schah Name kennt. Sie »liegt am Meer, ragt hoch in den Himmel, ist voll von Schätzen und geschützt von einem Adler« (Firdusi).

Hagen also ist ein Alane am Fuße des Kaukasus, während Hetel in der südrussischen Steppe herrscht. Bezeichnenderweise haben beide keine oder fast keine Verbindungen mit anderen Gestalten oder Ereignissen der germanischen Sagenwelt.

Außer einer vertikalen Verbindung über drei Generationen hat keines der drei Elemente Anspielungen auf andere Sagen. Dagegen greift die gesamte übrige Sagenwelt mit ihren Ereignissen ineinander, und wenn das zuweilen etwas erzwungen wirkt, wie in der Thidreksaga, so zeigt es doch recht gut, daß das Volk das Bedürfnis hatte, alle isolierten Sagen, notfalls mit Gewalt, in einen gemeinsamen Rahmen zu bringen.

Die »Kudrun« blieb frei davon (mit einer Ausnahme, auf die wir noch kommen werden), denn sie ist nicht Produkt eines geographisch zu umreißenden Volkes, sondern Geschichte oder Pseudogeschichte eines Stammes, einer Dynastie. Ein Individualierungsprozeß findet hier unter unseren Augen statt. Nomaden haben sich hier ihre Geschichte geschaffen, haben sich Ahnen geschaffen.

Kann ein Volk von Seßhaften es sich erlauben, alle Sagen zu bewahren, die auf dem von ihm beherrschten Gebiet erzählt werden, ohne deswegen seine Identität zu verlieren, so haben Nomaden keine Möglichkeit dazu. Überlieferungen der Elemente, aus denen sich der Stamm konstituierte, werden notgedrungen in den

Traditionskern integriert. Nicht, wo man wohnt, zählt ja, sondern, von wem man abstammt.
Statt also die Überlieferungen eines gegebenen geographischen Bereiches zu umfassen, ist die »Kudrun« dynastische Geschichte, strukturales Rückgrat einer Ethnogenese.

18. Kapitel

Widsith: Glommen, Haelsingen und Inselweiber

Es erscheint mir an der Zeit, jetzt über einen Beleg zu sprechen, der eigentlich immer dazu dienen sollte, die Herkunft der Hildesage (und damit der »Kudrun«) aus dem Norden zu beweisen.
Erinnern Sie sich, was ich im Kapitel 3 bemerkte, als ich mich mit Prof. H. Schneider auseinandersetzte?
Das damals herangezogene Zitat lautet in extenso: »Ein Lied entstand spätestens zu Anfang des 5. Jh., wir wissen nicht, bei welchem Ostseestamm; es behandelte eine Brautraubsage, und die Könige, die es auftreten ließ, mögen gelebt haben: Hagen, der Fürst der Holmrygier, Hedin (altengl. Heoden), der Fürst der Glommen, Wate (ae. Wada), der Fürst der Haelsingen … Hedin entführt Hild, Hagens Tochter. Der Vater setzt ihm nach und ereilt ihn (bei Rügen-Hiddensee?). Beide Helden, so scheint es, fielen in dieser Schlacht.«
Zunächst ist zu bemerken, daß hier wieder ein nordisch-germanisches Süppchen gekocht wird, dessen Ingredienzien aus ungenannter Quelle stammen. Gewiß, ich habe hier nach der Kurzfassung »Deutsche Heldensagen« zitiert, und es mag sein, daß Schneider in den drei Bänden »Germanische Heldensage« sorgfältiger vorgeht. Seis drum. Worauf es ankommt, ist, daß hier die nordische Hildesage (Schlachtort: Odinsoe) mit einem Absatz aus dem altenglischen Widsith-Gedicht verkocht wird, ohne daß diese Methode durch anderes begründet wird als die Namen Hagen und Hedin. Ganz zu schweigen davon, daß die Identität von Odinsoe und Hiddensee durch das vorhandene Material eher widerlegt als bewiesen wird.
Genug! Sehen wir uns das Widsith-Gedicht an.
Der fragliche Absatz lautet:
»Aetla waltete der Hunnen, Eormanric der Goten,
Becca der Baninge, der Burgunden Gifeca,
Kaisar der Griechen, Caelic der Finnen,
Hagena der Holm-Riggs, Heoden der Gloms,

Witta waltete der Swaefe, *Wada der Haelsinge,*
Meaca der Myrginge, Mearchalf der Hundinge…«

Die Reihe führt noch weitere einundzwanzig Herrscher auf, aber wir wollen es gut sein lassen.

Was also weiß der Weitfahrende (Widsith)?

»Daß Hagena die Holm-rigg, Heoden die Glommen und Wada die Haelsinge regierte.« Und das sollen Ostseestämme sein.

Die Holmrigg nämlich Inselrugier von Rügen, die Haelsinge werden in Hälsingborg angesetzt und die Glommen? Ja die Glommen eben auch irgendwo da herum!

Wenn die drei Herren nichts mit der Hildesage zu tun hätten, so könnten uns ihre Wohnorte ja gleichgültig sein, wenn sie aber in deren Handlung eine Rolle spielen, so sollten ihre Reiche doch wohl in glaubhaftem Verhältnis zueinander liegen?

Hetel-Hedin-Heoden also raubt Hild auf Rügen und wird auf Hiddensee eingeholt, noch auf der Türschwelle sozusagen. Ein ziemlich unfähiger Wiking, scheint mir. Immerhin können wir sagen, daß er demnach westwärts geflohen sein muß und die Glommen daher an der deutschen oder dänischen Ostseeküste gelebt haben müßten.

Leider, leider: Nix Glommen!

Noch schöner ist die Lokalisierung Wadas-Wates. Er müßte mit Hedin auf die Brautschau gegangen sein, andernfall sein Auftreten nichts bedeuten will, und das, obwohl er jenseits des Meeres lebt. Ein Verhältnis Heoden-Wada wie das Hetel-Wate in der »Kudrun« kann eigentlich nicht bestanden haben. Was hat er also in der Hildesage zu suchen?

Nichts! Er kommt in der nordischen Hildesage, von der hier die Rede ist, nämlich gar nicht vor.

Wate taucht denn auch in dem »Kudrun«-Material erst um 1130 (Lamprechts »Alexander«) auf, der Widsith aber stammt aus dem 7. Jh. Vor diesem Zeitpunkt ist lediglich der Erbauer von »Wadas Dyke«, einem Grenzwall zwischen England und Wales, bekannt; ferner ein Wate, der in den Zusammenhang der Dietrichepen gehört (er wird von Dietleib von Steiermark erschlagen), und Wate, der Vater Wielands des Schmieds. Ein unauffindbarer Hedin, ein nicht zur Sache gehörender Wada und ein Hagen von Rügen sind also unsere Ausbeute.

Schön, wenigstens einer – nur leider ist Hagen nach den drei Versionen der nordischen Sage entweder Jüte oder Seeländer. Er gehört also auch nicht dazu, der Herr aus Rügen.

Und jetzt muß ich mich selber zitieren: »Man ist um jedes Argumentlein froh, das die nordische Herkunft stützen zu können vorgibt, und wenn es auch noch so krumm daherkommt.«

Exit Widsith!

Halt, halt, nicht so schnell!

Wie wär's, wenn wir uns im Süden, am Schwarzen Meer umsehen würden?

Das Zusammentreffen der drei Herren untereinander und mit Attila, Ermanarich, Becca (Ratgeber Ermanarichs), Gifeca (Giebich, dessen Familie mit Attila und Ermanarich zu tun hatte), Kaisar und Meaca (von den Myrgingen-Langobarden) hat ja doch wohl etwas zu bedeuten?
Beziehen wir sie also auf die Gudrunsage. Wo kämpft da Wate? In Waleis-Galeis. Gewiß, er ist »Wate von Stürmen«, aber die Völker dieser Gegend, wir haben's gesehen, sind zum größten Teil Velesverehrer-Waleisen, Wilzen.
Also in der Gudrunsage herrscht Wate über Velesingen, in Widsith über Haelsingen.« Und Heoden-Hedin-Hetel?
Er herrscht über die Glommen! Wer die sind, weiß kein Mensch. Ich auch nicht. Ich habe aber eine Vermutung:
Snorri Sturluson, der Isländer, zitiert eine Thula (Aufzählung) der Pferde, die einem Skalden Kalf zugeschrieben ist. Darin heißt es, Gunnar (der den Skandinaviern als Gote gilt) reitet den Goti, und Atli (Attila) den Glaum. Daraus ist zu schließen, daß die Glommen, deren Züchtung Glaum, »der Glimmende, der Feurige« ist, irgendwo im hunnischen Bereich lebten.
Die Chronographie des Malalas kennt zwei hunnische Anführer namens Tyragz und Glom. In anderen Texten lauten die Namen Styrax, Styras, Sturaks, Astera, und Glones, Eglon, Aglanos. Glones soll der gräzisierte Name Glones, Glonazes, Golon oder Wlon [alle iranisch] sein (zitiert nach Maenchen-Helfen). Ohne mich darüber äußern zu wollen, scheint mir doch den Skandinaviern billig zu sein, was Malalas recht ist: Glones-Glonazes in Glom und Glommen zu verwandeln, vor allem, da es am Oslofjord einen Fluß namens Glommen gibt. Er kann aber den Stammesnamen des Heoden-Volkes nicht geprägt haben, da die Bevölkerung an seinem Ufer unter dem Namen Raumar bekannt war.
Die Formen Eglon und Aglanos lassen eher auf einen Zusammenhang mit den *Agilon-Söhnen, den Agilingen vom Flumen Agilingus vermuten. Wie dem aber auch sei, wir haben es mit einem Namen aus dem hunnischen und nicht aus dem Ostsee-Bereich zu tun.)
Daß diese Identifikation nur eine Vermutung darstellt, das will ich gern zugeben. Sollen die Vertreter der Ostsee-Glommerei eine bessere finden! Bis jetzt haben sie aber keine.
Kommen wir zum dritten König des Widsith:
»Hagena weald Holm-Ryggum ...« (Holm = Insel)
Hagen waltet der Insel-Ryggr, die man als die Ulmerugi des Jordanes ansehen kann. Was Rigg im Alt-Englischen heißt, das weiß ich nicht, aber auf Alt-Nordisch heißt ryggr: Weiber, genauer: Starke Weiber (Snorri).
Hagen herrscht über die Inselweiber?
Ja, da kann ich nur an das Zitat von Pomponius Mela erinnern, das ich aufgeführt habe und das von kriegerischen Frauen in Süd-Rußland berichtet.
Kämpfende Frauen sind dort aber seit den mythischen Zeiten der Amazonen

bekannt, und nicht nur von Mela erwähnt, sondern auch unter den Westgoten (Hist. Aug. Valentinian), Hunnen (Prokop) und Slaven (Nikephoros a. D. 626).
Sind die Holm-Riggs also »Inselweiber«, so können sie dort nur im Bereich des Schwarzen oder Kaspischen Meeres gelebt haben. Wenn wir nun wieder die Peutingerkarte heranziehen, so finden wir zwischen Kaukasus und Asowschem Meer die...
Nein, nicht die Holmriggr-Ulmerugi, aber immerhin die Ilmerue – und das ist mehr, als was man an der Küste von Rügen zu dieser Zeit findet.
(Am Rande bemerkt, muß man das Germanentum der Einwohner von Rügen sowieso mit einem großen Fragezeichen versehen, da sie den Slavengott Svantewit verehrten. Slavische Historiker halten die Rugier daher für ein versprengtes Häuflein von Russen. Da aber Svantewit vermutlich der »Schwanenweiße« ist, bleibt die Frage in der Schwebe und zeigt lediglich, daß die panslavische Geschichtsschreibung der großgermanischen an Vorurteilen nicht nachsteht[1].)
Die Aufzählung des Widsith ist aber noch in anderer Hinsicht aufschlußreich. Sie enthält nämlich, an anderer Stelle, eine ganze Reihe von – Dänen. So heißt es, daß »Sigehere lange die Seedänen« regierte, was auf die mythische Dynastie der Siklinge von Sigersted (Seeland) hindeutet, aber auch ein König Alewih der Dänen wird erwähnt und Widsith will unter den Süd-Dänen gelebt haben.
Alewih (agsx.) ist aber vermutlich der gleiche Name wie Aluith (Herulerführer bei Prokop) und Alaviv (Westgotenherzog bei Ammian) und läßt vermuten, daß diese »Dänen« im Bereich der südrussischen Goten zu suchen sind. In seiner Aufzählung zwingt der Stabreim Widsith, die Stammesnamen durcheinander zu würfeln:

»Ich war unter den Hunnen und den Hreid-Goten,
unter den *Swithonen, den Geat und Süd-Dänen.
Unter den Warnen (Uferbewohnern) war ich, unter Wikingen und Wandalen.
Unter Gepiden war ich, unter Wenden und Gefflegs (Giaflaug Frauenname, wahrsch. got.),
unter Angeln war ich, unter *Slaven und Aenenen,
unter Saxen (im heut. Ungarn), unter Siggs und unter Schwertmännern (Tyrfingen = Westgoten),
unter *Weleten, unter Deanen und Kriegs-Reams.
Und mit den Männern von Throndheim war ich und mit Tyringen
und mit den Burgunden...«

Sehen wir von der Bezeichnung Wikinge ab, so fallen nur die Angeln und die Throndheimer aus dem Rahmen. Von insgesamt 23 Völkern.
Alle anderen sind zu irgendeinem Zeitpunkt tatsächlich in Südrußland gewesen (17) oder möglicherweise (3).
Und wenn Sie sich zum Beispiel über die Aenenen wundern, dann schauen Sie mal schnell nach, Kapitel 5, wer die Aniana waren.

19. Kapitel

Parenthese: Pfeil-Odd schwängert ein Riesenmädchen und kommt zur Wolfsinsel

Verschiedentlich habe ich angedeutet, die Hagensage habe, entgegen der bisherigen Annahme, in der skandinavischen Überlieferung Spuren hinterlassen. Diesen will ich mich nun zuwenden. Allerdings, Spuren im Plural, Einzelzüge, leider keine direkte Parallelerzählung, obwohl...

Aber urteilen Sie selbst:

Unter den sogenannten Fornaldrsögur, Sagas aus alten Zeiten, unterscheidet man zwei Gruppen: Fornaldrsögur Nordurlanda und F. Sudurlanda.

Mit wenigen Ausnahmen haben sie eine schlechte Presse in der heutigen Wissenschaft (aber Sie können sich vorstellen, daß sie das mir besonders teuer macht). Da sie literarisch nicht die gleiche Qualität aufweisen wie die klassischen Isländersagas, dienen sie hauptsächlich als folkloristischer Motivsteinbruch und werden nur sehr beschränkt historisch ausgewertet. So sind sie auch zum großen Teil nur in veralteten und unzuverlässigen Übersetzungen zugänglich, was ihre Verwendung außerhalb der skandinavischen Lokalgeschichte so gut wie verhindert, vor allem natürlich die Sagen aus dem Südlande.

Eine dieser legendären Sagen ist die in mehreren Versionen erhaltene Orvar-Odd-Saga, die Sage vom Pfeilschützen Odd.

Odd ist ein übermenschlicher Held, der außer durch gewaltige Kräfte und nie fehlende Pfeile sich vor allem durch eine über mehrere Generationen sich erstreckende Lebenszeit auszeichnet.

Diesem Helden wird eine ganze Reihe von kurzen Thattr (Sagen) zugeschrieben, die ursprünglich selbständig waren. Die Nahtstellen der Kompilation sind nicht schwer festzustellen.

Die Tatsache, daß Odd gewissermaßen eine synthetische Gestalt ist, braucht uns aber nicht zu hindern, seine Abenteuer zu geographischen Identifikationen heranzuziehen. Eine ähnliche Langlebigkeit findet sich in der Sage von Nornagest, der ebenfalls ein großer Reisender war.

(Auch der vorhin besprochene Widsith kann die Fülle seiner Reisen und Begegnungen nicht alle in einem Menschenalter erlebt haben, was aber niemand hindert, seine Angaben zu historischen Zwecken heranzuziehen.)

Orvar-Odd also (Kap. 17 der Saga) segelt eines Tages südwärts und gerät dort in flaches Wasser, denn (so wird betont) er war noch nie in dieser Gegend gewesen. So gehen er und seine Gefährten dann an Land und ziehen plündernd durch Valland, Frankenland und Helsingjaland.

Als ich das zum erstenmal las, hat's bei mir geklingelt. Man hat diese Angaben als

Normandie, Frankenland und Elsaß erklärt, wobei letztere Angabe den Wada (der laut Widsith die Haelsinge beherrscht) plötzlich zu einem Alamannen machen würde und obwohl Valland zwar Wallonien-Flandern-Flamland sein kann, aber nie und nimmer die Normandie. Aber diese Angaben können so wenig stimmen, wie die Annahmen der »Kudrun«-Interpreten. Die Saga fährt nämlich fort: »Es ist nichts weiteres von ihrer Fahrt zu berichten, bis sie an eine Küste kamen und ihre Schiffe Schaden nahmen. Am Strand sahen sie ein Haus, wie sie es noch nie gesehen hatten.« Das Haus stellt sich als Kirche heraus, das Land als mit einer Stadt besiedelt und, kurz und gut, Odd und seine Mannen sind in »Aquitanien«.

Unsere Helden quartieren sich in einer Herberge ein und haben gesellschaftlichen Verkehr mit den Einwohnern »Aquitaniens«. Schließlich lassen sie sich sogar zur Taufe überreden.

Odds Gefährten stellen fest: »Es gefällt uns hier besser als an allen anderen Orten, an denen wir je waren«, aber Odd selbst sagt: »Noch nie in meinem Leben habe ich mich so gelangweilt!«

Läßt sich diese Beschreibung zur Not auf die Normannenniederlassung an der Loiremündung beziehen, so macht doch weder die Langeweile, noch die Taufe Sinn, angesichts der Raubzüge, die die Loirenormannen weit ins Hinterland führten. Vor allem aber ist die Beutefahrt von der Normandie durch Frankreich bis ins Elsaß mit anschließendem Rückzug unglaubwürdig. Nach einem solchen Zug hatte man als Wikinger genug zu tun, die Beute heimzuschaffen, und segelte nicht um die Bretagne herum nach Süden.

Wie aber, wenn Odd und seine Freunde im Schwarzen Meer gewesen wären? Tatsächlich finden sich die Angaben der Saga dort, immer vorausgesetzt, wir halten uns an die mittelalterliche Geographie. (Die Orvar-Odd-Sage stammt in ihren verschiedenen Redaktionen aus dem 13.–14. Jh.)

Dann haben wir als erste Angabe Valland, was nicht die Normandie ist, sondern, um hier vorzugreifen, die Normandie-Ormanie der »Kudrun«, an der bulgarischen Küste, ein Land des Gottes Veles, anschließend das »Frankenland an der Donaumündung«, das seit Fredegar (um 640) zur legendären Vorgeschichte der Franken zählt, und schließlich das Hälsingeland des Widsith, das wir mit dem Stürmen der »Kudrun« identifiziert haben. Sogar das flache Wasser in Valland stimmt (ich komme noch darauf zurück). Schließlich scheitern Odd und seine Freunde bei Olbia im Land der Aquitanier (Aksaena-dani) und werden von den, vermutlich arianischen, Bewohnern bekehrt. Man sieht, keine Widersprüche, keine Probleme außer der Frage, wie der Norweger Odd ans Schwarze Meer kam. Da aber, wie erwähnt, diese Erzählung ein selbständiger Thattr ist, können wir annehmen, daß der ursprüngliche Held der Sage ein russischer Waräger war[1].

Odd also langweilte sich, so wird berichtet, und stiehlt sich aus der Stadt. (Beachtenswert: Für die Orvar-Odd-Saga ist Aquitanien eine Stadt, nicht wie in Frankreich eine Provinz.)

Auf dem Weg sieht er vier Männer eine christliche Prozession überfallen und den Bischof töten. Odd erschlägt die vier Mörder und beeindruckt die Aquitanier sehr, als er ihnen die vier Köpfe (plus den des Bischofs) bringt.
Nun aber hält man doppelt Wacht und will ihn nicht gehen lassen.
Wir aber wollen nicht so indelikat sein und nachfragen, wie die Sache wirklich gewesen sei.
Wieder schleicht sich Odd in der Nacht davon und nun »wanderte er von Land zu Land bis er an den Jordan kam«.
Jordan? Wahrhaftig, Odd ist hier in dem Land, aus dem Jordanes kam, der Geschichtsschreiber der Goten, oder wenigstens seine Familie.
Gewiß, ich kann nicht sagen, welcher der südrussischen Ströme gemeint ist, aber jedenfalls läßt sich »Jordan« als »Erdfluß« leichter erklären, als es für Odd gewesen wäre, von der Garonne durch Spanien, Nordafrika und Ägypten zum Jordan zu gelangen. (Jordan = Jörd-dan)
(Tatsächlich vermute ich, daß Odds Jordan überhaupt kein Fluß ist, sondern das schlammige Wasser des »Faulen Meeres«, der westlichen Bucht des Asowschen Meeres.)
Odd durchquert ihn, zieht weiter auf Abenteuer und findet sich eines Tages »in einem wilden Wald, wo er nichts zu essen hatte, als die Tiere und Vögel, die er erlegte. So lebte er eine Weile.«
Es wird nun berichtet, »daß Odd eines Tages zu einem Felsabsturz über einer Schlucht kam, durch die ein großer Fluß strömte. Odd setzte sich nieder und überlegte, wie er auf die andere Seite kommen könne.
Er saß noch nicht lange, als ihn etwas ergriff und ihn heftig in die Luft erhob. Es war ein Geier, der ihn so fest in seinen Krallen hielt, daß er sich nicht wehren konnte.
Der Vogel trug Odd über manches Land und Meer, bis er an eine Felswand kam und auf einem Grasband landete, wo seine Jungen warteten.«
Nun, erinnert Sie das nicht an etwas?
Sehen wir weiter:
»Odd blieb mit den jungen Geiern auf dem Absatz zwischen einer hohen Felswand über ihm und einem tiefen Abgrund unter ihm bis zum Meer.«
Odd gelingt es, sich zu verstecken und von der Beute der alten Geier zu leben.
»Eines Tages sah Odd einen Riesen in einem Steinboot vorbeirudern« und dabei vor sich hin auf die Geier schimpfen. Odd macht sich bemerkbar und gemeinsam mit dem Riesen macht er dem Geier und seiner Brut den Garaus.
Das hat freilich nicht mehr viel Ähnlichkeit mit der Hagensage, aber wir erfahren im weiteren Verlauf, daß der Riese Hildir heißt, seine Frau Hildirid und seine Tochter Hildigunn, sein neugeborener Sohn Gudmund (Godmund = Walter der Goten).
Vergessen wir nicht, daß irgendwo dort in der Gegend die großen Svithonen leben, denen wir schon in mehreren Texten begegnet sind, und daß dort auch die »Hrus« wohnen, »Männer mit enormen Gliedern, die keine Waffen tragen und so groß sind,

daß die Pferde sie nicht tragen können« (Chronik des Pseudo-Zacharias Rhetor a. d. 555), ganz zu schweigen von dem Rus-Varägern, »groß wie Palmbäume«, denen der Araber Ibn-Fadhlan um 925 an der unteren Wolga begegnete, Riesen allesamt.
Orvar-Odd wird der Ratgeber des Riesen und der Liebhaber der Riesentochter Hildigunn (Kampf-Hild), während Hagen-Valand seine Hild heiratet und selbst ein Gewaltiger wird. Der Unterschied der beiden Schilderungen erklärt sich ohne Schwierigkeit aus dem Unterschied der Gesellschaft. Nicht der der beiden Helden, sondern dem Unterschied der Gesellschaften, in denen die beiden Dichter-Erzähler leben.
Orvar-Odd verhilft durch seine Ratschläge seinem riesigen Gastfreund zur Krone und durch seine sonstigen Aktivitäten der Riesin Hildigunn zu einem Sohn, Vingnir (= Kämpfer), der ein wahrer Übermensch wird.
Als er Abschied nimmt, bringt ihn Hildir in seinem Steinboot zu den Wolfsinseln. Jawohl, zu den Wolfsinseln, die also vom Strand des Riesenlandes aus in einem Boot erreicht werden können, ebenso wie die Steinwände des Geier(Greifen)horstes. Eine Wolfsinsel, ein Wülpensand (Kudrun), ein Wolfenwerth (Lamprechts Alexander) ist aber der Kampfplatz in der Überlieferung der Gudrunsage.
Wir sehen also, daß auch die Orvar-Odd-Sage die gleichen geographischen Vorstellungen hat wie Widsith und »Kudrun«, von den anderen bisher herangezogenen Texten ganz zu schweigen.

20. Kapitel

Prinz Bel und der kaukasische Krieg. Die Reisen des Kudrundichters

Alle Angaben stimmen überein und ergeben das gleiche Bild:
Das Reich der Hegelingen liegt zwischen Donaumündung und Dnjepr und erstreckt sich eine nicht genau bestimmbare Strecke landeinwärts. Seine Bevölkerung trägt ihre Stammesnamen, aber alle zusammen sind Danelander (= Flußmänner). Das Reich der Ir aber kann, wie wir gesehen haben, nirgendwo anders liegen als im nordlichen Vorland des Kaukasus, am Mittel- bzw. Oberlauf des Kuban. Es fragt sich nun, ob diese Lokalisierung mit den weiteren Angaben der Hildesage und der Gudrunsage übereinstimmt.
Ehe wir uns aber dieser Frage zuwenden, wäre es wünschenswert, die Ereignisse annähernd datieren zu können. Annähernd.
Das Problem bringt mich in Verlegenheit.

Nicht, weil sich die Ereignisse nicht datieren lassen, sondern weil sie sich zu gut datieren ließen.

Wie schön wäre es, die Ereignisse auf ein Halbjahrhundert genau – und mit den gebräuchlichen Vorbehalten – festlegen zu können. Für eine Forschung auf so schwankendem Boden wäre das eine anerkennungswerte Leistung. Die Wissenschaftler, die ich bisher noch nicht beleidigt habe, würden, so könnte ich hoffen, zustimmend nicken und murmeln: »Nicht unwahrscheinlich, ja, ja, gar nicht unwahrscheinlich...«

Schön wär's, ach ja. Aber die Ereignisse auf 5 oder 10 Jahre genau festlegen zu wollen, das geht entschieden zu weit. Das ist nicht seriös. Das ist nicht wissenschaftlich.

Aber was soll ich machen? Die Tatsachen sind da!

Die Abenteuer des wilden Hagen und seine Familienverhältnisse sind nachweisbar und datierbar.

Weil ich das aber selber unglaublich finde, habe ich im Vorstehenden eine unverifizierbare Hypothese über seine Abenteuer aufgestellt, hinter die ich mich jederzeit zurückziehen kann, wenn die wissenschaftliche Luft zu dick wird. Also:

Ich glaube natürlich, daß das Kind Velent von einer Geisel, einem Gefangenen am Hofe der Ir, entführt wurde, und als Gefangener eines Volkes mit Greifen-Totem südlich des Kaukasus aufwuchs.

Ich glaube, daß der herangewachsene Junge durch einen Zufall, als seine Herren Beute an Land brachten, zu Waffen kam.

Ich glaube, daß der junge Ir-Prinz seine Herrschaft erschlug und mit mehreren Sklavinnen quer durch Georgien an die Kaspis flüchtete, dort auf eine oder andere Weise Schiffspassage nach Norden fand und so mit seinen Gefährtinnen ins Land der Ir zurückkehren konnte.

Das alles finde *ich* sehr überzeugend (Kunststück, ich hab's ja selber erfunden), völlig mit der Darstellung der »Kudrun« übereinstimmend und so vage, daß eigentlich niemand etwas dagegen haben kann.

Aber dann habe ich folgendes entdeckt:

Nach den armenischen Geschichtsschreibern Moses Xorenaci, Elisaeus Vardapet, Lazarus von Pharb u. a. (zitiert nach L. Hambis, Attila et les Huns, Paris 1972) geschah in der Mitte des 5. Jahrhunderts am Kaukasus folgendes:

Der sassanidische Perserkönig Yezdegerd II. (438–457) wollte seine christlichen armenischen Untertanen zur Lehre Zarathustras zwingen. Zuvor war es ihm gelungen, die Bedrohung aus dem Osten von seiten der Kidariten zurückzuweisen, so daß er jetzt wagte, es auf diese Kraftprobe ankommen zu lassen. Die Armenier aber, die sehr an ihrem Glauben und ihrer Unabhängigkeit hingen, rebellierten trotz ihrer Eingliederung in das persische Reich. Allerdings hatten sie nicht nur religiöse, sondern auch politische Gründe. Yezdegerds Maßnahmen zum Schutze der Kaukasusgrenze, seine Befestigung der »Kaspischen Tore« und die Stationierung von einer Armee von 10 000 Reitern in »Albanien« (Derbent) beschränkten die Unabhängigkeit der verschiedenen armenischen und kaukasischen Vasallenkönigreiche.

Obwohl die Aufständischen den persischen Reitern eine Niederlage beibrachten, fühlten sie sich doch der persischen Macht nicht gewachsen und nahmen daher durch ihren Verbündeten, König Vakhan von Albanien, Verbindung mit den »Hunnen« am Kuban auf[1].

Diese beschränkten sich zunächst auf vorsichtige Aktivitäten, aber nach Yezdegerds Niederlage bei Avarair (451) stießen sie durch die Pässe nach Süden vor und führten (laut Elisäus) Raubzüge bis an die Grenzen der byzantinischen Besitzungen in Kleinasien.

Nur mit Mühe gelang es den Persern, die Invasoren abzudrängen und die zerstörten Grenzfestungen wieder aufzubauen.

Dieses »hunnische« Volk kam, nach Moses von Kalankatuk, aus dem Land »Aluandriya«, dem Alanenland, nördlich des Kaukasus.

Genannt wurden diese Krieger Khailandur oder Kailandur, und ihr Anführer soll den Namen Eran getragen haben.

Näheres ist freilich nicht über sie in Erfahrung zu bringen.

454 werden sie noch einmal von Elisäus erwähnt: Ein Prinz ihres Königshauses namens Bel war in Yezdegerds Dienste getreten, aber unzufrieden mit den Persern (angeblich war er Christ), entfloh er zu den Kidariten (= Hephtaliten – weißen Hunnen) östlich der Kaspis, warnte sie vor einem persischen Angriff und verriet ihnen die Zerstörung der Kaspischen Tore, die Yezdegerd zu einem Zweifrontenkrieg zwang.

Nach dem Tode des Königs revoltierten die Armenier erneut (460–462), aber sein Nachfolger Peroz nahm nun seinerseits Khailandur in Dienst gegen die Insurgenten und ihren Verbündeten, Vatch oder Vakhan von Albanien. Trotzdem dieser von den Maskut (zwischen Saumur und Belbek ansässig) unterstützt wurde, eroberten die »Hunnen« Derbent und führten ein Jahr lang Krieg gegen ihn. Schließlich gab Vatch sein Unternehmen auf und zog sich in sein Fürstentum Albanien zurück.

Später werden die Khailandur nicht mehr erwähnt, doch erinnert, 500 Jahre später, eine Bemerkung des arabischen Reisenden Al Masudis an die unbehagliche Nachbarschaft Derbents und der »Hunnen«:

»Die Bewohner von Derbent«, so erzählt er, »haben sehr unter einer Völkerschaft namens Chaidhân (Khailan?) zu leiden, die zum Reich der Khazaren gehört. Das ist das übelste aller Reiche, die dort bestehen. Der König ist ein Muslim, der von den arabischen Qahtân abzustammen behauptet. Er und seine Familie sind die einzigen Muslime in seinem Reich. Der Name Salîfân, glaube ich, ist der Titel eines jeden Herrschers in diesem Gebiet. Zwischen Chaidhân und Derbent leben auch arabische Muslime, die nur arabisch sprechen. Sie sind dort ansässig, seit dieses Gebiet von den Arabern erobert wurde (642–652). Und obwohl sie in der Nähe des

Reiches Chaidhân leben, konnten sie sich aufgrund der Wälder und Flüsse ihre Unabhängigkeit bewahren. Außerdem erhalten sie Hilfe von den Einwohnern von Derbent, von dem sie nur etwa drei Meilen entfernt sind.«

Fassen wir zusammen: Um 450 gab es also im Alanenland nördlich des Kaukasus (das sich auch auf der Peutingertafel findet, deren jüngste Redaktion damals rund hundert Jahre alt war) einen Fürsten Eran (= Iron) der »Hunnen« Khailandur und einen Prinzen Bel, südlich des Kaukasus in persischem Dienst, der nach Transkaspien flieht.

In den sechziger Jahren überfallen die Khailandur erneut Persien, aber vor 465 werden sie mit den umliegenden Völkern von den Saraguren angegriffen und wohl unterworfen (Priskus, Fragm. 30 u. 37).

In die gleiche Epoche gehört auch der Bericht des Faustus Biwzandac'i vom Martyrium des Grigori, Catholicus der Iberer und Albaner, der im Lande des Sanesan, König der Maz'kut'k, den Tod fand. Sanesan war Anführer einer Armee von Honk', was man für gewöhnlich als Hunnen deutet, was aber eher eine Armee von Heniochoi gewesen sein dürfte. Diese lebten an der Schwarzmeerküste, südlich der Halbinsel Taman (Ptolemäus, Strabo, Arrian)[2].

Ach so, ja die »Kudrun«! Ich komme schon, ich komme schon…

König Ger herrscht über die Alanen (Ir und *Dahoi, heute Iron und Digor). Sein Sohn ist Sigebant (*Xicau-Binat) von »Ir-riche«, sein Enkel, wie wir gesehen haben, Velent (= *Belent) der Khagan, dessen Erbtochter die Gemahlin eines Awarenkönigs wird. (Allerdings, eines Awarenkönigs!)

Sollte das nicht ein legendäres Echo der oben erwähnten Vorfälle sein? Es ist sogar denkbar, daß die Greifengeschichte ihren Ursprung in einer Ahuramazda-Darstellung hat, bei der ein menschlicher Oberkörper aus einem Adler mit ausgebreiteten Schwingen herauswächst. So etwas kann mißverstanden werden als Raubvogel, der einen Prinzen davonträgt. Betrachtet man den Ahuramazda-Greif als nationales Symbol der zoroastrischen Perser, so läßt sich die Flucht des »christlichen« Bel als Flucht Velents aus dem Greifennest darstellen.

Wie früher erwähnt, ist der Name Velent in Zusammenhang mit dem Sonnengott Veles zu bringen, der zu einem Schmiedegott und letzten Endes zum Teufel wurde. Masudi kennt nun zwischen dem Reich der Chaidhân und den Reichen der Awaren und Alanen das Volk der Zirigaran, der Kettenhemdmacher, die »Kettenhemden, Steigbügel, Trensen, Schwerter und anderes eisernes Gerät« herstellen. Schließlich hat der »Königsteufel« Hagen-Valant sein Echo im »Teufelsvolk Chaidhân« (vergessen wir nicht, Masudi schreibt 500 Jahre später), das noch immer der Schrecken seiner Nachbarn ist. (Shaitan, arab. Satan)

So weit, so gut. Aber! Aber!

Otto J. Maenchen-Helfen hat seinem schönen Hunnenbuch einen Appendix nachgestellt, in dem er sich rechtfertigt für seine Vernachlässigung der armenischen Quellen. So weist er darauf hin, daß »das Werk, das lange Zeit unter dem Namen des

Moses von Khorene lief, im 7., wenn nicht im 8. oder im 9. Jahrhundert kompiliert wurde...«.
Und »Elisaeus Vardapet gibt einen detaillierten Bericht über den Krieg von 450/51... So zumindest erschien es, bis Akinian bewies, daß das Buch ins 7. Jahrhundert zu datieren ist, und der Krieg... der armenische Aufstand von 572 (ist). Jedenfalls muß Elisaeus Vardapet – wenn überhaupt – mit großer Vorsicht benutzt werden.«
Ähnliche Einwände, hauptsächlich den der späten Kompilation und den der Übertreibung, äußert Maenchen-Helfen auch gegen die übrigen Armenier.
Wenn ich trotzdem darauf hinweise, obwohl ich absolut unqualifiziert bin, hier zu widersprechen, so tue ich es aus folgenden Gründen:
Zunächst ist der Gegenstand meiner Untersuchung nicht die Geschichte des 5. Jahrhunderts, sondern ein Epos des 13. Jh. In den armenischen Quellen stecken zweifellos tatsächliche Erinnerungen. Auch wenn diese so sehr entstellt sein sollten, wie Maenchen-Helfen annimmt.
Es wäre aber unvernünftig, anzunehmen, daß die Geschichte genauso im Volksgedächtnis bewahrt wurde, wie wir sie kennen. Die Unterschiede etwa, die wir zwischen den »klassischen« Darstellungen der Nibelungensage (Nibelungenlied, Thidreksaga, Edda) einerseits und der mündlichen Überlieferung der nordischen Folkeviser oder der Chronik von Hven andererseits feststellen müssen, stimmen da skeptisch. Nun wird der Leser aber im weiteren meiner Untersuchung feststellen, daß der Kudrundichter nicht nur ein gewisses seemännisches griechisches Vokabular beherrschte, sondern auch eine ganz erstaunlich genaue Kenntnis der nördlichen Schwarzmeerküste besaß. Einschließlich Strömungsverhältnissen und Reisezeiten. Daß es nicht nur unwahrscheinlich, sondern geradezu unmöglich ist, daß derartige Tatsachen über ein Halbjahrtausend bei den niederbayerischen Landratten des Gäubodens bewahrt wurden, das liegt auf der Hand.
Woher also hatte der Kudrundichter seine Kenntnisse?
Offen gestanden, ich weiß es nicht! Ich gebe aber zu bedenken, daß man ihn um 1230/40 anzusetzen pflegt und daß nur 40 Jahre später Oswald von Wolkenstein geboren ist, der in einem seiner Gedichte schildert, wie er im Schwarzen Meer Schiffbruch erlitt, und erwähnt, daß er in der Tartarei war.
Am Schwarzen Meer war er Kaufmann, berichtet er, und das beweist, daß die von ihm erwähnte Tartarei die Krim ist. Dort war aber, anstelle des heutigen Feodosia, das genuesische Handelskontor Kaffa gelegen und an der Mündung des Don die venezianische Niederlassung Tana. Oswalds Kenntnisse dieser Gegend zeigen sich in der Erwähnung der Stadt Calamita, heute Inkerman, in einem seiner Gedichte. (Und kurioserweise heißt es in einem seiner Taglieder »auch lucifer d'klarhait vein/den gryffn dw last ub'frein...«. Was immer das auch heißen mag, es verbindet jedenfalls den Morgenstern, den Osten, mit dem Greif.)
1436–1437 besucht der Venezianer Barbaro Tana, und sein deutscher Diener kann sich mit den Krimgoten ohne Schwierigkeiten unterhalten. Wo ein Deutscher

herstammt, der sich als Dolmetscher zwischen Venetianern und Krimgoten betätigt, wissen wir nicht, aus Niedersachsen schwerlich.
Es waren zweifellos nicht nur jüdische Händler und Reisende, die aus Bayern-Österreich an die Krim kamen, wie etwa der berühmte Reb Petachia von Regensburg(!), der diese Gegend um 1180 bereiste. Auch die sogenannte »Raffelstädter Zollordnung« verweist auf diesen Osthandel.
Und bereits 965 schreibt der Araber Ibn Yakub, daß Prag die größte Handelsstadt der slavischen Länder sei. Von dort ist es weiß Gott nicht mehr weit bis nach Bayern. Und so fährt er denn fort: »Die Händler der Rus kommen von Kiew bis Regensburg, um Pferde und Sklaven zu kaufen.« Es war sicher Oswald von Wolkenstein nicht der einzige Ritter, Kaufmann, reisige Knecht oder fahrende Sänger, der diese Gegend aufsuchte.
Daß diese Deutschen aber dort Armeniern begegnet sein müssen, das ergibt sich nicht nur aus der Tatsache, daß diese die eifrigsten Händler des vorderen Orients waren, sie werden von einem Italiener des 15. Jh. ausdrücklich neben Griechen, Juden und »Nabatäern« als Einwohner von Kaffa genannt.
Wollen wir wirklich annehmen, daß der junge (10- bis 24jährige) Wolkensteiner der einzige »Österreicher« war, der diese Reise unternahm? Der einzige Dichter? Ja, dann müssen wir wohl die »Kudrun« umdatieren und sie ihm zuschreiben. Es erscheint mir indessen wahrscheinlicher, daß er in den Dichtern der »Kudrun« und des jiddischen Dukus Horant Vorgänger gehabt hat, denn der Gebrauch von Seemannsausdrücken bei Oswald und dem Kudrundichter weist darauf hin, daß derartige Literatur ein sachverständiges Publikum hatte.
Hier also, im internationalen Milieu der deutschen, italienischen, slavischen, jüdischen und armenischen Händler des östlichen Mittelmeeres und des Schwarzen Meeres müssen wir die gemeinsame Quelle des Materials suchen, das zur Erneuerung vager nationaler Überlieferungen diente. Dort ist der Ausgangspunkt, von dem die verschiedenen Versionen der Hilde-Gudrun-Hagen-Sage ausstrahlten: Orvar-Odds »aquitanisches« Abenteuer, der Hadningavic (den wir noch kennenlernen werden), die bayerische »Kudrun«, die italienische Version, die bei Ariost ihre Spuren hinterlassen hat (Geduld, Leser, Geduld!), und schließlich der Dukus Horant, in dem ich, das sei hier vorweggenommen, eine Tradition des gotisch-khazarischen Milieus auf der Krim sehe. (Die Khazaren waren Juden und das jiddische Manuskript des Dukus wurde in Gesellschaft khazarischer Korrespondenz gefunden.) Und deswegen kann ich nicht dem von mir sonst hochgeschätzten Professor Maenchen-Helfen folgen, wenn er es ablehnt, die armenischen Historiker heranzuziehen.
Sie mögen historisch unzuverlässig sein und zu Recht als unbrauchbar für die Geschichte der Hunnen bezeichnet werden, aber sie geben die nationale Geschichtsschreibung der Armenier und sind für das Identitätsbewußtsein dieses Volkes so wichtig wie der Pentateuch für die Juden. Mit diesen Darstellungen also

kamen unsere Dichter in Berührung und verarbeiteten ihren Inhalt. Nicht als Handlungsstoff zwar, aber als Hintergrund. Genauer gesagt, nicht die uns erhaltene armenische, sondern wohl eher die gotisch-alanisch-tscherkessisch-khazarische Version dieser Ereignisse[3].

Wenn Ihnen das aber unglaublich erscheint, so habe ich mir ja vorsichtshalber einen Notausgang eingerichtet, durch den ich mich dann halt davonstehle:

Ich glaube also, etc. etc. ...

Wenn Sie aber doch bereit sind, den Herren Moses, Elisaeus und Lazarus einigen Kredit einzuräumen, so darf ich Sie darauf hinweisen, daß diese Epoche historisch das einzige »Fenster« ist, das für die uns interessierenden Ereignisse in Frage kommt, denn sie lassen sich weder als gotisch-hunnische Ereignisse deuten, also vor 375 ansetzen, noch nach 480. In dem dazwischen liegenden Jahrhundert aber gab es nur den einzigen Vorstoß der Avaren und Saraguren in der Mitte des 5. Jahrhunderts und mit diesem müssen wir die »Kudrun« in Zusammenhang bringen.

Das soll im weiteren nachgewiesen werden.

21. Kapitel

Akatziren, Prunkschiffe und Awaren

Ob die aus den armenischen Autoren gewonnene Datierung und Lokalisierung der Hagen- und Hildesage zutrifft, zutreffen kann, läßt sich natürlich nicht mit Gewißheit sagen. Zu gering sind die zeitgenössischen Dokumente dafür. Wäre es anders, so hätten wir ja in der Nachfolge Maenchen-Helfens auf die Armenier verzichten können. Immerhin haben wir einen Beleg, der in diesem Zusammenhang nicht uninteressant ist. Es handelt sich um den Bericht des Priskos über die »hunnischen« Akatziren. Er schreibt über diese:

»(Die Akatziren), ein skythischer Stamm, waren auf folgende Weise unter Attilas Herrschaft geraten. Früher hauten sie nach Völkern und Stämmen verschiedene Fürsten gehabt. Dann sandte Kaiser Theodosios II. ihnen Geschenke, um sie zu bewegen, einmütig von Attila abzufallen und mit den Rhomäern (= Byzanz) ein Friedensbündnis zu schließen. Der Überbringer dieser Geschenke hatte aber die Gaben an die einzelnen Könige nicht nach Rang und Würden verteilt. Kuridakhos, der älteste unter ihnen, ... war erst an zweiter Stelle bedacht worden. Er glaubte sich also übergangen und um die gebührende Ehre gebracht. Daher rief er Attila gegen die anderen Könige zu Hilfe, der ihm ein starkes Heer sandte und die einen tötete,

die anderen unterwarf. Er lud den Kuridakhos ein, als wolle er ihn an dem Sieg und dessen Früchten teilnehmenlassen.
Dieser argwöhnte jedoch einen heimtückischen Anschlag und ließ Attila sagen, es sei für einen Menschen schwierig und gefährlich, einem Gott vor Augen zu treten ...
So vermochte Kuridakhos sein Reich und all das Seine unangetastet zu bewahren, während die übrigen Akatzirenstämme unter Attilas Herrschaft gerieten. Attila aber hatte beschlossen, seinen ältesten Sohn (Ellac) zum König der Akatziren zu machen.«
Es ist wohl nicht ganz sicher, daß die hier aufgezählten chronologischen Zusammenhänge auch kausale sind. Wir dürfen aber jedenfalls annehmen, daß Kuridakhos als einziger Stammesherr unter den Akatziren seine Unabhängigkeit bewahrte. Die Datierung für diese Ereignisse ergibt sich aus der Gesandtschaft des Priskos im Jahre 448, während der er diese Berichte erfuhr. Es ist hier nicht der Platz, daß ich nach einer Jahrzehnte währenden Diskussion über die Deutung des Namens Akatziren oder Akatiren auch noch ungefragt meine Meinung äußere. Es ist hier auch unerheblich, da wir nur wissen, daß diese »hunnischen« Stämme so genannt wurden, aber nicht von wem: Von sich selbst? Von ihren Nachbarn? Von den Attilahunnen? Oder von irgendwelchen Gewährsleuten der Byzantiner?
Jordanes beschreibt ihre Wohnsitze:
»Jenseits von ihnen (den Akatziren) erstrecken sich oberhalb des Schwarzen Meeres die Wohnsitze der Bulgaren... Nach diesen haben die Hunnen... zwei rasende Völker hervorgebracht... Altziagiri (und) ... Saviri. Die Altziagiri in der Nähe von Cherson... Diese durchziehen im Sommer die Ebenen... Im Winter ziehen sie sich an die Küste des Schwarzen Meeres zurück.«
Man deutet das hier erwähnte Cherson für gewöhnlich als die griechische Stadt an der Südwestspitze der Krim. Mir scheint aber, daß auf der Krim nicht Platz für die verschiedenen Akatzirenstämme ist, und daß sie sich zweimal jährlich mit Kind und Kegel, Vieh und Familien durch die Landenge von Perekop gedrängt haben sollen, das erscheint mir unwahrscheinlich. Ich nehme daher an, daß Attila die Akatziren zwischen unterem Dnjepr und Don unterwarf, daß aber Kuridakhos die Altziagiri-Akatziri östlich des Don beherrschte, am taurischen Chersonesos. Da es nun zudem auch üblich war, die Akatziren mit den später dort herrschenden Khazaren zu identifizieren (was selbst heute noch manche Wissenschaftler tun), die eben unter einem Khagan standen, wird man hoffentlich Verständnis dafür aufbringen, wenn ich hier keine Haarspalterei begehe (= Wer heißt wo, warum, wie, wann?), sondern kurzerhand die Akatziren nördlich des Kaukasus mit ihrem König Kuridakhos und die Ir der »Kudrun« mit ihrem König Ger (= *Ger-i-Dahos, Ger der Dahe, Ger der Alane?) mit dem namenlosen König der Khailandur-Hunnen aus Aluandrija identifiziere, dem wir im vorigen Kapitel begegnet sind, Vater des Sigebant-Iron und Großvater des Velent-Bel.
Ob dieser nun selber den Titel Khagan-Hagen führte, oder ob ihn die Überlieferung,

angesichts der Identifizierung seines Volkes mit den Khazaren, damit schmückte, tut dann nichts zur Sache.

Sagen wir also: Priskus, Jordanes, die Armenier und die »Kudrun« erlauben alle, einen Alanenherrscher, eine Alanendynastie nördlich des Kaukasus in der Mitte des 5. Jahrhunderts anzunehmen, denen es gelang, sich von Attila unabhängig zu halten. Freilich, sie erlauben es – ich habe nicht »erzwingen« gesagt.

Sehen wir weiter, was sich von diesem Volk aussagen läßt.

Für das Jahr 465 n. Chr. berichtet wieder Priskos (Frg. 30):

»Um diese Zeit schickten die Saraguren, Ugoren und Unoguren Gesandte zu den Römern. Diese Völker waren im Kampf mit den Sabiren aus ihren angestammten Wohnsitzen verdrängt worden. Die Sabiren wieder hatten den Awaren weichen müssen und diese waren vertrieben worden von den Völkern und den Greifen(!), welche die Meeresküste bewohnen.

Alle Völker, die ihrem ungestümen Anprall nicht standhalten konnten, waren geflohen; so auch die Saraguren, die auf der Suche nach einer neuen Heimat auf die Akatziren stießen, sie in zahlreichen Schlachten besiegten, und sich schließlich an die Rhomäer (= Byzantiner) wandten, um sich mit diesen zu verbünden. Daher nahm der Kaiser (Leon) ihre Gesandten huldvoll auf und entließ sie mit Geschenken.

(Frg. 37) Die Saraguren zogen im Bunde mit den Akatziren (oder: nach dem Kampf mit dem Akatziren) und anderen Stämmen gegen die Perser ins Feld. Erst marschierten sie auf die Kaspische Pforte zu, stießen aber auf Grenztruppen und schwenkten nach Iberien ab (das heutige Georgien), verwüsteten das Land und unternahmen Überfälle auf armenische Städte ...«

Soweit Priskos. Mir scheint, die Handlung der Kudrun ist ein fernes Echo dieser Vorgänge. Versuchen wir etwas Ordnung zu machen:

Wenn die Akatziren Hagens tatsächlich dort lebten, wo ich sie im vorstehenden vermute, am Kuban nämlich, so läßt sich ihr Name zwanglos erklären als *Auchat-Ir. Die Auchaten finden sich als lange bekanntes Volk in dieser Gegend bei mehreren antiken Geographen[1].

Ugoren und Onoguren sind Türken, das heißt hier Bulgaren (einer der seltenen Fälle, bei denen wir einigermaßen sicher sind). Die Saraguren könnten dann die *Saurag-War sein, die Mannen Sifrits von Moere. Hegelingen und die Seeländer Herwics bei Priskos auftauchen sehen zu wollen, wäre unbescheiden. Im ersten Falle handelt es sich nur um eine Sippe, im zweiten um eine geographische Bezeichnung. Dagegen können wir annehmen, daß Hetel wenigstens eine nominelle Oberherrschaft über das Volk Hagens als dessen Nachfolger ausübte. Der Angriff der Saraguren Sifrits gegen Herwic und Hetel wäre dann der von Priskos erwähnte Krieg gegen die Akatziren. Aber davon später.

Kehren wir zunächst zur »Kudrun« zurück und sehen, was wir aus deren Beschreibung schließen können:

Hetel, so wird also berichtet, will auf Anraten Moruncs die schöne Hilde, Tochter des wilden Hagen, freien.

Es ist bezeichnend, daß es gerade Morunc-Irold, der »Walter der Ir« ist, der diese Prinzessin kennt. Es ist nur logisch, daß Hetel feststellt (Strophe 215), daß dann aber zur Werbung Morunc unbedingt mitfahren müsse. Im übrigen sendet er alle Gefolgsleute, von denen wir bisher hörten, aus: Wate, Horant, Frute und eben Morunc.

Als die Schiffe für diese gefährliche Reise vorbereitet werden, gefährlich, denn Hildes Vater läßt alle Freier töten, da richtet man »Kocken und Galeiden« (Str. 261) sowie »Galie« (276) her.

Ist nun die »Kocke« ein Schiffstyp des Nordens, aber auch das passende Wort, um einen beliebigen Schiffsrumpf zu bezeichnen, so sind die Galeide-Galiote und die Galie-Galere charakteristisch für südliche Gewässer. An sich sind solche Bezeichnungen natürlich anachronistisch, aber sie beweisen doch, daß der Autor ans Mittelmeer oder Schwarze Meer dachte, und nicht an die Nordsee.

In Strophe 267 erfahren wir, daß die Segel aus Seide von Abalie gefertigt wurden, welches Land vermutlich die Gegend ist, wo der Apheliotes herkommt, der Ostwind (nach Ephoros Indien). Nicht nur ist dieses griechische Lehnwort auffallend, sondern mehr noch die Parallele zwischen diesen Seidensegeln und einigen anderen Seidensegeln, von denen eine Anekdote der russischen Nestorchronik weiß: Sie waren der Zankapfel zwischen den Warägern und ihren slavischen Vasallen, die nur leinene Segel hatten. Erst als die Seide vom Sturm zerfetzt wird, ist der Streitpunkt aus der Welt geschafft.

Die prunkhafte Ausstattung der Hegelingenschiffe ist natürlich nicht als Realität aufzufassen, sondern Schmuck des Kudrun-Dichters oder eines seiner Vorbilder. Trotzdem lohnt es sich, näher darauf einzugehen.

Die Beschreibung der »Kocken und Galeiden« in der 5. Aventiure lautet:

(264)
die wende … wurden mit silber wol gebunden.

(die Schiffswände wurden mit Silberbeschlägen befestigt.)

(265)
Die masboume wurden veste unde guot.
Do bewant man diu ruoder, rot alsam ein gluot,
mit dem lihten golde; der herre was riche.

(Die Mastbäume wurden fest und gut,
man umschnürte die Ruder, rot wie Glut
mit lichtem Gold, der Herre war reich.)

(266)
Ir Ankerseil wurden da her von Arabe /gefüeret...

(267)
Do wohrte man die segele...
... do welte man dar zuo
von Abali der siden der besten die si funden.

(man versah sie mit Segeln...
... da wählte man dazu
Seide von Abalie, die allerbeste.)

(268)
Wer mag uns daz gelouben, daz man uz silber guot
hiez die anker würken?

(es ist ganz unglaublich, aber aus gutem Silber
ließ man die Anker machen.)

Wahrhaftig eine merkwürdige Beschreibung für ein »Wikinger«schiff!
Aber betrachten wir jetzt eine andere Schilderung der Hegelingenschiffe: Ich habe bereits den »Dukus Horant« erwähnt, diese erstaunliche jiddische Kudrun-Version, und gesagt, daß sie meiner Meinung aus dem jiddisch-gotisch-khazarischen Milieu der Krim stammen muß (ich komme noch darauf zurück).
Im Dukus Horant heißt es nun:

unde heist mir, here, machen einen kil so wuneklich,
den heis mir schone deken mit eime samit rich.
der segel sol werden wis sidin,
di ruder ale silberin.

(Und heißt mir, Herre, machen ein wunderbares Schiff.
Ein Zelt darüber spannen, aus Samt so reich.
Die Segel sollen sein aus weißer Seide,
die Ruder ganz versilbert.)

der maspoum beslagen mit golde, der anker silberin,
di seile unde di snure solen ale werden wis sidin.
unde einen bark so wuneklich
bedecket mit eime pfelil rich. (pfelil = Fell, Pelzwerk)

(Der Mastbaum beschlagen mit Golde, der Anker aus Silber,
die Seile und die Schnüre sollen alle sein wie Seide.
Ein Boot dazu so wundergleich,
bedeckt mit einem Pelze reich.)

Das ist, mit geringen Varianten, die gleiche Darstellung, und wenn die mittelalterliche Epik sonst derartiges kennt, dann ist es mir noch nicht untergekommen (aber ich lasse mich gern belehren). Als die Nibelungen auf Brautschau zu Brunhild fahren, wird zwar viel Seide, Gold und Edelstein verarbeitet, um die Helden auszustatten, aber für Kleider, nicht für das Schiff. Dagegen ist mir aber anderswo noch eine vergleichbare Schilderung begegnet, die ich dem Leser nicht vorenthalten will:

»[...]
Aus dem grünen Dunaj-Meere
Segelten wohl dreißig Schiffe
und in jedem dieser Schiffe
waren dreißig tapfere Krieger;
Ausgerüstet schön die Schiffe
prächtig auch geschmückt die Schiffe:
Vor- und Achtersteven wie ein Urochs
breite Borde wie ein Elentier,
Segel dichtgewebten Leinens
Anker von dem harten Stahl
Ankerringe von reinem Silber
Tau von sieben Arten Seide...«

Der Held, der diese Schiffe führt, zieht ebenfalls auf Brautraub aus, und um sich einzuführen schenkt er seinem Gastgeber zuerst Hermelin- und Fuchsfelle, was wir gleich bei den Hegelingen wiedersehen werden. Nur handelt es sich eben nicht um einen Hegelingen, denn

»... am Borde dieses Schiffes
war der junge Solowej.«

Es handelt sich nämlich um die Byline (Heldenlied) von Solowej Budimirowitsch aus Nowgorod, also aus dem Warägermilieu, und statt zu »Hagen von Ir-lant« fährt er zum Fürsten Wladimir nach Kiew, was zeigt, daß das Dunaj-Meer jedenfalls nicht die Ostsee ist. (*Tanais-Meer = Donmündung?)
Wenn wir die Ähnlichkeiten der drei Schilderungen (vier mit der Nestorchronik)

ohne Gehirnakrobatik erklären wollen, so müssen wir sie aus dem Schwarzmeermilieu herleiten.

Zurück zur »Kudrun«: In Strophe 285 wird die Ausfahrt durch einen Nordwind erleichtert, woraus wir schließen können, daß das Meer im Süden der Küste liegt. Die Reise dauert 36 Tage, und da (Str. 286, 287) sie anscheinend jede Nacht unterbrochen wird, ist diese Fahrtdauer bis in das Kubandelta wohl nicht ungewöhnlich, führt sie doch rund um die Krim.

Schließlich kommen die Hegelingen nach Baljan, das der Dichter als Residenz des Ir-Königs betrachtet.

So werden die Ankömmlinge denn begrüßt:

(293)
...der Stete rihtere von der burc ze Baljan
mit seinen burgaeren, reit er...

ihnen entgegen. In Strophe 301 senden die Gäste unter anderem »sechzig reiche Pfellel[2] und 40 Siglate« als Geschenke an den König. Pfellel erklärt man als Seidenstoffe, abgeleitet von lat. palliolum. Aber palliolum heißt nun einmal nicht Seidenstoff, sondern »Mäntelchen«. Pelze, Felle scheint eine einfachere Erklärung. Al Istakhr (nach 900) berichtet, daß das Land Artha, das nach seinen Angaben recht gut Ortland sein kann, das Zentrum des Pelzhandels sei! Vorliebe für Pelze ist bereits von den Goten bekannt (Sidon. Apollin.). Zu den »Siglaten« gibt es ein merkwürdiges Zitat – Al Masudi: »Auf die Alanen folgen zwischen dem Kaukasus und dem Schwarzen Meer die Tscherkessen. Sie ... bekennen sich zur mazdakitischen Religion (also ursprünglich wohl zu einem Sonnenkult). Ihre Frauen... sind weiß gekleidet und tragen byzantinischen Seidenbrokat, *Stoffe aus Saklaton* und andere Arten von durchwirkten Kleidern. In ihrem eigenen Lande werden Leinenstoffe hergestellt.« (»Purpur, Baldachseide und Saben«, d.h. Sabanae, Leinengewänder nennt die »Kudrun« noch als Gaben).

Sehen wir weiter: In Strophe 341 hat Wate das Haar mit Borten durchflochten, in Str. 355 haben Wate und Frute ihre grauen Locken mit Gold durchflochten.

Hören wir Michael den Syrier: »Es erhob sich gegen die Römer wiederum ein Feind vom Volke der hassenswerten Barbaren mit geflochtenem Haar, jener, die Awaren genannt sind...« – »da (erhob sich) auch das westliche Volk der Slawenen, und andere wiederum, die Langobarden genannt sind, indem auch sie dem Qagan, König der Awaren, untertan waren...« (nach Altheim, Hunnengeschichte I).

Die Hegelingen werden bei Hofe ehrenvoll aufgenommen, wobei besonders die beiden alten Helden Wate und »Hagen« miteinander sympathisieren. Dabei erfahren wir, daß der König seinem Gast Fechthiebe zu lehren beschloß. In Strophe 366 erklärt dieser, er wolle es dem König nun danken:

... er lonte ihm sit so hohe, sam einem wilden Sachsen oder Franken[3].

(er dankte es ihm so trefflich, wie einem wilden Sachsen oder Franken.)

Als die beiden Alten nun ihre Kräfte messen, heißt es:

Ir schermen was als swinde
daz in des swertes knöphe hine sprungen.

(Ihr Fechten war so schnelle,
daß ihrer Schwerter Knöpfe sprangen.)

Man kann kaum annehmen, daß ihre Schwerter von so miserabler Machart waren, daß ihnen bei ernsthaftem Dreinschlagen die Schwertknäufe davonflogen. Hier ist

Abb. 10 »Ir schermen waz als swinde, daz in des swertes knöphe hine sprungen« Angesichts des extremen Konservatismus der Kaukasusvölker kann es am Hofe Hagens von Ir-land kaum anders ausgesehen haben als hier um 1900 bei den Khevsuren von Gudani mit ihren Kettenhemden.
(Aufnahme stammt aus: Alexandre Grigoriantz, »Etrange Caucase«, Fayard Paris)

vielmehr die Rede von den sarmatischen Schwertanhängern aus Steinperlen und -knöpfen, die ein charakteristisches Merkmal der alanosarmatischen Kultur waren. Sie finden sich, laut Franz Altheim, der sie mit den Quasten moderner Offiziersdegen vergleicht, bei den Awaren wieder und »springen hine« beim Fechten, denn sie sind nicht an der Schwertscheide befestigt, sondern einfach die geschmückten Enden des Faustriemens, der den Reiter verhindert, seine Waffe zu verlieren. Da derartiges bei den Ritterschwertern des 13. Jahrhunderts nicht üblich war, verrät dieser Zug, daß der Dichter bei Hagen und Wate an Krieger aus der Steppe dachte, oder daß das eine alte Erinnerung war.

22. Kapitel

Horants Gesang, Deors Klage und ein Brautraub

In der 6. Aventiure wird geschildert, wie Horant eines Abends so süß sang, daß die Vögel verstummten, die Waldtiere aufhorchten, das Gewürm im Gras und die Fische im Wasser (372, 379, 389).

Horant ist der angelsächsischen Überlieferung bekannt. Besser gesagt: *Ein* Horant. Unter der Form Heorranda, im Gedicht »Deors Klage«[1].

Er heißt dort »Der Heteninge Skop« (Sänger) und ist wegen seines süßen Gesanges berühmt. Deor klagt, von ihm verdrängt worden zu sein. Man hat viel gerätselt, welche Zusammenhänge zwischen dieser Episode und der »Kudrun« bestehen könnten.

So wird man es mir hoffentlich nicht verdenken, wenn ich auch meine Meinung äußere und feststelle, daß gar kein Zusammenhang besteht. Heteninge (von Heatho = Kampf) ist ein Beiname, ein Schmuckname, der keine Identifikation erlaubt. »Deor« heißt im Angelsächsischen »wildes Tier« (engl. deer = Rotwild, Hirsch), und ist dem altnordischen Herse = Adliger an die Seite zu stellen. (Herse = Hirsch ist ein Gaugraf.)

Heorranda aber ist ein von heore = angenehm gebildetes Substantiv, so daß wir auf die Deutung »Der Angenehme« verwiesen werden.

Denkbar ist freilich auch ein Hinweis auf den Beinamen Odins Hiarrandi, der aber vermutlich einen Hinweis auf den Dichtergott darstellt.

Im ersten Fall handelt es sich also bei Deors Klage um die sattsam bekannte Beschwerde, daß die heutige Jugend einen »Angenehmling« gegenüber einem »alten Hirsch« vorzieht. Im anderen Falle um die Resignation des Sängers, der es mit einem Gegner zu tun hat, der sich unfaire Vorteile, die Hilfe eines Gottes, verschafft hat.

Beide Möglichkeiten erlauben keine Verbindung mit dem Horant der »Kudrun«. Anders ist die Tatsache zu bewerten, daß dieser Name verschiedentlich auf Tegernseer Urkunden auftaucht, was Helmut Rosenfeld vermuten läßt, daß es dort »... eine bekannte Persönlichkeit dieses Namens« gab.

Ich erlaube mir jedoch die Vermutung, daß diese bekannte Persönlichkeit eben der Horant der »Kudrun« war. Wir werden noch darauf zu sprechen kommen. Kehren wir zum süßen Gesang dieses Horant und der über ganz Osteuropa und Asien verbreiteten Vorstellung von der Zaubermacht der Musik zurück. So erzählen die Samojeden von dem Helden Itje: »Die Tiere des Himmels, der Erde und des Wassers scharten sich um ihn, um zu lauschen.« (zit. nach F. Altheim.)

Wenn Väinämöinen im 41. Gesang der Kalevala zu musizieren beginnt, kommen Vögel, Fische und vierfüßige Tiere, um zu lauschen, und alle Welt bricht in Tränen aus.

Wenn Soslan der Narte, der Held der Osseten, den Fändir spielt, versammeln sich die wilden Tiere und die Vögel des Himmels, um zuzuhören. »Die Mauern des Schlosses tanzten und von Ferne begleiteten die Berge die Musik.«

Alle diese Beispiele beziehen sich aber auf das Spiel eines Saiteninstrumentes und sind insofern nur bedingt beweiskräftig. Daß es bei Horant der Gesang ist, der bezaubert, das scheint eine Übernahme aus der griechischen Sage von Orpheus zu sein. Wir müssen dabei in Betracht ziehen, daß Orpheus Thraker war, also zu der Bevölkerung des Hegelingenlandes gewissermaßen in verwandtschaftlichen Beziehungen stand. Seine Unterweltsfahrt um Eurydike zeigt ihn als den eurasischen Schamanen, und zu diesem Typ dürfte als später, säkularisierter Vertreter auch Horant gehören, der Weitgereiste.

Die Strophen 411 bis 417 schildern ein merkwürdiges Ereignis: Hilde lädt Horant im Geheimen in ihre Kemenate ein, wo er ihr das Lied von »Amile« vorsingt, das »kein Christenmensch« je erlernt hatte, nur Horant hatte es auf dem Meer gelernt. Er kann sich also nicht um die Weise »Amis und Ameien« handeln, die dem karolingischen Sagenkreise angehört, sondern muß ein Lied aus dem Orient sein. Auch hier sehen wir also einen Hinweis auf Horants Herkunft aus einem Randgebiet der abendländischen Welt, einem Randgebiet, das nicht im Norden liegen kann. Bei dieser Gelegenheit erzählen Horant und sein Begleiter Morunc schließlich Hilde von Hetel, und die Prinzessin erklärt ihre Bereitschaft, diesen zu heiraten, der, laut Horant, noch besser singen kann. Unversehens tritt Hagens Kämmerer ein, der ein ehemals geächteter Hegeling und Horants Vetter ist. Trotzdem erkennt er diesen nicht, ehe nicht Morunc, von diesem Wiedersehen gerührt, in Tränen ausbricht. Es ist bezeichnend, daß es Morunc ist, den wir oben als heimatlosen Ir identifiziert haben, dem die Begegnung mit einem Schicksalsbruder Tränen entlockt, und nicht Horant.

Der Kämmerer bietet ihnen seine Hilfe an, doch erfahren wir nicht, worin diese besteht, außer im Verschweigen ihrer Absichten gegenüber Hagen. Es ist denkbar, daß diese romantische Erkennungsszene nur eine nachträgliche Erfindung ist, um Moruncs Tränen zu motivieren, und dieser ursprünglich wie Väinämöinens Zuhörer über den Gesang Tränen vergoß.

Wir müssen somit Horants Gesang als zusätzliches Argument zum Dossier des »Avarentums« der Hegelingen beitragen, d. h. als Beleg für die kulturellen Einflüsse aus Eurasien.

Auf jeden Fall aber müssen die Beziehungen zwischen Ir und Hegelingen enger gewesen sein, als die lange Schiffsreise vermuten läßt.

Wieder muß betont werden, daß es dabei nicht so sehr um historische Realität, als um die Meinung der Überlieferungsträger geht, die sich am einfachsten erklärt, wenn diese aus dem Südosten Europas stammen. Man kann freilich auch Moruncs Tränen psychologisch erklären, weil er in dem verbannten Hegelingen ein Spiegelbild des eigenen Schicksals sieht.

Die Hegelingen kamen zu Schiff nach Baljane, aber ein Blick auf die Karte genügt, um zu sehen, daß es für Reiter eine kürzere Verbindung gab.

Die Strophen 455 und 456 bestätigen das:

> An dem sibenden Morgen räumeten si Irlant,
> die der künic Hetele nach froun Hilden het gesant,
> [...]
>
> (Am siebten Morgen räumten sie Ir-land, die der König Hetel
> nach Frau Hilde hat gesandt.)

und

> Die küenen Tenen heten nach Hetelen gesant.
> Si kündeten im diu maere, daz si im in sin lant
> die Hagenen tohter braehten...
>
> (Die kühnen Thanen hatten zu Hetelen gesandt.
> Sie verkündeten ihm die Mär, daß sie ihm in sein Land
> die Tochter Hagens brächten...)

Das macht nur Sinn, wenn die Hegelingen nach geglückter Entführung einen reitenden Boten auf der Krim absetzten, um Hetel zu verständigen. Ein vorausgeschicktes Schiff wäre kaum schneller als die Flotte gewesen.

Eine Flucht über die Steppe mit der Entführten wäre zu riskant gewesen, denn nur das heimliche In-den-Grund-Bohren der Schiffe von Baljan (453) ermöglicht ja den Flüchtigen, sich abzusetzen.

Verstehen wir uns recht. Ich will nicht sagen, daß die Ereignisse sich genauso abgespielt haben und im Detail überliefert worden sind.

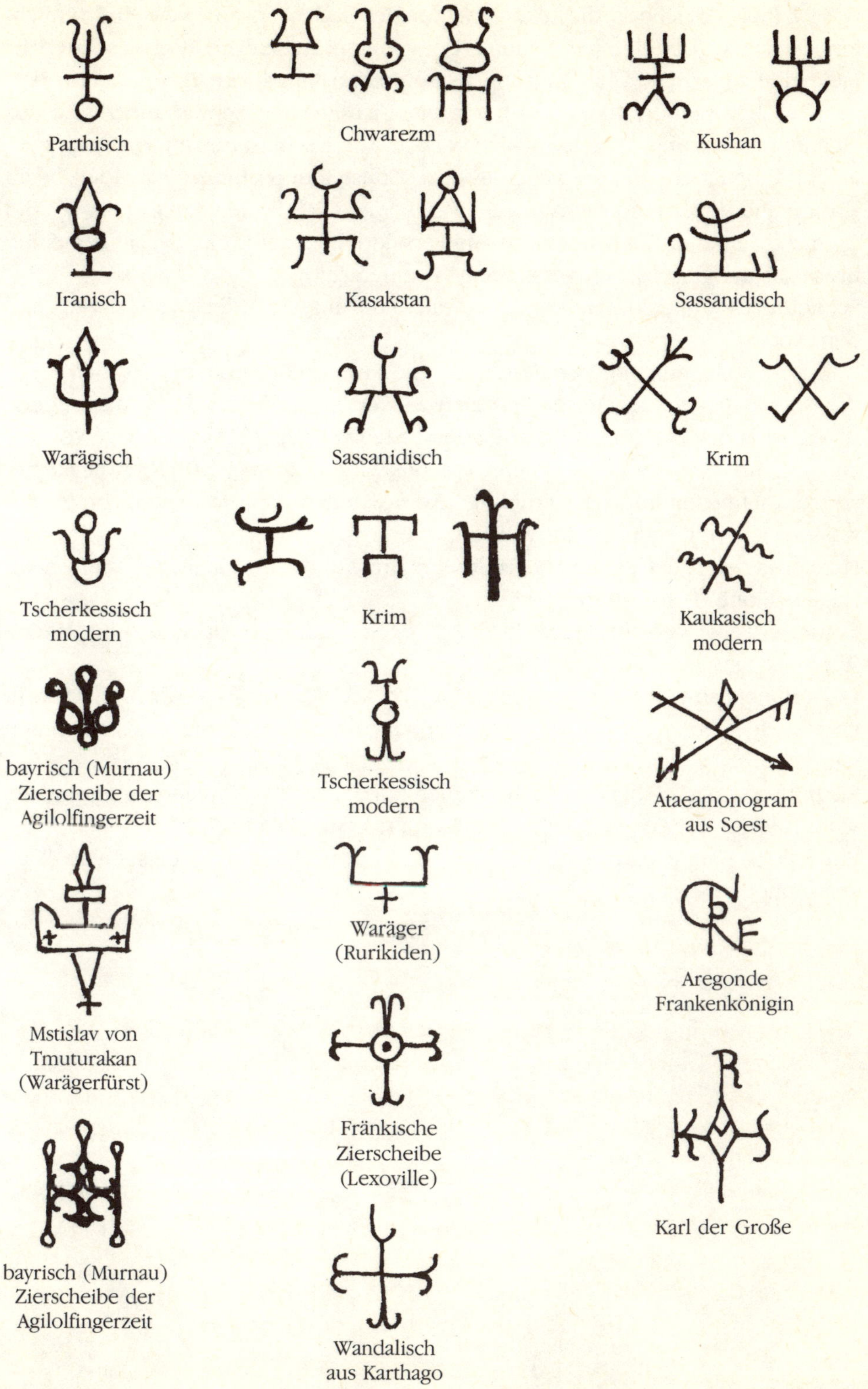

Abb. 11 Tamgas aus Zentralasien (Sippenzeichen)
Ihre Verbreitung nach Westen und Verwandlung in Schmuckelemente und Monogramme

Was ich hier versuche, ist die Rekonstruktion des Gedankenganges des Kudrundichters, der seine Darstellung in Kenntnis der geographischen Verhältnisse schrieb. Er hatte eine bayerische Überlieferung als Rohmaterial, mehrere, nicht übereinstimmende, Brautrauberzählungen und kannte sichtlich die Schwarzmeerküste aus eigener Anschauung. Mit diesem Material baute er geschickt und mit Fingerspitzengefühl seine Erzählung, weswegen es unschön ist, ihm posthum alles mögliche an Unsinn und Unverstand nachzusagen. Wenn er nämlich Fehler gemacht hat, so sind es nicht seine eigenen, sondern Mißverständnisse aufgrund der allgemeinen historisch-geographischen Vorstellungen seiner Zeit.

Schließlich kommen die Helden unter Wates Führung »ze Waleis in der Marke ... uf den sant«.

Daß es nicht der Ausgangspunkt ist, an den sie zurückkehren, das beweist sich durch die Notwendigkeit, auf Hetels Eintreffen zu warten. Das Lager des Nomadenherrschers ist in den 2½ Monaten, die seit der Ausfahrt vergangen sind, verlegt worden. Die Ausfahrt war »wanne es sumeret, von des Winters ziten« (260), aber die Steppe vertrocknet gegen Ende des Frühlings. Kein Wunder, daß die Hegelingen jetzt in wasserreichere Gegenden ausweichen.

Hetel trifft denn auch ein und begrüßt seine Braut und seine Mannen – da erscheint Hagens Flotte (8. Aventiure).

Er führte als Zeichen »ein kriuze in einem Segele: bilde lagen drinne«, »diu Hagene Wapen«.

Das erinnert an die »Monogramme«, die die Nordiranier als Vorform der Schrift entwickelt haben und die von den Steppenvölkern als »Tamga« übernommen wurden.

Sie finden sich noch bei den Nachkommen Ruriks, der das Warägerreich gründete. »Diu Hagene wapen« sind keine Erfindung des Mittelalters.

Ein wilder Kampf entbrennt, bei dem Hetel von Hagen und dieser von Wate verwundet wird.

23. Kapitel

Schlachtbeschreibung, Hunnenzauber, Alanentod und Mutterrecht

Der Kampf und die nachfolgenden Ereignisse verdienen es, näher betrachtet zu werden (Text leicht modernisiert):

(503)
Hagene in grozem zorne   sprang uz in die fluot.
Der Degen auserkoren   zu dem Gestade wuot.
Do sach man auf den Recken   wie Snewesflocken swinde
geschiezen da mit Pfilen.   Daz tat von Hegelingen das Gesinde.

(504)
Da wart ouch von den Swerten   ein vil michel (= großer) Klanc.
Die da zu schlagen gehrten,   die mußten manchen Wank
vor sinen Schlegen wanken.   Hetele der vil hehre
kam da zu seinem Schwieger,   daz beweinte diu schoene Hilde sere.

(505)
Ez was ein michel wunder, als uns die Buoch kund tun.
So stark auch Hagen wäre, daz vor im ie gestuon (ihm da widerstand)
der Hegelinge Herre. Do si begunden dringen
mit Strite zu einander,   man hörte guter Helme vil erklingen.

(506)
Ez ward doch nit entschieden   in so kurzer Stund.
Hetele der kühne   wart von Hagen wund.
Do kamen sine Magen (= Verwandten) mit Wate von Sturmlanden
Irolt und Morunc waren   vil gute Helden zu Handen.

(507)
Do kam der Degen Fruote   und Wate mit siner Schar
tusent Helde gute   drangen mit ihnen dar.
Von den Hegelingen   die Hetelen Magen
die sluogen vil der Wunden.   Die Geste beidenthalb gestreuet lagen.

(508)
Do heten auch mit Ellend (= Schmerzen, Leiden) erworben nu daz Lant
des Hagene Gesellen.   Do komen uf den Sant
mit disen werten Gesten   die von Irriche.
Da mußten Helme brechen. Sie warben um die Frouen grimmicliche.

Halten wir hier inne. So eine Keilerei mag ja das Herz höher schlagen lassen, aber wir wollen doch sehen, was diese Schilderung uns lehrt.
Interessant ist die Zeile 505,1, die uns zeigt, daß der Dichter tatsächlich nach mehreren Quellen gearbeitet hat: »diu buoch kunt tuont«, mehrere Bücher. Der Kampf beginnt noch im Wasser, und die Hegelingen versuchen zunächst, den Gegner durch einen Pfeilhagel abzuwehren. Das ist deswegen interessant, weil zur Zeit des Kudrundichters kein »Schneegestöber von Pfeilen« zu erwarten wäre, sondern gezielte Schüsse aus der Nähe (von Armbrüsten). Wir haben es also mit einer älteren Sagenstufe zu tun – oder mit einer Schilderung östlicher Verhältnisse (Kosaken führten noch in den napoleonischen Kriegen Pfeil und Bogen). Und wer schoß? »Von Hegelingen das Gesinde.«
Nach Prokop waren die Schützen der Goten (in Italien) zahlreich und tüchtig, kämpften aber zu Fuß. Er betont ausdrücklich, daß die gotischen Reiter nicht mit dem Bogen kämpften.
Sehen wir weiter:

(514)
Do ging uf Waten den Alten   der Künic mit großen Slegen.
Wol mocht er starke walten. Da sah manch Degen
daz Fuir uz Helmen stieben   wie die Feuerbrände.
Si kunden Helme zerklieben   mit vil manhaften Henden.

(517)
Hagene brach diu Stange,   di er in dem Strite trug,
auf des Waten Schilde,   der war stark genug.
Auch konte besser fechten   in allen den Reichen
der Recken keiner. Wate wollte Hagene niht entweichen.

(die Stange ist natürlich ein Speer.)

(518)
Do sluog er durch daz Haubet   des Künic Hetelen Mann,
Waten den vil küenen,   daz uz dem helme ran
daz Bluot von siner Wunde.   Do kühlten nu die Winde
es war gen Abende;   man sah striten allez daz Gesinde.

(zur Zeit des Dichters trug man unter oder an Stelle
des Topfhelmes die »Hirnhaube«. Sie ist in der ersten
Zeile gemeint, nicht der Kopf, das Haupt.)

Abb. 12 »schiezen da mit Pfilen. Daz tat von Hegelingen daz Gesinde.« (503)
Ukrainische Waffen des 13.–14. Jh. (Zeit des Kudrundichters), praktisch unverändert seit dem Hunnenreich.

(519)
Wate gab mit Zorne   den grimmen Überzwerchschlag
daz blutige Zähren   so vil uf im lag. (Zähre = Träne, Tropfen)
Er sluog den wilden Hagenen, daß von des Helmes Spange
das Swert Funken sprühte. Ihm wurde schwarz vor Augen.

(Eigentlich sagt die letzte Zeile wörtlich:
»das swert sere erglaste. Im gebrast des Tages vor den ougen.«
Das heißt etwa: »Das Schwert blitzte stark auf. Das Tageslicht war wie Feuer vor seinen Augen.«
Mit anderen Worten: Wates Querhieb verursachte bei Hagen eine Gehirnerschütterung. Hübsch beobachtet.)

(520)
Do was ouch wund Irolt...

und so weiter und so fort. Überall liegen Tote. Aber schließlich gelingt es dem verwundeten Hetel auf Hildes Bitte hin, mit abgenommenem Helme zwischen Hagen und Wate zu treten und Frieden zu stiften. Uff!
(Wenigstens ist nur das gemeine Volk tot, das nicht zählt. Die Helden haben dicke Schädel und kommen mit ein paar ruhmreichen Schmarren davon.)
Wate repariert die Schäden, denn

(529)
Si heten in langer Zite   davor wol vernommen
daz Wate Arzet wäre   von einem wilden Wibe.
Wate der vil maere (= berühmte) half manchem an dem Leibe.

(Wohlgemerkt: Sie hatten schon vor langer Zeit vernommen,
daß Wate auch Arzt wäre, was er von einem wilden Weib gelernt hätte.
Und nicht: Sie hatten von einem wilden Weib vernommen, daß Wate Arzt wäre...)

Hilde bittet ihn um Hilfe für ihren Vater:

(531)
Si sprach: »Wate, lieber Friunt, sterk den Vater min
[...]
Und hilf sinen Recken, di da ligen in der Molten« (= im Staub).

(Mit einer Gehirnerschütterung braucht Hildes Vater keinen Verband, aber eine Stärkung kann natürlich nicht schaden.)

Wate also hat seine Arztkenntnisse von einem wilden Weib, und das ist nicht einfach eine »zauberkundige Frau«, wie die Kommentare behaupten. Das »wild« ist nämlich nicht »zauberkräftig«, sonst wäre der »wilde Hagen« ein Hexenmeister. Woran unser Dichter denkt, ist Jordanes, der Gotenhistoriker:
»Filimer, Gotenkönig... war der fünfte Herrscher seit dem Verlassen der Insel Skandza und war mit seinem Volk in die skythische Erde vorgedrungen. Da entdeckte er in seinem Volk gewisse Zauberinnen, die in der Sprache seiner Väter Halirunnas genannt wurden. Sie waren ihm verdächtig und er vertrieb sie aus der Mitte der Seinen und zwang sie, fern seinem Heer in den Wüsteneien umherzuirren.«
Der fromme Jordanes muß sich über die Halirunnas gewaltig aufregen – wie 1400 Jahre später einige seiner Nachfolger über eine verfilmte Halirunna-Alraune – (wahrhaftig, sie sind uns näher, als man glaubt, die Helden der Völkerwanderung). Er wird ungemein deutlich, Jordanes:
»Diese (die Halirunnas) sahen unreine Geister, umarmten sie und vermischten sich im Koitus mit ihnen. Daraus entstand das wilde Volk, das zuerst in den Sümpfen wohnte, verstreut und dunkel, wie ausgestoßen vom menschlichen Geschlecht... die Hunnen.«
Später kommentiert der weise Landolf (Landolfus Sagax), daß es sich da um »siluestres homines, quos nonulli phaunos phicarios vocant«, handele. »Waldmänner, die einige Fauni ficarii heißen.«
Ah, das steht in Mommsens Jordanesausgabe und die kennen die Herren Gelehrten natürlich, aber sie wissen natürlich auch, daß es sich da nicht um »feigenessende Faune« handelt, besonders, wenn die Hunnen auch sonst als schamlos bezeichnet werden (Salvian, de gubernatione dei IV, 14). So schweigen sie also beklommen und übersetzen das »wilde wib« als »zauberkundige Frau«.
Es ist schon komisch, auf was man alles stoßen kann, wenn man den Texten etwas auf den Grund geht. Und wenn Sie absolut wissen wollen, was die Fauni ficarii nun eigentlich waren –
Was haben die Fauni ficarii mit den Halirunnas getrieben?
Eben! Und jetzt wissen Sie auch, warum der Landolfus Sagax sie so nennt. Von ihren Töchtern aber hat Wate seine zauberhafte Heilkunst.

Und jetzt frage ich: Wie nennt man jemand, der von den hunnischen Zauberinnen seine Künste gelernt hat? Richtig, »einen hunnischen Zauberer« nennt man ihn. Und, sehen Sie, deswegen haust Wate auch in der jiddischen Version der »Kudrun«, die wir im nächsten Kapitel behandeln werden, im Wald. Mit Riesen zusammen. Zwar heißt er dort »Wate von den Griechen«, was man nicht unüberzeugend mit dem niederdeutsch-holländischen Kriek (= Krick), gewundener Wasserlauf im Watt, zusammengebracht hat, aber mir genügt die Tatsache, daß die Sumpfteufel des Jordanes nur von einem bescheidenen Wasserlauf von den Griechenstädten

Phanagoria und Hermonassa getrennt waren und von dem mächtigen Panticapaeum nur durch die Straße von Kertsch.
Offengestanden, ich glaube nicht, daß unser Dichter Jordanes gelesen hat, aber daß er diese Geschichten von dem Krimgoten gehört hat, das scheint mir wahrscheinlich. Und weil er wußte, daß Wate aus den Sümpfen des Donaudeltas (Boreas ostium-Stürmen) stammte, drum hängte er ihm die Geschichte an. Die »skythische Erde« ist die Krim, aber der Name Skythien blieb länger an der Dobrudscha und der bessarabischen Küste haften als an der Krim.
Nach einigem Verhandeln wird Friede geschlossen, und dabei fällt das merkwürdige Wort aus Hagens Mund:

(543)
Wir sollten anderswo uns aufhalten, bis daß man das Feld von den vielen Toten geräumt hat.
»si habent ir tages erbiten her vil kûme.«

Nun heißt »vil kûme erbiten« kaum-erwarten-können, mit »ir tages« ist »ihr Todestag« oder »ihr Bewährungstag« gemeint.
Wir kommen damit auf Ir-Helden, Alanen, die den Kampf und Tod kaum erwarten können. Schlagen wir Ammian nach:
»Die Alanen sind fast alle schlanke und schöne Menschen mit dunkelblondem Haar, furchterregend mit dem gemäßigt wilden Schrecken ihres Blickes und schnell wegen der Leichtigkeit ihrer Bewaffnung. Sie sind in allem den Hunnen recht ähnlich, aber gemäßigter und zivilisierter. Jagend und raubend ziehen sie bis an die Mäotis (Asowsches Meer), den kimmerischen Bosporus (Straße von Kertsch) und sogar nach Armenien und Medien (Aserbeidschan) ... Den hält man für glücklich, der sein Leben in der Schlacht aushaucht...«
Ja, so ist das also. Die Gefallenen »haben ihren Todestag kaum erwarten können«. Übrigens scheint dieses Verhalten sich nicht auf die Alanen allein zu erstrecken, sondern sich auch bei anderen Iraniern zu finden. So berichtet ein Alexanderhistoriker, daß eine Gruppe von edlen Sogdern (aus der Gegend des heutigen Samarkand), denen man ihre Hinrichtung ankündigt, zu tanzen und ein Kriegslied zu singen beginnen.
Wie gesagt, Hagen und Hetel schließen Frieden, Hetel und Hilde vermählen sich und Hagen kehrt zufrieden nach Baljan zurück.
Freilich, die Hegelingen und ihre Gefolgsleute (oder der Dichter) sind nicht alle vom gleichen Schlag:

(545)
Die jungen Helden sungen, da sie wollten von dannen:
Den Lebenden wars gelungen. Sie heten dort verlorn

Arme und Reiche wol dreihundert Tote.
Sie lagen jämmerliche mit scharfen Swerten gar zerschroten.

(546)
Die heermüden Helden die fuhren in daz Lant,
da man die Leute darinne viel fröhliche fand.
Jedoch jene Magen, die dort lagen tot,
die freuten sich sehr wenig...

Hier spricht nicht mehr Hagen der Alane, sondern der Kudrundichter. Um so glaubwürdiger ist die Überlieferung. Der Kudrundichter überliefert auch sonst, im Gegensatz zu seinen Interpreten, viele Tatsachen, die er nicht mehr versteht. Er hat den Respekt vor den Quellen, und das gereicht ihm zur Ehre, weswegen er nicht alles streicht und wegargumentiert, was ihm nicht in den Kram paßt.
Ein Ehrenmann, der Kudrundichter.
Als Hagen schließlich wieder zu Hause ist, sagt er zu seiner Frau:

(560)
Er kunde zuo niemanden sin Tochter besser bewenden.
Hete er ir noch mere, er wollte si hin ze Hegelingen senden.

Diese Bemerkung ist aufschlußreich. Östlich des Asowschen Meeres herrschte lange das Mutterrecht und, laut Herodot, »Weibergemeinschaft«, Gruppenehe. Das erklärt auch, warum die Hunnen, die zeitweise dort leben, als »unzüchtig« galten (Salvian). Die antike und mittelalterliche Ethnographie ist voll von solchen Identifikationen. Da aber die Sagen der Osseten-Alanen, die Legenden von den Narten, deutlich mutterrechtliche Züge aufweisen, dürfen wir das auch von den Hagen-Ir annehmen.
Hagens Abneigung, seine Tochter zu verheiraten, erklärt sich aus diesen Zuständen. Die Frau ist Trägerin der Stammessouveränität. Hagen will sie nicht aus der Hand geben, um nicht die »legale« Herrschaft zu verlieren[1]. Als er aber entdeckt, daß diese Sitte den Hegelingen unbekannt ist, wird ihm klar, daß man in seiner Lage nichts Besseres tun kann, als erbberechtigte, herrschaftsberechtigte Töchter in diese Kreise zu verheiraten.
»Hätt er ihrer noch mehrere, er wollte sie alle zu den Hegelingen senden.« Hetel aber, wir können es aus den weiter oben erschlossenen Verhältnissen entnehmen, wartet auf die Stunde, da er die Herrschaft bei den Ir-Khailandur-Akatziren übernehmen kann. (Allerdings wird ihm Sifrit von Moere mit seinen »Saraguren« in die Quere kommen.) Was aussieht wie die Sehnsuchtstat eines Minnesingers, amor-de-terra-longdana eines Trobadors, das ist in Wahrheit Politik: tu felix Austria, nube! Heiratspolitik!

Aber woher ich das weiß? Nun, hätte Hetel nicht gewisse Attitüden von seiner Frau übernommen, so hätte er, eine Generation später, nicht seinerseits Sperenzen gemacht, als man um seine Tochter warb. Im übrigen werden wir sehen, daß Hilde sich ausgesprochen als Stammesherrin aufführt. Als man etwa Hetel zu einem Kriegszug ruft (Str. 680), ist er da sofort bereit? Ja von wegen! Er sagt:

»get für die frouwen min. Swaz diu gebiutet, daz soll allez sin.«

(»Geht vor die Frauen mein« = Geht zu meiner Frau.)

Hilde hat bei den Hegelingen aber auch sonst das Sagen, aber davon später. Daß aber die Hegelingen von Hause aus vaterrechtlich organisiert waren, das ergibt sich unter anderem aus der Wotan-ähnlichen Gestalt Wates. Aber auch hier lassen sich noch weitere Züge nachweisen.
Wir sind am Ende der Besprechung der Hildesage, wie sie in der »Kudrun« erzählt wird. Ehe ich mich aber daran mache, die nächste Episode, die Geschichte von der Entführung Gudrun Hetelstochters zu besprechen, wollen wir einen Blick auf die Parallelberichte dieser Sage werfen.

24. Kapitel

Daitsche Sprach, Dukus Horant und der Levantehandel

Die Parallelberichte der Hildesage also; ein weites Feld.
Wenden wir uns der ähnlichsten Überlieferung zu, dem »Dukus Horant«.
Das ist eine jiddische Handschrift, die ins Jahr 1382 datiert werden kann, und das Abenteuer des Herzogs (Dukus) Horant beschreibt, der für seinen König Etene auf Brautwerbung zieht.
Die Herkunft des Manuskriptes ist höchst sonderbar. Es stammt nämlich aus Kairo, aus dem Abstellraum (der Geniza) der Esra-Synagoge, und ist Teil eines Bandes, der noch sechs weitere erzählende und didaktische Texte enthält (heute in der Universitätsbibliothek Cambridge). Der Schreiber ist entweder ein »Izak der schribëre« oder ein »schribëre Abraham«, doch ist nicht beweisbar, ob diese auch die Dichter sind.
Die Schrift ist die sogenannte aschkenasische Kursive und die Sprache eine Variante des Mittelhochdeutschen.

An dieser Stelle ist es notwendig, kurz zu unterbrechen:
Ich habe im vorigen Kapitel eine Probe des Textes gegeben und eine Parallelstelle der »Kudrun« damit verglichen. Dem Leser wird aufgefallen sein, daß die Probe aus dem Dukus Horant wesentlich leichter lesbar ist, als das Kudrunbeispiel. Das ist aber nicht mein Fehler, und erst recht nicht der Fehler des Kudrundichters. Der schrieb nämlich nicht so, wie es ihm zugeschrieben wird. Die Ortographie dieser »Kudrun« ist nämlich in einer anderen Sprache geschrieben, als die der Handschrift: In »normalisiertem Mittelhochdeutsch«.
Hören wir hierzu Karl Stackmann (über die »Kudrun«):
»Der Text ist in einem deutlich bairisch-österreichisch gefärbten *Frühneuhochdeutsch* überliefert. Die Herausgeber haben ihm diese von der Überlieferung gebotene Form nicht gelassen, sondern ihn in ein ›reines‹ Mittelhochdeutsch umgeschrieben… Dies ›normalisierte‹ Mittelhochdeutsch ist von großem praktischen Nutzen. Es erlaubt, die Texte von den Zufälligkeiten des Schriftbildes zu säubern, die sich in den Handschriften finden… Nach allem, was an sprachgeschichtlichen Daten bekannt ist, *möchte man geradezu annehmen, daß sie schon in ihrem ursprünglichen Zustand eher dem von der Ambraser Handschrift gebotenen Bild entsprach, als dem der kritischen Ausgaben.* Aber wer die Normalisierung mit Rücksicht auf solche Überlegungen unterläßt, rückt die ›Kudrun‹ weiter als vertretbar von nahe verwandten Denkmälern wie dem Nibelungenlied ab. So wird man es bei der Normalisierung lassen, wenn auch nicht ganz ohne Bedenken.«
Ich habe weiter oben geschrieben, daß die Fußnoten, soweit sie sich auf rein sprachliche Dinge beziehen, durchaus verdienstlich seien. Ich bleibe dabei, muß aber feststellen, daß sie mindestens teilweise Noten des Herausgebers zu seiner eigenen Kenntnis des Mittelhochdeutschen darstellen und nicht zum Text des Dichters. (Ein »großer praktischer Nutzen«, in der Tat!)
Das »normalisierte Mittelhochdeutsch« aber, das die »Kudrun« so angenehm in die Nähe des Nibelungenliedes rückt, entfernt es auch gleichzeitig von den ebenfalls vergleichbaren Spielmannsepen und dem Dukus Horant. Wir haben hier wieder ein Beispiel, wie subtil die Vorurteile wirken können, denn die Nähe zum Nibelungenlied müßte ja als Schlußfolgerung und nicht als Voraussetzung erscheinen.
Der »Dukus Horant« aber steht den Spielmannsepen und der bürgerlichen Dichtung näher als dem Heldenlied. Ehe wir uns aber seinem Inhalt zuwenden, sei es erlaubt, einige Überlegungen über seine Herkunft anzustellen.
Es handelt sich wie gesagt um ein in hebräischen Buchstaben geschriebenes Manuskript aus Kairo. Wenn wir uns überlegen, wie es dorthin kam, so fällt uns natürlich als erstes ein Fahrender ein, der im Verlauf der Kreuzzüge dorthin verschlagen wurde. Meinetwegen auch ein jüdischer Reisender, der das Manuskript als unterhaltende Lektüre mit sich führte.
Ist das glaubhaft?
Ich möchte das sehr bezweifeln! Zieht man nämlich die religiös aufgeheizte

Atmosphäre der Kreuzzüge in Betracht und die Tatsache, daß sie immer wieder von Pogromen begleitet waren, so müßte der unbekannte Reisende oder Fahrende geradezu süchtig nach Märtyrertum gewesen sein, um ein derartiges Manuskript mit auf die Reise zu nehmen. Ein Jude unter Juden aber hatte kaum Verwendung für diesen Text, denn um das Mittelmeer herum konnte er nicht mit Glaubensgenossen rechnen, die Jiddisch verstanden. Judenspanisch vielleicht, judenpersisch, warum nicht, aber kein »Daitsch« (so die richtige Bezeichnung des Jiddischen).

Ganz anders stellt sich die Lage aber dar, wenn wir einen Sänger postulieren, der aus dem religiös toleranteren Herrschaftsgebiet der Krimtataren kam und mit einem islamischen Handelsschiff nach Ägypten gelangte.

Er riskierte praktisch nichts mit einem derartigen Text, es sei denn, daß er sich unter die intoleranten Kreuzfahrer gemischt hätte.

Daß aber eine derartige Reise denkbar war, steht außer Frage. Wir sind in etwa über die Verkehrsverhältnisse der Krim durch den nordafrikanischen Reisenden Ibn Battuta unterrichtet. Dieser berichtet, daß er von Sinop (in der Türkei) nach Kaffa auf der Krim reiste (1334), das von Christen, meist Genuesern, bewohnt wurde. Daß es dort auch Goten und sonstige Menschen, die dem Daitschen, Verzeihung, natürlich »dem Deutschen«, ähnliche Sprachen hatten (und woher wir das wissen), habe ich schon gesagt. Der Herr der Stadt hieß nach Ibn Battuta übrigens Addemedîr, und das kann ebensogut ein italienischer Demetrio sein, wie ein gotischer Adhemar (und Jordanes kannte zu seiner Zeit Itimares in dieser Gegend, während wir später noch auf einen Aydemir Khan zu sprechen kommen werden, der in einer höchst seltsamen Beziehung zu »Kudrun« steht).

Den Hafen von Kaffa nennt Ibn Battuta »bewundernswert« und »einen der berühmtesten des Universums«. Er berichtet, daß während seines Besuches ungefähr zweihundert Schiffe vor Anker lagen, »große und kleine, Kriegsschiffe und Transporter«.

Man sieht, hier haben wir ein religiös tolerantes Milieu, das sowohl mit Norditalien wie mit den islamischen Ländern Handel und Verkehr treibt, und dem wir auch, wie schon erwähnt, Landverbindungen nach Bayern-Österreich zuschreiben müssen. (Die sogenannte Raffelstädter Zollordnung (Ende 9. Jh.) spricht von russischen Händlern, was auf regelmäßige Beziehung schließen läßt.) Daß auf der Krim bis in die Zeit Katharinas der Großen Gotisch gesprochen wurde, ist bekannt. Ebenso, daß, nach dem schon erwähnten Joseph Barbaro, ein Deutscher mit diesen genauso leicht reden konnte, wie »ein Florentiner mit einem Genuesen«.

Der Jiddist Mieses schreibt in diesem Zusammenhang passend:

»Im Hochmittelalter finden wir im Osten eine Kette von (jüdischen) Niederlassungen, die von Bayern bis Persien, zum Kaukasus, nach Kleinasien und nach Byzanz reichen. Im Westen Bayerns ist eine Lücke quer durch ganz Deutschland ...« (zitiert nach Arthur Koestler, »der 13. Stamm«).

A. N. Poliak aber, der beste Kenner des Khazarenreiches, das jahrhundertelang die

Krim beherrschte und dessen staatstragende Schicht, die türkischen Khazaren, dem Judentum anhingen, vermutet, daß das Jiddische überhaupt vom Gotischen abstamme:

»Ein Ur-jiddisch hätte sich in den von den Goten bewohnten Gegenden der khazarischen Krim ausgebildet. Die Lebensbedingungen in diesen Regionen mußten notwendigerweise eine Verbindung germanischer und hebräischer Elemente hervorbringen ...« (zitiert nach Koestler).

Er beurteilt das gotische Vokabular, das der Habsburgische Gesandte Busbeck Mitte des 16. Jh. in Konstantinopel aufzeichnete, »sehr nahe dem Mittelhochdeutschen, von dem man Elemente im Jiddischen findet«.

Lassen wir diese Hypothese dahingestellt (mich überzeugt sie, auch wenn sich letzten Endes daraus ergibt, daß horribile dictu – Deutsch, die Sprache Luthers und Goethes – ein jiddischer Dialekt ist, und Dietrich von Bern, Lemoschl, amend hot gered wi a schojchet in a galizischn schtetl ...)[1].

Daß die Manuskripte der Geniza von Kairo aber Beziehungen zum Reich, zum ehemaligen Reich, der Khazaren haben, das ergibt sich auch aus der Tatsache, daß die sogenannte »lange Version des khazarischen Briefs« (heute in Leningrad) aller Wahrscheinlichkeit nach ebenfalls aus diesem Depot stammt.

Das wärs. Glauben Sie mir jetzt, daß der »Dukus Horant« aus diesem Milieu stammt. Nein? Na ja, vielleicht haben Sie sogar recht. Dann lassen Sie sich sagen, daß Hermann Menhardt in den Mitteilungen aus dem Arbeitskreis für Jiddistik »zur Herkunft des ›Dukus Horant‹« (1961) schreibt:

»Ich weiß keine deutsche Stadt mit jüdischem Ghetto, die so sehr für die Abfassung des ›Horant‹ in Betracht kommt, wie Regensburg.«

(Von dort aber kam 200 Jahre vorher der schon erwähnte Reb Petachia, der die Krim bereiste.) Ausgerechnet Regensburg!

Ich habe leider vergessen, wer es war, der die Statistik aufstellte, wonach uns kaum ein Prozent der mittelalterlichen Manuskripte, die je geschrieben wurden, in die Hände gekommen ist. Jiddische Manuskripte aber müssen dem Untergang noch mehr geweiht gewesen sein als deutsche Heldenlieder und lateinische Kirchenväter. Ein Wunder also, daß wir überhaupt von ihnen wissen.

Daß die hebräische Schrift neben der lateinischen einmal in Deutschland eine Rolle spielte, ergibt sich aus der geradezu unglaublichen Existenz eines in hebräischer Schrift geschriebenen Urfehdebriefes aus Zürich von 1385. Man fragt sich, wer den eigentlich lesen sollte. Sicher nicht nur der Isak und der Schlome aus dem Ghetto. Kreuzzüge, Kirche und nicht zuletzt die Renaissance haben dem ein Ende gemacht. Sonst hätten wir vielleicht auch zwei historische Schriften, wie die Slaven mit dem Glagolithischen und dem Cyrillischen ...[2].

So, und jetzt wirds Zeit, daß wir uns mit dem Inhalt des Dukus Horant bekannt machen.

Das Milieu ist ausgesprochen unadelig. Alle Ereignisse spielen sich in einer von

Händlern und Bankiers bestimmten Atmosphäre ab. Vor allem letzteres ist auffallend, denn die Leichtigkeit, mit der hier Riesensummen »zu Leihen genommen« werden, deutet auf ein ausgeprägtes Bank- und Kreditsystem hin. Freilich nicht unter den Hegelingen, wohl aber in dem Milieu, für das der Dichter schrieb, und damit sind wir wieder bei dem Fernhandel der Levante angekommen, den wir schon aus anderen Gründen als den Humus des »Dukus« und der »Kudrun« vermutet haben.

So also heißt es im Dukus Horant:

Der junge König Etene besitzt die Länder Deutschland, Dänemark, Spanien, Ungarn, Frankreich, Pulen, Zizilion, Tuskan und Lanparten. Ihm dienen drei Waldriesen: »Witold mit der Stange«, dessen Bruder Asprion und schließlich »Wate von den Kriechen«. Etenes vertrautester Ratgeber ist Herzog Horant von Dänemark. Als Etene 16 Jahre alt wird, schlägt dieser ihm vor, zu heiraten.

»ër sprach ›vil liber here, besendet uwere man,
wir sulen zu disen pfingesten ein grose hochzit han.
so wërde wir zu rate dan
ume eine vrouen wol getan!‹«

(Diesen vom heutigen Standpunkt ungrammatikalischen Text zu übersetzen ist weder möglich noch nötig. Man weiß auch so, was es heißt. Vergessen wir nicht, daß das Manuskript nur die Konsonanten schreibt.)

Es handelt sich bei dieser »Hochzeit« nicht um den modernen Wortsinn, sondern um ein Fest, zu dem denn auch die drei Riesen und 12 Könige kommen. Als nach gebührender Festerei schließlich Etene seine Getreuen um ihre Meinung fragt, wird zuerst die Königstochter von Frankreich vorgeschlagen, aber von Etene abgelehnt, als unebenbürtig, da ihr Vater sein Vasalle sei.

Dann preist ein »alter Wallaere« Hilde von Griechenland, die schöner sei als Isolde von Irland (der Dichter kennt also eine Version des Tristan) und »Ilion« (Helena) von Troja.

»durch si wart Troien zu storet, alse wirs ime lide haben gehoret...«

(durch sie ward Troja zerstört, wie wir's im Lied haben gehört...)

Hildes Vater jedoch, der wilde Hagen, Herr über 12 Könige und stark wie zwölf Männer, sei nicht gewillt, seine Tochter zu verheiraten.

Als Etene trotzdem zur Werbung entschlossen ist, bittet er Horant, den Brautwerber zu machen:

ich erkene dich wol, liber here, du bist ein alse hubescher man,
mit dime susen gesange brächtest du mir di maget her dan...

(Ich weiß wohl, lieber Herr, du bist ein so charmanter Bursch
mit deinem süßen Gesang, du brächtest mir das Mädchen schon her...)

Doch willigt Horant nur zögernd ein, verlangt die Begleitung der drei Riesen und 200 Ritter, sowie seinen Bruder Morunc; dazu ein Prachtschiff und 30 000 Mark. Nach allen Vorbereitungen und 28 Reisetagen kommen die Gesandten in Hagens Hauptstadt an. Dort findet Horant nach anfänglichem Suchen Aufnahme bei einem reichen Bürger, bei dem er gleich 30 000 Mark Kredit aufnimmt. (Da es sich um die gleiche Summe handelt, wie er sie von Etene erbat, und er anscheinend dem Bürger nichts zurückerstattet, scheint unser Spielmann hier etwas ungeschickt eine Zahlungsanweisung oder Banktratte zu beschreiben.) Der Gastgeber führt den »Vertriebenen« in sein reich mit Marmor und Säulen ausgestattetes Haus. Im Hofe steht eine Linde mit einem prächtigen Sitz:

»da under ein gestoile, das was so wuneclich
von lichten kristelen, das was von golde rich.«

(darunter ein Gestühle, das war so wonniglich
aus lichten Kristallen, mit Gold reich verziert.
[Der Verfasser hat überhaupt eine Vorliebe für das Wort »wonniglich«]).
(Das Haus hat sogar fließend Wasser.)

Horant macht sich durch seine großzügige Mildtätigkeit bekannt, und da wieder Pfingsten ist, stellt sich die Schar der »Vertriebenen« bei Hagens Kirchgang ein. Die Riesen wollen im Gedränge gleich mit Gewalt Luft schaffen, aber Horant verbietet das, kann jedoch Witold nicht hindern, wenigstens einen Herzog über 10 000 Mann hinweg zu schleudern.

Die junge Königin kommt in Begleitung von 300 Jungfrauen und zwei königlichen Pfauenfächerträgern, dahinter Hagen mit zehn Königen. Er erschrickt über die Riesen; (anschließend vielleicht eine Lücke von 12 oder 13 Strophen) Hilde grüßt Horant freundlich beim Eintritt wie beim Austritt aus der Kirche.

Nach einer Beratung unter der Linde beschließt Horant, sein Ziel mit Gesang anzustreben.

Als er sein Lied anhebt, setzen sich die Vögel auf den Baum und die Wildschweine hören zu wühlen auf, um zuzuhören.

Die Königin hört den Gesang von ferne und schickt eine Herzogstochter, um Horant einzuladen. Reicher Lohn und eine Bettgenossin werden dem Sänger versprochen.

Horant schlägt beides aus, verlangt aber, daß die Königin zu ihm komme, um seinen Gesang zu hören. Das geschieht, sie sitzt unter der Linde und Horant singt:

»Tir us dëme walde komen unde horten singen...«

Schließlich bringt er Etenes Werbung vor, der noch besser singe und ein reicher König sei. Hilde ist einverstanden.
Alle Welt geht zum Fest, bei dem sie gut bedient werden, obwohl die Riesen sich schlecht benehmen, den Leuten Furcht einjagen und Hagens zahmen Löwen erschlagen. (Aus der Strophe 102 der Kudrun ist zu schließen, daß Hagen auch dort einen zahmen Löwen besaß, doch ist er völlig funktionslos, ein blindes Motiv.)
Bei einem Turnier ist Horant siegreich und verschenkt die so erworbene Beute. Als er von Hagen empfangen wird, der schon weiß, wer der Fremde ist, erklärt er sich bereit, dessen Lehnsmann zu werden.
Kurz darauf bricht das Gedicht ab.
Die Ähnlichkeiten mit der »Kudrun« liegen auf der Hand. Interessant ist, daß man in diesem Milieu ein Gedicht von der Eroberung Trojas kennt, wobei die Verballhornung von Helena (Elena) zu Ilion darauf hindeutet, daß es sich hier nicht um eine papierene Tradition handelt. Eine derartige Entwicklung des E zu I deutet vielmehr auf eine orale Überlieferung im griechischen Milieu hin (Itazismus)[3].
Etenes Herrschaftsbereich umfaßt »die deutschen Lande«, dann Dänemark (wie in der »Kudrun«), Ungarn (westlich der Daker-Dänen, oder, wahrscheinlicher, Lebedia, den früheren Aufenthaltsort der Ungarn, die nördliche Tauride, zwischen Dnjepr und Don), weiter Frankreich (die angeblichen Donaufranken der mittelalterlichen Chroniken) und Pulen (die Dikojeh polé). Lamparten deutet auf eine (glaubhafte) frühere Herrschaft über die Langobarden hin, Tuskan (geschrieben twsqn) könnte das Land der Tius-(Zius-)Männer sein (Synonym für *Teutmirs-Dietmers) und Zizilien endlich, ist das Land der Cici (Tscherkessen) am Unterlauf des Dnjepr bei Tscherkassy, deren Existenz dem Dichter nicht entgangen sein kann.

25. Kapitel

König Rother, Toxaris und die Thidreksaga

Aber viele Züge des Dukus Horant haben nichts mit der »Kudrun« zu tun. Sie stammen aus dem Spielmannsepos von »König Rothers Brautfahrt«.
Dieser ist ebenfalls von Riesen begleitet, darunter von »Widold und Asprian«. Auch sie werfen einen Herzog über den Haufen und töten einen zahmen Löwen.

Rother ist König von Rom und Bari, also ein Langobarde, aber er beherrscht Schottland (Frideschotten?), Brabant (Flandern-Valland?), Friesland, Holland (Seeland?), Spanien (Mißverständnis für Portegale, oder Verwechslung Iberien-Spanien mit Iberien-Kaukasus?), Saxen (die »wilden Saxen«, mit denen Wate kämpfte?), Thüringen (Tervingen = Westgoten), Österreich (in dem später die Hegelingen saßen), Böhmen (aufgrund der Gleichung Boi = Bayern) und Polen (die Polé)[1].
Der Rother seinerseits hat wieder Ähnlichkeit mit einer Sage aus deutschen oder warägischen Quellen, die uns in der skandinavischen Thidreksaga erhalten ist. Es heißt dort, daß sie von deutschen Männern berichtet würde, aber auch gelegentlich: »Wie die Väringe berichten.«
Die dort auftauchende Brautwerbungssage lautet in den uns hier interessierenden Teilen so:
»König Nordian auf Seeland hatte vier riesige Söhne: Etgeir, Abentrot, Widolf mit der Stange und Aspilian. Sie waren alle Riesen an Kraft und Wesensart.« (Nordians Halbbruder aber war der Riese Wate, Vater Wielands des Schmieds.) Sowohl Widolt (Rother) wie Widolf (Thidreksaga) sind so wild, daß sie in Fesseln geführt und nur zum Kampf freigelassen werden.«
Sie alle, die Nordianssöhne wie Wate, sind Nachkommen des Königs Wilcinus, also des Wilzen-Veleten-Königs. (Wilzen aber gelten Al Masudi als das älteste Königsgeschlecht der Slaven.)
Sie sind aber auch treue Vasallen des Königs Osantrix, Sohn Hertnits, von dem die Sage weiß: »Hertnit hatte Rußland, einen großen Teil von Griechenland, Ungarland und fast das ganze Ostland unter sich... König Wilzinus errang dauernd den Sieg über die Russen und verwüstete ganz Polen (die Polé) und alle Lande bis ans Meer... Er rastete nicht eher, als bis er in König Hertnits Hauptstadt Holmgard einzog...«
(Holmgard ist Nowgorod, aus dem »der junge Solowej Budimirowitch« kam, und Wilzinus scheint mit Quillanus identisch zu sein, dem langjährigen Intimfeind Pfeil-Odds aus Kap. 19, da Quillanus »Nowgorod mit Gewalt genommen und beherrscht hatte«.)
Die Thidreksaga erzählt nun, wie zuerst Wilzinus den Hertnit, nach seinem Tod aber Hertnit Nordian, den Sohn des Wilzinus, zinspflichtig macht.
Deswegen aber sind Nordian und seine Riesensöhne Vasallen von Hertnits Sohn Osantrix. Dieser wirbt um die wunderschöne Oda (ein verräterischer Name, Oda, Uta, Uote). Die Werbungssage ist buchstäblich eine Kurzfassung des Rother, aber sie im Detail aufzuführen, entfernte uns zu weit von der »Kudrun«.
Jedenfalls endet die Geschichte mit einem Happy-End... und wiederholt sich in der nächsten Generation – wie in der »Kudrun«.
Das läuft folgendermaßen ab: Osantrix und Oda haben eine Tochter namens Erka. Diese wird von Atli umworben, dem Sohn des Friesenkönigs. Aber Atli hatte nach dem Tod von Odas Vater Milias dessen Reich, das Land der Hunnen, an sich gerissen

und so Osantrix und Oda um ihr Erbe gebracht. Kein Wunder also, daß er als Brautwerber disqualifiziert war. Atli ließ sich nicht abschrecken und sandte seinen Neffen Osid und dann den Markgrafen Rodingeir, die um Erkas Hand anhalten sollten. Die Geschichte ist an dieser Stelle einigermaßen verworren, wahrscheinlich aus verschiedenen Überlieferungen montiert.

Auf jeden Fall zieht ein Gefolgsmann Atlis aus, gibt sich als Flüchtling aus und wird Gefolgsmann Osantrix. In dieser Rolle gelingt ihm ein Rendezvous mit Erka »unter einem schönen Baum« (wie im Dukus Horant), wo er Atlis Werbung vorbringt. Diese wird von Erka, auf Zureden ihrer Halbschwester Berta, angenommen. Die Flucht gelingt, doch werden sie von Osantrix eingeholt, verteidigen sich in der Burg Markstein und werden von Atli entsetzt.

Re-happy-end: Atli heiratet Erka, der getreue Werber Berta.

Man sieht, das hat nichts mit dem historischen Attila zu tun. Nun trifft das freilich auch für die ganze Atli-Gestalt der Thidreksaga zu, denn dieser herrscht in Soest in Westfalen. Wir müssen aber bedenken, daß die Sage ihn deutlich als Nachbarn der Ermanarich-Ostgoten beschreibt, also trotz seiner Lokalisierung mit den südrussischen Hunnen in Verbindung bringt. Nun trifft das gerade für den pannonischen Attila in Ungarn nicht zu. Der einzige historische Hunnenkönig von einigem politischen Gewicht und einiger Dauer der Herrschaft, der geographisch, wenn auch nicht zeitlich, mit dem Ermanarichreich in Verbindung gebracht werden kann, ist Kuridakhos (siehe Kap. 21).

Wie dem aber auch gewesen sein mag, wir müssen uns die Frage stellen, ob die Hildesage nicht vielleicht verkleidet in dem »Erkaraub« steckt.

Ich wage nicht, diese Frage mit Ja zu beantworten, gebe aber zu bedenken, daß fast alle Motive des Nibelungen- und Dietrichzyklus in der Thidreksaga auftauchen, und einige höchst obskure andere Thattr dazu: Ein wahres Kompendium der Heldensage.

Nur leider, die Hildesage, die »Kudrun«, hat keine Spur hinterlassen, es sei denn den »Erkaraub«.

Unbezweifelbar ist aber die Tatsache, daß der oder die Erzähler den ganzen Komplex in Südrußland angesiedelt haben. Trotz der Soest-Lokalisierung.

Diese steht nämlich innerhalb der Sage sehr isoliert da und scheint die Spur einer niedersächsischen oder nach neuesten Forschungen rheinfränkischen Nibelungensage zu sein. Sie enthält ebensowenig wie das Nibelungenlied einen direkten Hinweis auf Ermanarich. Letzteres ist nur zu erklären, wenn dessen Einbau in die Sage, ebenso wie alle nordischen Hinweise, auf eine warägische Tradition zurückgeht (Runenstein v. Rök, Hamdismal, Saxo Grammatikus etc.). Bei diesen muß die Erinnerung an die Hunnen östlich des Asowschen Meeres in den Sümpfen noch erhalten geblieben sein. Dort wo Jordanes, Ammian und Zosimus von ihnen wissen, und wo Tacitus (Annalen XII, 16) eine Stadt Soza kennt, deren Name zur späteren Lokalisierung in Soest Anlaß gegeben haben mag. Sie war bewohnt von dem

maiotischen Stamm der Dandariden, und nicht weit südlich davon kennt Ptolemäus den Fluß Psychros, lateinisch Frigidus (heute Psad), dessen Anwohner nicht übel zu »Friesen« taugen. Es dürften vermutlich Aspurgii gewesen sein, bei denen ein König Asandros und ein Asandrochos belegt sind. Die Erinnerung an sie mag bei den Warägern, die später dort das Fürstentum Tmuturakan (östlich der Straße von Kertsch) beherrschten, zur Erfindung der Namen Osid (Atlis Vater) und Osantrix (Asandroch?) geführt haben. Germanisch sind diese Namen jedenfalls nicht.
Zugestanden, das ist alles Wind – aber nicht mehr, eher weniger, als die meisten der mittelalterlichen Geschichtsvorstellungen, die wir bisher kennengelernt haben.
Unbezweifelbar ist, daß alle hier aufgeführten Brautraubgeschichten (und noch ein paar mehr) nach dem gleichen Schema und im gleichen Milieu ablaufen – in der gotisch-warägischen Welt Südrußlands.
Deswegen (und aus Platzmangel) erspare ich Ihnen auch die Bekanntschaft mit der Herburtsage, dem »Walthari« und dem »Wolfdietrich«, aus denen allen sich noch etwas an einschlägigem Material ziehen ließe.
Lassen wir es gut sein, aber stellen wir fest, daß außerhalb dieses Bereiches keine vergleichbare Sage existiert. Es sei denn, wir weigern uns, den vorstehend aufgezeigten Verbindungsstrang zur Kenntnis zu nehmen.
Dann freilich müssen wir sagen, es gibt die Hildesage an der Nordseeküste. Man kann die Evidenz immer abstreiten, aber wir beschäftigen uns hier mit dem vorhandenen Material. Vorurteile sind für die Psychologen und Psychiater.
Freilich, es existiert doch noch eine vergleichbare Brautraubsage. Zwar im gleichen Bereich, aber zu einer gänzlich anderen Zeit und bei einem anderen Volk. Sie steht bei Lukian von Samosata im Dialog »Toxaris« und spielt unter Skythen.
Kurz gefaßt berichtet sie:

Arsakomas, der Skythe, liebte Mazea, Tochter König Leukanors von Bosphoros (an der Straße von Kertsch), aber seine Werbung wurde abgewiesen, da er arm war. Leukanor vermählte seine Tochter mit Adyrmachos, dem Fürsten der Machlyen. Arsakomas erzählte sein Unglück (er war nicht nur abgewiesen, sondern auch verspottet worden) seinen Freunden Lonchates und Macentes.
»Eure Zuneigung ist ein Schatz, kostbarer und sicherer als alle Reichtümer ... Kaum hatte ich das gesagt, lachte Leukanor und behandelte mich mit Verachtung. Er gab seine Tochter Adyrmachos ... weil dieser vorgibt 10 Goldvasen zu haben, 80 Wagen zum Wohnen und viele Hammel- und Rinderherden ...
Ich, Freunde, habe so doppelten Kummer. Ich liebe Mazea und verspüre die Beleidigung zweier Tapferer ...«
»Was tun wir?« sprach Macentes.
»Teilen wir die Arbeit«, sagte Lonchates. »Ich verspreche Arsakomas den Kopf des Leukanor, und du bringst ihm die, die er liebt.«
»Du aber, Arsakomas, da wir wahrscheinlich eine Armee brauchen werden, nach

dieser Tat, sammle Waffen, Pferde und Krieger, so viel wie möglich ...« (Arsakomas gelingt es 5 000 Reiter und 20 000 Fußkrieger zu sammeln.) Lonchates gelingt es, unter einem Vorwand Leukanor unter vier Augen zu sprechen. Er erschlägt ihn und flüchtet mit seinem Kopf, während das Volk Leukanors, nach Entdeckung des Mordes, damit beschäftigt ist, einen neuen König aus der Fürstensippe zu wählen. Macentes hatte unterwegs von diesen Dingen gehört, und kam so mit der Todesnachricht zu Adyrmachos. »Der Staat ruft dich zum Königtum, als Schwiegersohn des Toten ... Zeige dich, und laß dein Weib dir im Wagen folgen. Die Bosphoraner werden sich um dich scharen, wenn sie Leukanors Tochter sehen. Ich bin Alane, und von mutterseits her mit Mazea verwandt. Ihre Mutter Mastira ist aus meinem Geschlecht. Deren Brüder senden mich, damit die Herrschaft nicht an Leukanors Bastardbruder Eubiotes fällt.« (» ... Alanen und Skythen sehen gleich aus und haben gleiche Sprache, nur tragen die Skythen das Haar länger.«) »Ich komme mit dir oder, wenn nötig, begleite ich Mazea.« (So geschieht es ...) Tagsüber ließ Macentes Mazea im Wagen fahren, aber nachts entführte er sie ... ließ zur Rechten die Berge der Mitreer ... und kam in drei Tagen nach Skythien ...«
(Adyrmachos versöhnt sich mit Eubiotes und sie ziehen mit einer großen Armee gegen die Skythen.)
Das Heer des Adyrmachos und Eubiotes waren zusammen 90 000 Mann, davon ⅓ berittene Bogenschützen. Die Skythen waren kaum 30 000 in allem. Beim Zusammenstoß teilte sich ihre Armee. Eine Hälfte wich langsam zurück und wurde nicht weiter verfolgt, aber die andere war umzingelt und wurde massakriert. Bei ihr waren Lonchates und Macentes, beide verwundet. Arsakomas, im anderen Haufen, hielt es für eine Schande, seine Freunde im Stich zu lassen und warf sich mit einem Schrei unter die Feinde. Die Machlyen konnten dem erneuten Ansturm nicht widerstehen, Adyrmachos wurde getötet und es wurde Frieden geschlossen. Als Entschädigung schlugen die Alanen des Eubiotes vor, für die Skythen die Sinder zu unterwerfen.

Soweit also Lukian. Klingt das nicht wie eine »germanische« Sage? Der Dialog Toxaris, aus dem ich, stark gekürzt, diesen Text entnommen habe, ist nach Lukians eigenem Bericht um etwa 150 n. Chr. entstanden. Wenn des Jordanes ostgotische Genealogie echt wäre, so müßte Arsakomas ein Krieger des Theoderich-Ahnen Amal gewesen sein. Leider können wir das nicht als glaubwürdig annehmen, doch da 238 der erste Gotensturm losbrach, können wir 80 Jahre vorher durchaus mit Goten an der Krim rechnen.
So war das also:
» ... man sollte – scheinbar paradoxerweise – erst von Goten sprechen, nachdem ... die gutonischen Einwanderer zu ›Skythen‹ geworden waren. Dieses traditionelle Etikett hatte die griechische Ethnographie schon den Sarmaten verliehen, deren Lebensweise sich nicht von der ihrer Vorgänger unterschied. Nun geschah das

gleiche den Goten...« (Wolfram, Geschichte der Goten, München 1979). Bezeichnend ist dabei, daß der Stammesname Machlyen soviel wie »die Geilen« heißt. Wir müssen hinter dieser griechischen Bezeichnung wieder mutterrechtliche Mäoten vermuten, da solche Völker durch die Bank von ihren puritanischen patriarchalischen Nachbarn »übertriebener Sexualität« geziehen wurden. (Neid?)
Jedenfalls haben wir hier eine ganze Anzahl der Elemente, die wir in den bisher besprochenen Sagen vorgefunden haben: Die abgewiesene Werbung aus Unebenbürtigkeit, die Verehelichung mit einem anderen Prätendenten, den Erbanspruch des Schwiegersohnes, den brautraubenden Freund, der für den Helden handelt, den listigen Boten, die Tötung des Brautvaters, die Flucht, die in eine wilde Schlacht ausartet, und schließlich die »germanische« Mannentreue.
Wenn das keine gotische Sage ist, so dürfte sie doch zweifellos von den Goten übernommen worden sein.

26. Kapitel

Dietrich von Bern, langobardische Tradition und ein Zwischenfall

Wir haben bereits früher gesehen, daß sich das Verhalten Hagens und Hetels aus ganz bestimmten, religiös fundierten Herrschaftsstrukturen erklären läßt, die wir gleichermaßen in den hier aufgeführten Beispielen wiederfinden.
(Dabei ist es klar, daß wir aus dem jiddischen Dukus Horant nicht auf die jüdischen Khazaren und aus dem slavisch-warägischen Odaraub nicht auf die Rurikiden von Kiew schließen können. Beide Male wird eine Geschichte von ihrem Erzähler in ein zeitbedingtes, ihm vertrautes Gewand gehüllt.)
Interessant ist, daß eine sicher gotische Sage, die Brautwerbung Herburts, als einzige einen anderen Verlauf nimmt. Sie läßt sich aus der Thidreksaga und aus dem »Biterolf« (dessen Held als Westgote bezeichnet wird) rekonstruieren. In ihr sendet »Dietrich von Bern« seinen Neffen Herburt auf Brautwerbung, doch gewinnt dieser die Braut kurzerhand für sich, flüchtet mit ihr in ein fernes Land und der große Held der Goten geht leer aus.
So ist es denn nicht weiter verwunderlich, ja geradezu folgerichtig, wenn »Dietrich« in der Thidreksaga als eunuchenhaft bartlos, immer aber als kinderlos dargestellt wird. Da der historische Theoderich zumindest eine ihn überlebende Tochter hatte, müssen wir annehmen, daß der Sagenheld sein Vorbild nicht in dem König von Ravenna hat – oder daß diese Änderung gegenüber den Tatsachen ganz bestimmte

Gründe hat. Betrachten wir nämlich die Helden des Dietrichzyklus näher, so müssen wir feststellen, daß nur zwei, Hornboge und Hildebrand, Söhne haben. Alle anderen sterben kinderlos, aber selbst diese zwei Ausnahmen sind eigentlich keine, denn die Söhne Aumlung und Hadubrand bleiben ohne Nachwuchs.
Nähern wir diese Beschreibung aber anderen Berichten über Kriegergesellschaften unter den Germanen an, so wird die Sache klar: Wir haben es mit berserkerhaften Männerbünden zu tun, die im ganzen indoeuropäischen Gebiet verbreitet sind, hier aber aus kultischen Gründen, aus einer speziellen Bindung an den Odinskult, besonders ausgeprägt sind. Die allgemeine Identifikation Gauts, des ostgotisch-amalischen Spitzenahns, mit Odin-Wodan bestätigt diese Überlegungen.
Aus dieser Haltung heraus erklärt sich aber auch die Feindschaft der Goten gegen ihre östlichen Nachbarn und deren Kult, wobei diese Abneigung von einem Volk auf das andere übertragen wird. Die Hunnen sind in diesem Falle also nur Erben einer älteren Feindschaft gegen »Agathyrsen«, Akatziren, Mäoten, Sauromaten, Massage-

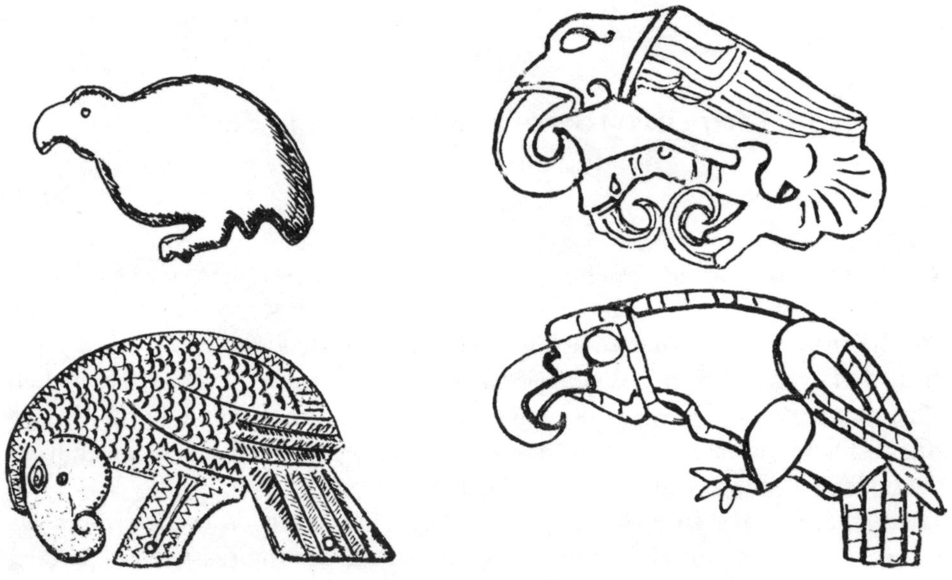

Abb. 13a Oben:
links: Saka Tigrakauda (Spitzmützensaken). Schmuckelement des 7.–5. Jh. *vor* Christus aus Vigursk am Syr-darja.
rechts: Skythen östlich des Asowschen Meeres. Schmuck einer Pferdetrense des 5. Jh. *vor* Chr. aus Taman.

Unten:
links: Bayern-Langobarden. Schildbeschlag des 7. Jh. *nach* Christus aus Ischl bei Traunstein (Prähist. Staatsslg. München).
rechts: Angelsachsen. Schmuckelement aus Gold und Almandinen von einer Börse aus dem Schiffsgrab von Sutton-Hoo, 7. Jh. nach Chr.

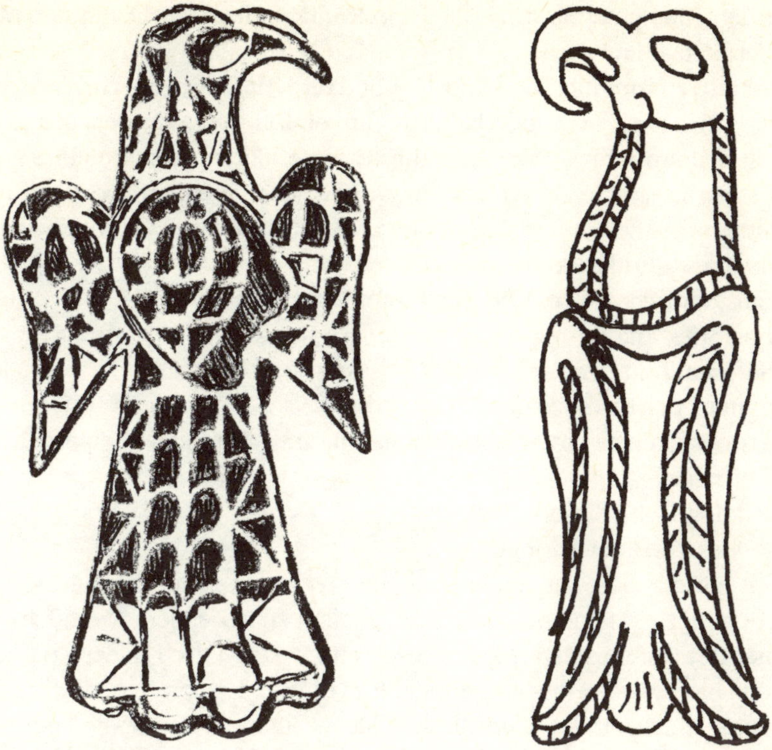

Abb. 13b Links: Adlerfibel aus dem Rheinland (Röm.-Germ. Museum Köln) 5.–6. Jh. *nach* Chr. Rechts: Dekoration von einem thrakisch-getischen Schwertemblem (Museum der rumänischen Geschichte) 5. Jh. *vor* Chr.

ten oder Alanen. Stammes- oder Völkernamen bedeuten nichts, sondern nur der Kult, die religiöse Haltung, die religiös-gesellschaftliche Verfassung. (Wir werden darauf noch zurückkommen müssen.)

Die langobardische Tradition berichtet, daß das Volk zuerst von der »weisen Frau« Gambara und ihren Söhnen beherrscht wurde, dann sich aber in höchster Gefahr dem Göttervater zuwandte und aus Winnilern zu Langobarden wurde. Das ist nichts anderes, als der Bericht eines Religionswechsels und die Wendung von einem matriarchalischen Fruchtbarkeitskult zu einer Kriegerreligion. Daß freilich der alte Glaube unterschwellig im Volk weiterlebte (und wohl auch bei den Bayuwaren), zeigt eine Anekdote über die langobardische Königin Theodelinde, eine bayerische Agilolfingerin, der eine Sage eine »Affaire« mit einem »Meerwunder« nachsagt. Das ist nichts anderes, als der alte Bericht des Jordanes von den »Halirunnas und unreinen Geistern« in neuem Gewand. Daß man der zwar energischen, aber doch fromm katholischen Theodeline derartiges nachsagte, das zeigt, daß man sich im

Langobardenvolk so etwas *wünschte:* Eine Königin, die Verkehr mit den Mächten der Finsternis hat. Praktisch[1]!

Fassen wir also zusammen: Die »Kudrun« und ihre Parallelsagen schildern ein ganz bestimmtes Brautraubschema, das sich am einfachsten aus der matrilinearen Herrschaftsordnung ihrer Überlieferungsträger erklären läßt. Wir finden es nirgendwo sonst in dieser Gestalt als im südrussischen Bereich, wo die kulturelle Ausstrahlung von Mäoten und Sauromaten, vielleicht sogar ein ethnisches Substrat die glaubhafteste Erklärung...

Stimme aus dem Publikum: *Und der Hadningavic?*

Verlegenheit des Autors!

Zweite Stimme: *Und der Sörlathattr? Und Saxo Grammaticus?*

(Unruhe unter der Leserschaft!)

Der Verfasser: Verehrte Leser, gestatten Sie mir zunächst meine Beweisführung zu Ende zu bringen...

Ein Altphilologe: Hic Rhodos, hic salta!

Na schön, der Verfasser springt.

Sie dürfen mir glauben, daß ich im Zuge meiner Untersuchungen gar nicht umhin konnte, den hier erwähnten nordischen Quellen zu begegnen. Wenn ich sie aber aus meiner Beweisführung bisher ausgespart habe, so, weil ich zu der Überzeugung gekommen bin, daß sie einerseits ebenfalls in die nordpontischen Länder gehören, andererseits aber mit der Gudrunsage nichts, mit der Hildesage nur auf der literarischen Ebene, nicht aber im historischen Sinne, zu tun haben.

Sie sind, nämlich die historischen Ereignisse, auf denen sie beruhen, um mehrere Jahrhunderte später anzusetzen.

Dieser literarische Einfluß hat seinen Ursprung in der zufälligen Parallele der Namen Hagen-Högni, Hilde und Hetel-Etene-Hedin, wobei es sich zudem, wie schon bemerkt, bei den ersten beiden nicht um Eigennamen, sondern um Titel handelt, während Hetel der Hegelinge und Hedin der Heteninge überhaupt nur eine vage Klangähnlichkeit besitzen.

Es ist nämlich nicht einzusehen, warum der Edle (Hetel *Atheling) Vigoleis (Guinglain-Wendelin-Gundolenus), Nachkomme *Agils (Hagal-Wodans), mit dem König Hedin, Nachkomme *Hjats (Hadds), identisch sein soll, nur weil sie beide eine Hild (= Walküre) heiraten, und mit einem Khan der Khane (Khagan), bzw. *Quequens kämpfen. Zudem führt Hedin nach Ausweis der Prosa zum Eddagedicht Helgaqvida Hjörvardsonar wahrscheinlich einen N amen des Freyrkultes, der zu den »wodanischen« Hegelingen im Gegensatz stand.

Nichtsdestoweniger werde ich auf diese nordischen Quellen eingehen, erlaube mir aber, zuerst meine Argumentation über die Gudrunsage zu Ende zu bringen.

Ich betone nochmals: Das Brautraubschema der Kudrun-Hildesage findet sich nur im südrussischen Raum und läßt sich am überzeugendsten aus der mäotisch-sauromatischen Kultur und ihrer Ausstrahlung unter Skythen, Goten und Hunnen erklären, wobei es hier unentschieden bleiben muß, ob es sich dabei um eine rein kulturelle Tradition handelt, oder ob am Ende ein ethnisches Substrat dafür verantwortlich zu machen ist[1].

27. Kapitel

Sifrit von Moere, Sir John Mandeville und Ernst, Herzog von Schwaben

Kehren wir also für den Augenblick zur »Kudrun« zurück.
Ich bin in meiner Nacherzählung der »Kudrun« sehr kurz über die Werbung »Sifrits von Morlands« hinweggegangen. Tatsächlich ist dieser Herr aber höchst interessant. Er wohnt in Alzabé (Str. 579), beziehungsweise Mörlant (Str. 586), besitzt aber 7 Reiche, wovon außer den vorstehenden noch Ikaria, Abakie und Karadie namentlich genannt werden. Mit seinen Helden kommt er zum Turnier und zur Werbung. (Erinnern Sie sich an die Episode, wo zum erstenmal der Name Wigaleis fällt!)
Und Kudrun, ja Kudrun (Str. 583):

»si truog im holden willen – ofte tete si daz –,
swie salwer varwe er waere ze sehene an sinem libe.«

(Sie trug ihm holden Willen – oft tat sie das –,
wie schwärzlich von Farbe er auch war, zu sehen an seinem Leibe.)

Schwärzlich ist er also, dieser germanische Othello, und es ist bedauerlich, daß wir nicht wissen, was der Dichter mit »truog im holden willen« sagen will. »Sie war ihm wohlgesonnen«, meinen Sie? Aber was heißt dann »ofte tete si daz«? Auch im Mittelalter mußte etwas, was man »ofte tete« nannte, eine Handlung sein, und kein Gefühl: »Wohlgesonnensein.«
Schwarz, wenigstens dunkelhäutig, war dieser Sifrit also, obwohl es andererseits von ihm heißt (Str. 1664):

»Sin vater und sin muoter diu waren nit enein.
sin varwe kristenliche an dem helde schein;
sin har lag uf dem houbte als ein golt gespunnen.«

(Sein Vater und seine Mutter, die waren nicht gleich.
Sein Haar lag auf dem Haupte, als wie von Gold gesponnen.)

Was aber heißt: seine Farbe schien christlich an dem Helden? Ich hab da so meinen Verdacht –. Aber Geduld...

Der Kommentar sagt: »der eine Elternteil war christlich, der andere heidnisch«, und »er hatte aber christliche, d. h. weiße Hautfarbe«. Ja, wenn man halt so ein kurzes Gedächtnis hat, daß einem die Strophe 583 entfallen ist. Diese Beschreibung macht doch keinen Sinn, wenn man sie auf den Herrn von »salwer varwe« bezieht. Zunächst freilich wird kein Erzähler an einen »Mohren« gedacht haben; sonst trüge er wohl einen Namen wie die »Mohren« der Chansons de Geste: Fierabras, Blancadrin, Falsaron, oder Feirefiz, wie bei Wolfram von Eschenbach. Er heißt aber schlicht Sifrit.
Sifrit von Morlant, Sifrit von Moere, das muß ursprünglich etwas anderes bedeutet haben als »Siegfried vom Mohrenland«. (Die Deutung: »Siegfried von Morungen« verbietet sich nicht nur durch die Hautfarbe, die Vertreter dieser Vorstellung müssen sich auch zu den tollsten Kunststücken versteigen, um ihrem plattdeutschen Gaukönig seine vom Epos zugeschriebenen sechs anderen Reiche abzuerkennen.) Nun heißt »Moere«, wie wir anläßlich der Strophe 65 gesehen haben, einfach Stute, und Sifrit ist daher aus einem Pferdeland. Diese Bedeutung ist dem Dichter also geläufig, weswegen »Moere« nicht der Grund für Sifrits »Mohrentum« sein kann. Wenn wir aber annehmen, daß »Sifrit«, wie oben Sigebant, eine Eindeutschung darstellt und wir einen »Mann aus dem Pferdeland« im Umkreis Südrußlands, bei Hegelingen und Ir suchen, so ist mit einiger Wahrscheinlichkeit auch er ein Alane. Bei näherer Betrachtung seines Namens finden wir die Bestätigung:
Der Dichter, der den Moerenkönig Sifrit nannte, hat nichts anderes getan, als sich dessen Namen mundgerecht zu machen.
Bei den Alanen-Osseten gibt es einen Pferdetyp namens »Saurag«, den wir auf deutsch Grauschimmel oder Rotschimmel nennen (engl. Roan, frz. Rouan). Pferde mit diesen Farben haben fast immer schwarze Mähne und einen schwarzen »Aalstrich« auf dem Rücken. Sau-rag aber heißt Schwarzrücken. Sie sind am Kaukasus so hochgeschätzt, daß der Ossetenprinz Soslan, Gemahl der georgischen Königin Thamar, für ein Pferd Khalas (anderer Name der Rasse Saurag) ein Dorf und ein Schloß gab. (Zudem ist »Soslan« die mittelalterliche Form von »Saurag«, was recht aufschlußreich ist. In mehrfacher Hinsicht.)
Saurags lateinische Umschrift »Saphrax« kennt Ammian als Name eines Alanenfürsten. Später ist diese Bezeichnung ins Russische als »Savrasyi« übernommen worden, und diese Form, ins Deutsche übertragen, mußte fast zwangsläufig zu »Sifrit« werden, oder mit Siegfried verwechselt werden. (Die englische Pferdefarbe »sorrel« und das französische »saur« hängen ebenfalls damit zusammen: Sorrel ist ein graubraunes Pferd, und ein »hareng saur« ist kein saurer Hering, sondern ein goldbrauner Bückling mit schwarzem Rücken. Im Altprovenzalischen aber heißt »saur« blond.)

Die besondere Wertschätzung dieser Pferdefarbe scheint sich durch das ganze germanische Gebiet verbreitet zu haben, denn noch die isländische Hrafnkelsaga beschreibt Freyfaxi, ein dem Gott Freyr gewidmetes Roß, als zu diesem Typ gehörig[1]. Vermutlich geht die Wertschätzung wie der Name auf iranischen Ursprung zurück, denn die gelbbraune bis rotgraue Fellfarbe mit schwarzer Mähne und schwarzem Aalstrich ist die Farbe des zentralasiatischen Wildesels, des Kulan, Onager oder Hemion, der den Persern als das königliche Wild überhaupt galt. Sein Name (pehlewi »Gor«) wurde von einem Sassanidenkönig (Vahram V.) als Beiname getragen[2].

Saurag also, der Schwarzrücken. Der Falbe oder Grauschimmel Sifrit ist von »salver varwe«, und erst als dieser Sinn des Wortes vergessen war, wurde es nötig, ihn für einen Mischling zu erklären (Str. 1664), um seine, anscheinend überlieferte, Blondheit zu erklären. (Nach Ammian sind die Alanen blond.)

Vielleicht ist es nicht unangebracht, hier etwas vorzugreifen: Wir werden im weiteren Verlauf sehen, daß Sifrit-Saurag vermutlich der Anführer des Stammes der Saraguren war, deren Namen sich als *Saurag-Warioz (Sauragsmänner) aus der kaspischen Senke erklärt, der Gegend, die Snorri Sturluson »Svithiod hin mikla« (Großschweden) nennt. Dort gäbe es, so sagt er, »Riesen, Zwerge, Schwarze...« Mit anderen Worten, dort finden sich die »Riesen« der Entführungssagen (Dukus, Rother, Odaraub) und die »Schwarzen« Sifrits, die Schwarzrücken.

Welche Reiche beziehungsweise Länder werden diesem blonden Schwarzrücken nun zugeschrieben? Wo liegen Ikaria, Alzabé, Abakie, Karadie?

Es kann sich bei ersterem weder um das attische Ikaria handeln, noch um die jonische Insel, die mit der Ikarussage in Verbindung steht. Sifrits Ikaria muß im Umkreis des Ir- oder Hegelingenreiches liegen, um ein Minimum an historischer Glaubwürdigkeit zu besitzen.

In der Tat gibt es an der Südostseite des Kaspischen Meeres den Fluß Ikarus (Plinius VI, 17), einen heute ausgetrockneten Arm des Oxus (Amu Daria), der statt in den Aralsee ins Kaspische Meer floß und eine wichtige Handelsstraße zwischen den zentralasiatischen Oasenstädten und dem römischen Reich war. Wann er vertrocknete, ist umstritten. Vermutlich war seine Wasserführung wechselnd und hing vom Zustand des Kanalsystems, dieses wiederum von den politischen Verhältnissen ab, wie schon eine Bemerkung Herodots vermuten läßt (Herod. III, 117). Am Oberlauf des Ikarus (heute Uzboi genannt) lag im 16. Jh. die Stadt Vazir, von der der englische Reisende Anthony Wilkinson 1550 berichtet: »Das Wasser, das dieses Land versorgt, wird durch Kanäle vom Oxus herangeführt, und das erschöpft diesen Fluß. Aus diesem Grund fließt er nicht mehr ins Kaspische Meer wie in alter Zeit. In naher Zukunft wird wohl das ganze Land ... zur Wüste werden.«

Die Mündung des Ikarus-Uzboi ist bei der heutigen Stadt Krasnowodsk. Zu Ammians Zeit (5. Jh.) lag ein Ort namens Saramanna dort (Ammian 23.6,52)[3]. Im 10. Jahrhundert nennt Al Masudi diesen Küstenstrich »Aboskun« (Abakie?) im »Lande

Djordjan« (Herodot: Hyrkanien). Seine Bewohner waren als Reiter berühmt, und wie wir gesehen haben, ist »Sifrit« ein »Herr der Moere, d. h. der Pferde«. Allerdings könnte man Abakie auch als das pontische Land der Abkhasen deuten, was dazu passen würde, daß »die Helede aus Abakie und die von Alzabé« in der »Kudrun« »über see« kommen. Es ist jedoch überzeugender, daß die »Sauragsmannen« von Saramanna die Kaspis nördlich umgingen und über Sarai an der Wolga nach Westen vorstießen, »Saurag-warioz«.

Sifrits drittes Land, »Alzabe«, ist dann das Land der Alanen um die Kaspische Pforte, bei Derbent, gegenüber von Ikaria.

Wir sehen also hier deutlich einen Ost-West-Vorstoß sich abzeichnen, was auf die weißen Hunnen, die Hephtaliten, hinweist[4].

Das letzte »Reich« Sifrits nennt die »Kudrun« »Karadie«, was entweder als »Garadie« (das Land der Städte) auf die Sogdiane zu beziehen ist, oder durch Metathese aus *Kadarie (Khazarenland, an der Wolga) oder *Kidara (Hephtaliten) entstanden sein könnte.

Der Name Saurag-Sifrit findet sich als »Surgh«, Sohn des Turanierkönigs Afrasiab, im Schah-Name und als Kushan-König Sawg in der »Geschichte des Heraklios« von Sebeos (um 600), zusammen mit einem Kollegen Pariovk.

Kurioserweise kennt die »Kudrun« (Str. 702) plötzlich zwei Könige von Karadie, und man ist versucht, den zweiten Pariovk zu nennen, wenn das Datum nicht zu spät wäre. Immerhin zeigt Sebeos, daß der alanische Name Saurag auch östlich der Kaspis auftritt. Letzten Endes sind alle diese Völker (mit Ausnahme des imperialen Stammes der Yaptil-Hephtaliten, die türkischer Herkunft sind, aber laut Altheim iranischer Sprache) mehr oder weniger auf die »Sairima« des Avesta zurückzuführen (Sau-rom = Schwarzkopf, Sau-arm = Schwarzarm, Sau-rag = Schwarz-Rücken = Sauromaten, Sarmaten, Saraguren).

Für gewöhnlich hält man »Sifrit« für einen nordischen »Seekönig«, der 882–886 die deutsche Küste heimsuchte. Im Binnenland war er schwerlich bekannt, und an der Küste dürfte es kaum glaubwürdig gewesen sein, ihn gegen die Normannen kämpfen zu lassen, deren Reich erst 911, rund 30 Jahre später, gegründet wurde. Von einem Kampf zwischen Dänen und Normannen aber, unter Beteiligung Sifrits (wie ihn die »Kudrun« schildert), und zwar an der Scheldemündung (traditionelle Lokalisierung des Wulpensands), kann wohl überhaupt nie die Rede sein, wenn man bedenkt, daß die Normannen noch 945 die Dänen um Hilfstruppen ersuchten[5].

Die vorstehenden Hinweise sind dem Kudrundichter in dieser Form natürlich fremd (obwohl zumindest der jiddische Dichter des Dukus Horant Beziehungen nach dem Osten gehabt haben muß). Sie passen aber nichtsdestoweniger in das Weltbild der Epoche:

Rund hundert Jahre nach der Aufzeichnung der »Kudrun« entstand eine Pseudo-Reisebeschreibung: Die Reisen des Sir John Mandeville. In ihr wird berichtet, daß neben Ethille, dem gefrorenen Fluß (= Ithil-Wolga), der Berg Chotaz liegt, die

Königreiche Comania (Kumanen) und Abchaz (Reich der Abkhas) und das wunderbare Reich der Dunkelheit. »... Und dann auf dieser Seite ist die Türkei, die mit Großarmenien zusammengeht. Und dort sind viele Provinzen, wie *Saure,* Brique, Quesiton, Pytan und Gemethe.«

Das Stammesgebiet der Kumanen und der Abchasen also ist gemeint und der Kochtan-dag in der Hauptkette des Kaukasus. Das wunderbare Reich der Dunkelheit kennt Al-Biruni in Richtung des Ural. Brique = Phrygien, Quesiton = Qazwin, Pytan = Botan (südlich des Van-See) und Gemethe = Hamadan sind etwas wahllos zusammengetragen, liegen aber alle ungefähr wo »Sir John« behauptet, in der Türkei und Großarmenien. Andererseits findet sich Saure, das Land Saurags-Sifrits, aber irgendwo zwischen den nordkaukasischen und den türkisch-armenischen Ortsangaben[6].

Freilich, ich kann für diese Lokalisierungen nur den Namen Saurag-Saphrax-Savrasyi-Sifrit als Bindeglied anbieten, und wenn man mir das nicht abnimmt, fällt meine Argumentation in sich zusammen.

So will ich denn eines der Spielmannsepen heranziehen, die durch das »normalisierte Mittelhochdeutsch« der »Kudrun« von dieser auf Abstand gehalten werden. Es handelt sich um den »Ernst, Herzog von Schwaben«.

Von ihm schreibt Fritz Martini (Deutsche Literaturgeschichte):

»Auf hohe geistliche und höfische Kreise Bayerns als Leser weist... der Herzog Ernst (um 1180), eine Art von historischem Roman, der, fromm, heroisch und abenteuerlich zugleich, wiederum ganz aus dem Erlebniskreis des Kreuzfahrertums heraus in die sehr phantastisch ausgeschmückte Welt des östlichen Mittelmeeres, des Kampfes gegen die Heiden im Heiligen Land führt... die Kreuzfahrt als großes Abenteuer, das zu sagenhaften Fabelvölkern führt, zu seltsamen Mißgeburten.«

Fritz Martini vertritt hier die allgemein anerkannte Wissenschaft, die den Herzog Ernst als bunten Abenteuerroman betrachtet, als phantastische Fabelei, irgendwo in der Nähe des Heiligen Landes spielend, in der »sehr phantastisch ausgeschmückten Welt des östlichen Mittelmeeres«, und wie bei der »Kudrun« bin ich der Meinung, daß sie sich geirrt haben, die klugen Herren.

Sehen wir uns den Inhalt des »Herzog Ernst« kurz an:

Herzog Ernst von Schwaben wurde von seinem Stiefvater, Kaiser Otto I., aus seinem Land vertrieben und zog mit seinen Getreuen auf Kreuzfahrt aus. Über Konstantinopel und Syrien kommen sie in das Reich Grippiä, wo sie Menschen mit Kranichköpfen begegnen. Der König der Kranichmänner will eine gefangene Prinzessin gegen deren Willen ehelichen und Herzog Ernst und seine Männer legen sich ins Mittel. Leider vergeblich. Es gelingt ihnen nicht, die Prinzessin zu befreien. Mit Mühe retten sie ihre eigene Haut und flüchten auf ihrem Schiff.

Dabei geraten unsere Kreuzfahrer ins »lebirmer«, zum »Magnetberg«, der ihr Schiff zurückhält. Sie entkommen, indem sie sich in Rindshäute nähen und von Greifen in deren Nest verschleppen lassen.

Ernst und seine Männer befreien sich aus dem Greifennest, finden sich in einem wilden Wald, wo sie sich nur mit Mühe ernähren, und schiffen sich auf einem Fluß ein, der unterirdisch einen Berg durchquert. Dort schlägt Ernst mit seinem Schwert einen großen »Karfunkelstein« von der Wand.
Wieder ans Tageslicht gelangt, werden unsere Helden von Zyklopen aufgenommen, treten in den Dienst des Königs der »Arimaspen«, für den sie die »Großfüße«, die »Langohren« und die »Riesen von Kanaan« unterwerfen.
Schließlich kommen sie auf einem maurischen Schiff ins Heilige Land, kämpfen ein Jahr lang gegen die Sarazenen und kehren in ihre Heimat zurück, wo Ernst sich mit dem Kaiser versöhnt. Der Karfunkelstein aus dem Orient wird in die Kaiserkrone eingesetzt. Es ist der berühmte »Waise«, ein großer orientalischer Almandin. Soweit das Lied von Herzog Ernst.
Betrachten wir es auf seinen Realitätsgehalt.
Ernst von Schwaben ist eine historische Gestalt, aber seine Orientfahrt ist nicht nachzuweisen. Die Sage selbst besteht aus einer Reihe von Elementen, die teils sagenhaft, teils real sind. Der Dichter hat nicht eine Reihe von phantastischen Abenteuern zusammengestellt, sondern eine Reise beschrieben, die nach seiner Meinung möglich war. Folgen wir ihm:
Von Deutschland zieht Ernst nach Konstantinopel und »Syrien«, das nach mittelalterlicher Vorstellung bis weit nach Kleinasien reicht. Von dort gelangen unsere Kreuzritter nach »Grippiä«, der Greifenstadt, wo die Menschen Kranichköpfe haben. Das ist kein märchenhafter Zug, wie man annehmen könnte, und bisher annahm. Wenn wir den Kranich ins Lateinische übersetzen, entdecken wir die Kranichmänner: Der Kranich heißt Grus, die Kranichmänner sind Grusinier, Georgier. Was die Greifenstadt Grippiä ist, weiß ich leider nicht, vielleicht wäre sie zu lokalisieren, wenn man die Wörterbücher der Kaukasussprachen durchginge. Meine Vermutung ist, daß es sich um das antike Gorgippia handelt (heute Anapa), das freilich nicht direkt in Georgien liegt, wohl aber im Bereich der früheren Kamariten, denen ich oben versuchsweise ein Greifentotem zugeschrieben habe.
Daß die Befreiungsaktion Ernsts und seiner Mannen nicht gelingt, ist ein Zeichen dafür, daß diese Anekdote einen historischen Hintergrund hat. Bei reiner Erfindung wäre die Rettung der edlen (und natürlich wunderbar schönen) Prinzessin sicher geglückt.
Als nächstes Abenteuer gerät Ernst ins »Lebermeer«, das der Dichter mit dem Ort des Magnetberges identifiziert. Zu Unrecht, denn der Magnetberg ist nicht im Lebermeer, das wir mit dem »faulen Meer«, dem westlichen Asowschen Meer, identifizieren können. (Lebir mer = etwa labbriges Meer.)
Da ein Magnetberg auch in der »Kudrun« vorkommt, werde ich seinen Ort an gegebener Stelle besprechen. Jedenfalls ist auch er im Schwarzen Meer gelegen. Die Greifen verschleppen unsere Helden in einen Greifenhorst in einen wilden Wald (auch Hagens Greif hauste in einem wilden Tann).

Wollen wir darin eine Realität (und nicht eine Erinnerung an die 40 oder 50 Jahre vor dem »Herzog Ernst« geschriebene »Kudrun«) sehen, so müssen wir annehmen, daß die verfolgenden Greifen-Kamariten von Gorgippia unsere Helden am Magnetberg einholten und gefangennahmen.

Die Flucht aus der Nähe des Greifenhorstes (was immer sich dahinter verbirgt) führt durch eine unterirdische Schlucht, das heißt, durch den Paß von Darial (= die Alanenpforte), die »grusinische Heerstraße«, die teilweise von Felswänden überhangen ist, ins Land der »einäugigen Arimaspen«, die schon Herodot nördlich des Kaukasus kennt[7]. Dort kämpfen sie für den Arimaspenkönig (dem Grund für die angebliche Einäugigkeit der Arimaspen kann hier nicht nachgegangen werden), gegen großfüßige Skiläufer[8] und Pelzmützenträger (mit herabhängenden Ohrenklappen). Die »Riesen von Kanaan« schließlich sind einfach die großgewachsene Bevölkerung an der Wolga, deren verschiedene Erwähnungen ich auf diesen Seiten wiederholt zu zitieren habe. »Kanaanitisch« ist eine stehende Formel, ein Topos, der auf die riesenhaften Philister der Bibel anspielt.

Schließlich kommen unsere Helden auf einem »Maurenschiff« von dort ins Heilige Land, wie ich die übliche Deutung zitiert habe, die indessen nicht im Text steht. Herzog Ernst und seine Mannen kommen nämlich auf einem Schiff aus »Morlant« zurück, und dieses Morlant kann nur am Ostufer des Asowschen Meeres oder des unteren Don liegen. Eben da, wo wir das Land der Moere ausgemacht haben.

Wieder muß betont werden, daß wir letzten Endes nichts über die Realität dieser Geschichte aussagen können. Ernst von Schwaben, der 200 Jahre vor dem Dichter lebte, war jedenfalls nicht ihr Held.

Wohl aber läßt sich sagen, daß das Weltbild des Kudrundichters und das Weltbild des »Herzog-Ernst«-Dichters im großen und ganzen aus den gleichen Vorstellungen entspringen, dem allgemeinen Weltbild ihrer Zeit.

Auffallend dabei ist aber, daß der Herzog Ernst mehr bloßes Buchwissen, weniger Augenschein enthält.

Wo der Kudrundichter von den Vorstellungen seiner Zeit abgeht, verweisen seine Angaben auf das 5. Jahrhundert.

Wo der Herzog Ernst von den Vorstellungen seiner Zeit abweicht, finden wir Zitate nach antiken Autoren und Vorstellungen, die ganz jung sein müssen. Zum Beispiel die Kämpfe versprengter Kreuzritter (der erste Kreuzzug lag nur hundert Jahre zurück) im Kaukasus. Denn das Merkwürdige ist, daß es eine derartige Tradition gibt: Südlich des Passes von Darial lebt das kleine georgisch sprechende Volk der Pschawen, das sich noch heute als Nachkommen versprengter westeuropäischer Kreuzritter betrachtet. Eines ihrer Dörfer heißt Frangi (das Frankendorf). Sie pflegten sich bis in die Neuzeit mit einem Kreuz zu tätowieren[9]. (War also Hagens Kreuz doch kein Brustkreuz, aber auch kein Muttermal? Hatte der Kudrundichter Kenntnis von dieser Sitte?)

Der Unterschied zwischen den beiden Geschichten erklärt sich am einfachsten, wenn wir annehmen, daß die »Kudrun« eben eine Tradition aus dem 5. Jahrhundert enthält, revidiert durch Kaufmannsberichte von der Krim, der »Herzog Ernst« aber eine rein literarische Montage ist. (Eine Ausnahme ist vielleicht die mißlungene Prinzessinnenbefreiung.)

Davon abgesehen aber haben beide Erzählungen das mittelalterliche Weltbild und die mittelalterliche Geographie gemeinsam.

Diese Geographie mag absurd erscheinen, es ist aber nicht von der Hand zu weisen, daß dies das Weltbild der Zeit war, in der die »Kudrun« aufgezeichnet wurde. Welche Tatsachen sich hinter diesen pittoresken Schilderungen verbergen, kann hier nicht untersucht werden. Man darf aber nicht übersehen, daß in einer Zeit starker oraler Kultur alle diese aufgeschnappten, und oft bis zur Unkenntlichkeit entstellten, Krumen von Kenntnissen aus zweiter und dritter Hand in weitaus größerem Maße als heute in die allgemeine Kultur integriert waren. Im Gegensatz zur Informationsübersättigung der Gegenwart war der mittelalterliche Mensch weit davon entfernt, an die Grenzen seiner Apperzeptions- und Gedächtnisfähigkeit zu stoßen. Aus diesem Vorrat an halb-legendärer Information schöpft die »Kudrun« ihr Weltbild. Vieles ist verschwommen und nebelhaft, aber es ist nicht der Kudrundichter, der »sichtlich keine einheitliche geographische Vorstellung besitzt« (H. Schneider, Heldensage I), sondern seine Interpreten, die ihre Hausaufgaben nicht gemacht und Felix Dahn gelesen haben, statt der Texte, aus denen das Mittelalter sein Weltbild bezog.

Die »Kudrun« ist ein sorgfältig und kenntnisreich geschriebenes »Sachbuch« (der »Herzog Ernst« ein historischer Roman) des 13. Jahrhunderts.

Kehren wir zur »Kudrun« zurück.

Der König aus dem Osten ist zornentbrannt abgereist, wilde Drohungen ausstoßend. Aber schon naht sich ein neuer Bewerber um die Hand der Hegelingentochter.

28. Kapitel

Ormanieland, Severianen und die Chronik von St. Denis

(10. Avent.)
Do gefriesch man diu maere in Ormanilant
daß niemand schöner waere ... als Kudrun.

Die Märe von Kudruns Schönheit hatte sich also weit herumgesprochen.

Der König von Ormanieland ist Hartmut, dem der Dichter, wie wir gesehen haben, eine Idylle mit Gudrun zuschreibt. Er wird auffallenderweise hauptsächlich als Sohn

seiner Mutter Gerlint vorgestellt, was auf ein Volk mit Spuren mutterrechtlicher Verfassung schließen läßt.
Sein Vater ist »Ludwig von Normandie«, und man war immer schnell bereit, »Ormanie« für einen lapsus calami zu halten und es mit Normandie gleichzusetzen[1]. Aber »Hinterm Berg sind auch Leut«. Die Tatsache, daß in der russischen Nestorchronik »Urmanie« für »Normannen« steht, hätte, statt zu einer Identifikation, zur Feststellung führen können, daß diese Familie im slavischen Bereich ansässig war.
Sehen wir also zu, wo Ormanie liegt. Da finden wir auf manchen Karten der nördlichen Schwarzmeerküste zwischen dem Golf von Burgas und der Dobrudscha die Bezeichnung »Deli Ormanie« (= Süd-Ormanie). So heißt also diese Gegend (laut Atlas Knaur) heute noch.
Hartmut also ist König von Ormanie, aber sein Vater ist König der Normannen, der Männer aus dem Norden. Dort aber liegt jenseits der Donau Dazien. Von den Dakern aber weiß, wie erwähnt, Guilleaume v. Jumieges zu berichten (im Anschluß an ihre Gleichsetzung mit den Dänen), daß sie auch Nordmänner hießen. Ebenso berichtet die byzantinische Überlieferung, daß dort die slavischen Stämme der Severianen leben. »Sefer« aber heißt auf Russisch »Norden«, und Severianen sind demnach »die im Norden Lebenden«, die Nordmänner.
Überhaupt war das ganze Mittelalter von der Existenz dieser »Normannen« überzeugt. Zum Beispiel:
Die sogenannte »Chronik von St. Denis«, eine der »Grandes chroniques de France«, weiß dazu folgendes zu sagen: Francion, Ahne der Franken, und Turcus, Ahne der Türken, wohnten gemeinsam »sus un flueve qui a nom la Dinoë«- Turcus verließ seinen Vetter Francion, »er und ein großer Teil des Volkes, das er mit sich führte. In ein Land ging er, das genannt ist Scice das kleine. In diesem Land wohnte er so lange, er und sein Volk, daß sie aus sich vier Arten Völker schufen: Austroghoten, Ypoghoten, Wanden und Normannen«.
Varianten dieser Vorstellung finden sich aber nicht nur hier.
Eine, unvollständige, Aufstellung der Autoren, die, teilweise einander ausschreibend und ausschmückend, diese Meinung vertreten, lautet:
Aethicus Ister (4. Jh.), Eusebios von Kaisaraia (um 300), St. Hieronymus (5. Jh.), die Gesta Francorum (gegen 720), Paulus Diaconus (784), Hincmar, Freculfus, die Annalen von Moissac, Aimon, Rorico, die Quedlinburger Annalen, Fredegar ... (alle vor dem Ende des 11. Jahrhunderts) ... König Dagobert und Kaiser Karl d. Kahle.
Was kann man da von einem Spielmann des 12. Jahrhunderts anderes erwarten als daß er all diesen gelehrten, heiligen und mächtigen Herren folgt.
Ausgelacht hätte man ihn, hätte er etwas anderes behauptet!
Da das Mittelalter aber nicht nur Daker und Dänen verwechselte, sondern auch Slaven und Sueven (so Prokop und Jordanes), erklärt sich auch die unerwartete Formel der Strophe 744:

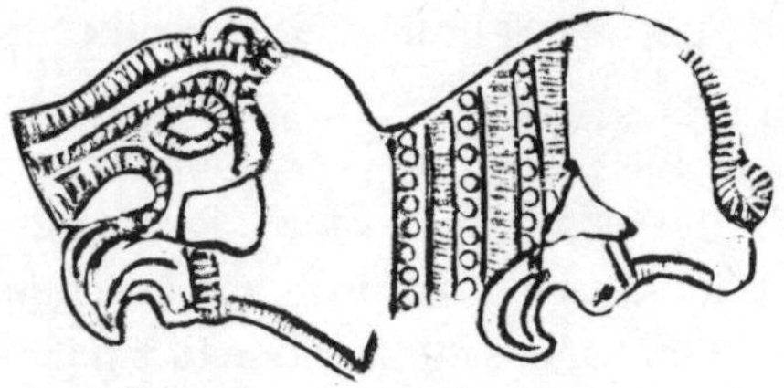

Abb. 14a
Thrakisch-getischer Zaumbeschlag, 4. Jh. *vor* Chr. (Nach Berciu: Daco Romania, Nagel Verlag)

Angelsächsische Ornamente, 5. Jh. *nach* Chr., Essex (nach Wilson, The Angle Saxons, Pelican books)

... sie teilten groze gaben wider
unde dem daz man ze Swaben solhez nie gewan.

(Sie verteilten große Geschenke,
wie das in Schwaben sonst nicht üblich war
oder: unter den Slaven sonst nicht üblich war.)

Ludwig scheint nicht in Ormanie bei seiner Frau zu wohnen – obgleich unweit davon (Str. 588–589), und sein Besitz scheint von dem ihren getrennt zu sein (594–595).

Diese Familie sucht ebenfalls die hegelingische Heirat. Ihre Gesandten reisen »wohl 100 Tagreisen« über Land und Wasser, ehe sie Hetels genauen Wohnort erfahren. Am Ende kommen sie über See (Str. 600) nach Tenemarke, wo sie von Horant empfangen werden. (Aus unseren bisherigen Feststellungen geht hervor, daß das wohl der »lacus mursianus« des Jordanes ist, die Lagune an der Donaumündung.)

Die Werbung der »Normannen«familie wird jedoch schroff zurückgewiesen. Hilde (in der ganzen Gudrunsage ist sie es, die regiert) wirft ihnen vor, Ludwig sei einst Vasall ihres Vaters in »Karadine und Frideschotten« gewesen, von wo er nach einem Zwist mit »Kunig Otens bruoder« (610–611) geflohen sei[2].

Wieder stehen wir vor einer Kombination von Namen, die bei der Nordseetheorie nur zusammenpassen, wenn man Logik und geschichtlicher Wirklichkeit den Hals umdreht. Frideschotten gilt als Schottland, Karadine als die Grafschaft Cardigan. Ein Irenkönig hat also in England Lehen zu vergeben? An einen Normannen? Ganz einfach – solange man nicht fragt: Wann?

Denn dann muß man antworten: Ein inexistenter Ire gab einem hypothetischen Normannen 103 Burgen in einem Lande, in dem nie ein Ire etwas zu sagen hatte. (Aber man weiß ja inzwischen, daß der Kudrundichter sich nicht um die Realität kümmert, und sicher faselt hier auch einer! Der Dichter natürlich...)

Freilich ist auch in Südrußland »Frideschotten« und »Karadine« nicht ohne weiteres

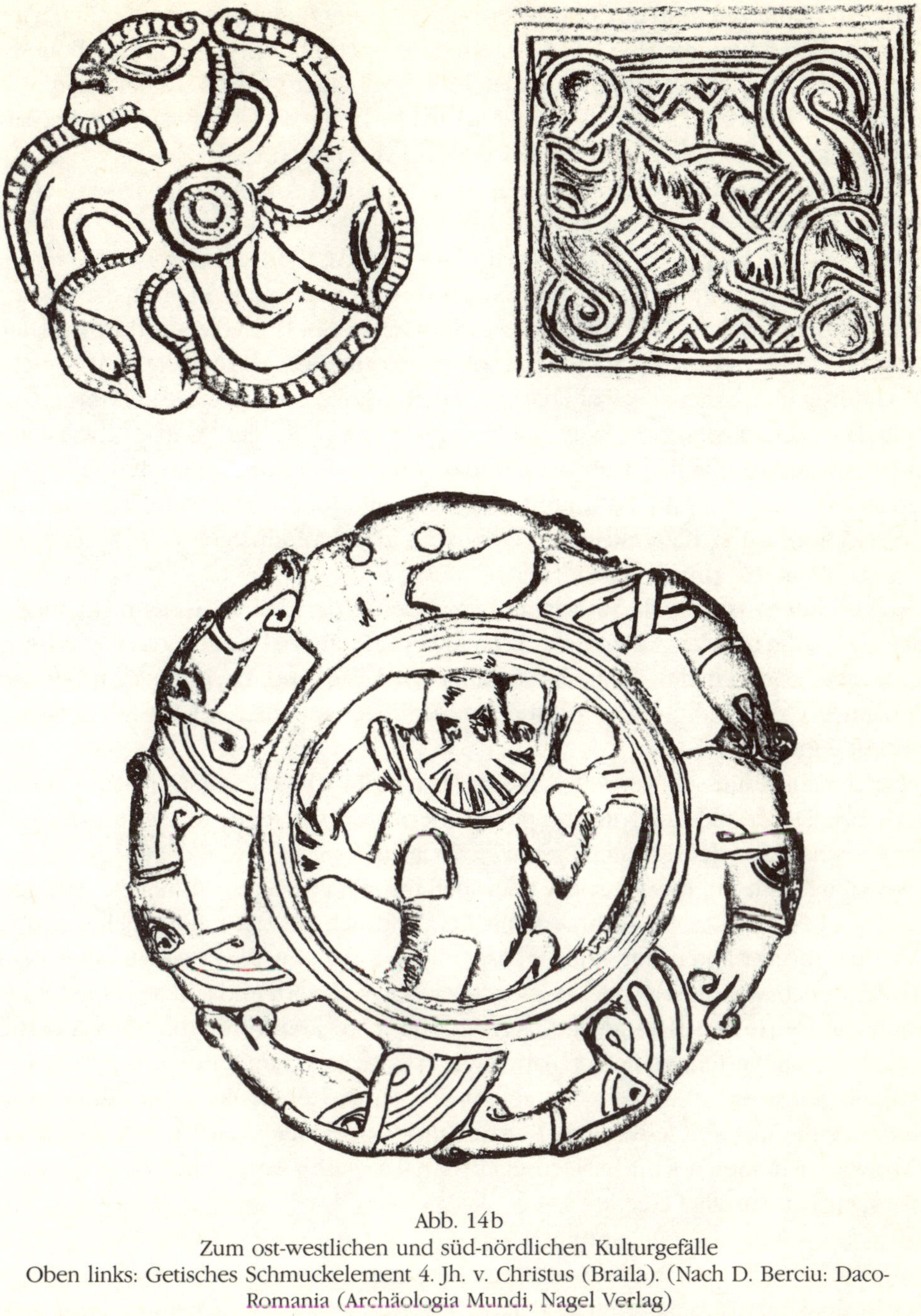

Abb. 14b
Zum ost-westlichen und süd-nördlichen Kulturgefälle
Oben links: Getisches Schmuckelement 4. Jh. v. Christus (Braila). (Nach D. Berciu: Daco-Romania (Archäologia Mundi, Nagel Verlag)
Oben rechts: Alamannische Durchbruchscheibe 7. Jh. n. Chr. (Sigmaringen). (Nach H. F. Döbler: Die Germanen, Bertelsmann Lexikon Verlag)
Unten: Schwertgriffornament v. Snartema (Norwegen) 5. Jh. n. Chr. (Nach Archeologia No 33 Mars 1970 Paris)

greifbar. Immerhin muß ihre Lokalisierung im Zusammenhang mit dem Ir-Reich im Kaukasus gesehen werden. Wir haben bereits vermutet, daß »Frideschotten« eigentlich königliche Skythen von der Halbinsel Taman sind. Da aber Sigebants Braut 700 Recken sozusagen als Mitgift in die Ehe bringt, ist wohl anzunehmen, daß der Dichter meint, diese müßten ja irgendwo verblieben sein.
Wo Sigebant sie aber ansiedelte, war Frideschotten, und dort mag Ludwig sein Lehen gehabt haben.
Was Karadine angeht, so könnte man zwar auf das benachbarte Land Garadie verweisen, es erscheint aber wahrscheinlicher, Karadine als »Ka(ba)radine« zu interpretieren, als das Land der kaukasischen Kabardiner. Da die »Kudrun« bisher Angaben ohne Übertreibung lieferte, sollten wir die »103 Burgen« (Str. 610) nicht leichtfertig übergehen. Die Zahl hat aber keinen Sinn, wenn man sie auf Burgen im mittelalterlichen Sinn (die es in Rußland nicht gab) oder auf »Garde«, befestigte Siedlungen, bezieht. 103 Garde, nein, das hätte wohl den größten Teil Rußlands umfaßt. Glaubhaft sind Zahl und Bezeichnung Burg aber, wenn wir an die Festungstürme der Kaukasusstämme denken. In einem einzigen Dorf konnte ein Dutzend solcher »Bergfride« stehen.
Da wir Ludwig vorhin als Severianenkönig identifiziert haben, ist es nicht ausgeschlossen, ihn mit dem Volk der Sabiren in Verbindung zu bringen, das von Priskos (vor 465) nördlich des Kaukasus erwähnt wird. Sie sind, nach der Chronik des Johannes von Nikiou, »äußere Hunnen« und stehen unter »Boares« (Bojaren) (Fr. Altheim).
Es darf nicht vergessen werden, daß der Name Ludwig nichts rein Germanisches an sich hat. Die fränkischen Reichsannalen berichten von dem Krieg Ludwigs des Frommen gegen den Kroatenfürsten Ljudovit (816–823).
Die Sabiren mit ihren Bojaren dürften, auch wenn man sie als Hunnen bezeichnet, einen slavischen Dialekt gesprochen haben, wie sich aus diesem Adelstitel ergibt. Man hat ihren Namen mit »Sibir« zusammengebracht, was überzeugt, aber kein Widerspruch ist zu einer Ableitung von Sefer-Norden. Nord und Süd wurden damals nicht mit dem Kompaß festgelegt. Da Priskos berichtet, unter anderen seien auch die Sabiren nach Westen geflüchtet, haben wir 460–465 als Datum für Ludwigs Flucht.
Hegelingen in der Ukraine, »Moere« in der kaspischen Senke, »Normannen« in Bulgarien-Rumänien, fehlen uns nur noch die »Seeländer« Hervics von Seeland. Wollen wir immer noch die Nordseeküste nach diesen absuchen?
Wenden wir uns also Hervic zu.

29. Kapitel

Hervic von Selant, eine Tscherkessenehe und Kudruns Entführung

Hervic ist Kudruns dritter Bewerber:
Hervic ist Herr von Seelant oder Sewen und von Galais. Er wird zunächst vorgestellt (Str. 631–633):

> Er waz ihr nachgebure und hete bi ir Lant.
>
> (Er war ihr Nachbar und hatte in ihrer Nähe Land.)

Aber:

> Hetele bat in lazen er wurbe iht umbe sin kint...
>
> (Hetel bat ihn, die Werbung um sein Kind zu unterlassen.)

Man sieht, die Ablehnung ist wesentlich weniger energisch.
Das führt Hervic zur Aufstellung eines Heeres:

> dri tusent kuener Man, di er ze friunde hete, Hervic do gewan...
>
> (dreitausend kühne Mannen, die er zu Freunden hatte, zog Hervic zusammen.

[Man darf nicht vergessen, daß die mittelalterliche Bezeichnung eine viel engere Bindung als unser »Freund« bezeichnet. Man sollte vielleicht »friunde« mit Stammesgenossen übersetzen.])

Auch er will sich die Braut mit Gewalt holen.
Es erscheint merkwürdig, daß Hervic nicht seine Untertanen, seine Vasallen aufbietet (hat er überhaupt welche?), sondern seine »Freunde«. Trotz seiner Herkunft aus »Seeland« zeigt er im übrigen nie Seefahrerqualitäten, so daß es unwahrscheinlich ist, daß der Dichter im entferntesten an einen wikingischen »Seekönig« gedacht hat.
Sehen wir uns also in der Umgebung Hetels und seiner Hegelingen um. Da stoßen wir, denn sehr viel Auswahl bleibt für Sewen nicht, auf die Krim, die recht gut als Seeland gelten kann. Wenigstens heißt es noch im Igorlied: »... schöne gotische Mädchen, / behängt mit klingendem Russengold, / begannen zu singen *am blauen Meer*[1].«

Die Krim war lange ein Rückzugsgebiet der Skythen, als sie von Sarmaten und Goten bedrängt wurden. Speziell die Berge der südlichen Krim erlaubten ihnen lange, ihre Unabhängigkeit zu bewahren. Das gleiche gilt später von den Krimgoten, deren Unabhängigkeit erst durch die Türken vernichtet wurde.
Eine direkte Beziehung zwischen beiden Völkern ist also anzunehmen. Wenn je die Identität von Skythen und Goten, dieser Gemeinplatz der spätantiken Autoren, zutrifft, dann hier. Iranische Lehnworte im Krimgotischen und kulturelle Züge weisen darauf hin[2].
Herwic, der Skythogote von der Krim, ist ein »Nachgebure« Hetels. Er beherrscht »Seelant« (Str. 671) oder »Sewen« (706, 867) und das Volk, das er (in Str. 641) »an sich genommen« hat, »das saz vor einem Berge ze Galeis in dem Lande«. Das aber ist nicht das Galeis-Waleis Hetels, wie man annehmen könnte, sondern *Jalais, das Jailagebirge im Süden der Krim, und »vor einem Berge« ist die Lage der Gotenstadt Doros (heute: Eski Kermen).
Die kulturelle Verwandtschaft zwischen den einzelnen iranischen Völkern war eng, und das dürfte auch auf die von ihnen beeinflußten Germanen und Slaven abgefärbt haben. Unterschiede werden sich wohl auf den Kult und häusliche Gewohnheiten beschränkt haben. (Die Übernahme einer neuen Wirtschaftsweise oder Kampftechnik hat schwerlich die Form der hausgemachten Keramik beeinflußt.)
Nach Lukian genügt es, Kleider und Haartracht zu wechseln, um entweder als Alane oder als Skythe zu erscheinen. (Die große Ähnlichkeit der beiden Völker wird ausdrücklich betont.)
Auffallend ist die Tatsache, daß Herwic nicht aus diesem Volk zu stammen scheint, sondern es nur »an sich genommen« hat.
Herwics Name läßt sich dem nordischen Arwakr annähern. Das ist der Name eines der Sonnenpferde in der Edda. Das andere heißt Alsvidr, und diesen Namen trägt in der Völsungensage ein Gefolgsmann Brynhilds. Es ist also durchaus anzunehmen, daß der Name Arwakr ebenfalls von einem Mann getragen werden konnte. Tatsächlich finden wir diesen Namen später in einer anderen Sprache, aber mit gleicher Bedeutung, wieder.
Asparuch hieß ein Khagan der Bulgaren, der im Jahre 680 die Donau überschritt und sein Volk in Mösien ansiedelte. Diese Bulgaren, besser Protobulgaren, gelten als Türken, aber der Name Asparuch ist iranisch (Asp = Pferd, Rukhs = Sonnenfeuer), wobei es interessant ist, daß die spätere bulgarische Tradition eine Abstammung von dem Geschlecht Attilas behauptet. (Wir werden noch einmal darauf zurückkommen müssen.)
Auf jeden Fall zeigt uns diese Tatsache, ob wahr oder nicht, daß sich aus der Sprache nichts über die Herkunft entnehmen läßt.
»Keiner, der nichts davon versteht, soll die Tatsache tadeln, daß die Stämme der Menschen viele Namen verwenden, ... die Sarmaten solche der Germanen, und die Germanen oft die der Hunnen.« (Jordanes)

Abb. 15 Tscherkessenkrieger um 1800 (nach Potocki)

Wenn also Irold, der Iranier, der Alane, Beherrscher des Dromos und der Dnjeprküste, die gotisch-skythischen Krieger als erster erkennt (Str. 634), so erklärt sich das sehr einfach: Sie sind Nachbarn, Vettern vielleicht, von der anderen Seite des karkinitischen Golfes.

Herwic also, mit seinem Heer von »kuenen mannen«, überfällt Hetels Burg.

(640)
»... also gerte Herwic in dem harten Sturme seines Weibes.«

(642)
Hetel sach in drängen vaste gen das tor.
Ja wer er ungerne gewesen da darvor.

(Hetel sah in von allen Seiten gegen das Tor vordringen.)

Die Beschreibung stellt eher einen Angriff auf einen »Ring« vor Augen, auf ein Karrenlager oder eine, wie die Halle Attilas, von Palisaden umgebene Residenz. Als die Gefahr am größten ist und die Angreifer schon fast in der guten Stube stehen,

legt sich Kudrun ins Mittel, um Frieden zu stiften. Zunächst wird Waffenstillstand geschlossen und Herwic zu Kudrun vorgelassen.
Er meint, sie verachte ihn, weil er »lihtes künne« sei, geringer Herkunft. Merkwürdigerweise antwortet aber Kudrun darauf, sie verachte ihn nicht, sondern sei ihm höchlich gewogen, widerspricht aber keinesfalls dem Vorwurf, daß er niederer Herkunft sei.
Ein derartiges Schweigen ist aber so schwerwiegend, daß ich daraus schließe, daß »lihtes künne« etwas anderes heißt, nämlich »Lichtes Künne«, was zu seinem Namen passen würde: *Arvakr, der »Sonnenhengst« ist »aus der Verwandtschaft des Lichtes«.
Es handelt sich also nicht um einen Vorwurf der Unebenbürtigkeit, sondern um den Unterschied der Religion.
Da Kudruns Mutter selbst aus diesem Glauben stammt (die Ir waren Sonnenverehrer), kann sie Herwic deswegen nicht ablehnen. Da aber die Hegelingen Wotansverehrer sind, hat sie keinen Grund, in der Öffentlichkeit darauf hinzuweisen. So schweigt sie also und geht nicht weiter auf diesen »Vorwurf« ein. Die Antwort auf die Werbung fällt also positiv aus, zudem man einen Bräutigam schwer zurückweisen kann, der mit dreitausend Mann die Haustür eingerannt hat und schon mitten im Haus steht.
Um so erstaunlicher ist aber, daß wir erfahren, er sei in sein Land zurückgekehrt, und

> (667)
> ... mit schönen wiben vertribe anderswo die zit und sine stunde darnach in einem jare.
>
> (Ein Jahr lang soll er also sich anderswo mit schönen Frauen amüsieren.)

Wir können natürlich annehmen, daß Kudrun noch sehr jung, praktisch ein Kind, war, daß erst noch Vorbereitungen getroffen werden sollten etc. etc. Man kann sich viel ausdenken, wenn man das Benehmen wilder Brauträuber der Völkerwanderungszeit nach dem biedermeierlichen Verhaltensmuster des 19. Jh. darstellt, wobei für gewöhnlich wieder Tacitus als Zeuge herhalten muß: »Spät erst und drum mit unerschöpfter Inbrunst kommen die Jünglingf zum Beilager. Auch die Mädchen beeilt man nicht...« (Germania)
Die Realität ist anders. Das ganze Mittelalter hindurch bis in die Hochgotik pflegte der Adel seine Kinder im frühestem Alter zu verloben.
Die Volljährigkeit lag im größten Teil Europas bei 14 Jahren für »Männer«, bei zwölf Jahren für die Mädchen. Und Volljährigkeit bedeutete Kriegsdienst, beziehungsweise Heiratsfähigkeit. (Alienor v. Aquitanien heiratete mit 13 Louis VII. v. Frankreich.)

Im »Dukus Horant« macht sich die Umgebung des Königs Etene-Hetel Sorgen, weil er mit sechzehn noch nicht verheiratet ist.
Ein Jahr zu warten, nach so gewaltsamer Werbung wie sie die »Kudrun« darstellt, wäre absurd.
Die Hegelingentochter war also sicher seit mehreren Jahren heiratsfähig und hatte es bestimmt nicht nötig, ein Jahr lang Monogramme in die Aussteuerwäsche zu sticken[3].
In Wirklichkeit also heirateten Kudrun und Herwic, und ein Vorwurf, den Herwic (in der Strophe 1435) dem Normannenkönig Ludwig macht, mag das bestätigen:

»... du namest mir min wip...«

Wenn wir uns aber nach einer Erklärung für die merkwürdige Stelle von Herwics »Zeitvertreib« umsehen, so empfiehlt sich ein Blick auf die Sitten der Goten und Alanen und, mangels Überlieferung, auf die Sitten ihrer ossetischen und tscherkessischen Erben.
Merkwürdigerweise gibt es nun bei den Tscherkessen den Brauch, daß sich ein junges Ehepaar nicht zusammen sehen läßt. Der Ehemann besucht seine Frau monatelang erst nach Einbruch der Dunkelheit und verläßt sie im Morgengrauen wieder.
Dieses Verhalten ist so weit zum Ritual erstarrt, daß er sich nicht einmal durch die Tür schleicht, wie man nach Einbruch der Dunkelheit erwarten könnte, sondern grundsätzlich durchs Fenster steigt.
Eine kuriose Entsprechung, »geh, Micherl, laß ma mein Fensterstock da, du konst'n ned brauche, und mir geht er ab...«, zum bayerischen Brauch des »Fensterlns«.
Da sich auch sonst unter den Bräuchen der Tscherkessen seltsame »germanische« Entsprechungen finden, sind wir berechtigt, einen gemeinsamen kulturellen Fond anzunehmen.
Kudrun ist damit nicht mehr durch einen Angriff auf Hetel erreichbar. So überfällt »Sifrit von Morlant« logischerweise Herwics Reich:

(673)
Gen des meien ziten   si komen über see
di helede uz Abakie   unde di von Alzabé,

(So was muß man singen. Dann klingts wie aus dem Zupfgeigenhansel:
So gen des Meien Zeiten / da kamen sie über See /
Die Helden aus Abakie / und die von Alzabé / Schrumm, Schrumm...)

und

(670)
di künige von den Moeren herverten swuoren.

(Zur Heerfahrt verschworen sich die Moerenkönige...
»künige« im Plural!)

Mit anderen Worten: Sifrit bringt alles, was man am Schwarzen Meer einschiffen kann. Karadie, Ikaria und Morlant bleiben außer Betracht. Sie liegen zu fern. Hervics Heer ist in der Minderzahl und kann daher dem Angriff nicht standhalten. So geht er Hetel um Hilfe an. Auffallend ist, daß dieser die Entscheidung von Frau und Tochter abhängig macht. (Später, nach Hetels Tod, führt Hilde die Regentschaft mit eigenem Heerbann und eigenen Feldzeichen, selbst als ihr Sohn schon ein erwachsener Krieger ist.) Auch hier scheint, wie bei den Ormaniern, noch eine Spur von Gynäkokratie mitzuspielen: Wir sind eben auf dem alten Boden der mythischen Amazonen, deren »skythischer« Name Oirpata (Männertöterinnen, laut Herodot) einen merkwürdig »germanischen« Klang hat: Wer = Mann, und bad = Kampf; *Werbada also Männerkämpferin[4].
Ein letzter Nachhall davon findet sich in den »Polenitzas«, den »Kriegerinnen der Steppe« in den russischen Sagen, oder den »Amazonen« der Gautreksaga.
Während die Hegelingen gegen Sifrit von Moere kämpfen, ziehen, wir habens gesehen, die Ormanier auf Brautraub aus. Über die Vorgänge habe ich schon gesprochen. Sehen wir uns jetzt die Ortsangabe an. Die Räuber kommen neben Ortland bis auf 12 Meilen (wenn ich nicht irre ca. 80 km) an »der schönen Hilden bürge« heran, von wo sie nochmals Werber ausschicken.
Die Ortsangabe verweist uns auf die Umgebung des Dromos, also an die Dnjeprmündung. An dieser aber kannten die antiken Geographen einen Kultort der Hekate-Trivia, dieser einer nächtlichen Artemis gleichenden Göttin. Wir haben keinen Beleg, es erscheint aber glaubhaft, daß eine Interpretation Romana (oder Gräca) der germanischen Walküre-Hild eigentlich nur Hekate-Ker sein kann, Hekate Kurotrophos (die den Jünglingen zugeneigt ist).
So mögen denn die Goten, und später die Awaren, die alte Kultstätte in ihre eigene Religionsausübung einbezogen haben: »Hilden bürge.«
Als Hartmuts Heer vor Matelane erscheint, machen die Hegelingen einen Ausfall, statt sich zu verteidigen*.

(781)
Die schranken, die man alle solte niderlan,
durch ir übermuete wurden ufgetan.

(Die Schranken, die man herunterlassen hätte sollen...
Aber waren die Hegelingen wirklich »übermütig«?)

Der Dichter mißbilligt das sichtlich, aber da Matelane ein »Wiesenland« (*Mattlan) oder Macelane (Mugilone, Hügelland) ist, also eben keine Burg, ist ein Durchbruchsversuch verständlich und logisch.
Die Hegelingen werden besiegt, Kudrun mit ihren Gefährtinnen entführt, das Lager Hetels in Brand gesteckt.
Wir werden später noch auf eine ähnliche Geschichte zu sprechen kommen, bei der die Mutter der Entführten mitgenommen und später ermordet wird. Es handelt sich um eine der berühmten nordischen Parallelen, den sogenannten »Sörlathattr«, dessen Held deutlich als Odinsanhänger zu identifizieren ist. Für diese sind die »Königlichen Hexen« (ossetisch-alanisch Äxsin = Herrin) zu vernichtende Feinde. Die von einer »Valandinne« beherrschten Ormanier können kein derartiges Sakrileg begehen: Hilde bleibt zurück.
Auf ihrer Heimfahrt kommen sie

(809)
... zu einem wilden werde, der waz geheizen da zem Wülpensande.

(Orvar-Odds »Wolfsinsel«.)

Als Hetel (wir sind inzwischen in der 16. Aventiure) die üble Nachricht empfängt, schließt er auf Wates Rat sofort Frieden mit »Sifrit« und verbündet sich mit ihm zur Rache an Ludwig und Hartmut. Da es ihm an Schiffen mangelt, »beschlagnahmt« er eine in der Nähe liegende »Pilgerflotte«.
Es lohnt sich nicht, alle Fingerzeige in der »Kudrun« aufzuzeigen, aber der Leser darf mir glauben: »Dänen« wie »Normannen« unseres Gedichtes sind unverbesserliche Landratten, die nie Schiffe haben, wenn sie sie brauchen.
Das angebliche Pilgerheer müßte von seltener Dummheit gewesen sein, wenn es sich ausgerechnet das umkämpfte Reich Hervics zum Ruheplatz ausgesucht hätte, abgesehen davon, daß es im 5. Jh. keine Pilgerflotten gab. Nach Strophe 840 versucht zudem Wate zuerst von den »Pilgern« Nahrungsmittel zu kaufen, eine etwas verblüffende Idee. Ich nehme daher an, daß die Hegelingen eher die Flotte einer der barbarisierten Griechenstädte am Asowschen Meer beschlagnahmten und nicht Pilgerschiffe. Und Nahrungsmittel waren dort auch zu kaufen[5].
Strophe 846 berichtet:

Hetel und di sine guoten Luft gewan. / Si begunden segele...;

(Hetel fand also guten Segelwind.)

(847) aber, daß die Ormanier

beliben durch ir ruowen uf dem wilden griezen...

(wegen ihrer Ruhepause auf der öden Sandbank – oder Kieselbank – blieben),

was ihnen zum Verhängnis wird.
Die Hegelingen treffen ein und ein wilder Kampf entbrennt, der durch 35 Strophen hindurch erzählt wird. Dabei erschlägt Ludwig der Ormanier Hetel, und nur die Nacht macht dem verbissenen Ringen ein Ende.
Während der Nacht ziehen die Ormanier heimlich ab, und den Hegelingen bleibt anderntags, angesichts ihrer Verluste, nichts übrig, als ihre Toten zu begraben und nach Hause zurückzukehren und auf eine neue Kämpfergeneration zu warten.
Die Frage, die sich hier unweigerlich stellt, ist die nach der Identifizierung des »wilden werde, ... geheizen da zem Wülpensande«.
Leider ist die Erklärung nicht mit zwei Worten zu geben, denn was hilft es dem Leser, wenn ich sage: Der Wülpensand lag an der Donaumündung? Der Leser will Beweise, denn die Nordseetheorie kennt einen »Wulpensand« (Wulpen, eine Vogelart, der sogenannte Strandläufer) an der Scheldemündung, und diese Bezeichnung ist so beweiskräftig, daß ich schon schweres Geschütz auffahren muß, um meine Erklärung durchzusetzen.
Sagen wir also, der Wülpensand der Gudrunsage muß zwischen der Dnjeprmündung und Deli Ormanie gelegen haben, wenn die Erzählung Sinn haben soll, und verschieben wir den Nachweis auf den Augenblick, wenn wir uns den nordischen Varianten der Hildesage zuwenden werden.
Für den Augenblick wollen wir es genug sein lassen mit der Tatsache, daß Hetel Wigaleis auf einer Insel zwischen dem Reich der Hegelingen und dem Reich der Normannen den Tod fand.

30. Kapitel

Mythologischer Exkurs I: Götter, Helden und Karolinger

Ehe wir uns nun dem weiteren Verlauf der Ereignisse zuwenden, wird es notwendig, endlich Ordnung in die schon verschiedentlich im Vorbeigehen gestreiften ethnisch-religiösen Verhältnisse unserer Erzählung zu bringen.
Versuchen wir also klar zu sehen, ohne ethnozentrische Scheuklappen: Die Zeit der

Völkerwanderung ist in Südrußland, das damals noch nicht so hieß, eine Zeit totalen Umbruchs. Völker der verschiedensten Arten schieben sich durcheinander, tauchen auf und verschwinden, ohne daß recht zu begreifen ist, woher sie kamen und was aus ihnen geworden ist. Germanen findet man, Slaven, Iranier, Türken, Ugrofinnen, Thraker, von den kaukasischen Urbewohnern ganz zu schweigen, ja angeblich sollen sogar Mongolen damals bereits aufgetaucht sein. Um diese Situation verständlich zu machen und zu erklären, muß ich nun zu Karl May greifen – beinahe. Genauer gesagt, zu einer Beschreibung indianischer Verhältnisse. Also: Auf den Prärien am Missouri lebten um 1800 die Indianerstämme der Hidatsa und Atsina. (Erstere waren Sioux, auch Dakota genannt, letztere Algonkin.) Beide Stämme aber wurden von den Franko-Kanadiern Grosventres (Dickbäuche) genannt. »Sioux« aber ist ein Schimpfwort (Schlangen oder Feinde) aus der Sprache der Chippewa (oder Ojibwa, Algonkins, nicht zu verwechseln mit den athabaskischsprechenden Chippewya). Die Atsina-Grosventres aber gehören zu den Blackfest, deren Stämme Algonkin sprechen, mit Ausnahme der athabaskischen Sarci.

Was hat das nun mit der »Kudrun« zu tun?

Natürlich nichts, aber es zeigt, wie wenig es möglich ist, aus dem isoliert auftretenden Namen eines nomadischen oder halbagrarischen Steppenvolkes Schlüsse zu ziehen.

Ich weiß aber aus langjähriger Lektüre der wissenschaftlichen Literatur: Handelte es sich hier um Germanen, so wäre schon lange festgestellt worden (exempla docent), daß Grosventre natürlich ein »Prunkname« der Atsina sei, und tiefsinnige Überlegungen hätten fein säuberlich die Siedlungsgebiete der Chippewa-Chippewya (mit ihren Prunknamen Sioux, Algonkin und Athabaskan) nachgewiesen. Und aus welcher Sprache diese Namen erklärt würden, das hinge von der Nationalität des Autors ab und seinen Vorurteilen (Germanisten finden überall Germanen, Slavisten Slaven und Turkologen Türken)[1].

Aber kehren wir in die Ukraine zurück: Ethnische Bezeichnungen lassen nur mit Vorsicht eine sprachliche und niemals eine »rassische« Zugehörigkeit erschließen. Ein Gefühl von Zusammengehörigkeit (»Wir Germanen«) bestand sicher nicht. Wechsel der Bezeichnungen läßt keinesfalls auf einen Wechsel der Bevölkerung schließen. So ist es undenkbar, daß die Skythen verschwanden, nur weil die Goten auftauchten. Eine Epidemie hätte nicht vor den »Neuen« haltgemacht, und nicht vor der römischen Grenze.

Andererseits ist es unwahrscheinlich, daß Neuankömmlinge durch natürliche Vermehrung ein Land füllen. Völker auf dieser Entwicklungsstufe haben ausnahmslos eine minimale Bevölkerungszunahme, die von den geringsten kriegerischen oder klimatischen (Mißernte) Schwierigkeiten wieder in Frage gestellt wird. Die angebliche Wanderung der Stämme bedeutet daher nur in Ausnahmefällen eine Verschiebung des Volkskörpers, meistens aber nur eine Verschiebung des politischen Gewichts.

Glauben Sie nicht, daß das alles auf meinem Mist gewachsen ist. Die Gründe für solche Behauptungen finden sich in vielen Monographien und Detailuntersuchungen, denen ich viel verdanke. Aber wenn man Gesamtdarstellungen der uns hier interessierenden Epoche liest, so herrschen plötzlich wieder Vorstellungen (ausgesprochen oder stillschweigend) von unverbesserlicher Romantik.
In diesen Darstellungen vermisse ich ausnahmslos die Schlußfolgerungen, die sich so deutlich aus den Teiluntersuchungen ergeben:
Mit der Völkerwanderung ging es wie mit dem Golfstrom. Nicht das Wasser des Golfes von Mexico kommt in Europa an, sondern nur seine Energie. Die Wärmeenergie verwandelt sich in Bewegungsenergie, die sich von Wirbel zu Wirbel fortpflanzt und an der europäischen Küste, gestoppt, wieder zu Wärme wird.
Bei den Völkerbewegungen entstehen anscheinend ebenso lokale Wirbel, aber die weitergegebene Energie ist zum weitüberwiegenden Teil psychologischer Natur: Angst, Schrecken, Gewinnsucht, Eroberungslust und religiöse Mission ...[2] Ein Heer kann weithin ziehen, aber es kann nicht bleiben, ohne seine Identität zu verlieren. Es ist erst in Sicherheit, wenn es wieder zurück in der Heimat ist. Ein Volk kann keine weiten Wanderungen unternehmen und sich gleich bleiben. Die Langobardengeschichte des Paulus Diakonos schildert das sehr aufschlußreich. Von allen psychologischen Faktoren kann ich aber nur einen einzigen finden, der taugt, einen »Traditionskern« zu bilden: religiöse Bekehrung.
Ein Beispiel dafür ist England, wo sich diese Entwicklung wie in einem übersehbaren Modell abspielt:
Nicht die zeitweise Herrschaft dieses oder jenes »Bretwalda« (= Walter Britanniens) schafft die nationale Identität, sondern erst die Bekehrung zu einer gemeinsamen Religion, dem Christentum, macht die Einigung von einem Dutzend Reichen und einem halben Dutzend Sprachen möglich. (Nicht umsonst heißt das Geschichtswerk des Beda venerabilis, das diese Entwicklung schildert: Geschichte der englischen Kirche und des englischen Volkes.)
Die Identität des Volkes war eine religiöse Frage.
Was aber hier das Christentum leistete, das schuf in Skandinavien der Odinsglaube. Es kann nicht bezweifelt werden, daß der Glaube an Thor einerseits und an die Wanengötter andererseits älter und ursprünglich unabhängig war. Der Odinsglaube wirkte als einendes Element, oder besser: Die Bekehrung zum Odinsglauben. Langjähriger gemeinsamer Kult führt mit der Zeit zu Spaltungen, zu Häresien. Bekehrungen aber einigen.
Freilich, in einer Zeit, die ihre Götter als Übermenschen und Ahnen sah, war es nur natürlich, diese möglichst weit in die Vergangenheit zurückzuprojizieren[3].
Und damit kehren wir, endlich, zu unseren Kudrun-Völkern zurück. Es handelt sich nämlich nicht um »völkische« Einheiten, sondern um religiöse. (Ich habe Morung-Irolt schon als Alanen identifiziert. Bezeichnenderweise ist er zwar Däne-Thane, gehört aber nicht wie Hetel-Vigaleis, Wate und Fruote zur Hegelingenfamilie.)

Was wissen wir nun von diesen Völkern?

Beginnen wir mit den Ir-Alanen. Wir haben sie als Bewohner der Kaukasus-Vorberge festgestellt. Sie mit den Akatziren zu identifizieren, hat viel für sich, ohne aber völlig beweisbar zu sein. Wie dem auch sei, es handelt sich bei diesen Alanen um die Vorfahren der heutigen Osseten-Iron.

Religiös gesehen kennen wir sie als Anhänger eines Sonnenkultes (nach Masudi) und bis in die Neuzeit ist bei ihnen, trotz Islam, ein Baumkult belegt. Sie gehören zum iranisch-arischen Zweig der indoeuropäischen Völkerfamilie, und Splitter ihres Volkes sind im Augenblick der »Völkerwanderung« mit den Germanen bis Nordafrika und in die Bretagne gezogen[4].

(Das widerspricht meinen oben gemachten Behauptungen nicht. Einmal ins römische Reich eingetreten, was nur eine kurze Wanderung nötig machte, wurden sie von der römischen Administration verwaltet und verpflanzt. Das ist nicht das gleiche wie eine »Völkerwanderung« über große Strecken.)

Bei den Nordiraniern östlich des Don und bis weit nach Zentralasien finden wir aber immer wieder Frauen in herrschender Position: Thalestris, Thomyris, Tirgatao, Amage, Dynamis, Gepaepyris, und das geht bis zu ausgeprägter Frauenherrschaft bei den maeotischen Stämmen[5].

Der Sonnenkult der Alanen nämlich ist, so merkwürdig das auch erscheint, an die Souveränität der Frauen gebunden. Sie sind die eigentlichen Herrinnen des Volkes, und die Männer sind nur Prinzgemahl und Herr der Krieger. Der alanische, von Prokop bestätigte, Einfluß bei den Ostgoten aber erklärt, warum der gewählte und auf den Schild erhobene König Witigis sich scheiden lassen und die Amalerprinzessin Matheswintha heiraten mußte. Gegenüber dem Numen des Volkes, das auf ihr liegt, zählt Wahl und Beifall des Heeres nichts. Erst die Ehe macht ihn zum König. Es ist ein alanisches Kulturerbe, wie der gotische Zellenschmelz und die reiterliche Kampfesweise, wie Spangenhelm und Stoßlanze…

Dieser Zug aber erklärt, warum Hagen seine Tochter nicht verheiraten will, und ebenso hat Hetel Hemmungen, Kudrun gehen zu lassen. »Werden nicht alanische Untertanen und Gefolgsleute wie Irold ihre Loyalität auf den Gatten der ›Sonnentochter‹ übertragen?« So etwa mußte er denken.

Zu den charakteristischsten Schmuckstücken der alanischen Kultur zählt die goldene Zikade, im ganzen Altertum Symbol der Unsterblichkeit.

Und sie glaubten an diese Unsterblichkeit – oder die Wiedergeburt –, die Krieger Hagens, »die ihren Tag kaum erwarten konnten«, Alanen-Aryanam-Sonnensöhne. Söhne des Sonnenfeuers waren sie, die Krieger des großen Khan der Khane Valand-Völundr (= Veles-Undr = Feuergotts Wunder).

Das zweite Volk, von dem in der »Kudrun« die Rede ist, sind die Hegelingen, Reiterherren eines ephemeren Reiches der Steppe, Könige irgendwo zwischen Sereth und Donetz, Herrscher von »Matt-lan«, dem Wiesenland, und »Campatille«, dem kleinen Feld.

Wie nach ihnen die Rurikiden zählten sie als Untertanen alle Seßhaften, denen sie Tribut, einmalig oder wiederholt, abpressen konnten.
Im großen und ganzen mag es tatsächlich so gewesen sein (Ermanarichs Reich hatte schwerlich eine andere Struktur), aber die Erinnerung an die Herren von Kiew mag doch die Darstellung des Dichters beeinflußt haben. Wir haben ja gesehen, daß er die Küste des Schwarzen Meeres kannte.
Hegelingen nannten sie sich, *Ygglinge, *Hagalinge, *Aggilinge vielleicht... Gleichviel, alle Namen deuten auf den Sturmgott, der unter vielen Gestalten bei allen indoeuropäischen Völkern verehrt wurde:
Ein Gott im Schlapphut, wie Hermes Wanderer mit geflügeltem Schritt, Hangatyr, Gehenktengott, Seelenführer, Händlergott...
Angesichts der Verbreitung seines Kultes kann diese Beschreibung nicht genauer sein. Vielleicht habe ich schon zu viel gesagt über seine Attribute, aber so ungefähr muß der gemeinsame Nenner der verschiedenen Sturmgötter ausgesehen haben. Die Skandinavier identifizierten ihn mit Odin, dem Götterkönig im Goldhelm, Reiter des achtbeinigen Hengstes Sleipnir, Herr des inspirierenden Dichtermetes Odrhoerir, »Vater der Magie« (Baldrsdraumr)[6].
Wir wissen nicht, ob die Hegelingen ihn so sahen, ihren göttlichen Ahnen, oder eher in Gestalt des alten Wanderers. Aber Wate von Stürmen, der große Krieger, der welterfahrene Ratgeber, der Heiler und Wissende – er ist Zeuge seines Kultes als Vat der Stürmende, Wodan im Sturm...
Aber habe ich nicht behauptet, daß die Hegelingen Awaren gewesen seien? Nach Zeit und kulturellen Zügen zu schließen, zweifellos.
Aber der Byzantiner Theophylactos Simocatta nennt die europäischen Awaren Pseudo-Abaroi, angeblich aus zwei Stämmen zusammengewachsen, den War und den Khouni, weswegen sie von den Byzantinern »Warchonitai« genannt werden[7]. Warchoniten also, War (altnordisch: Männer) und Hunnen, das heißt, ehemalige Untertanen Attilas.
Und das waren, notgedrungen, so ziemlich alle in der »Kudrun« als Hetels Völker aufgezählten Stämme. Oder waren es gotische Sippenverbände, »Kuni«? (Wolfram, Geschichte der Goten.) Gleichviel. Für unsere Fragen kommt es aufs gleiche hinaus.
Unter den Langobarden heißen die Gefolgsleute des Königs »Warangen« und (ich kann mir nicht helfen) ich vermute, daß die über ganz Westeuropa verstreut auftauchenden »Warnen« (Namen: Warin, Warnefrid, Werner, Werinhard) nichts anderes sind als solche Warangen. Freilich kann Var auch Ufer heißen, aber Warin = Uferbewohner scheint mir ein komischer Name. Vielleicht sind beide Ableitungen richtig und es gab zweierlei Warnen, was weiß ich... Warangen, pardon, Waräger heißen die Gefolgsleute der Ruriksippe von Kiew, und das hat man aus russisch varjag = Hausierer abgeleitet – als seien die Handelsfürsten von Nowgorod und die kaiserliche Garde von Byzanz mit dem Bauchladen umhergezogen...
Mag das glauben wer will!

Warchoniten, Warangen, jawohl, Waräger waren die »Dänen«, die Thanen der Hegelingensippe, die sich ihr Reich mit dem Schwert aus dem Erbe Attilas geschnitten hatten.

Daß aber diese Warchoniten-Awaren Wotan verehrten, dafür gibt es Fingerzeige: Odin, dem Hangatyr, dem Gehenktengott, wurden Menschenopfer dargebracht, durch Erhängen und Durchbohren mit dem Speer (Vikarsbalkr). Von den Awaren an der unteren Donau aber weiß Sebeos in seiner Geschichte des Kaisers Heraklios zu berichten, daß sie den byzantinischen General Musel Mamikonian (um 600) an einen Baum hingen und elend umbrachten, wobei das Hängen zweifellos auch eine religiöse Bedeutung hatte.

Der arabische Historiker Ibn Rustah (9. Jh.) erzählt von den Awaren: »Nahe ihrer Hauptstadt steht ein riesiger Baum, der keine Früchte trägt. Jeden Mittwoch versammelt sich die Bevölkerung und behängt ihn mit allerhand Art Früchten. Sie werfen sich zu Boden und bringen Opfer dar.«

Jeden Mittwoch, das ganze Jahr über, Früchte beizubringen, dürfte schwergefallen sein. Es handelte sich wohl eher um »Dinge, Waren« für den Farmatyr Odin, den »Händlergott« (darunter mögen auch zuweilen Früchte gewesen sein).

Der »fruchtlose Baum« der Awaren ist das Gegenstück zu dem »Immergrünen Baum« des Tempels von Uppsala, an dem die Opfer Odins gehenkt wurden[8].

Daß es sich aber um einen Wodanskult handelte, den die Awaren im 9. Jh. feierten, das ergibt sich aus dem Zeitpunkt des Festes: Am Mittwoch, dem Wodanstag (engl. Wednesday).

Es ist auch nicht verwunderlich, daß sie den Händlergott verehrten. Nach der byzantinischen Materialsammlung Suda fragte der bulgarische Zar Krum (803–814) alte Leute, was aus den Awaren geworden sei, und erhielt zur Antwort, sie hätten sich dem Handel hingegeben und seien daher verdorben und »verflogen wie die Awaren«. Der Übergang ist nahtlos. Wenn die handeltreibenden Awaren verschwinden, tauchen die handelnden Waräger auf. Natürlich nur reiner Zufall, wie die handeltreibenden Hegelingen, nicht wahr?

Lassen Sie mich aber vorsichtshalber nochmals betonen: Ich behaupte nicht, daß die Hegelingen *die* Awaren waren; sie waren »Warchoniten« und das waren Pseudo-Abaroi, Warangen-Waräger.

Soviel über die Hegelingen, die Wotanssöhne.

Die »religiöse Konstitution« der Wotansanhänger ist natürlich ganz anders als die der Alanen. Sie sind patriarchalisch organisiert. Nur Männer sind Vollbürger, Erbe folgt der männlichen Linie. Ob Waffentechnik und Kampfweise differierten, wissen wir nicht. Es ist wenig wahrscheinlich. Auf subtilere Unterschiede einzugehen, wie etwa das Phänomen der Berserker, dazu ist hier nicht der Ort.

Wenden wir uns also jetzt den Moere-Saraguren-Saramannen zu. Ihre Herkunft von jenseits des Kaspischen Meeres habe ich schon besprochen. Ob das zu Sifrit-Saurags Lebzeiten geschah, oder schon vorher, wage ich nicht zu entscheiden. Vielleicht

waren sie ja die »echten Awaren«, aber bei der Auswahl von Definitionen, die uns die Wissenschaft für diese bietet, hilft uns das nicht weiter.
Hervics Mannen aus »Selant«, der gotischen Krim, vom Fuße des Jailagebirges, waren wohl Goten-Skythen. Daß diese Bezeichnungen nicht zu trennen sind, habe ich am Anfang dieses Kapitels erwähnt. Es ist aber nicht glaubwürdig, daß die Skythen von den Goten leichter zu vertreiben waren, als letztere von Russen, Tataren oder Türken. Die Krimgoten nämlich existierten bis zur Zeit Katharinas der Großen. Die Krim war immer ein Rückzugsgebiet für Minderheiten, und vermutlich stammten Hervic und seine Mannen von den wilden Tauren und letzten Endes von den homerischen Laistrigonen (= von einer harten Rasse) ab. Aber das war lange her, und Goten können sie trotzdem gewesen sein. Von den Krimgoten berichtet Prokop, daß sie nach Attilas Tod den Angriffen hunnischer Völker standhielten und mit ihnen eine Allianz eingingen. Auf jeden Fall müssen wir von ihnen annehmen, daß sie ebenfalls den Sturmgott verehrten.
Unter diesen Umständen riskierte Hetel nichts, wenn er seine Tochter an Hervic gab, weswegen ich den Brautraub Hervics für ein abgekartetes Spiel halte.
Kehren wir uns also zu den Ormaniern-Urmanie-Normannen. Die Ormanier (slavisch Severianen) scheinen nach den byzantinischen Quellen aus dem Nordosten gekommen zu sein, was die Angaben der »Kudrun« über ihre ehemalige Abhängigkeit von den Ir bestätigt. Wir können ihnen daher eine ähnliche Religion zuschreiben wie diesen. Das wird durch die Bezeichnung Gerlints, der Königin, als »alte Valandinne« bestätigt. Wir finden diese Bezeichnung unter der Form Veleda bei Tacitus wieder. Dort handelt es sich um eine germanische Seherin am Niederrhein, die die Anregerin des Civilisaufstandes gewesen zu sein scheint. Sie gehörte dem Stamme der Brukterer an, lebte in einem einsamen Turm im Wald und gab ihre Anweisungen und Weissagungen durch Boten bekannt[9].
Tatsächlich handelt es sich bei den Namen Vilja, Veleda, Valandinne, Völundr, Wieland, Valant um theophore Namen des Veleskultes, des Glaubens an den »hyperboräischen Apoll«. Dieser wurde im Christentum zum Herrn des Höllenfeuers, zum Teufel.
Lassen Sie mich hier eine Abschweifung vornehmen, die zwar nicht unmittelbar mit unserem Thema zu tun hat, aber ein gutes Bild von der Komplexität der religiösen Zusammenhänge dieser Epoche gibt:
Die französischen Chansons de Geste des karolingischen Zyklus schreiben Karl dem Großen ein Schwert namens »Joyeuse« zu. Nach der nordischen Karlamannasaga wurde dieses, ebenso wie Sigurds Schwert Balmung, von dem Erz- und Meisterschmied Galas gefertigt. Galas ist aber niemand anderer als Wieland-Voelundr (altnord. undr = Wunder), Balmung ein *Veleming und Joyeuse ein »Freudiges Schwert«. Genauer gesagt, ein Frey-diges Schwert, genannt nach dem sonnenhaften Gott Freyr, der Veles-Beli-Baldr ersetzte (beziehungsweise dessen Wiedergeburt war). Karl führte also das Schwert Freyrs, der ein Wanengott aus einem Fruchtbar-

keitskult war und anscheinend (nach Adam von Bremen) durch Orgien gefeiert wurde. Ein obszöner Gott war Freyr nach christlicher Meinung. Diesem obszönen Fruchtbarkeitskult scheinen aber die Heruler angehangen zu haben, nach der üblen Nachrede zu schließen, die wir über sie bei Prokop finden. Ich will nun nicht behaupten, daß Karl der Große im geheimen »laszive Tänze« hüpfte (Adam v. Bremen), aber es ist unbestreitbar, daß »Karl« nichts anderes bedeutet als »Heruler«. Ich frage mich nun, ob die wohlbekannte Abneigung des Kaisers, seine (übrigens leichtfertigen und erotisch aktiven) Töchter zu verehelichen, nicht eine Art von familiärem Atavismus darstellt, eine Parallele zu dem Verhalten Hagen-Vallants, auch wenn die Franken inzwischen die männliche Erbfolge der lex salica angenommen hatten.

Die Legenden haben uns aber noch andere einschlägige Züge dieses Glaubens bewahrt. So heißt es im provenzalischen »Ronsasvals«, das das gleiche Thema wie das Rolandslied behandelt (Manuskript des 14. Jh.):

(Klage Karls über Rolands Tod) »Teurer Neffe, ich habe dich erzeugt durch meine übergroße Schuld, im Leib meiner Schwester, so daß du gleichermaßen mein Sohn bist und mein Neffe.« Das Lied »Tristan von Nanteuil« kennt diese Tatsache ebenfalls, und verschiedene andere Quellen wissen um eine »unsagbare Schuld« des Kaisers, die erst durch einen »eigenhändigen Brief Jesu« von ihm genommen wurde. Nichts weniger! (Nach der »Vita Aegidii«.)

Wir werden wieder auf den Freyrkult verwiesen, denn dieser stand in inzestuösen Beziehungen zu seiner Schwester Freya[10].

Kurzum, dieser Veles-Freyrglaube scheint das »Skelett im Schrank« der Karolinger gewesen zu sein, und man wüßte gerne, was in den alten Liedern stand, die Karl aufzeichnen ließ. (Ich weiß es, aber das ist eine andere Geschichte.)

Nach diesem Exkurs lassen Sie mich zu den Normannen am Schwarzen Meer zurückkommen (die, wir erinnerlich, nach der Chronik von St. Denis Vettern der Franken gewesen sein sollen).

Gerlint war eine Velespriesterin, eine Valandinne, daran ist nicht zu zweifeln. Die germanische Erklärung des Namens (Speer – groß) ist nicht unmöglich, aber wenig überzeugend. Ich neige daher dazu, ihn mit der griechischen Ker in Verbindung zu bringen. Diese griechische Unterweltsgöttin ist der skandinavischen Hel sehr ähnlich, die gewissermaßen die Nachtseite des strahlenden Baldr darstellt. Eine griechische Bezeichnung in Ormanie-Thrakien ist nichts Unmögliches. Wie dem aber auch sei, Gerlint, die Valandinne, ist uns in ihrer Feindschaft gegenüber Wate, dem Wodanspriester, Zeuge für den Glauben ihres Volkes. Baldr (Veles), der Sonnenhafte, wird von Höd (Odins Macht), dem Blinden, erschlagen. Dieser aber findet den Tod durch seinen Halbbruder Vali (Veles, der wiedergeborene), Sohn der russischen Riesin Rinda..›. (Snorri Sturluson). Wir sehen hier in Filigran einen Wiedergeburtsmythos erscheinen, wie wir ihn bei den Alanen vermutet haben.

Baldrs Gemahlin aber ist Nanna, ein absolut ungermanischer Name. Es dürfte sich bei ihr um die vorderasiatische Nannaia handeln, eine Erscheinungsform der iranischen (und damit alanischen) Anaïtis-Anahita, die auf der Krim als »Artemis der Skythen« verehrt wurde. Ihre berüchtigt blutigen Opfer nähern sie der griechischen Ker an.

Zum Kulte der Anaïtis aber gehörte sakrale Prostituion, deren Ertrag der Göttin geopfert wurde. Genau das aber ist die Geschichte Freyas, des Brisingamen und der drei Zwerge. Die Göttin gibt das Beispiel. Man sieht, die nordische Mythologie läßt sich nicht ohne den Einfluß aus Südrußland erklären, der selbst eine Verlängerung vorderasiatischen und zentralasiatischen Ursprungs ist. Es wäre einmal an der Zeit, dem alanischen Beitrag darin nachzugehen.

Ich will übrigens nicht behaupten, Klein-Kudrun habe sich wie die Verehrerinnen der Anaïtis, oder wie Freya, aufgeführt. Immerhin sind, wie gesagt, die Hegelingen prüde Wodans-Anhänger. Die Beschreibung ihrer verschiedenen »Flirts« aber bringt sie in die Nähe der Töchter Karls des Großen. (Eine davon, wenn ich mich recht besinne, Emma, trug ihren Liebhaber im Morgengrauen über den Hof, um zu verhindern, daß er im Neuschnee Spuren hinterließe[11].)

Es gibt nun unter den Karolingern überhaupt eine Reihe von Namen aus dem Solarkult-Fruchtbarkeitskult des Freyr. Dazu gehört auch der Name Ludwig, wie Karls Erbe hieß. Es ist kein Zufall, daß der König der Normannen und Gemahl der Valandinne ebenfalls so heißt[12].

Wahrscheinlich tun wir gut daran, ihn dem Mithraskult anzunähern, denn Mithras ist eine der Erscheinungsformen des Sonnengottes und sein »Sakrament« ist die »Taufe« mit dem Blute des Stieropfers.

Da wir gesehen haben, daß die Normannen aus der Gegend zwischen Don und Wolga kamen, können wir als Beweis den Namen heranziehen, den Ptolemäus dieser Gegend gab: Mithridatou chora (die Region, die ein Geschenk des Mithras ist). Ludevic also war ein Mithrasanhänger, und der kriegerische Mithras und der friedliche Veles-Beli sind nur zwei Aspekte eines solaren Fruchtbarkeitsglaubens, dessen Widersprüche einfach dadurch aufgelöst wurden, daß man sie auf den gemeinsamen Nenner Fro oder Freyr (= Herr) brachte[13].

Nordische Goldbrakteaten zeigen übrigens Freyr-Mithras. Ich weiß wohl, daß Karl Hauck (Goldbrakteaten aus Sievern 1970) auf ihnen Darstellungen des reitenden Odin identifiziert hat, und ich werde mich hüten, einem so eminenten Spezialisten zu widersprechen, aber auf den mir bekannten Exemplaren hat dieses Pferd Hörner und vor allem gespaltene Hufe und bricht mit den Vorderbeinen ein, während der Kopf der Person schnurrbärtig, aber bartlos ist, wie Mithras. Ich erlaube mir daher, darin die nordische Darstellung des Stieropfers Taurobolium zu sehen, und bin versucht, in der »Victoria« eines anderen Brakteatentyps Freya-Anaïtis zu finden[14].

Aus diesem Zusammenhang erklärt sich aber auch der Name Hartmuots. Die volkstümliche Deutung »harter Mut« ist abzulehnen, da es sich um einen abstrakten Begriff handelt[15].

Ich erkläre mir ihn (trotz got. modags = zornig) als Abschleifung eines Hartmund (Walter der Hirsche). Das Wort ist unbezweifelbar germanisch, aber die Krieger, denn darum handelt es sich, mit Hirschen zu vergleichen, ist iranisch-reiterkriegerlich und geht auf die iranischen Saka-Skythen zurück (Saq = Hirsch).
Urgermanisch scheint es dagegen zu sein, den »sich im Gedränge (altnord. Drengr = Krieger) vorwärts wühlenden« Krieger mit dem Wildeber zu vergleichen (siehe auch die Eberkeilformation). Archäologische Evidenz und eine Reihe von Bezeichnungen aus Skandinavien deuten darauf hin.

31. Kapitel

Mythologischer Exkurs II: Die Heimskringla, das lichte Land und die Sprache der Germanen

Und jetzt schauen wir uns an, was der große Überlieferer der nordischen Mythologie zu berichten weiß, Snorri Sturluson:
Aus der Heimskringla: Ynglingasaga:
»Kap. I.... Nördlich des Schwarzen Meeres erstreckt sich Svithiod hin mikla, hin kalda... der nördliche Teil Svithiods ist wegen der Kälte und wegen des Frostes unbewohnt. In Svithiod gibt es viele große Länder, viele Arten Völker und viele Sprachen. Es gibt dort Riesen, Zwerge, Schwarze und viele ungewöhnliche Völker und erstaunlich große Tiere und Drachen. Von Norden... fließt ein Fluß in Svithiod, der in Wahrheit Tanais (Don) heißt. Einstmals nannte man ihn Tanakvisl oder Vanakvisl. Er fließt ins Schwarze Meer. Das Land, das die Arme des Vanakvisl bewässern, heißt Vanaland oder Vanaheim. Dieser Fluß teilt die drei Teile der Welt...
Kap. II. Das Land östlich des Tanakvisl in Asien heißt Asaland oder Asaheim und seine Hauptstadt Asgard. In dieser Stadt war ein Häuptling, der Odin hieß. Es war dort ein großer Tempel. 12 große Priester hatten die Macht, wie es dort Brauch war... Man hieß sie Diar oder Drottnar... Odin war ein großer Kriegsmann, war viel gereist und besaß viele Königreiche. Er war so vom Sieg begünstigt, daß er jeden Kampf gewann... Sein Brauch war es, seinen Männern... die Hand aufs Haupt zu legen und sie zu segnen. Dann glaubten sie, daß alles gut für sie ausginge... Sie glaubten, alle Hilfe käme von ihm.
Kap. III. [...]
Kap. IV. Odin zog mit einer Armee gegen die Vanen, aber diese widerstanden ihm und verteidigten ihr Land und die einen und die anderen siegten abwechselnd.

Abb. 16 Sebastian Münster: Cosmographia, Basel 1544

Man beachte, daß die Flußläufe von Wolga und Tanais (Don) sich kreuzen (links von der Zeichnung des Auerochsen). Das ist die Vorstellung des Tahakwisl-Vanakwisl, wie sie bei Snorri Sturluson vorkommt. Auch die Dwina (bei Plotzko-Polotsk) in Eifland (Livland) steht damit in Verbindung (Erinnerung an die Handelswege der Waräger). Ebenso der Veper (Dnjepr). Oben rechts die sibirischen Abgötter am Ob.

Jeder beraubte und verwüstete das Land des anderen. Als aber beide Seiten des Krieges müde waren... schlossen sie Frieden und gaben Geiseln.
Die Vanen gaben den Besten ihrer Männer, Njörd, den Reichen, und seinen Sohn Freyr und die Asen dagegen den, der sich Hoenir nannte... Er war sehr groß und sehr schön. Mit ihm sandten sie Mimir, den klügsten der Menschen... Odin bestellte Njörd und Freyr zu Opferpriestern und sie waren Diar mit den Asen. Njörd hatte eine Tochter Freya. Sie war eine Priesterin und *lehrte als erste die Asen den Sejdr* nach Vanensitte. Als Njörd bei den Vanen war, hatte er seine Schwester geehelicht, denn so war es Gesetz in diesem Land.
Freyr und Freya waren ihre Kinder. Aber unter den Asen war es nicht gestattet, so nahe Verwandte zu ehelichen.
Kap. V. Eine große Bergkette reicht von Nordosten nach Südwesten. Sie trennt Svithiod hin mikla von den anderen Königreichen. Südlich dieser Berge ist es nicht mehr weit bis in die Türkei. Odin besaß dort große Besitztümer. In dieser Zeit zogen die Feldherren der Römer durch die Welt und unterwarfen die Völker mit Gewalt, und wegen dieser Kriege flohen viele Herrscher aus ihren Reichen. Aber Odin war ein Seher und geschickt in Zauberei, und wußte daher, daß seine Nachkommen in der nördlichen Welthälfte leben sollten. So bestellte er seine Brüder Vili und Ve über Asgard, und er, alle Diar mit ihm, und viele andere Leute machten sich auf. Er zog zuerst nach Westen, nach Rußland, dann nach Süden, nach Saxland (= Sakaland = Skythien), und setzte seine Söhne ein. Dann zog er nach Norden ans Meer und wohnte auf einer Insel. Dieser Ort heißt jetzt Odinsey auf Fünen (eher wohl Odinsve, Odingsheiligtum)... (Später) ließ sich Odin in Sigtuna nieder. Er erbaute einen großen Tempel, nach Asensitte... Njörd wohnte in Noatun, Freyr in Uppsala...
Kap. VI. (Odin) war so schön und wunderbar von Aussehen... daß es alle Herzen erfreute. Und wenn er im Krieg war, erschien er seinen Feinden furchtbar... Odin verstand sich darauf, daß im Kampf seine Feinde blind, taub und von Angst erfüllt wurden, und daß ihre Waffen nicht besser als Stöcke schnitten. Seine Männer aber gingen ohne Kettenhemd, wütend wie Hunde oder Wölfe, bissen in ihre Schilde, stark wie Bären oder Stiere. Sie töteten ihre Gegner, aber weder Eisen noch Feuer vermochte sie zu verwunden. Das ist das, was man die Berserkerwut nennt.
Kap. VII. Odin wechselte die Form. Dann lag sein Körper wie eingeschlafen oder tot, aber er war Vogel oder Tier, Fisch oder Schlange, und gelangte in einem Augenblick in fremde Länder... Durch seine Worte allein vermochte er Feuer zu löschen, das Meer zu beruhigen und die Winde in die Richtung zu drehen, die er wollte... Allen Zauber lehrte er durch die Runen und durch den Zauber, den man Galdr nennt... *Odin kannte und übte selber diese sehr mächtige Kunst, die man Sejdr nennt.* Durch sie kannte er die Schicksale der Menschen, die Zukunft, konnte Menschen sterben lassen, sie mit Unglück oder Krankheit schlagen oder ihnen Geist und Kraft nehmen

daß man fand, *sie sei eine Schande für Männer, und so wurde sie den Priesterinnen anvertraut.«*

Unterbrechen wir hier Snorri einen Augenblick.

Es ist wohl nicht nötig, zu sagen, daß natürlich kein nordischer Schamane einen Zauber schändlich gefunden hätte, den Odin ausübte, wenn er selber seiner mächtig gewesen wäre, Beispiele sind bekannt. Es handelt sich also hier um eine Ausrede. In Wirklichkeit war der Sejdr der Zauber der Frauen par excellence. Odin wurde er deshalb zugeschrieben, weil es sonst unmöglich gewesen wäre, ihn als den mächtigsten aller Asen zu schildern. Hätte er ihn nicht beherrscht, so hätte ihn die erste beste Waldhexe besiegt. Waldhexe, Vilja, Veleda, das ist hier das Stichwort. Und Wate, in der »Kudrun«, hat seine Künste von einem »wilden Wibe«! Da Snorri noch weiß, daß Freya den Sejdr betrieb und daß ihr Name zur Bezeichnung edler Frauen (= Frau) diente, wissen wir jetzt, was Snorris Asen von den Frauen hielten. (Kein Wunder, daß der älteste »Orginalbeitrag« der Germanen zum Christentum die Frauenfeindlichkeit war, obwohl ihnen das alte Testament natürlich eine solide Grundlage bot.)

Kehren wir zu Snorri zurück.

»Kap. IX. Odin starb in Schweden an einer Krankheit. Als er im Sterben lag, ließ er sich mit Speerspitzen zeichnen... Dann wurde Njörd von Noatun Herrscher der Sviar und führte die Opfer fort. Unter seiner Herrschaft war so großer Friede und die Jahre waren so fruchtbar, daß die Sviar glaubten, er beherrsche die Jahreszeiten und die Reichtümer. Während seiner Herrschaft starben die meisten der Diar. Man verbrannte sie und brachte ihnen Opfer dar. Njörd starb an Krankheit. Auch er ließ sich vor seinem Tode mit dem Odinsmal zeichnen. Die Sviar verbrannten ihn und trauerten sehr...

Kap. X. Dann übernahm Freyr die Herrschaft. Man nannte ihn Herr der Sviar und er erhob von ihnen Tribut. Er war beliebt und gab gute Ernten wie sein Vater. ...Freyr hieß auch Yngvi... Seine Nachkommen nennt man Ynglinge... Als Freyr tot war, begrub man ihn im geheimen und erhob weiter Tribut... So blieben die guten Ernten und der Friede bestehen. Freya führte die Opfer fort, denn sie war die einzige der Diar, die noch am Leben war...

Als die Sviar wußten, daß Freyr tot sei, aber die guten Zeiten und der Friede dauerten, glaubten sie, das bliebe so, solange Freyr in Schweden sei. Sie wollten ihn nicht verbrennen lassen, sondern nannten ihn »den Gott, der der Welt Fruchtbarkeit gibt« und opferten ihm von da an, um Fruchtbarkeit und Frieden zu erhalten...«.

Halten wir hier wieder inne.

Es ist nicht meine Entdeckung, daß Snorris Mythologie nicht gemeingermanisch, ja nicht einmal gemeinskandinavisch ist. Das zeigt sich schon daraus, daß Thor-Donar, der populärste nordische Gott, in dieser Darstellung keine Rolle spielt.

So sagt Rolf Hachmann (Die Germanen 1971): »Was der Norden überlieferte, ist größtenteils Dichtung... und diese Dichtung ist entstanden – zumindest aber aufgezeichnet und in ihre endgültige Form gebracht – nach Einführung des Christentums.«

Tatsächlich zeigen auch die skandinavischen Ortsnamen, die mit Götternamen verbunden sind, ein gewaltiges Übergewicht der Wanengötter (Odinsorte sind nur etwa 20%). Die Mythologie Snorris ist nämlich die Familienlegende der norwegischen Könige seiner Zeit. Und das erklärt vieles[1].

Snorri Sturluson ist schwierig genug zu verstehen, angesichts der Tatsache, daß er so viel nur andeutet, als selbstverständlich voraussetzt oder in verschiedenen Varianten erzählt.

So ist es aus seinen Texten zum Beispiel nicht klar, ob die Asinnen Frigga (Gemahlin Odins) und Freya (Schwester Freyrs) miteinander identisch sind oder nicht. Da Freya einfach Herrin heißt, können wir, wenn wir auf diese dubiose Identifikation verzichten, sagen: An dritter Stelle nach Odin herrschte eine Frau über die Sviar. War Odin ein Zeitgenosse des Crassus, der in Kleinasien Krieg führte († 53 v. Chr.), so müssen wir sie im ersten Viertel oder der ersten Hälfte des ersten nachchristlichen Jahrhunderts ansetzen.

Und jetzt erinnern Sie sich, was ich in Kap. 11 zitierte (Tacitus, Germania XLV): »Nach den Svionen folgen die Sithonen, die ihnen in allem gleichen, mit einer Ausnahme: Sie gehorchen einer Frau. So tief sind sie gefallen ... (siehe auch Strabo: Sidonen).«

Um das Jahr 40 etwa schrieb Strabo, um 55 wurde Tacitus geboren. Der Abstand von etwa einem Halbjahrhundert ist gerade lang genug, damit sich die Geschichte bis Rom durcherzählen konnte.

Die »Germania« hat sich nur in einer höchst obskuren Handschrift erhalten. Sie war zu Snorris Zeiten (13. Jh.) auch auf dem Kontinent so gut wie unbekannt, erst recht in Island. Woher hat er also diese Geschichte? »...größtenteils Dichtung«, nicht wahr? Sicher! Reiner Zufall...

Lassen wir also, wieder mal, die »gesicherten Erkenntnisse« beiseite und nehmen den Text, wie er ist:

Sithonen, Sidonen, sind also von einer Frau beherrscht und nach der Form ihres Namens »Einwohner der Svithiod«, der »Schwedenheit«, der großen (mikla), kalten (kalda), und nicht zu verwechseln mit den Svionen (Einwohnern von Svia), denn das sind die Svear des Svear-Reiches (Svear-Rike = Sverige).

Denn Svithiod, diese Bezeichnung der russischen Steppe, hat nichts mit den Schweden zu tun, sondern erklärt sich aus dem slavischen Cviet = Licht, aber auch heilig (deswegen ist der russische Name des Warägerkönigs Sviatoslav nichts anderes als die Übersetzung des nordischen Helgi-Oleg).

(Sweidjen aber heißt Brandroden [Schwenden], eine passende Bezeichnung für ein Land, dessen Äcker großen Wäldern abgerungen sind: Schweden)

Das »lichte Land, das Sonnenland«, aber liegt nach Claudius Ptolemäus zwischen Don und Wolga: »Mithridaton chora, das Land, das der Sonnengott Mithras schenkte.« Für die Griechen war es »Aia, das Sonnenland«, »wo die Sonne in

goldener Kammer ruht, im Osten bei den Schwarzgesichtern« (Mimnermos, geb. ca. 660 v. Chr.).
Im lichten Land aber, zwischen Don und Wolga, liegt der Vanakvisl, das Wanenland. Blättern Sie zurück, Kapitel 13, wo ich Sie so schmählich mit den Goten und Dänen im Stich gelassen habe; die Dänen, habe ich da festgestellt, sind aus einer Mischung von Iraniern und »Suetidi« (Jordanes) entstanden, oder von Iraniern und »Ueni« (Epiphanios).
Das lichte Land zwischen Don und Wolga war das mythische Land der Wanengötter, Vanakvisl, Vanaland[2].

> »Den Ger warf Odin / ins Gegnerheer: / Der erste Krieg / kam in die Welt; / Es brach der Bordwall / der Burg der Asen / es stampften Wanen / streitkühn die Flur (Edda, Völuspa).«

Das also wars. Aus dem Asen-Wanenkrieg entstanden die Dänen, denn die As oder Az sind Iranier, die Uenni oder Wanen... ja, vermutlich Slaven.
Und Snorri hat recht. Schwarze gibt es dort im lichten Land (Mazanderan, das Land des Lichts nennt es übrigens das persische Schahname-Epos), in Svithiod. Und jetzt wissen wir auch, warum Saurag-Sifrit von Moere, der Mann aus dem Osten, der aus dieser Gegend kam, »von salver Varwe« war, aber doch blond und »kristenlicher Varwe« zugleich.
Tätowiert war er nämlich, der Moere:
»...Von den Fingerspitzen bis zum Hals sind sie (die Rhus-Waräger an der Wolga) mit Bäumen und verschiedenen Figuren tätowiert... (Ibn Fadhlan.)«
Eine ganze Reihe solcher »Schwarzköpfe« haben wir also jenseits des Asowschen Meeres: Schwarzverbrannte Feuergesichter (Mimnermos), tätowierte Agathyrsen (Pomp Mela), Sauromaten (Sau-Rom = Schwarzköpfe), Hunnen (pavenda nigridinis = von erschreckender Schwärze: Jordanes), Moere, »von salver varwe«, und Rhus, bis zum Hals tätowiert.
Aber interpretiere ich hier nicht diesen Völkern etwas an den Hals (ins Gesicht), was vielleicht nur in meinem Vorurteil vorhanden ist?
Sehen Sie, wenn man lieb zu Klio ist, dann läßt sie einen in ihrem Nähkörbchen kramen und da findet man zum Beispiel einen Bericht des gallischen Bischofs Sidonius Apollinaris aus der Zeit etwa um 470. Es handelt sich dabei um eine Beschreibung des westgotischen Königshofes von Toulouse bzw. Bordeaux. Sidonius sah dort: »Sachsen mit blauen Augen, an die Wogen des Meeres gewöhnt... Den Heruler mit blau tätowierten Wangen, von der Farbe des Meeres... sieben Fuß hohe Burgunder... Ostgoten... Abgesandte des Perserkönigs...«
Blautätowierte! Heruler, aus den Sümpfen des Asowschen Meeres also. Blamanna = Blaumänner, nennt Snorri Sturluson die Nordafrikaner, und Isidor von Sevilla, der Historiker der Westgoten, berichtet, daß diese die Berber des Rifgebirges als Vettern

ansahen. Sie erinnerten sich, daß sie einst dunkle Gevattern hatten, als sie noch am östlichen Ende Europas hausten.

Aber noch im hohen Mittelalter gab es die Schwarzköpfe: So berichtet Michael Psellos (1018–1097) von der Warägergarde Kaiser Michael VI.: »Es waren da Italiener (= sizilianische Normannen) und Skythen aus dem Taurus (Krimgoten), Männer von schrecklichem Aussehn, ... gleich schrecklich um sich blickend... bewaffnet mit langen Speeren und einschneidigen Streitäxten... In anderer Hinsicht waren sie nicht gleich, denn die einen bemalten sich und entfernten die Augenbrauen (vermutlich scheuerte der Helmrand, doch behaupten andere Berichte das gleiche von den Kriegern der Khazaren, vermutlich auch Waräger), die anderen bewahrten ihre natürliche Farbe... Die einen kämpften ... stürmisch und launenhaft, die anderen mit wahnsinniger Furie...« (wie die Berserker also)[3].

Und noch etwas ist zum Dossier »Schwarzköpfe« beizutragen: Al-Istakhri unterscheidet schwarze und weiße Khazaren: »Die Kara-Khazar haben eine dunkle Hautfarbe, wie manche Inder, die weißen Ak-Khazar (Akatziren?) sind auffallend schön.« (Beide aber lebten zwischen Don, Wolga und Kaukasus.)

So, das sollte eigentlich genügen, aber ich will noch schnell den mythischen Aithiopenfürsten Memnon erwähnen, Sohn der Morgenröte, also nicht aus Abessinien, sondern aus dem Osten stammend. Er kämpfte bei Troja und wurde nach seinem Tod durch Achill von zwei Windgeistern davongetragen. (Vermutlich Kalais und Zetes, die Söhne des Nordwinds Boreas.)

Zweitausend Jahre lang gab es also Schwarzköpfe, Aithiopen (verbrannte Gesichter) im Osten, in Zentralasien.

Müssen wir da immer noch nach dem »Einfluß der Kreuzzugsdichtung« suchen (Müllenhoff) oder das Risummoor umgraben, um Sifrits sieben Reiche zu finden (R. Wisniewski)?

Aber das ist alles eigentlich nicht so arg wichtig. Wesentlich ist aber, daß sich die angeblich »ephemeristische Mythenerklärung« Snorri Sturlusons als echte historisch-geographische Berichterstattung ausweist. Mag er Jordanes gekannt haben (unwahrscheinlich trotzdem), aber Epiphanius und Mimnermos hat er sicherlich nicht gelesen.

Was er berichtet, ist eine echte nordische Überlieferung. Snorri ist sich sichtlich nicht im klaren darüber, welche Ereignisse noch in Svithiod spielen, und welche bereits in Svear-rike, aber deswegen hat er seinen Bericht doch nicht erfunden.

Im Gegensatz zu seinen Interpreten gab er nämlich keinen Pfifferling auf die »Germanen«. Es ist nicht einmal zu sagen, ob er diese Bezeichnung kannte, aber ganz bestimmt fühlte er sich nicht als Germane.

Ehe wir nun dieses Kapitel abschließen, wollen wir noch schnell einen Sprung ins 20. Jahrhundert machen:

Im Jahre 1925 erschien die Übersetzung der jüngeren Edda von Gustav Neckel und Felix Niedner. Im Vorwort schreibt Gustav Neckel: »Die hier vorliegende Verdeut-

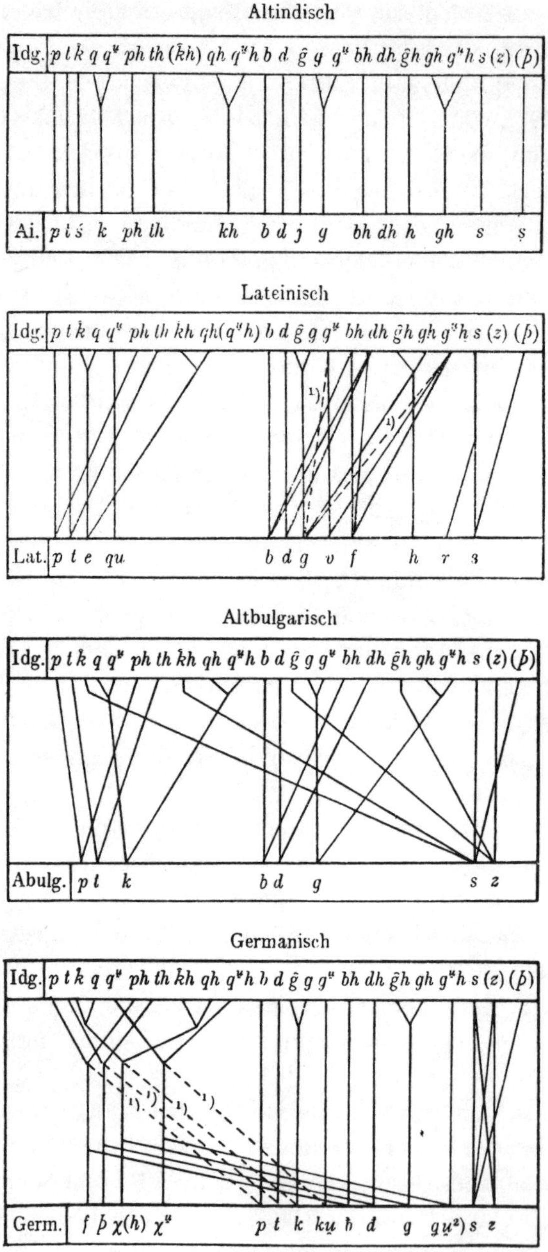

Abb. 17 Die Entwicklung des Konsonantismus vom »Indogermanischen« zu den Einzelsprachen. Nur im Germanischen ist die Entwicklung gestört.
(Nach Krahe: Indogermanische Sprachwissenschaft 1. Slg. Göschen)

schung ist die erste vollständige Übersetzung in eine lebende Sprache.« ...»Sie sucht den Urtext zu ersetzen, indem sie in der Prosa seinen Sinn so genau wiedergibt, wie das im Deutschen möglich schien.«

Es tut mir leid, das sagen zu müssen, aber es handelt sich hier um pure Hochstapelei. Einmal gab es nämlich zumindest eine französische Übersetzung, die 1868 in Straßburg erschienen war und den Herren nicht entgangen sein kann, zum anderen aber ist ihre Übersetzung nicht vollständig. Man hat sie am Anfang gestutzt[4].

Scheinbar berichten die Autoren das loyalerweise, denn sie polemisieren in ihrer Einleitung gegen den Inhalt des gestrichenen Kapitels. (Warum es also nicht abdrucken?) Bei näherer Betrachtung aber stellt man fest, daß ihre Bemerkungen gar nicht auf diese Passage zielen, sondern auf einen anderen Text Snorri Sturlusons (die Heimskringla.)

Die Herren Niedner und Neckel verbellen den falschen Baum. Und mit Absicht. Weil im Prolog des Gylfaginning (dem ersten Teil der jüngeren Edda) nämlich steht: »Die Asen wählten unter den Einheimischen Frauen für sich und ihre Söhne. Diese Familien verbreiteten sich so sehr im Saxland und in den Ländern des Nordens, daß die Sprache der Asen die gemeinsame Sprache dieser Länder wurde. Wenn man die alten Namen, die uns bewahrt sind, untersucht, so kann man sich versichern, daß sie aus der Sprache stammen, die die Asen im Norden eingeführt haben, in Norwegen, Schweden, Dänemark und Saxland.«

(Gemeint ist das Altnordische, die »Dansk tonga«. Aber dieser fremde Einfluß findet sich nicht nur dort.)

Wieder müssen wir uns fragen: warum?

Nun, in den Jahren 1913 und 1919 veröffentlichte der Sprachforscher Sigmund Feist eine Theorie, wonach das Germanische eigentlich eine Art von Pidginsprache sei, entstanden, als die Protogermanen versuchten, sich die Sprache von Eroberern mundgerecht zu machen.

Obwohl das doch in der tiefsten Vorgeschichte geschehen sein muß und auch nicht so arg ehrenrührig ist, erhob sich ein Wutgeheul.

So was durfte einfach nicht wahr sein.

Vergleicht man aber die Diagramme der Konsonantenentwicklung in den verschiedenen indoeuropäischen Sprachen, so kann man Feist nur zustimmen, auch ohne ein Fachmann zu sein: Irgend etwas muß in den germanischen Sprachen geschehen sein, was ihre Ausbildung (verglichen mit dem Slavischen, Lateinischen, Griechischen und Altindischen) beeinträchtigte.

Was es war, wage ich nicht zu vermuten, aber Snorri dürfte näher an der Wahrheit liegen als Feist.

Man hat Feists Theorie schnell unter den Teppich gekehrt.

Und weil Niedner-Neckel nur 6 beziehungsweise 12 Jahre später ihre Snorri-Übersetzung veröffentlichten, mußten sie dafür sorgen, daß der schlecht eingeschläferte Hund nicht wieder aufwachte.

So kastrierte man den Text.
(Was soll man von einem Wissenschaftler halten, der behauptet, Schillers »Wallenstein« sei unhistorisch, und das beweist, indem er über Schillers »Jungfrau von Orleans« spricht?)
Aber der Text rächt sich, denn am Ende nimmt Snorri den Faden seines Prologs wieder auf und schreibt:
»Die Asen aber nahmen Platz zu einer Besprechung, beratschlagten, *erinnerten sich der Geschichten,* die ihnen erzählt worden waren, *und gaben dieselben Namen, die darin vorkamen, den Personen und Stätten dort bei ihnen, damit,* wenn die Zeit verginge, *die Leute nicht daran irre würden, daß es dieselben Asen wären,* jene, von denen erzählt war, und diese, *die nun dieselben Namen erhielten.* Da wurde zum Beispiel der Name Thor verliehen, und das ist eben der alte Asen-Thor.«
Kann man es deutlicher sagen? Die Religion der Asen ist aus Asien gekommen und ihre Träger haben sich mit den ersten Vertretern dieses Glaubens identifiziert. Diese aber waren ursprünglich selber »zwölf große Priester... man hieß sie Diar oder Drottnar...«
Wen sie verehrten, weiß auch Snorri Sturluson nicht.
Tatsächlich, und damit will ich dieses Kapitel nun wirklich abschließen, ist Snorris Darstellung die Beschreibung einer Bekehrung. Was er als mythologische Ereignisse darstellt, ist die Ausbreitung einer neuen Religion, des Odinskultes auf Kosten der älteren Wanenverehrung, die mehr schlecht als recht integriert ist. Der religiöse Umbruch des Odinsglaubens, dieser mörderische und selbstmörderische Berserkerglaube, der sich nach Westen und Norden ausbreitete, er war es letztlich, der die Völkerwanderung auslöste, gleichgültig, welche Rolle die Hunnen dabei spielten. Verglichen mit dieser Tatsache ist es absolut nebensächlich, ob die Goten aus Gotland, Goetaland oder sonstwoher kamen und wann.
Die Propheten des Speergottes waren es, die die Züge mit sich brachten, welche die Historiker »kulturellen Rückstrom« nennen, die Berserker des Magiergottes, blaue Wodansmönche, Rohfleischesser, langhaarige, von Drogen aufgeputschte Gefolgsleute eines vergöttlichten Herrschers. Pilze waren vermutlich ihre Droge, aber in Südrußland war auch das Kannabisrauchen heimisch (Herodot), und warum wohl hieß der 271 erschlagene Gotenkönig Cannabas (Cannabaudes)? Weil das ein bekannter germanischer Name ist?
Nein, germanische Rocker waren das!
Es genügt, die Beschreibung von Berserkern in den Sagas zu lesen: »(Ogmund Eythiofstöter) war schwarz und blau gefleckt, mit langen schwarzen Haaren, und ein grober Schopf hing ihm über die Augen...« (Orvar Odd-Saga), oder »Es war die Zeit, da König Rolfs Berserker zurückerwartet wurden... Es war ihre Gewohnheit, wenn sie zur Halle kamen, vor jeden Mann hinzutreten, zuerst vor den König, und ihn zu fragen, ob er glaube, ebenso mutig zu sein wie sie... Und es geschah am nächsten Julabend, als Rolf sich zur Tafel setzte, daß die Hallentür aufsprang und

die zwölf Berserker hereinstampften, mit Waffen und Gewand, grau wie Schollen Eises ...« (Hrolfsaga Kraki), und der »Rohfleischesser« Starkad, der »Odinskrieger«, bemalte Wangen, / lange Schnauze, / Haare wolfsgrau, / hängende Arme, / Narbenhals, / zerfurchtes Leder (Vikarsbalkr).

»Odins Männer stürmten ohne Rüstung, wütend wie Hunde oder Wölfe, bissen in ihre Schilde, stark wie Bären oder Urstiere, töteten mit einem Hieb, und weder Feuer noch Eisen konnte sie verletzen ...« (Ynglingasaga). Mit ihnen kam die Reiterlanze, das lange Hiebschwert, der Spangenhelm und der »polychrome Stil« des Schmuckes. Nicht weniger aber auch der nordische Tierstil, legitimer Abkömmling des skythischen Tierstils.

Vor dieser Entwicklung aber zogen sich manche Alanen in den Kaukasus zurück, wurden zu Osseten-Iron und erzählten die alten Legenden von den Narten (den Starken) Kindern der mächtigen Herrin Satana.

Mazdakiten, Sonnenanbeter nennt sie Al-Masudi.

Andere flohen nach Westen und fanden in Thrazien eine neue Heimat: Severianen-Ormanier-Normannen.

Der gotische und langobardische, warum nicht auch der hegelingische Einfluß (in der Zeit nach der Ereignissen der »Kudrun«), hat dort ihre Sprache gewandelt. Noch im 9. Jh. berichtet Walafried Strabo, daß in dieser Gegend »Deutsch« gesprochen würde.

Es ließe sich noch viel darüber sagen, doch ich habe meine Beweisführung zur »Kudrun« schon notgedrungen mit so viel Material befrachtet, daß ich hier innehalten will. (Es ist nicht meine Schuld, daß ich bei Herodot und Snorri, bei den Massageten und bei Odin anfangen mußte. Aber ich könnte zur Beweisführung auch Yima, Kaikavus und den Ginnungagap heranziehen. Oder Ud-daen, den Osseten-Odin.) Fassen wir zusammen:

Avaren habe ich die »Dänen« der Kudrun genannt, Warchoniten nannten sie die Byzantiner, Warangen-Waräger wäre richtiger ...

Thanen der Hagalingen! Wotansöhne! Odinsbrut!

Ein Tropfen freilich nur in der großen Flut des Glaubens, der Europa verwandelte, ehe das Christentum ihn begrub ...

Sonnenverehrer vom alten Schlag waren die Ormanier, wie die Ir des großen Khagan Velent, dessen Tochter und Enkelin.

Der Riß des Glaubens ging mitten durch die Familie. (Wie oft geschah das später in der Reformation ...)

Die Schürzung des Knotens in unserem Epos aber erfolgte durch diesen religiösen Zwiespalt. Noch saß der neue Glaube nicht fest im Volke der Hegelingen, noch riskierte die Herrschersippe, ihre göttliche Abkunft und begnadete Herrschaft in Frage gestellt zu sehen ...

Nur der Zufall und das Dreinschlagen des alten Berserkers, des Wodanspriesters von Stürmen, verhinderte den Rückfall.

32. Kapitel

Zahlen, Zahlen, Zahlen. Ein Kapitel, das nicht gelesen zu werden braucht

Ehe wir uns aber den weiteren Ereignissen der Kudrun zuwenden, wollen wir uns klar werden, welche Größenordnung diese Ereignisse haben.

»Bemerkenswert ist die Sorglosigkeit, mit der Zahlenangaben behandelt werden...« (Stackmann).

Sehen wir zu, ob das richtig ist.

Zu Hildes Entführung ziehen 3000 Mann aus, aber nur gut 60 gehen bei den Ir an Land. »Und wir sollen glauben, daß sich die übrigen 2940 in den Schiffen verborgen halten konnten...« (Stackmann). Zu Hilde sagt man, 700 Recken seien nach ihr ausgefahren, und schließlich heißt es, Hetel habe nicht mehr als tausend Mann ausgeschickt.

Der arme Dichter! Hat er wieder mal Unsinn geschrieben! Oder?

Ich aber, unverbesserlicher Anhänger des Dichters, stelle fest, daß er nicht 3 000, sondern »dreißig hundert« schrieb, und vermute, daß diese Zahl eigentlich und ursprünglich »hundertdreißig« lautete und von einem Abschreiber »berichtigt« wurde. Davon geht die Hälfte an Land, das ist logisch, und die Zurückbleibenden haben es absolut nicht nötig, sich zu verstecken. Zu Hilde sagt man, 700 Recken seien gekommen? Mitnichten, Herr Stackmann. Man sagte, auf krimgotisch: »sibuntehund«. Aber das heißt nicht siebenhundert. Sondern siebzig.

Und die »Tausend«, die Hetel, laut Strophe 455, gesandt haben soll?

> »An dem sibenten Morgen, rumten sie Irlant.
> die der künic Hetele nach froun Hilden hat gesant,
> der *enwas* nit mere wan tusent siner manne.«

Diese »tusent« sind nach meiner Ansicht ein Mißverständnis für gotisches »taihund« = zehn. »Als sie Irland räumten, waren sie nicht mehr als taihund-zehn Mann.« Mit anderen Worten, bei den Kämpfen der Einschiffung (Str. 449–453) wurden fünfzig bis sechzig der Landgänger getötet, verletzt oder abgeschnitten. Ein schwerer Blutzoll, aber glaubhaft.

Keine Rede von unwahrscheinlichen Zahlen.

Sehen wir weiter:

Herwic überfällt Hetel mit »dritusend kuener Mannen, die er ze Friunde hette«. Das ist zu viel für »Freunde«, für eine Gefolgschaft. Der berühmte Sagenheld Hrolf Kraki, König von Dänemark (!), hatte nur 24 Gefolgsleute.

Sagen wir also, Herwic hätte »thri taihun«, drei Zehner, und das wurde wieder als

»dri tusend« mißverstanden. (Im Ulfilagotisch heißt das thrins tigjus.) Für einen plötzlichen Überfall langt das, für einen abgekarteten Frauenraub erst recht.
Als Sifrit von Moere Hervic überfällt, hat er nach dem Text 20 Schiffe und 80 000 Mann. 4000 Mann pro Schiff! Wer kann das glauben? Die Hörer hätten gelacht, und der Sänger das nächstemal die Ziffern berichtigt. Ein traniger Abschreiber aber dachte wohl an nichts und verwandelte »aht tehuntehunt«, gleich 800 in »achthunderthunderter«, gleich 80 000 Mann; 800 Mann in 20 Schiffen, das ist glaubwürdig, 80 000 nicht.
Hetel zieht ihm entgegen mit tausend eigenen Kriegern, tausend Watemannen, 4000 Horants, 2000 Moruncs und 4000 Ortwins. Zwölftausend Männer alles in allem. Aber halt! Wer wird glauben, daß die Vasallen um soviel stärker sind als der König und sein kriegerisches Alter-Ego, der alte Wate?
Was sagt der Text?
Tausend Krieger Hetel, tausend Wate, je »vierzig hundert« Horant und Ortwin (die beide zur Hegelingenfamilie zählen) und »zwanzig hundert« Morunc. Die Tausende (got. thusundi) will ich wohl glauben. Es ist das Aufgebot des Hetelreiches. Die drei anderen Herren aber bringen ihre persönliche Gefolgschaft: Horant und Ortwin je »fidwortaihun«, was nur vierzehn heißt, aber von dem mittelhochdeutsch und nicht gotisch sprechenden Dichter als »fiorzughund«, gleich vierzighundert, mißverstanden wurde. Morunc-Irold schließlich, der einzige Nicht-Hegelinge, der mächtigste Vasall bringt »twaitiguns«, was nicht »zweinzughunt« (zwanzighundert), sondern bloß zwanzig sind[1].
Hetel tritt also nicht mit 12 000 Mann Sifrits 80 000 entgegen, was aussichtslos wäre, sondern mit 2048 (man sollte das nicht auf die Goldwaage legen) dessen 800. Er ist schließlich nicht auf den Kopf gefallen!
Er ist also, mit dem Rest von Herwics Mannen zusammen, dem Moere 3 : 1 überlegen. Sehen wir uns die Normannen-Ormanier an:
»Driunzwanzigtusend« sagt das Gedicht, aber diese »Normannen« sind so schlechte Seefahrer, daß sie erst Seeleute anwerben müssen. Wie lange dauert es wohl, Schiffe und Seeleute für einen derartigen Transport zu sammeln?
Ich meine, er hat nicht 23 000 Mann, sondern 23 Schiffe und tausend Mann. Dreiundvierzig Mann pro Schiff bei Hartmut, vierzig Mann pro Schiff bei Sifrit, das macht Sinn.
Als Hetel, beziehungsweise Wate, »Pilgerschiffe« beschlagnahmt, wird uns gesagt, es seien 3000 »Pilger« in 70 Schiffen gewesen, das sind – 43 Mann pro Schiff. Wie bei Hartmut.
Von diesen requiriert Wate neun Schiffe und 500 Seeleute. Er weiß, daß seine Krieger beim Kontakt mit dem Feind zu kämpfen haben werden, weshalb er 55 Ruderer pro Schiff anmustert (zwei Mannschaften um sich abzulösen). Er läßt die Schiffe leeren (842) und kann somit wohl 40 oder 50 Mann einschiffen. Da er neun Schiffe hat, trifft Hetel also mit etwa vier- bis fünfhundert Kriegern auf dem

Wülpensand ein, deutlich den Ormaniern unterlegen. Selbst wenn er noch einige von Sifrits Schiffen zur Verfügung hat, selbst wenn er seine Schiffe überladen hat (unwahrscheinlich, da es auf Schnelligkeit ankommt), so ist er im allerbesten Fall Hartmut nur knapp überlegen. Kein Wunder, daß der Kampf einen ganzen Tag lang unentschieden bleibt. Unter seinen Kriegern aber waren die Hälfte Moere, Feinde von gestern. Die Hälfte?

Natürlich, denn sie waren nicht nur Bundesgenossen, sondern auch Geiseln für das Wohlverhalten ihrer zurückgebliebenen Kameraden.

Vergessen wir nicht, daß zwar Sifrit-Saurag mitkam, aber der andere König der Moere (Str. 702) zurückgeblieben war.

Es waren also höchstens 500 Hetelmannen von den 2400 beteiligt, mit denen er Hervic zu Hilfe kam (Hervics Mannen eingeschlossen).

War die Schlacht auch noch so blutig, er kann nicht mehr als 250 Krieger verloren haben. Das sind 10% seines ursprünglichen Heeres.

Ich möchte aber an dieser Stelle nicht nur feststellen, daß die Zahlenangaben der »Kudrun« so gesehen, überzeugend sind, sondern auch, daß sie sowohl dem 5. wie dem 12. Jahrhundert entsprechen: Das Königreich Jerusalem kann in höchster Not (um 1100) gerade 500 Ritter und 1000 Knappen aufstellen. Joinville berichtet, daß sein König (Ludwig der Heilige) nie mehr als 1400 Mann auf dem Kreuzzug hatte. Die Eroberung des Peloponnes anno 1205 erfolgte durch 100 Ritter und 400 berittene Knechte[2].

Es ist also höchst unwahrscheinlich, daß der Sänger, der die Armeen seiner Zeit vor Augen hatte, von 80 000, 23 000, 12 000 Kriegern berichten konnte, ohne in seinen eigenen Augen lächerlich zu erscheinen. Die Entstellung geschah erst später.

33. Kapitel

Aydemir-Khan und der Schatz von Nagyszentmiklos

Eine Frage, die mich lange beschäftigte, ist, warum sich eigentlich Hagen-Valant so völlig an den Schicksalen seiner Tochter und Enkelin desinteressiert zeigt. Ich habe rekonstruiert, wie das war!

Da Hagen um die Zeit von Kudruns Entführung etwa 50–60 Jahre alt gewesen sein muß, ist es natürlich möglich, daß er zu alt war, um noch einzugreifen. Aber Krieger hätte er eigentlich seinem Schwiegersohn schon stellen können, nicht wahr? Aber: Erinnern Sie sich, was ich aus den Priskosfragmenten und den armenischen Chroniken geschlossen habe:

Hagen-Valant hatte sein Reich verloren.
Aber wie? Wie war das Ende seiner Herrschaft gewesen? War er überhaupt noch am Leben, oder war der alte Kämpe, der Königsteufel, im Kampf gefallen? Sich wehrend bis zum letzten?
Ach, ich zögere, es zu berichten, aber er war schäbig verraten worden, waffenlos niedergemetzelt.
Hören Sie zu:
Eine im ganzen nördlichen Kaukasus verbreitete Erzählung berichtet von dem Helden Aydemir-Khan (König Adhemar?), dessen Name vermutlich »Feuersglanz« bedeutet, ein Beinahe-Synonym von Valant-Voelundr.
Und so berichten die Kabardiner von ihm (gekürzt):
»Fürst Beslney-der-Dicke war von Aydemir-Khan beleidigt worden und hatte geschworen, ihn zu töten.
Aydemir-Khan aber hatte einen Freund, Quanbolet (Khan der Veleten?), und dieser wurde von Beslney aufgefordert, seinen Freund zu verraten.
›Zu dir hat er Vertrauen. Nur du kannst ihn uns ausliefern.‹
Quanbolet hatte mit Aydemir Khan Bruderschaft geschworen und lehnte zuerst ab.
Aber: ›Eure Feindschaft ist für mich schlimmer als ein Eidbruch, Gott ist mein Zeuge.‹
Am nächsten Tag lockte er Aydemir-Khan ohne Pferd und Waffen in einen Hinterhalt.«
Aydemirs Klage (westtscherkessische Version):

»Der Fürst Quanbolet, Fürst der Niederlande, ist mein geschworener Gefährte.
Und der Eidbruder hat geschworen,
Wehe, der Eidbruder verrät mich.
Waffenlos in die Steppe hat der Fürst Quanbolet mich geleitet
Wehe, in die Schlucht von Khuu, wehe, hat er mich geleitet...«

Und diese Klage hat eine merkwürdige Entsprechung im Norden:
Auf der Insel Man, zwischen Irland und England, gibt es ein Kreuz aus der Wikingerzeit mit einer verstümmelten Runeninschrift. Sie lautet:

»hroskitil:uilti:i:triku:aithsoara:siin«

Und das heißt:
»und Hrossketill verriet unter Vertrauen seinen eidgeschworenen (Freund).« Mit Valant-Aydemir hat das freilich nichts zu tun, aber es ist schon eigentümlich, wie sich die Ausdrücke gleichen...
Was aber, abgesehen von der unsicheren Identifikation Aydemir = Valant, beweist, daß hier von Kudruns Großvater die Rede ist?

Sie haben recht, diese Frage zu stellen. Hier ist Aydemir-Khans Jugendgeschichte (Version der Ubikh):

»Einst gebar die Frau eines Fürsten ein Kind, und als ein Monat vergangen war, ging sie ans Meeresufer, Wäsche zu waschen.

Während sie am Ufer beschäftigt war – mit mehreren anderen Frauen –, kam ein großer Vogel, ein schwarzer Adler, und stieß jäh herab.

Er ergriff das schlafende Kind, erhob sich zum Himmel und trug das Kind über das Meer.

Die Eltern, überzeugt, ihr Kind sei verloren, gaben bald die Suche auf. Der Raubvogel aber trug das Kind in das Land jenseits des Meeres, senkte sich zur Erde und wollte das Kind fressen.

Ein Fürst aber, der von einem Kriegszug zurückkam, sah den Adler.

›Geht‹, sagte er zu seinen Gefährten, ›schaut, was der Vogel gebracht hat.‹ Zehn Reiter jagten im Galopp fort und untersuchten die Gegend. Der Adler flüchtete und das Kind blieb zurück. Als sie es betrachteten *fanden sie es unverletzt.* Sie nahmen es und brachten es dem Fürsten. Der sprach: ›Nehmen wir es mit und ziehen wir es auf.‹ Und sie kehrten mit dem Kind in ihr Land zurück.

Der Adler aber hatte das Kind schwer *am Bauch verletzt.* Man heilte es und nannte es Aydemir.

Als er heranwuchs, folgte er dem Fürsten überall hin als Knappe. Wenn der Fürst in den Krieg zog, kämpfte Aydemir am tapfersten von allen seinen Gefährten.

[...]

Der Fürst sagte: ›Von heute an werdet ihr ihn Aydemir-Khan nennen...‹«

Man sieht hier, abgeschliffen, weil fast ein Jahrtausend später aufgezeichnet als die »Kudrun« (die Kabardische Version 1892, die Ubikhversion 1955), die Jugendabenteuer Hagen-Valants wiedergegeben[1].

Im weiteren Verlauf erwirbt Aydemir ein wunderbares treues Pferd und findet durch dieses seine Familie wieder.

Auffallend ist dabei, daß diese Familie ihn an der Narbe wiedererkennt, von der sie doch keine Ahnung haben kann.

Da uns aber unmittelbar vor dem Bericht von der Verletzung berichtet wird, der Adler habe das Kind unverletzt zurückgelassen, müssen wir die »Narbe« als ungeschickte Interpretation des ursprünglichen Muttermales Hagens auffassen.

Daß Aydemir-Khan verraten und ermordet wird, findet sich in allen Versionen. In der Variante Ubikh trägt den Toten sein treues Pferd schließlich durch Sumpf und einen Meeresarm in seine Heimat zurück.

Wo das zu lokalisieren ist, brauche ich Ihnen wohl nicht zu sagen. Natürlich ist das keine bayerische Überlieferung, aber mir scheint, einer der überliefernden Dichter muß diese Geschichte gekannt haben, um Hagens Jugend zu erfinden. Im Donaumoos aber hat er das nicht gehört, sondern auf der Krim. Daß wir keinen Beweis für die Filiation Hagen-Valant – Kudrun haben, ist klar, es sei denn, wir wollen die

angeblich armenische Herkunft der Bayern dafür anführen. (Ich tu es nicht. Ich analysiere nur die »Kudrun«.)
Auf jeden Fall hat der Dichter hier die Erklärung gehabt, warum Hagens Reich in Sifrits Hände gefallen war und Hetel, dem die Unterstützung seines mächtigen Schwiegervaters fehlte, auf dem Wülpensand erschlagen wurde.
Uns aber, neugierigen Spätlingen, tut sich hier ein Fenster auf in eine dunkle Epoche. Gewiß, es zeigt nicht viel, und die Tatsache, daß Hagen-Valant Verrat zum Opfer fiel, ist, wenn sie zutrifft, weder für die Kudrunsage noch für die Geschichte des 5. Jh. von Wichtigkeit.
Aber wir wollen nicht undankbar sein. Zumindest beweist uns das Auftauchen des menschenraubenden Greifvogels in »Kudrun«, der Orvar-Odd-Saga, dem Lied von Herzog Ernst und nun der Geschichte von Aydemir-Khan, daß dieses Motiv im Kaukasus seinen Ursprung hat und daß wir gut daran tun, das Sagengut dieser Weltgegend vergleichend (und ohne die übliche Herablassung) neben unsere »germanischen« Sagen zu stellen.
Für solche Verbindungen gibt es nämlich einen archäologischen Beleg:
Im Wiener Kunsthistorischen Museum wird seit der Zeit, als Ungarn zur k. und k. Monarchie gehörte, der sogenannte Attilaschatz aufbewahrt. Mit Attila hat er freilich nichts zu tun, da er von den Archäologen auf das achte oder neunte Jahrhundert datiert wird. Gefunden wurde er bei Nagyszentmiklos in Südungarn (heute Sinnicolau Mare in Rumänien).
Technisch und stilistisch tritt der Goldschmied, der ihn schuf, in die Spuren der persischen (sassanidischen) Handwerker, doch nimmt man an, daß es sich um bulgarische Arbeit handelt (freilich sind auch Vermutungen geäußert worden, daß es sich um ungarisch-kabarische oder khazarische Arbeit handele). Auf seinen Geräten finden sich vier Medaillons: Ein Greif schlägt ein Reh; eine nackte Menschengestalt wird von einem fliegenden Greif getragen; ein gepanzerter, barhäuptiger Mann mit Diadem sitzt rittlings auf einem geflügelten, menschenköpfigen Ungeheuer und zielt mit Pfeil und Bogen auf ein katzenartiges Raubtier; und schließlich: ein gepanzerter Reiter, der, einen abgeschnittenen Feindeskopf am Sattel, einen gefesselten Gefangenen an den Haaren mit sich führt.
Das ikonographische Programm eines solchen Objektes muß zusammenpassen. Kein Mensch würde ein und dasselbe Gerät mit, sagen wir, Lohengrin, Siegfrieds Tod, Beowulf und Karl dem Großen dekorieren.
Eine derartig einheitliche Sage festzustellen, ist aber bisher noch nicht gelungen. Ich, für meinen Teil, sehe in dem Greifen-und-Reh eine geographische Angabe: Im Osten, bei den Greifen.
Der Mensch in den Klauen des Greifen wird meist als Frau erklärt, und eine Deutung (G. Györffy) verweist auf die ungarische Sage von Urmutter Emesa und dem Vogel Turul hin, jedoch ist diese kindlich-unentwickelte Gestalt, die brutal in den Klauen des gehörnten Vogels hängt, denkbar ungeeignet, als Urmutter erklärt zu werden.

Ich sehe darin Hagen-Velent-Aydemir-Khan, mit einem Bogen und abgerissenem Baumzweig in den Händen. Zugegeben, dieser »Knabe« zeigt keine Genitalien, aber da der Unterkörper im Profil zu sehen ist, kann das auch nicht erwartet werden. Die vermeintlichen Brüste sind kaum stärker modelliert als die Rippenbögen, und die Haare scheinen kurz zu sein. All das deutet auf einen Knaben hin. Vor allem aber scheint mir in dieser Zeit und Weltgegend eine nackte Frauendarstellung höchst unwahrscheinlich. Selbst die männlichen Gottheiten Apoll, Herakles und Mithras oder der gekreuzigte Christ, werden bekleidet dargestellt. (Abb. 18)
Der Reiter auf dem Ungeheuer ist dann Hagen-Velent auf dem erlegten »Gabilone« und mit dem in der »Kudrun« so funktionslosen Löwen. (Siehe Abb. 1.)
Schließlich sehe ich in dem siegreichen Feldherrn eine Darstellung des »Königsteufels« Hagen, Valand aller Könige.
(Selbst wenn es sich, entgegen meiner Meinung, um eine Frau in den Klauen des Greifen handeln sollte, so haben wir doch hier eine Greifenraubdarstellung aus dem Umkreis des Schwarzen Meeres – und in der »Kudrun« drei geraubte Mädchen.) Aber wie gesagt, die Zeit des mächtigen Ir-Königs war lange vergangen.

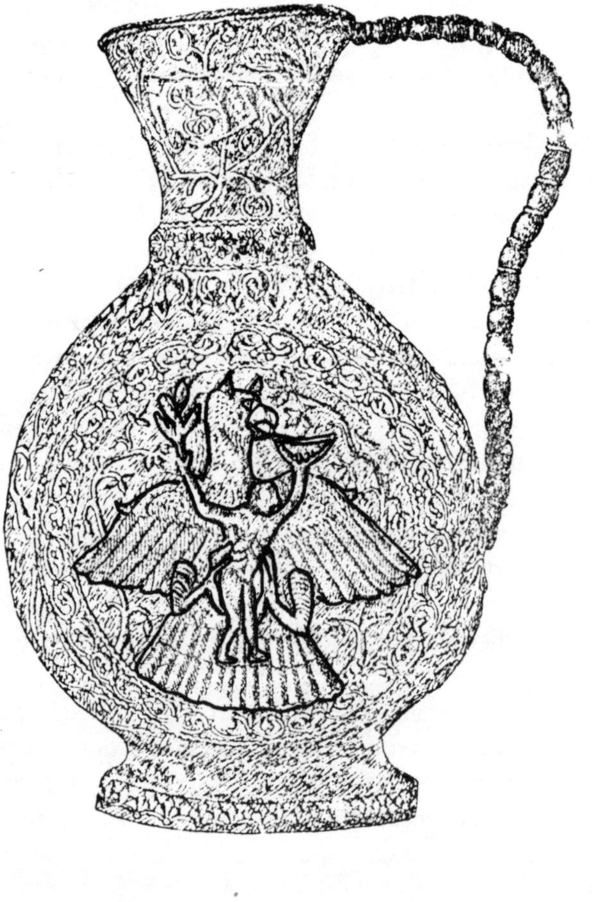

Abb. 18 Motiv auf einem Goldkrug aus dem Schatz von Nagyszentmiklos: Greifenraub-Darstellung.

Er hatte nicht einmal seinem Schwiegersohn beizustehen vermocht, als seine Enkelin geraubt worden war.

»Quanbolet der Dürre, Fürst der Kabarden, war der Freund meiner Jugend[1].
Möge der Schwurbrüdergott Quanbolet schlagen.
Den Schwur hat er mir gebrochen, auf die nackte Ebene führt er mich.
Der großen Schar liefert er mich aus…
In den Wald von Schereg, in die Schlucht von Khuu führten sie den Helden…«
(Kabardische Version.)

Kehren wir zur Schlacht auf dem Wülpensand zurück.

34. Kapitel

Eselsgeschrei, Kalenderfragen und ein Trémadr

Die Schlacht auf dem Wülpensande neigte sich ihrem Ende zu. Hetel war gefallen, und in der eingebrochenen Dunkelheit waren Freund und Feind nicht mehr zu unterscheiden.

(891)
Die Grimmen muelichenn   liezen do den Strit.
Mit vil müeden handen   schieden si sich sit.

(Die grimmig Bemühten ließen da vom Streit,
mit ermüdeten Händen trennten sie sich voneinander.)

Ludwig beriet (Str. 892) sich mit seinem Sohn und sprach dann mit seinen Leuten:

(893)
Er riet in sinen listen: »nu leget iuch ze tal,
iuwer houbet uf die schilde,   und habet grozen schal«

(Er riet mit List, nun legt euch nieder
das Haupt auf dem Schilde, erhebt einen großen Schall.)

(894)
Do volgte Ludewige mage unde Man.
trumben und pusounen lute man vernam,
als ob daz lant da waere gewalticlich ir eigen.

(Da folgten Ludwig Gesippen und Mannen,
Trommeln und Posaunen laut erklangen,
als ob das Land da wäre, gewaltig ihr Eigen.)

(895)
Man hörte da allenthalben gebraht unde wuof.
(Wop = anglsx. Schmerzensschrei.)

(896)
Si liezen da die toten, di waren in erslagen.
des liezen si ir kocken da vil manige laere.

Bartsch kommentiert: »Die beiden Kriegslisten schließen einander im Grunde aus: denn entweder täuscht man Schlaf oder aber große kriegerische Geschäftigkeit vor, während man sich aus dem Staub macht.«
So kann man's natürlich auch sehen, aber anscheinend hat noch niemand die Parallelstelle entdeckt:
»... carmina ... quem barditum vocant ...« (Tacitus, Germania).
»Lieder, deren Vortrag, Barditus genannt, Mut entfacht und *aus dem Gesang den zukünftigen Kampfausgang vorhersagt.* Denn je nach dem Klang schrecken sie oder zittern ... Den Schild am Munde (iuwer houbet uf di schilde), daß die Stimme voller und tiefer widerhalle ...«
Wir stoßen hier auf ein höchst eigenartiges Problem:
Die »Germania«, und damit dieser Text, schliefen das ganze Mittelalter hindurch in einem obskuren Kodex im Kloster Hersfeld und wurden erst nach 1451–1455 bekannt.
Wir müßten also, wenn der Autor der »Kudrun« bei dieser Stelle sich an Tacitus anlehnte, die zwei Strophen als einen späten Einschub, zwischen 1455 und 1514 (Abschluß der Handschrift), annehmen. Es ist jedoch eher anzunehmen, daß die Quelle des Dichters nicht Tacitus, sondern Ammian oder Vegetius ist, die beide den »Barritus« der Germanen kennen.
Nun hat man dem Kudrundichter schon allerhand an literarischen Einflüssen nachgewiesen, aber Ammian meines Wissens noch nicht. Wir können aber nicht umhin, einen solchen Einfluß anzunehmen, denn daß sich die Bayern den Schildgesang durch alle Wirtshausraufereien des Mittelalters bewahrt haben sollen, erscheint noch unglaublicher. Barditus (Tacitus), Barritus (Vegetius), das Kriegsge-

schrei der germanischen Krieger, ist das gleiche Wort wie Barritus, das Trompeten der Elefanten. Das Verbum barrire ist in Europa, mangels Elefanten, später auf das Geschrei der Esel (frz. braire, angelsächs. braeth, engl. to bray) übergegangen.

> Man hörte allenthalben gebraht unde wouf.

(Bartsch: »gebraht = Lärm, das laute Durcheinanderreden!« – soso!)

> Si liezen in der nahten der wunden recken vile
> und bunden etlich esels an di nachgelazenen kile.
> Daz si snell kunnten faren di ganze lange nahten
> und das di tir dahinten vil michel laute brahten.

> Ludewic sagete er wolte sturmen mit starker hant
> des hetelen schiffe wan er si wol fand
> diu recken solten weren so guot als si es kunden
> wan diu Hegelinge in hertem sturme frumten.

So ließen also die Ormanier unter einem Vorwande ihre Verwundeten im Stich und...
Nein! Ehrlich währt am längsten.
Ich habe wieder einmal geschwindelt und diese zwei Strophen erfunden. Mea culpa. Der Text existiert, aber er ist in Prosa:
»Als die Nacht gekommen war, führte er seinen Plan aus. Er ließ die erschöpften und entbehrlichen Männer zurück und band die Esel an... damit die einen seinen Rückzug nicht beschweren und die anderen ein Geschrei machen sollten. Den Männern gab er als Vorwand an, daß er mit seinen heilen Truppen die Feinde angreifen wollte und sie den Auftrag hätten, inzwischen das Lager zu verteidigen.«
Was ist das wohl für eine Geschichte? Hören Sie weiter:
»Als der Tag anbrach, begriffen die im Lager zurückgebliebenen, daß Darius sie verraten hatte. Sie streckten den Skythen die Hände entgegen und sagten ihnen die Wahrheit...«
Es handelt sich nämlich um den von Herodot beschriebenen Rückzug der persischen Armee aus der Skythensteppe.
Das Ereignis fand nicht weit östlich der Donau statt, in unmittelbarer Nachbarschaft des Wülpensandes. Aber 1000 Jahre früher.
Die Geschichte war nicht nur im ganzen Altertum berühmt, sie hat sich auch, freilich deformiert, in der ossetischen und tscherkessischen Sage bis in die Gegenwart erhalten. (Sage von Acaemaez, Acaes Sohn, in Dumezil: Livre des Heros.) Einen Barritus also haben die persischen Esel erhoben, wie die Krieger Ludwics und die Germanen des Tacitus. (Barrus = Elefant, Burdus = Maulesel.) Wir können,

angesichts dieser Parallele, nicht sagen, ob die »Kudrun« uns also einen wahren Bericht liefert, oder ob wir es mit einem skythisch-gotischen Topos zu tun haben, den der Dichter wieder einmal von der Krim brachte ... Ich bin jedoch geneigt, ihn ernst zu nehmen, einfach, weil ich mir keine andere Absetzweise der Ormanier vorstellen kann ...
Freilich, der persische und der ormanische »Barritus« als Kriegslist gibt zu denken ... Vielleicht fällt Ihnen eine Lösung ein, Leser.
Den geschwächten Hegelingen am nächsten Morgen blieb jedenfalls nichts übrig, als ihre Toten zu begraben und nach Hause zurückzukehren.
Wate war der einzige, der es wagte, vor die Königin zu treten.

(923)
»Owe« sprach frou Hilde »wi ist es nu ergan?
Es füerent dürkel schilde des alten Waten man.
Unsänfte gent die moere geladen harte swere.
Si gehabent sich uebele. Ich weste gerne, wa der kunic waere.«

(Oweh, sprach da Frau Hilde, wie ist es nun ergahn?
Es führ'n zerhau'ne Schilde des alten Waten Mann.
Hart seh ich gehn die Mähren, beladen allzu schwere.
Das ist ein übles Zeichen. Ich wüßte gerne, wo der König wäre.)

(925)
Do sprach Wate von Stürmen: »Ich mag iuch nit verdagen
noch sol iuch nit betriegen. Si sint alle erslagen.«

(Da sprach von Stürmen Wate: ich kann es nicht vertagen
und darf euch nicht betrügen. Sie alle sind erschlagen.)

Die Strophe 926 faßt höchst treffend zusammen:

»Owemine leide«, sprach des kuniges wip. (Leide im Plural)
»Wi ist von mir geschieden mines Herren lip. (Verlust ihres Ehemannes)
Hetelen des richen! wie swindet mine ere! (die Niederlage gereicht der Stammesherrin zur Unehre)
Wi han ich vloren beide! ja gesihe ich Kudrun nimmer mere.« (Verlust der Tochter)

Der Dichter weiß es wohl nicht mehr, aber diese Formeln sind gewissermaßen die fossilen Spuren der hegelingischen Stammesverfassung[1].
(Hetel ist reich, Hilde ist »Frouwe«, Herrin. Hetel hat *Schätze erobert* oder erhandelt, aber Hilde ist die wahre *Herrin des Volkes.*)

Eine spätere, aus der Zeit des Dichters stammende Vorstellung zeigt sich in den Strophen 932–933, wenn Hilde ihre Mannen auffordert, die »Pilgerschiffe« zurückzugeben und ihre Besitzer zu entschädigen:

»daz si da fluochten niemen und daz Hagenen kint beleib unbescholten.«

(daß sie niemand fluchten und Hagens Kind nicht in Unehre bliebe.)

Da dies Tat Wates und Hetels war, ist diese Zeile nur verständlich, wenn Hilde, die wahre Herrin, für deren Taten verantwortlich gemacht werden kann.

(930)
Wate sprach ze Hilden: »Frouwe, lat daz klagen.
Wir suln uns besenden in diesen zwelf tagen
mit allen iuwern Recken swaz wir der mügen bringen
und raten eine reise...«

(Wate sprach zu Hilde: Herrin, laßt das Klagen.
Wir müssen uns jetzt besinnen, *in diesen zwölf Tagen,*
mit allen euern Recken, die wir zusammenbringen können,
und über die Reise beraten...)

Haben Sie gelesen? Hildes Recken! Nicht etwa »mit allen Tenenrecken«... Weder der Oheim Wate, noch der Sohn Ortwin, der so tapfer mitkämpftc auf dem Wülpensand, tritt Hetels Herrschaft an.
Aber in Str. 942 heißt es:

Do sprach Wate der alte: »ezkan nit e geschehen
di wir da han ze kinden, unz daz wir gesehen,
daz si sint swertmaezig...«

(Da sprach sprach Wate der alte: Es kann nicht eher geschehn,
als daß wir unsere Kinder herangewachsen gesehn,
damit das Schwert sie führen...)

Wie war das doch? Über 2000 Krieger kamen Hervic zu Hilfe, dem immerhin noch einige Gefolgsleute geblieben sein müssen. 800 Moere, oder was davon noch übrig war, hatte man zu Verbündeten gewonnen. Alles in allem also waren die Verbündeten wohl rund 3000 Mann stark.
Etwa tausend Krieger, Mannen der Verbündeten, kämpften auf dem Wülpensand gegen die Ormanier. Selbst bei starken Verlusten, 50%, müßten, mit den Zurückge-

bliebenen zusammen, noch zweieinhalbtausend disponibel sein. Und Hetels Heer gegen Sifrit, schnell zusammengerafft, war sicherlich nicht das ganze Aufgebot des Hegelingenreiches. (Die zitierte Strophe 1930 beweist es.)
Weshalb also will Wate, der eben noch nach 12 Tagen wieder aufbrechen wollte, jetzt plötzlich eine ganze Generation abwarten?
Wäre die »Kudrun« wie irgendeiner der zahllosen Ritterromane des Mittelalters, so bräuchten wir uns mit solchen Fragen nicht aufzuhalten.
Aber ich habe mich nun einmal entschlossen, sie als Geschichte anzusehen. Was geschieht also? Die Abfahrt wird verschoben, die requirierten Schiffe werden mit höflichem Dank und Entschädigung zurückgegeben und Hilde beschließt, eine eigene Flotte zu bauen. (Die Behandlung der »Pilgerflotte« ist keine Tradition, sondern entspricht dem spätrömischen Prinzip der Angaria, der Zwangsrekrutierung von Transportmitteln, das von dort ins mittelalterliche Recht gedrungen ist.)
Hilde baut eine eigene Flotte! Wann?
Nach den Strophen 1022 und 1070 dauert Kudruns Gefangenschaft fünfzehneinhalb Jahre, aber nach Strophe 1088 machen sich die Befreier 13 Jahre nach Hetels Tod auf die Reise. Dauert also die Reise zweieinhalb Jahre?
Aber Ortwin, Kudruns Bruder, kam mit eigener Gefolgschaft zu Hervics Entsatz, kämpfte (Str. 873) auf dem Wülpensand mit und ist doch (Str. 1113) bei der Befreiungsfahrt erst 20 Jahre alt.
Nun hatten ja gelegentlich fürstliche Knaben schon mit 6 Jahren eigene Waffen und zogen mit zwölf auf Wikingfahrt, aber daß Ortwin auf dem Wülpensand »mit sinen Hergesellen ... Helme vil verhouwen ...« haben soll, wenn er da erst 7 Jahre alt war, das scheint mir doch kaum zu glauben.
Schließlich wird berichtet (Str. 1654), daß zur Zeit von Kudruns Befreiung die einst von Sifrit zerstörten Burgen Hervics immer noch in Schutt und Asche liegen, ja daß sogar dessen Schwester immer noch nichts anzuziehen hat und im Hemd dasteht (Str. 1654).
In fast 16 Jahren hat sie es noch zu keinem Rock gebracht? Eine entsetzlich faule Bande anscheinend ...
Was also ist des Pudels Kern?
Ja, sehen Sie, im ursprünglichen Bericht stimmte das alles. Da war nämlich nicht von Jahren die Rede, sondern von Monaten. Wenn wir diese Zeitangaben zurückverwandeln, so ist zwischen Raub und Rettung nur etwa ein Jahr vergangen, die Fahrt der Hegelingen bemißt sich nach Wochen und nicht Jahren und Ortwin ist auf dem Wülpensand ein Achtzehnjähriger.
Aber irgend jemand fand ein Jahr Gefangenschaft nicht traurig genug und machte aus Monaten Jahre, ohne dabei zu bemerken, was er angestellt hatte.
Allerdings, nicht in Kalendermonate sollten wir die Jahre umsetzen, sondern in Mondmonate von 28 Tagen, wie sie von den Germanen verwendet wurden. Wie war das also?

»Gen des Maien ziten si kamen über see«, Sifrit und seine Moere.

Im April also. Hervic wird fast aus seinem Land vertrieben und ruft um Hilfe. Sagen wir also, Hetels Entlastungsangriff erfolgte 4–5 Wochen später, Ende Mai, meinetwegen Anfang Juni.
Ende Juni, Anfang Juli wird Sifrit eingeschlossen und kurz darauf, Ende Juli, wird Kudrun entführt.
Im August etwa findet die Schlacht auf dem Wülpensand statt, in der Hetel-Wigoleis den Tod findet.
Die Verluste müssen ausgeglichen werden, wenn auch nicht 13 Jahre dazu nötig sind, die Schiffe müssen zurückgegeben (man kann keine Feinde im Rücken brauchen) und durch eigene ersetzt werden.
Das ließe sich vielleicht in drei Monaten machen, aber dann käme man in die Herbststürme[2]. Besser man nimmt sich Zeit. Rache kann kalt genossen werden. 13 Monate später, 13 *Monde* eigentlich (13 mal 28 Tage), 364 Tage später fährt man aus zur Rache und Befreiung.
Am Jahrtag von Hetels Tod machen die Hegelingen sich auf den Weg. Die Differenz zwischen der Dauer von Kudruns Gefangenschaft und der Zeit zwischen Hetels Tod und der Ausfahrt der Befreier beträgt etwas über zwei Monde, also etwa 60 Tage. Diese können wir in die Zeit von der Erstürmung Matelanes bis zu Hetels Tod (30 Tage) und die Seefahrt der Hegelingen teilen (30 Tage).
Soweit es hier überhaupt möglich ist, Ziffern zu geben, scheinen sie zu stimmen. Das heißt, der Dichter hat sich glaubwürdige Angaben ausgedacht, und das deutet wieder auf Ortskenntnis am Schwarzen Meer hin.
An Schiffen scheint Hilde (die Beschreibung ist unsicher) vierzig zu haben. Weitere sechzig bringt Morunc von Waleis. Es scheint, diese »Kocken« stammen von den Holzanen, und ich kann hier nur auf deren oben gemachte Lokalisierung hinweisen und auf die Berichte über die Sitten der Waräger und der von ihnen erhobenen Abgabe in Form von Einbäumen.
Bei rund hundert Schiffen ist es möglich, gut 4000 Mann einzuschiffen. Die Zahlen freilich besagen 34000, die ich jedoch auf 3400 zu reduzieren geneigt bin.
Von den Moere kommt wieder Sifrit mit 22 Schiffen, also etwa dieselbe Heeresstärke wie das letztemal.
Auf dem Wülpensand findet ein Gedächtnisaufenthalt statt. Es heißt:

(1121)
»... da heten si sich sit
vermezzen alle geliche zuo einer samcnunge.
ir kloster daz was riche; ...«

Das Kloster stammt aus einer christianisierten Fassung der Geschichte, aber die vorhergehende Zeile hat den Interpreten allerhand Kopfzerbrechen gemacht. »Sich

vermezzen« heißt nämlich »prahlen«, »übermütig herausfordern« oder dergleichen, was alles für einen christlichen Gedenkgottesdienst keinen rechten Sinn macht. Es macht aber Sinn, wenn wir annehmen, daß es sich um heidnische Kampfspiele am Jahrestag von Hetels Tod handelt.
Herodot berichtet, daß dem König der Skythen *am ersten Jahrestag seines Todes* Menschenopfer dargebracht werden. Man tötet ihm zu Ehren fünfzig freigeborene Krieger und fünfzig besonders schöne Pferde. Die Kadaver von Männern und Pferden werden ausgestopft und rings um den Tumulus des Königs aufgepfählt. »Nachdem sie so diesen Kreis von Reitern um das Grab aufgerichtet haben, ziehen die Skythen sich zurück.« (Herodot)
Wahrscheinlich fällt es dem Leser schwer, in dieser barbarischen Skythensitte einen germanischen Brauch zu sehen; zwar weiß man von germanischen Menschenopfern, aber eine derartige Schlächterei ist doch schwer zu glauben. Und doch, ich kann Ihnen nicht helfen. Zwar sind die fünfzig nach archäologischem Befund wohl übertrieben, oder wenigstens von einem Einzelfall verallgemeinert, aber die Sache an sich könnte doch möglich, dürfte wahrscheinlich gewesen sein.
Beweise? Bitte sehr: Aus der Ragnarsaga Lodbrokar:
Als Ogmundr der Däne bei der Samsey im Munarvagr (Versammlungsinsel in der Erinnerungswoge) ankerte, fanden seine Leute einen hohen moosbewachsenen trémadr (Baummann, meist ist ein hölzernes Götterbild gemeint, hier scheint die Sache aber anders zu liegen)[3].

»Der Trémadr sprach:
Das war vor langem
als auf dem Weg die Männer
der Heklinge zur Reise
den Walzenmond zogen (Walzenmond = Skaldensprache: Schiff)
vorwärts zur salzigen
Spur des Tagesanbruchs (Salz. Spur d. Tagesanbr. = Ostmeer)
da ward ich deshalb
auf dem Hügel errichtet.

Und darum sitz ich
svardmerdlingar (Sinn unbekannt, vielleicht schwarzglänzend)
im Süden am Salze
Söhne Lodbrokrs[4]
Da ward ich geopfert (oder: ward mir geopfert)
dazu Pferde getötet
auf der Versammlungsinsel
sonnenwärts.

Da steh ich im Bade
am Strand geduldig
am Manne Dornen
und Moose wachsen;
nun fallen auf mich
Tränen der Wolken
und es wärmt mich weder
Fleisch noch Kleider.

Es ist klar, daß dieser Spruch nicht einem Götterbild zugeschrieben werden kann. Es handelt sich also, bei genauer Betrachtung, um ein bemoostes, von Dornen umwachsenes Skelett, das einst auf der Versammlungsinsel im Vergangenheitsmeer (»Erinnerungswoge«) aufgerichtet wurde, mit Pferden (eigentlich Mähnen) zusammen geopfert, als die Heklinge im Ostmeer ihr Schiff zur Reise ins Wasser ließen.
Über die Herkunft des »Seekönigs« Ragnar Lodbrok sind die verschiedenen Versionen seiner Saga uneins, doch stimmen sie in einer Hinsicht überein: Er stammt aus Südrußland.
Zu datieren ist er anfangs des 9. Jh. (wir werden noch auf ihn zurückkommen). Zur Sache bin ich wieder einmal in der Klemme.
Die Elemente passen so vertrackt gut zusammen, als hätte ich sie extra erfunden. Aber das ist nicht der Fall. Die Trémadrstrophen habe ich nach bestem Wissen und Gewissen übersetzt, aber vielleicht kann man sie hier und da anders deuten. Die Elemente, auf die es ankommt, sind aber nicht wegzudiskutieren.
Es ergibt sich also die Frage: Sind die Heklinge am Südmeer im Osten die Hegelingen? Ist hier von Menschenopfern die Rede? Nach skythischem Vorbild? Ist eine derartige Bewahrung von Tradition glaubwürdig?
Offen gestanden, ich weiß es nicht!

Hetels Totengedächtnis wird in der »Kudrun« erwähnt, habe ich gesagt. Danach brechen die Verbündeten endgültig auf.
Hundertzweiundzwanzig Schiffe haben sie, rund vierzig Mann in jedem Schiff, also etwa 5000 Mannen, alles in allem.
Wehe dir, Ormanieland.
Die Rächer sind unterwegs.

35. Kapitel

Schiffe, Magneten und Strandraub

Durch das Wasser des Schwarzen Meeres schäumten die Kiele der Hegelingen nach Süden und Westen. Kocken (Einbäume?) und Plankenboote unter den Segeln mit Frau Hildes Zeichen.
Wikingische Langschiffe. Snekkja (got. *Sniu-ga-ja = Schnelläufer) nannte man sie. Wenn man so will.
»...92 Langschiffe für den Seekampf, mit einer Ruderreihe und einer Bedeckung versehen, damit die Ruderer nicht von feindlichen Geschossen getroffen werden konnten.
Schnelläufer heißt man solche Schiffe, denn sie besitzen eine hohe Geschwindigkeit. Darauf fuhren 2000 Mann, alle zugleich Krieger und Ruderer...«
Nein, das ist nicht die Flotte der Hegelingen, von der hier die Rede ist.
Nein, auch nicht die Flotte Olaf Tryggvasons...
Nicht Eirik Blodax's Schiffe, noch Svein Gabelbarts, Harald Hildetands... Es ist ganz einfach die Flotte Kaiser Justinians, die auszieht, das nordafrikanische Wandalenreich zu erobern (a. d. 530).
Beschrieben von Prokop von Kaisareia.

Die Beziehungen, die die nordischen Wikinger zu Byzanz hatten, sind bekannt. Man weiß, daß skandinavische Fürsten in der Warägergarde der Kaiser dienten. (Siehe auch die oben erwähnten bemalten Krieger, die Psellus beschreibt.) Daß die Waräger von den Griechen auch »Dromitae« genannt wurden, habe ich schon gesagt und diese Bezeichnung von dem »Dromos Achilleis«, ihrem Versammlungsplatz, abgeleitet. Es ist aber nicht ausgeschlossen, daß die hier genannten »Schnelläufer«, die Dromonen, ihren Namen daher haben (oder umgekehrt).
Wer hat also diesen Schiffstyp erfunden? Von der klassischen griechisch-römischen Trireme stammt das Modell jedenfalls nicht ab.
Wer hat von wem gelernt?
»...auf schnell gebauten Schiffen, schmalbordig, aber weitgebaucht, ohne Metall zusammengefügt, bedrohen sie die Küste. Wenn das Meer hochgeht, erhöht man die Bordwände mit Planken, bis sie ein Dach bilden...
Da beide Enden in einen Bug auslaufen, können sie beliebig anlegen.«
(Es scheint also, daß sie, im Gegensatz zu römischer Bauweise, nicht kraweel, sondern klinker, mit übereinandergreifenden Planken, gebaut sind.)
Da haben wir sie also, die schnellen Boote der Wikinger (= Buchtenmänner).
Drei Zitate:
»Sie bilden ganze Flotten und sind beständig auf dem Meer, sei es, um Handels-

schiffe zu überfallen, sei es, um Küstengegenden und Städte anzugreifen und so eine wahre Meerestyrannei auszuüben.

Wenn sie von ihren Streifzügen zurückkehren, tragen sie, denn sie haben keine Häfen, ihre Boote landeinwärts, dorthin, wo sie wohnen. Um sich zu ernähren haben sie nur magere Äcker, die sie schlecht und recht bestellen...«

Wikinger eben.

»Piraten gingen natürlich lieber unbeobachtet an einem entlegenen Strand an Land, von dem aus sie ihre Angriffe unternehmen konnten. Aber der sichtbare Verschleiß des Kieles und die großen Reparaturen am Schiffsboden... zeigen, daß man auch Handelsschiffe bei geeignetem Gefälle auf den Strand setzte, sei es an Flußufern, sei es an den Ufern von Meeresbuchten oder windgeschützten Küstenstellen... Bei einem längeren Aufenthalt oder bei Gezeitenwechsel konnte man sie danach an Land ziehen...«

Sicher gleichen auch die »Galeiden« der Hegelingen diesen Schiffen, nicht wahr? Wie bei echten Wikingern nicht anders zu erwarten ist...

Gewiß, nur handelt es sich auch hier nicht um Wikingerschiffe! Das heißt, bei dem letzten Zitat schon (Sean Mc Grail in Graham-Campbell: The Wiking World). Aber die beiden anderen sind von Tacitus (es bezieht sich auf das Jahr 69 n. Chr.) und von Strabo (XI,12), der 20–7 v. Chr. schrieb. Sie haben richtig gelesen, neunundsechzig nach Christus und 20 vor Christus.

Die Schiffe heißen Kamaren und sind an der kaukasischen Küste gebräuchlich, bei den Boranen, den kolchischen Barcei (= Schiffern), den Kamariten.

Siebenhundertfünfzig Jahre, ehe die ersten Wikinger die nordeuropäischen Küsten unsicher machten!

(Und ich wage hier die Prophezeiung, daß man die Vorfahren des Nydam-, des Gokstad- und des Sutton-Hoo-Schiffes [400 bzw. 625 n. Chr.] nicht im Norden finden wird, sondern sobald die russischen Archäologen Unterwasserarchäologie im Asowschen und Kaspischen Meer aufnehmen werden.)

Keine Wikinger also sind unsere Hegelingen.

Trotz ihrer Seefahrt.

Voll von Kriegern sind ihre Kocken, schwergewaffneten, mit »helmen vil guoten uz stahele geschlagen«.

Solide Segel hatten sie (1108), Ankertaue aus Seide (die dem Salzwasser widersteht) und Anker aus Messing oder Bronze.

Damit sie nicht von den Magneten angezogen werden.

Erinnern Sie sich, als ich kurz die Geschichte von Herzog Ernst im Schwarzen Meer erzählte, versprach ich darauf zurückzukommen. Also: Die Legende vom Magnetberg verbindet sich in vielen Berichten mit dem verwandten Konzept vom Maelstrom, dem großen Strudel am Rande der Welt, irgendwo im Norden (der Effekt der Flut und einer Meerenge in den Lofoten). Man hat deshalb vermutet, daß auch der Magnetberg ursprünglich dort anzunehmen sei.

Aus derartigen Vorstellungen ist wohl das katastrophale Bild entstanden: Der Magnetberg zieht die Schiffe an und reißt ihnen alle Eisenteile aus den Planken. Rings um ihn ist deshalb das Meer ein Schiffsgrab, voll von Wracks und Toten. Lokalisiert aber wird dieses Bild nicht im Norden, sondern (wie im »Herzog Ernst«) im Orient. Und das ist auch tatsächlich sein Ort. Nicht der hohe Norden. Die Hegelingen sind der Realität im übrigen näher. Sie treffen ihre Vorsichtsmaßregeln nicht gegen den »Berg«, sondern gegen die Magneten im Plural: Damit »...den guoten helden die Magneten nit geschaden kunden«.
So fahren sie also nach Südwesten, entlang der Schwarzmeerküste...

(1125)
In komen sunderwinde, die sluogens uf dem sê,
daz edele ingesinde – da von wart in wê –,
da si mit tusent seilen den grunt niht heten funden.
ir beste Schifliute aller meiste weinen do begunden.

(Ihnen kamen da Sonderwinde, die verschlugen sie auf die See,
das edle Ingesinde – es war ihnen Angst und Weh –
wo sie mit tausend Seillängen keinen Grund mehr fanden.
Ihre besten Schiffsleute am allerlautesten zu jammern begannen.
[Ein Witzbold, der Dichter – augenzwinkernd gegenüber Kennern.])

Ein »besonderer Wind« also treibt sie ab, das edle Ingesinde.

(1126)
Ze Givers vor dem Berge lac daz Hilden heer.
Swie guot ir anker waeren, an daz vinster mer
magneten die steine heten si gezogen.
Ir guote segelbuome stunden alle gebogen.

(Zu Givers vor dem Berge lag da Hildens Heer.
Trotz ihrer guten Anker in das Finstermeer
hatten die Magnetsteine sie gezogen.
Ihre guten Segelbäume standen alle gebogen.)

Merkwürdig, nicht wahr, die Magneten, die Segelbäume biegen, denn das sind nicht Masten, sondern Rahen. Und die enthalten kein Eisen.
Sollte es sich da nicht eher um den Effekt des »Sunderwinds« handeln? Und weiter: ans *»vinster Meer«* sind unsere Helden verschlagen.
Die Wissenschaft weist da auf die Bezeichnung »mare caligans« hin, die in

lateinischen Quellen vorkommt (dunkles Meer), und sagt: »Darin wohl unklare Vorstellungen vom nördlichen Eismeer und der Polarnacht.«

Ach, wozu in die Ferne schweifen, Herr Professor. *Klare Vorstellungen* hatte der Dichter. Das »vinster meer« ist einfach das Schwarze Meer, Pontos Euxeinos, ursprünglich Pontos Axeinos,

»...ursprünglich iranischer (skythischer) Name des Meeres Aksaena, der so viel wie ›dunkel‹ bedeutet...« (Chr. Burchard: Pontos Euxeinos in »Der kleine Pauly«, Lexikon der Antike.)

Im Schwarzen Meer werden die Hegelingen von einem »besonderen Wind« abgetrieben und finden sich »ze Givers vor dem Berge« wieder.

Zu Givers, das angeblich in Dänemark liegen soll. Wo Horant (Str. 564) seine Helden hinbringt:

»si erwerten da ir selde; man erkante ir vogetes namen verre (= weit).«

Wie war das doch? »Sie waren dafür bekannt, daß sie ihre Wohnsitze tapfer zu verteidigen wußten (Bartsch).« Glauben Sie das wirklich?

Sehen wir weiter. Wate spricht:

(1128)
»Sit hie lit versiglet unser frouwen heer
und wir sin komen so verre uf daz vinster mer:
ich hörte ie sagen von kinde für ein wazzermaere,
daz ze Givers in dem Berge ein witez künicriche erbouwen waere.«

(Hier liegt nun versegelt unserer Frauen Heer.
Und so weit sind wir gekommen auf dem Finstermeer.
Seit Kindheit hört ich sagen, als Seefahrermär,
daß zu Givers hinterm Berg ein großes Königreich wär.)

(1129)
Da leben die liute schöne; so riche ist ir lant,
da diu wazzer vliezen, da si silberin der sant:
da muren si bürge. daz si hant für steine,
daz ist golt daz beste. Ja ist ir armuot kleine.«

(Da leben Leute schöne in ihrem reichen Land,
wo die Wasser fließen, sei silbern der Sand.
Da mauern sie Burgen: was sie nehmen als Stein,
ist manchmal sogar Gold. So ist ihre Armut klein.)

Es ist klar, daß der Dichter des Mittelalters genau wußte, wo die Hegelingen waren. Er kannte die Gegend gut genug. Aber er ließ die alten hegelingischen Vorstellungen aus der Steppe stehen, denn so war die Geschichte halt viel spannender, und seinen bayerischen Hörern geläufig.
Ob die Bezeichnung »Givers« eben so alt war oder ob er sich da eine kleine Mystifikation erlaubte, wollen wir dahingestellt sein lassen. Er wußte jedenfalls, daß Frau Hildes Heer da am Bosporus angekommen war.
Dort liegt »in dem Berge«, nämlich hinter der Halbinsel Pera (mhd. Peraha = Berg), ein »witez künicriche«: Byzanz[1].
Dort dienten Horant und seine Helden in der Armee und erwarben »ir selde«, ihren Sold, nämlich. »Weithin kannte man ihres Herren Namen.« (Wenn mein zeitlicher Ansatz stimmt, müßte es Leon der Große gewesen sein.) Byzanz existierte damals erst seit etwa 130 Jahren. Kein Wunder, daß die Beschreibung märchenhafte Züge trägt, die man sich in der Steppe erzählte. Wenn der Name keine Mystifikation darstellt, so könnte »Givers« wohl von »Chrysokeras« (goldenes Horn) abgeleitet sein.
Wate:

(1130)
»swen die magneten bringen für den berc,
daz lant hat die winde, swer ir mag erbiten,
der ist immer riche   mit allem sinem künne nach den ziten.« (kuni, got. Sippe)

(Wen die Magneten bringen vor den Berg,
wer die Winde erwarten kann
ist nachher immer reich mit seiner ganzen Sippe.)

(1131)
...»so sol wir vazzen voll
unsere schif diu guoten   *mit edelem gesteine.*
kom wir da mite widere, wir gesitzen froelich noch daheime.«

(So sollten wir füllen
unsere guten Schiffe mit Edelgestein,
wenn wir entrinnen, sitzen wir damit noch fröhlich daheim.)

(1132)
Do sprach von Tenen Fruote: eh mir di galinê
und minen vartgenossen   taete hie so we,
ich swüere tusend eide, daz ich nimmer guot gewunne,
daz ich vor diesem berge   mit guoten winden uz der not entrunne.

(Da sprach der Däne Frute: Eh mir die Galiné
[mir und meinen Fahrtgenossen] täte so weh,
ich schwüre tausend Eide, daß ich kein Gut will gewinnen,
nur von diesem Berg will mit guten winden aus der Not entrinnen.)

Sinn: Verlassen wir uns nicht auf die Galiné. Verzichten wir lieber auf die Schätze.

Aus dem Bereich der griechischen Pflanzstädte am Schwarzen Meer kommen die Hegelingen, vor dem Bosporus liegen sie, Seefahrer (wir haben es gesehen) waren sie eigentlich nicht. Kein Wunder also, daß Fruote kein Wort für »Flaute« hat und auf das griechische Galiné = Windstille zurückgreifen muß.

Vier Tage dauert es, erfahren wir weiter,

»do diu schif do stunden vaste an einer stat«

(Da die Schiffe standen festgehalten an der Stelle.)

ehe ein Wandel eintritt und

»daz genibele zoch sich höher, als es got gebot«.

(Das Genebel sich in die Höhe zog nach Gottes Gebot.)

Und bald darauf

erwageten ouch die ünde;
... do kom ein westerwint;
... der treip si in einer wile
... wol sehs und zweinzig mile.

(wallten auf die Fluten:
... Es kam ein Westerwind
... Der trieb sie in kurzer Zeit
... Wohl sechsundzwanzig Meilen.)

Aber die Magneten? Die Magneten! Zum Henker, der Leser will endlich wissen, was es mit den Magneten auf sich hat!

Nun, die Magneten sind die beiden »Kyanischen Felsen« (»die Dunkelblauen«), die Symplegaden (»die Zusammenschlagenden«) am Ausgang des Bosporus ins Schwarze Meer. Zwischen ihnen geht eine heftige Strömung ins Marmarameer, die kleine Schiffe unwiderstehlich mitreißt. Die Gefahr wird noch durch einen häufig

wehenden Ostwind (einen »sunderwind«), den Kerasos, erhöht, der bläst, »daß sich die Segelbäume biegen«.
Apollonios v. Rhodos beschreibt die Durchfahrt in seinem Argonautenepos:

»... Da packte die Angst sie, bis wieder die Woge
Rückgewendet sie faßte und mit der Strömung sie vorwärts
Zwischen die Felsen trieb. Ein zagendes Grauen befiel sie
Alle. Denn ihnen zu Häupten lag unabwendbar Verderben.« (II, 578–78)

»Nun durcheilte Euphemos die Reihen der Freunde mit Zuruf,
Sich mit aller Kraft in die Ruder zu werfen, und schreiend
Schlugen die Flut sie. Jedoch so weit sie auch vorwärts das Fahrzeug
Trieben, zweimal so weit glitts wieder rückwärts. Die Stangen
Krümmten sich wie ein Bogen, so sehr auch die Helden sich mühten.«
(II, 588–92.) (Übers. Th. v. Scheffer)

Hier sind es freilich die Ruder, die sich biegen, aber abgesehen davon, daß die Argonauten von der entgegengesetzten Richtung kommen, könnte das geradezu eine Paraphrase der oben zitierten Kudrunstelle sein. Übrigens enthält diese Kudrunstelle noch einen interessanten Zug: »Wen die Magneten bringen vor den Berg... der ist immer reich mit samt seiner ganzen Familie«, sagt Wate und will die Schiffe »vazzen voll... mit edelem Gesteine«.
Man fragt sich, warum er in »Givers« nicht gleich Gold und Silber einladen will, die es dort ja so überreich geben soll. Wenn man die Stadt schon erstürmen will, so wird man das doch nicht zurücklassen...?
Aber halt! Von der Erstürmung Givers' ist nicht die Rede... Kein Wort! Glaubt Wate, man könne dort Edelsteine nur mal eben so am Strand aufklauben? Er glaubts, Leser. Er glaubts!
Oder der Dichter läßt es ihn glauben.
Wate (oder der Dichter) weiß nämlich nicht nur, daß die »Magneten« zwei kleine Inseln sind, er weiß auch, daß sie »Kyanei« heißen.
Und er kann genug Griechisch, um zu wissen, daß »Kyanos« der Name eines Edelsteines ist, Lapis-Lazuli nämlich.
Und mit dem will Wate die Schiffe vollpacken.
Als naiven, gierigen Hinterwäldler dargestellt finden wir Wate, den Helden. (Wenn dem Dichter wirklich Humor fehlt, wie man ihm nachsagt, Ironie hat er.) Das vermutete Abfassungsdatum der »Kudrun« fällt mitten in die Existenz des lateinischen Kaisertums Konstantinopel (1204–1261), und es wäre interessant, in den Werken byzantinischer Autoren nach weiteren Hinweisen zu suchen. Ich habe es nicht getan, jedoch hat der Zufall mir eine Reisebeschreibung in die Hand gespielt, deren Angaben ich dem Leser nicht vorenthalten will. Also:

Im Jahre 1700 bereiste der französische Botaniker J. P. de Tournefort Kleinasien. In seinen Reiseberichten schreibt er: »Der Hafen von Konstantinopel ist nach Sonnenaufgang ausgesetzt. Manchmal rührt der Ostwind das Wasser und wirft es heftig gegen Westen zurück... *In solchen Augenblicken schreien die Seeleute unaufhörlich, wie sie seit je gewohnt sind,* denn sie sind unfähig, ohne Lärm zu manövrieren, und ihr Geschrei, zusammen mit dem Gebell der Hunde, deren die Straßen voll sind, macht einen solchen Krawall (›Tintamarre‹), daß man meinen könnte, die Stadt ginge unter...«
Wie sagt die »Kudrun«?

»In komen sunderwide, die sluogens uf den sê,...
Ir beste schifliute aller meiste weinen do begunden.«

Aber was erfuhren wir noch von dem Reich Givers?

»da diu wazzer fliezen, da si silberin der sant:
da muren si bürge. Daz si hant für steine,
daz ist golt daz beste...«

Und was weiß Monsieur de Tournefort?
Nachdem er die »Kyanischen Felsen« beschrieben hat, fährt er fort: »Will man den Argonauten folgen, so muß man annehmen, daß der Hof des Königs Phineus... am Eingang des Bosporus auf der europäischen Seite war. Vielleicht bei Mauromolo, wo es einen bequemen Hafen und einen angenehmen Bach gibt...
Zwischen Mauromolo und dem ›neuen Schloß Europas‹ (Rumeli Hissar) gibt es keinen nennenwerteren Ort... Das Erstaunlichste ist ein Bächlein, dessen Sand golden erschien, als man noch die Kupferminen dieser Küste ausbeutete.« (Heute heißt dieser Strand Altinkum = Goldsand.)
»Dieses Wasser fließt gleich neben der Kapelle »Unsere liebe Frau von den Kastanienbäumen«, *am Fuß eines Berges, der so hoch ist, daß man über die anderen hinweg Konstantinopel*, das Schwarze Meer und das Marmarameer *sehen kann*...«
»...Das neue Schloß Europas wurde auf Befehl Mahmuds IV. erbaut... Jenseits davon sieht man die Ruinen einer alten Zitadelle, die die griechischen Kaiser oder die Byzantiner erbauten...«
»Silberin der Strand«,... Goldsand... Bürge... Was will man mehr? »...Der Golf endet an dem berühmten ›Felsen der Gerechtigkeit‹... Die Stadt Tharapia ist unterhalb dieses Felsens an einem kleinen Fluß... Die Mündung dieses Flusses ist ein recht guter Hafen, genannt Pharmacias, denn man sagt, nach der Tradition habe Medea hier ihre Gifttruhe ausladen lassen, mit der sie so viele Wunder tat. Auf der anderen Seite des Flusses liegt das Tal Linon.«
Soweit unser Botaniker (J. P. de Tournefort, Voyage d'un botaniste; Paris 1982).

Diese Stelle bedarf aber noch eines Kommentares. Pharmakos heißt nämlich »Vergifter« und vergiften heißt auch »jemand mit Gift vergeben«. Mit anderen Worten: Givers, wenn es nicht von Chrisokeras kommt, kann mit Givers = *Geber übersetzt werden. Das »Tal Linon« Tourneforts aber trug ursprünglich den Namen Kryovrissi, Kalte Quelle, und das könnte auf die Bezeichnung Givers eingewirkt haben[2].

Man sieht, der Dichter will Konstantinopel-Byzanz nicht nennen, ist sich aber über kleine und kleinste Landschaftsdetails im klaren.

Er weiß, wo die Hegelingen da segelten.

Sehen wir weiter:

Nachdem ein Westwind die Flotte aus ihrer Zwangslage befreit hat, segeln sie 26 Meilen nach Norden. Die deutsche Meile des Mittelalters ist etwa 7,4 Kilometer lang. Unsere Helden nähern sich also gut 190 Kilometer nordöstlich wieder der Küste.

(1136)
Ze vliezenden ünden waren si nu komen.
Diu Schif diu waren nu rehte gen Ormanie dem Lande gerunnen.

(Zu einer Meeresströmung waren sie nun gekommen,
die Schiffe waren nun richtig in Ormanie an Land gekommen.)

Ormanie liegt also etwa am Golf von Burgas, an der bulgarischen Küste. Wir können, so genau ist der Dichter, sagen, die Hegelingen sind südlich dieses Golfes angelangt, nördlich davon liegt Hartmuots Reich.

Aber freilich, unsere Amateurwikinger sind noch nicht am Ende ihrer Mühsal:

(1137)
Do huop sich aber schiere ein niuwez klagen.
Di schifwende krachten. Do begunden wagen
von den gruntwellen ir kiele harte sere.

(Da erhob sich aber reinweg ein neues Klagen.
Die Schiffsborde krachten, da begannen zu schlagen
von den Grundwellen gewaltig ihre Kiele.)

(1139)
Do ruofte von Tenmarke der küene Horant:
»gehabet iuch wol, ir degene. Mir ist wol erkannt,
der luft schadet hier niemen, ez sint westerwinde.«

(Da rief der von der Dänenmarke, der kühne Horant:
Gehabt euch ruhig, ihr Degen. Mir ist wohl bekannt,
die Luft hier schadet niemand. Es sind Westerwinde.)

Horant, wir haben es gehört, war schon früher im Lande der Byzantiner gewesen, hatte für sie gegen ihre Nachbarn gekämpft und kannte daher die Gegend.

Er weiß, sie liegen an einer Leeküste. Der Westwind ist Landwind und sie riskieren daher nicht, auf Grund gesetzt zu werden.

Ist das nun tatsächlich die thrakische (bulgarische) Küste, die hier beschrieben wird? Sie liegt bei Westwind tatsächlich in Lee!

Schlagen wir Xenophon nach:

»(Anabasis VII,5,12) So zogen sie zu Felde und gelangten, den Pontos zur Rechten, durch das Gebiet der sogenannten Hirseesser nach Salmydessos (heute Midia). Hier geraten viele der in den Pontos segelnden Schiffe auf Untiefen und stranden (›gruntwellen‹); denn das Meer ist auf eine weite Strecke hin seicht. Die hier wohnenden Thraker haben den Strand durch Grenzsäulen abgeteilt, und jeder Gau trägt als Beute davon, was bei ihm an Land geworfen wird. Früher, ehe diese Marken gesetzt wurden, sollen viele beim Plündern einander umgebracht haben.«

Zurück zur »Kudrun«:

(1143)
Durch gemach si fuoren   von schiffen uf den sant;
guoter dinge genuoge   hei waz man da vant!

(Gemächlich sie gingen von den Schiffen an Strand,
viel gute Dinge, hei, was man da fand!)

Ei, ei, da schau mal einer an! »waz man da vant!«

Freilich fährt der Dichter fort:

frische kalte brunnen   di fluozzen in dem tanne nider von dem berge.
Des freuten sich die wazzermüeden manne.

Nun, das freut einen ja für die Hegelingen, aber bloß kaltes Wasser als »guoter dinge genuoge« zu bezeichnen, das scheint mir doch etwas spärlich.

Vielleicht war es doch noch wie zu Xenophons Zeiten:

»Hier werden viele Ruhebetten, Kisten, Bücher und viele andere Waren gefunden, die die Schiffsherren in hölzernen Behältern mit sich führen.«

Wie dem auch sei, Irolt stieg auf einen Baum und sah in der Ferne Ormanie liegen.

(1148)
Di ros zoch man schiere zuo in uf den Sant. (schiere = nackt und ungesattelt)
Swaz man guoter decke und kovertiure vant,
die versuochten uf ir rossen ritter unde knechte,
welhez in gezaeme. Do nam ir ieclicher im daz rehte.

(Die Rosse zog man schier und ungesattelt auf den Sand,
was man an guten Decken und Überwürfen fand,
es versuchten auf ihren Rossen Ritter und Knechte,
was jedem paßte. Da nahm jeglicher das ihm rechte.)

Man sollte meinen, jeder hätte sein Sattelzeug von zu Hause mitgebracht, aber nein, man muß erst jetzt ausprobieren, als ob sich die »decke und kovertiure« am Strande fänden!

Hunger haben unsere Helden natürlich auch, und die Vorräte können nach der langen Reise wohl nicht mehr bedeutend gewesen sein. Macht nichts:

(1150)
Ir fiur si do zunden. *Riche spise guot*
die besten die si funden bi des meeres fluot,
di hiez man do bereiten...

(Ihr Feuer sie da entzündeten. Reiche Speise gut,
die beste die sie fanden bei des Meeres Flut,
die hieß man zubereiten...)

So war das also. Mir scheint, da hatte sich in der Tat nichts seit Xenophon geändert; Überlieferung scheint mir das aber nicht zu sein, sondern Erfahrung des mittelalterlichen Dichters, oder seiner Gewährsleute.

Oswald von Wolkenstein ist mein Zeuge (in dem Gedicht »Es fügte sich...«):

»Das Schwarze Meer lehrt' mich ein Faß umgreifen,
da mir zerbrach mit Ungemach mein Wargantin. (Brigantine)
Ein Kaufmann war ich, doch genas ich und kam an,
Ich und ein Russ'; in diesem Strauß so Kapital wie Benefiz
das sucht' den Grund und ich schwamm zu dem Reifen.« (des Fasses?)

Ich weiß nicht, ob sein Abenteuer gerade dort stattfand, wo die Hegelingen ihre »riche spise guot« (ein Weinfaß?) »bi des meeres fluot« aufsammeln, aber die poetische Gerechtigkeit verlangt's eigentlich.

Natürlich lassen sich alle diese Ausdrücke auch auf mitgebrachte Ausrüstung und

Nahrung beziehen: »guoter Dinge genuoge… hei waz man da fant«, das ist das Erstaunen beim Auswickeln der Brotzeitpackl, die ihnen Frau Hilde mitgab, die Rosse, die man »schiere« (blank) auslädt, und die Satteldecken, die man erst ausprobieren muß, die beweisen nur, daß die Hegelingen unverbesserliche Schlamper waren, die »riche Spise guot… bi des meeres fluot« gefunden, sind dann natürlich rasch gefangene Fische (für mindestens 3000 Mann).

Wenn Sie das besser überzeugt, Leser, bittschön, man kann den Hund nicht zum Jagen tragen…

(Was mich angeht, so will ich eher noch glauben, daß man die glückliche Ankunft erst einmal mit einem kleinen Strandraub feierte, aber das widerspricht eigentlich der doch nötigen Geheimhaltung…)

Den ganzen nächsten Tag verbringen die Hegelingen mit Beratungen und Streitereien, denn Hervic und Ortwin wollen auf Kundschaft ausziehen, aber Wate und die anderen Fürsten sind dagegen. So endet diese 23. Aventiure mit dem Vers:

(1164)
Si heten mit dem rate gestriten al den tag.
Ez was nu worden späte, der sunne schin gelac
verborgen hinter wolken ze Gustrate verre.
Des muoste noch bliben Ortwin und Herwic der Herre.

(Sie hatten mit dem Beraten gestritten den ganzen Tag.
Es war nun spät geworden. Der Sonnenschein nun lag
verborgen hinter Wolken weit gen Gustrate.
So mußten Ortwin und Herr Herwig noch verharren.)

Erinnern Sie sich noch?

Gustrate, »to den Gholtsterte«, hat R. Meissner als Vorgebirge an der englischen Kanalküste identifiziert, nur liegt es leider von der Normandie gen Sonnenaufgang, nicht gen Abend.

Und R. Wisniewski hat ein Satzzeichen versetzt und diese Schwierigkeit aus der Welt geschafft.

So ist der Sinn entstanden: »Deshalb mußten Ortwin und Herwic dem Lande Gustrate noch fernbleiben… ein stimmungsvolles Erinnerungsbild an die Sonnenuntergänge in der Heimat (R. Wisniewski«.)

Wie schön!

Kluge Worte… Viele Überlegungen… Viel Schweiß der Edlen…

Alles für die Katz!

Gustrate (= *Justrate) ist nämlich ganz einfach das Istrandschagebirge: Westlich von Salmidessos-Midia, etwa 40 km landeinwärts »verre« und bis zu tausend Meter hoch. Für das lange Warten und Diskutieren der Helden gibt es keinen logischen Grund,

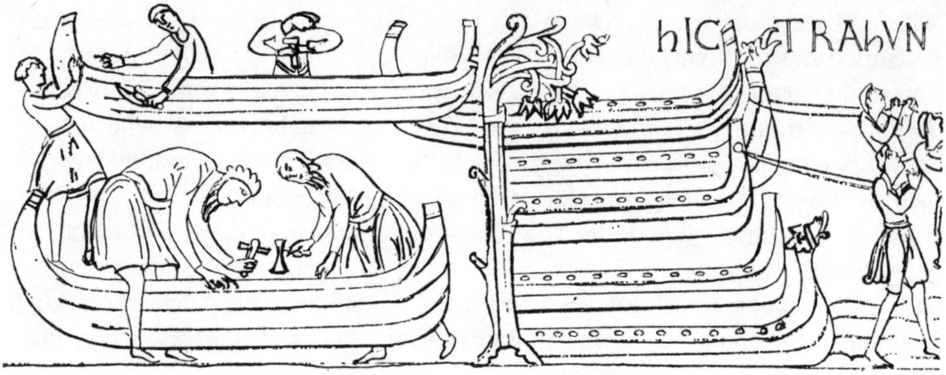

HIC TRAHUNT – hier zieht man die Schiffe ins Wasser

Abb. 19a–d Nach dem Teppich von Bayeux (1077)

aber es erlaubt dem Dichter, vom Sonnenuntergang zu reden und von den Bergen im Westen, von »Gustrate«.

Ein Augenzwinkern also gegenüber einem Publikum von Kennern.

Werfen wir noch einen Blick auf die Entfernungen.

Für die uns hier interessierende Strecke gibt Arrian um 130 n. Chr. (Periplus des Pontus Euxeinos) folgende Entfernungsangaben:

Von Anchialos (heute Pomorje) 17 römische Meilen (zu 1,5 km) bis Appollonia (Sozopol), dann 5 Meilen bis Chersonesos (Primorsko) und weitere 37 bis Thynia (Kap Iniada). 19 Meilen bis Salmidessos (Midia) und 32 bis Phrygia (Frigidus? kalter Fluß, »frische kalte Brunnen…«?) und von dort 33 bis zu den Kyanischen Felsen.

Rechnen wir zusammen: Von den Kyanischen Felsen bis Appollonia-Sozopol, am

HIC EXEVNT CABALLI DE NAVIBUS – hier werden die Pferde ausgeladen

VTCIBUM RAPERE – zum Lebensmittel stehlen

Eingang des Golfes von Burgos, sind es laut Arrian 126 römische Meilen = 189 Kilometer.
Von den »Magneten« der »Kudrun«, bis zu der Landestelle der Hegelingen sind es 26 deutsche Meilen. Bei einer durchschnittlichen Länge der Meile von 7,4 km macht das = 192 Kilometer.
Am Eingang des Golfes von Burgas also läßt unser Dichter seine Helden landen. Wenn wir nun bedenken, daß die Späher der Hegelingen zu Schiff ausziehen, das ganze Heer aber über Nacht, ohne riskante Landemanöver, vor Hartmuts Burg Kassiane auftaucht, dann kann diese nur am inneren Ende des Golfes gelegen sein. Dort aber befindet sich noch heute der Ort Rusokastro, die »Burg der Rus«, und Rus (Waräger) sind »Normannen«, wie uns die Nestorchronik zeigt.

Nun liegt Rusokastro nicht direkt am Meer, und von Appollonia bis dahin sind es fast 50 Kilometer Luftlinie, zuviel für einen Nachtritt vor dem Überfall. Vermutlich war Hartmuts Burg also eher Burgas, aber Rusokastro lehrt uns die Existenz von »Normannen« in dieser Gegend.
Von Appollonia aus aber liegt das Istrandschagebirge genau, wo unser Dichter es beschreibt: Im Sonnenuntergang, im Südwesten.
Und jetzt wissen wir auch, warum es den Hegelingen passieren konnte, von einem »Sunderwind« verschlagen zu werden. Sie versuchten lediglich, in großem Bogen, außer Landsicht, das Südufer des Golfes von Burgas zu erreichen. Sobald sie aber bei Kap Emine den Windschutz des Ostbalkangebirges verlassen hatten, mußte sie der Fallwind aus der Maritzaebene erfassen und abtreiben. Und jetzt verstehen Sie sicher auch, warum ich sagte, die »Kudrun« sei ein wahres Segelhandbuch der Schwarzmeerküste.
Solche Tatsachen freilich bewahren sich nicht als Überlieferung in Bayern ein Dreivierteljahrtausend hinweg, sondern sind der Überlegung und Ortskenntnis des Dichters entsprossen (obwohl, nach Meinung mancher Wissenschaftler, die Biographie des Arminius und die Schlacht im Teutoburger Wald sich sogar über 1000 Jahre hinweg mündlich überliefert und in Siegfrieds Abenteuern niedergeschlagen haben soll).

36. Kapitel

Kudruns Gefangenschaft, ein Liebeslied und Götterdienste

Was aber war in der Zwischenzeit mit Kudrun geschehen?
Rekapitulieren wir zunächst:
Ob Kudruns Gefühle für Hartmuot stärker waren als die für Hervic, ist über die Jahrhunderte hinweg nicht mehr festzustellen. Tatsache ist jedoch, daß Hartmuot als einziger der drei Freier liebenswert dargestellt wird. Er ist überhaupt der einzige, der über äußere Züge hinaus individualisiert wird. Das mag alles Erfindung des Dichters und nicht Überlieferung sein, es bedeutet aber zumindest, daß er sich dabei etwas gedacht hat. Auch die Reaktion der drei Helden nach ihrer Werbung ist bezeichnend: Hervic, der glückliche jungverheiratete Ehemann beschließt »daz er mit schoenen wiben vertribe anderswa die zit und sine stunde« (667), was nicht gerade nach großer Zuneigung aussieht.

(Deswegen nehme ich auch an, daß sein Brautraub ein abgekartetes Spiel war.) Sifrit von Moere hat nach der Ablehnung seiner Werbung eine einzige Reaktion: »darumbe drohte er Hetelen ze brennen all sin riche.« (584)
Auch das ist nicht gerade ein Zeichen von großer Zuneigung, sondern lediglich von verletztem Stolz.
Ganz anders Hartmuot: »Sin lip was wolgewahsen, schoene unde balt, milde unde küene...«, und seine Reaktion nach der Ablehnung der ersten Werbung ist nicht nur, daß er inkognito kommt – was keiner der beiden anderen Herren versucht hat, sondern er geht auch schweren Herzens schließlich:

»Also schiet von dannen der wol gezogene Gast,
daz er über rücke truoc den grozen last...«

Hartmuot, das ist ganz klar, ist nach des Dichters Meinung der einzig ehrlich Verliebte. Deswegen, ich habe schon darauf hingewiesen, deutet der Dichter auch heimliche Zusammenkünfte zwischen ihm und Kudrun an.
Wir wissen leider nichts Näheres darüber und so müssen wir unsere Kenntnisse anderswo holen...
Nein, wir wollen nicht so indiskret sein und ihnen nachspionieren, den beiden...
Erinnern Sie sich, was wir über die Herkunft von Hartmuots Familie festgestellt haben?
Sie stammt aus dem Kaukasus, aus der Umgebung von Hagens Reich Ir-land. Vielleicht sind ihre Verwandten die dort ansässigen Inguschen gewesen; bei denen gibt es nämlich ein Lied, das Hartmuots Gemütsstimmung ausdrückt und in gewissem Sinne das heimliche Treffen der beiden schildert. Ganz zu schweigen davon, daß es die Perennität der Brautraubsitte im Kaukasus darstellt.
Die Entführung. Et voilà:
Wechselgesang (ein Volkslied der Inguschen):

Er: Ist sie nicht unglücklich, die Liebste? Sie, der unter all ihren Gefährtinnen, nicht wird, was sie wünscht?
Du, Du wirst zu diesem verdammten Burschen gehen[1]!
Wenn er tot ist, der Bursche, kehre zurück!
Sie: Wenn er tot ist, der Bursche, wenn ich zurückkehre, werde ich ein roter Fuchs in der Steppe!
Er: Wirst Du ein roter Fuchs in der Steppe, werde ich, Prinz, mit Edlen und Hunden Dich fangen!
Sie: Kommst Du, Prinz, mit Edlen und Hunden mich fangen, werd' ich zum grauen Hirsch in den Bergen!
Er: Wirst Du ein Hirsch in den Bergen, werd' ich zum Luchs in den Bergen, werd' ich Dich fangen[2]!

Sie: Wirst Du zum Luchs in den Bergen, mich fangen, werd' ich zum blauen Vogel des Himmels!
Er: Wirst Du zum blauen Vogel des Himmels, werd' ich zum weißen Geier, Dich fangen!
Sie: Wirst Du zum weißen Geier, mich fangen, werd ich zum Fisch in der Tiefe des Wassers!
Er: Wirst Du zum Fisch in der Tiefe des Wassers, werd' ich zum Otter, werd ich Dich fangen!
Sie: Wirst Du zum Otter des Wassers, um mich zu fangen, werd' ich zum Trank im Becher des Fürsten!
Er: Wirst Du zum Trank im Becher des Fürsten, werde ich Hadding und laß in meinen Becher Dich gießen[3]!

Solch spielerische Wechselrede, phantasievolle Koketterie, dürfen wir wohl zwischen Hartmuot und Kudrun annehmen. Aber das Lied ist noch nicht zu Ende:

Er: Ah, wärest Du nur nie mir in die Augen gefallen,
ah, wärest Du doch nie mir gedrungen in's Herz!
Wenn unter goldnem Gezelte der Held von der Krim
öffnen wird die silbernen Borten
die Dir die Brüste verhüllen
wird wie Eisen im Feuer aus Eichenholzscheiten
schmelzen mein mutig schlagendes Herz!
Wie kann ich da weiter unbewegt unter der Jungmannschaft weilen?
Also ergriff er sie, also entfloh er mit ihr.

»Also ergriff er sie, also entfloh er mit ihr.«
Für eine kleine Weile war Hartmuot glücklich. Eine sehr kleine Weile. Aus der Begegnung auf dem Wülpensand war er mit dezimierter Flotte und Armee entkommen, aber er hatte seine Liebste.
Und der gegnerische Anführer war erschlagen worden.
Wenn er nur nicht der Vater der Herzliebsten gewesen wäre!
Denn jetzt, von diesem Augenblick an, wandelt sich Kudruns Verhalten völlig!

(897)
...den frouen dan was weh,
daz si verswigen muosten   daz varn von ihren magen.

(Den Frauen war da weh,
daß sie schweigen mußten bei der Flucht vor ihren Verwandten.)

(958)
Do sprach aber Ludewic: »lat iu nit wesen leit.
Minnet Hartmuoten, den Recken gemeit.
Allez daz wir sin habende, daz wellen wir iu bieten …«

(Da sprach aber Ludwig: Lasset euch's nicht Leid tun.
Liebet Hartmut den stattlichen Recken.
Alles was wir haben, das wollen wir Euch bieten …)

(959)
Kudruns Antwort:
»den lip will ich verlassen, eh ich ihn ze friunde welle gewinnen.«

Aber dieses »lieber sterben als ihn lieben« ist keine stolze Ablehnung, sondern Erkenntnis der tragischen Ausweglosigkeit dieser Liebe, hoffnungslose Verzweiflung.

Das ärgert Ludwic so, daß er Kudrun bei den Haaren faßt und ins Wasser wirft. Gerade noch, ehe sie untergeht, gelingt es Hartmuot, ihre Zöpfe zu fassen und sie so zu retten. Auf die Vorwürfe hin, die er seinem Vater macht, entschuldigt sich dieser (der Dichter weiß, was »hövische zucht« verlangt). Boten werden ausgesandt, und am dritten Morgen kommt Königin Gerlint mit ihrer Tochter Ortrun, um die Heimkehrer und die künftige Schwiegertochter zu begrüßen.
Hartmuot führt Kudrun an Land:

(975)
Hartmuot der schnelle si fuorte bi der hant,
möchte es sich fügen, sie hätt's gern abgewandt.
Ja nahm auch die arme den Dienst von ihm um der Ehre,
er aber tat's viel gerne …

(»Der schnelle« ist eine stehende Formel und meint etwa »der jugendlich rasche und gewandte«.)

Man sieht die Psychologie des Dichters: Kudrun duldet mit Zögern, von König Hartmut an der Hand geführt zu werden. Nur weil das ihrem Rang entspricht. Es garantiert ihr, nicht als gewöhnliche Beute behandelt zu werden. Er aber, der unselige Tolpatsch, »tat's viel gerne«.

(977)
[...]
mit weinenden ougen die maget vil ellende
di küßte des wirtes tochter...

(mit weinenden Augen, die fremde heimatlose Maid
küßte des Hausherrn Tochter...)

(978)
Küssen si do wolte daz Ludewiges wip.
des was in unmuote der jungfrouwen lip.
Si sprach ze Gerlinde: »wes get ir mir so nahen?
dass ich iuch küßte! Ir dürfet mich nit empfahen.«

(Mit Küssen wollte sie empfangen Ludwigs Weib.
Dagegen bäumte sich unmutig der jungen Frau Leib.
Sie sprach zu Gerlinde: Was geht ihr mir so nah?
Wie? Daß ich euch küßte? Von Euch laß ich mich nicht empfangen.)

(979)
»Ez wären iuwer raete, daz ich vil armiu meit
uf michel unstaete vil mannigiu herzeleit
mit schanden han geduldet. Es wirt noch leiden mere.«

(Es waren Eure Ratschläge schuld, daß ich, als ärmste Maid,
mit großer Unruhe so vielfach Herzeleid
in Unehr hab erduldet. Es wird das Leid noch wachsen..)

Gerlint läßt sich nicht entmutigen:

do begunde nach ir hulden diu küniginne ringen harte sere.

(Ich aber ringe um die Huld des Lesers und um sein Verständnis dafür, daß ich in meinen Übersetzungen den Stil des Dichters dramatisiert habe. Die Lage *ist* dramatisch.)

Es zeigt sich in den folgenden Strophen deutlich, Kudrun ist nicht betrübt wegen der Entführung, nicht verängstigt, sondern in einer tiefen Depression. Natürlich fehlt dem Dichter, Kind seiner Zeit, das Vokabular, um dieses Konzept auszudrükken, aber es gelingt ihm nicht schlecht, diese Depression darzustellen.
Es ist deutlich: Kudrun brütet vor sich hin und bricht nur manchmal heftig aus. So,

als sie Gerlint Hochzeitspläne schmieden hört (989): »Frau Gerlint, es wäre euch auch leid, wenn euch einer nötigte, durch den ihr Verwandte verloren hättet...« Nicht einmal das Angebot der Königin, zu ihren Gunsten abzudanken: »ich will dir gerne geben meine Krone...« (990), vermag sie aus ihrer Reserve zu ziehen. »Die will ich nicht tragen... Ich will hier nicht bleiben, jeden Tag möchte ich von hinnen.« (991).
Zu dem enttäuschten Hartmuot meint Gerlint:

(993)
»Wollt ihr, Herr Hartmuot, mich sie ziehen lassen,
ich traue es wohl gefügen, daß sich ihre Hoffahrt müsse mäßigen.«

Mit den Abschiedsworten »die Maid ist in der Fremde. Fraue, ihr sollt sie gütlich lehren«, überläßt dieser seiner Mutter die Aufsicht über Kudrun und ihre Gefährtinnen.

(996)
Da sprach die Teufelin zu der schönen Maid:
»Willst du nicht haben Freude, so mußt du haben Leid.
[...]
Du mußt heizen meine Stube und selber schüren die Brände.«

Und

(999)
»Von allen hohen Dingen will ich dich schwächen und scheiden.«

Zu Hartmuot sagt die Königin zornig: »Das Hetelkind schmäht dich und deine Freunde, daß ich es nicht anhören kann. Ich will sie nicht mehr sehen« (1000). Hartmuot sucht seine Mutter zu begütigen, »der auserwählte Degen«, »daß mich die Königin (= Kudrun) nicht aus ihrer Freundschaft entlasse« (1003).
Seine Haltung ist eigentlich im Widerspruch zu dem Kudrun zugeschriebenen Verhalten. Man hat den Eindruck, als wisse der Dichter nicht, wie er sich verhalten solle: Kudrun als arme Gefangene darzustellen, oder die früher zwischen ihr und Hartmuot angedeuteten Gefühle weiter bestehen zu lassen.
Es ist unmöglich zu sagen, ob dieser Zwiespalt auf unterschiedliche Traditionen, auf die Psychologie der Minnesingeratmosphäre oder einfach auf ungeschickte Ausdrucksweise zurückzuführen ist.
Was geschieht, ist jedenfalls, daß Kudruns Gefährtinnen spinnen müssen, eine von ihnen, Heregart, zur Wasserträgerin der Prinzessin Ortrun gemacht wird und

Hildburc (die einst mit Hagen aus der Macht der »Greifen« entfloh), wie Kudrun, den Ofen Gerlints heizen muß.
Nach viereinhalb Monaten läßt sich Hartmuot wieder »zeigen die Triutinne sin«. Der Text sagt zwar Jahre, aber wir haben gesehen, daß das ein Irrtum sein muß. Im übrigen läßt es sich zwar denken, daß er ein knappes halbes Jahr anderes zu tun hat, als auf einen Sinneswandel seiner Trautliebsten zu warten, aber viereinhalb Jahre sind, auch für mittelalterliche Psychologie, unglaubwürdig. Als er sie wiedersieht, bemerkt er, daß Kudrun schlecht behandelt worden war. Als er seine Mutter wegen dieses Verstoßes gegen seine ausdrücklichen Aufträge zur Rede stellt, erklärt ihm diese, daß es ihr nicht gelungen sei, Kudrun von Beschimpfungen seines Vaters und seiner Sippe abzubringen. Hartmuot hat auch dafür Entschuldigungen:

(1016)
»Wir schlugen ihr die Magen, so manchen Ritter tot.
Wir machten zur Waisen, Kudrun die hehre,
mein Vater ihren Vater erschlug: Ein kleines Wort kann sie da verletzen.«

Und ein so unerschütterlich treuer Liebhaber soll viereinhalb Jahre gewartet haben, ehe er die Herzliebste wiedersieht?
Gerlint aber meint: Dreißig Jahre Bitten vermöchten Kudrun, ebensowenig wie Ruten- oder Geißelhiebe, dazu bringen, »daz si bi dir laege«.
Nach dieser Strophe 1017 scheint ein Teil des Gedichtes verloren zu sein, denn in der nächsten Zeile (1018) sagt sie bereits:

»Besser und besser will ich sie gernhaben.«

Hartmuot ahnt nicht, daß seine Mutter die schlechte Behandlung noch verstärkt, und der Dichter kann sich nichts Schlimmeres vorstellen, als daß Kudrun gezwungen würde, mit ihren Haaren Gerlints Kemenate abzustauben. Es ist bezeichnend, daß er sich eigentlich keine Grausamkeiten und keine wirklichen Zwangsmaßnahmen ausdenken kann. Abgesehen von der absurden Staubwischerei lassen sich Gerlints Maßnahmen eigentlich nur auf die Formel zusammenfassen: Kudrun muß dienen. Daß sich dahinter anderes verbirgt als Zwangsmaßnahmen, um einen Sinneswandel zu erzielen, das werden wir im weiteren sehen.
Als sich der neunte Monat nähert, kommt Hartmuot wieder »uz strite, er und sine man...« (nicht Jahre, wie der Text will).

(1025)
Da rieten seine Freunde *ob es Liebe oder Leid*
seiner Mutter wäre, daß er die schöne Maid
in seinen Willen brächte mit allen Mitteln...

Das widerspricht eigentlich allem, was bisher von Gerlints Verhalten gesagt wurde, und wir haben wieder einmal Gelegenheit, uns über das Unverständnis des Dichters auszulassen, nicht wahr? Wenn, ja wenn nicht eine andere Realität dahinter steckte...
Sehen wir weiter:

(1026)
Er sprach: »Ihr sollt mich minnen, viel edle Maid, und eine Königin sein.«
.50
erhält aber zur Antwort:

(1027)
»Euch und eurem ganzen Stamm bin ich mit allen Sinnen feind.«

Unerschütterlich aber der Held:

(1028)
»Ich will euch dienen. Für das, was euch meine Mutter angetan hat, will ich euch entschädigen...«

Und Kudrun:

(1028)
»Ich will euch getrauen nimmermehre.«

Hartmuot droht darauf, sie mit Gewalt zu zwingen, und Kudrun weist ihn auf die Unehre hin, die ihm das in der öffentlichen Meinung brächte.
Der Dialog zwischen den beiden wird heftig (sechs Strophen heftiger Wechselrede), und wir sind eigentlich erstaunt, daß uns ohne Übergang mitgeteilt wird, Hartmuot bitte nach dieser Auseinandersetzung seine Schwester Ortrun, auf Kudrun freundschaftlich und begütigend einzuwirken. Vermutlich fehlt hier wieder eine Strophe.
Wir sind mit der Erzählung allgemach in der Aventiure XXI angekommen, und die erste Strophe stellt Kudrun vor die Alternative:

(1041)
Da bot man Kudrunen Burgen und Land
Da sie die nicht wollte, so mußte sie Gewand
waschen täglich...

Aber in der nächsten Strophe bereits wird ihr wieder gut zugeredet. Vergeblich, Kudrun bleibt unbeugsam:

(1043)
»daß man mich bevestent einem König hat
mit viel stäten Eiden zu einem ehelichen Weibe.
Ehe daß er stürbe lieg ich bei keines Recken Leibe.«

»Bevestent« (vgl. Ehfasten), zu einem ehelichen Weibe... keine Rede von einer Verlobung, und wie war das doch?
»Wenn er tot ist, der Bursche...« (Lied der Inguschen)
Schließlich geht Hartmuot entmutigt:

(1050)
...er geda'hte im unter stunden:
»man hazzet mich so sere, daz ich an dem schaden iht werde erfunden.«

Also: Stundenlang ging es ihm durch den Sinn: Man haßt mich so sehr, daß ich den Schaden nicht werde gut machen können.
Die übliche Deutung dieser Zeilen ist anders, aber ich werde Sie nicht schon wieder mit Argumenten und Polemik langweilen, sondern Sie lieber auf die stilistische Raffinesse hinweisen, die in der unpersönlichen Form liegt: »*Man* hazzet mich so sere...«
Mit einem einfachen Satz, mit fünf Worten, gelingt es dem Dichter, schwärzeste Verzweiflung auszudrücken!
Gerlint denkt sich eine neue Schikane aus:
Kudrun muß täglich zum Strand waschen gehen. Nur Hildburg, die Getreue, darf auf ihr Verlangen Kudrun zu Hilfe gehen.

(1070)
Daz werte also lange, daz ist al war.
daz si waschen müsssen wol sehstehalb jar,
bereiten wiziu kleider den Hartmuotes helden.
Ez wart nie frouwen leider...

(Muß ich darauf hinweisen, daß es sich nicht um sechseinhalb Jahre handelt, sondern um ebensoviele »Monde«?)
Das war also der Befehl der »übele Gerlint«, der »Tiuvelinne«!
Man fragt sich, wer auf den Gedanken kam, daß diese Maßnahmen Kudruns Willen brechen könnten, denn wenn wir von der Demütigung für eine Königstochter absehen, so erscheint Feuermachen und Wäsche waschen eigentlich keine so arge

Sache. Die Zuhörerinnen unseres Dichters waren es sicher alle gewohnt. (Wollen wir das »Abstauben mit ihren Haaren« ernst nehmen, so müssen wir wohl annehmen, daß man Kudrun die Haare schnitt, oder wenigstens die fürstliche Frisur auflöste. Beides wäre Symbol für soziale Degradierung und logisch. Wörtlich genommen ist der Vorgang absurd.)

Tatsächlich scheint mir aber etwas anderes vorzuliegen.

Wir haben gesehen, daß die Vorgänge nacheinander einigermaßen wirr sind, und könnten natürlich die Reihenfolge der Ereignisse (nicht der Strophen) umstellen oder annehmen, daß man Kudrun einer Art psychologischem Wechselbad aussetzte, aber das erklärt alles nicht, warum Hartmuot »die schöne Maid in seinen Willen bringen will, ob es seiner Mutter lieb oder leid sei...«. Was also geht hier vor?

Ich habe in einem früheren Kapitel darauf hingewiesen, daß die Ormanier nach verschiedenen Fingerzeigen des Textes Anhänger des »Wanischen« Sonnengottes gewesen sein müssen und daß er vermutlich mit dem iranischen und thrakischen Mithras zu identifizieren sei.

Daß Hartmuot zwar im Gespräch Kudrun mit Gewalt droht, aber doch nur im Konditionalis, und sie mit keinem Finger anzurühren wagt, deutet auf den tiefeingewurzelten Respekt, den die Wanenverehrer edlen »Frouwen«, Verkörperungen der großen Wanin Freia, gegenüber hatten.

Es erscheint mir daher wahrscheinlich, daß Kudruns Mägdedienste nicht so sehr Gerlint der Königin galten, als Gerlint der Wanenpriesterin.

Dann nämlich macht die Bemerkung »ob es lieb oder leid sei...« Sinn. Hartmuot will Kudrun, und ist bereit, sich über religiöse Verbote hinwegzusetzen. Gerlint will zwar die Ehe ihres Sohnes, aber nicht um jeden Preis, sondern in korrekten religiösen Formen. Sie ist bereit, auf die Krone zu verzichten, aber nicht wirklich Gewalt anzuwenden.

Ist aber Kudruns Demütigung eigentlich Gottesdienst, so machen auch seine Formen Sinn: Sie muß das Feuer unterhalten, das heilige Feuer des Sonnengottes – und nicht den Schloßofen, – und sie muß Kultwäsche waschen, am Meeresufer.

Ich habe auch früher darauf hingewiesen, daß Kudruns Großvater vermutlich zur gleichen Kultgemeinde gehörte, und habe ihn mit dem Aydemir-Khan der kaukasischen Tradition identifiziert. Erinnern Sie sich, was dort berichtet wird: »Einst gebar die Frau eines Fürsten ein Kind und als ein Monat vergangen war, ging sie ans Meeresufer, Wäsche zu waschen...«

Man sieht, Wäschewaschen ist auch unter Fürstinnen üblich und keinesfalls Magddienst.

Daß die »Kudrun« am Schwarzen Meer spielt, wird mir der Leser mitlerweile hoffentlich glauben, und so kann ich mir wohl erlauben, noch ein Beispiel aus dieser Gegend heranzuziehen: Im sechsten Gesang der Odyssee fährt die Prinzessin Nausikaa an den Strand (wo sie dem schiffbrüchigen Odysseus begegnet), um Wäsche zu waschen.

Wäschewaschen: Mägdedienst?

Na ja, antwortet mir da der literarisch gebildete Leser, als Beispiel mag das ja gehen, nur macht der Autor hier einen Fehler: Die Prinzessin Nausikaa ist die Tochter des Phaiakenkönigs Alkinoos und lebte auf der Insel Scheria, das ist das heutige Korkyra – Korfu. Als Beweis für Vorgänge am Schwarzen Meer taugt das nicht.

Schön, die Phaiaken (= Graumänner) lebten in Scheria. Aber es war Nausikaas Großvater, der sie dorthin führte, denn ursprünglich wohnten sie in »Hyperaia«, »Oberhalb-von-Aia«, dem Reich des Aietes (Argonautensage) in Kolchis. Die Phaiaken sind also Kaukasier – wie die Familie Aydemir-Khans. In ihrer Nachbarschaft leben die »Aithiopen (= Schwarzgesichter, erinnern Sie sich?), bei denen die Strahlen der Sonne in goldener Kammer ruhen« (Mimnermos), und die Kyklopen (= Rundaugen oder Die-sich-Ringe-um-die-Augen-malen, erinnern Sie sich?), wie die Odyssee weiß.

Wir sehen, die Verhältnisse nördlich des Kaukasus waren jahrhunderte-, was sage ich, jahrtausendelang stabil, und so braucht es uns auch nicht wundern, daß der »König der Graumänner« Alkinoos heißt.

Alcis, die Elche, sind die germanischen Dioskuren (Tacitus, Germania). Korakoys heißen ihre »skythischen« Äquivalente (Lukian), die ich schon als »Hirsche«, wahrscheinlich Götter der Krimgoten, identifiziert habe. (Kein Wunder, daß, unter anderen, Kerkyra, Namensgeberin Korkyras, als Ahnin des Alkinoos gilt. *Korakkyria = die Herrin der Korakoys.)

Alki-noos, der Graumännerkönig, heißt sinngemäß »Wie-ein-Elch-gesinnt« oder »Hirschseele« oder, Sie haben's erraten, »Hartmuot«!

Warnend hebt ein Graecist den Finger: Alke heißt Stärke. Einverstanden, lieber Freund. Alkinoos heißt also Starkmut. Die Parallele ist noch genauer.

Aber wir sprachen ja nicht von griechischer Mythologie, sondern von Kudrun, die im Kulte der Wanengötter Feuer unterhält und Wäsche wäscht, nicht wahr? Wenden wir uns also nach diesem Exkurs unzweifelhaften Germanen zu: Tacitus, Germania: »Auf einer Meeresinsel liegt ein keuscher Hain, darin ein geweihtes Fuhrwerk mit Gewebe bedeckt, das nur der Priester berühren darf. Er weiß, wann die Gottheit innewohnt und leitet mit Verehrung den von Färsen gezogenen Wagen... Dann wird das Fahrzeug und die Tücher (Vestes = Kleider, sagt Tacitus) und, wenn man es glauben will, die Gottheit selbst in einem geheimen See gewaschen. Knechte helfen, die gleich darauf derselbe See verschlingt. Geheimer Schrecken daher und heilige Unwissenheit um das, was nur Todgeweihte sehen.«

Ich weiß, das soll im nördlichen Ozean (nach manchen Erklärungen auf Rügen) stattgefunden haben, aber es ist wenig wahrscheinlich, daß es nur ein einziges solches Heiligtum gab. Zudem ist »Nerthus, das ist Mutter Erde« (Tacitus), etymologisch mit Njörd identisch, dem großen Wanengott, Vater Freyrs und Freyas.

Der Kult der Wanengötter bei den Ormaniern muß nicht genauso gewesen sein, wie ihn Tacitus beschreibt. Jahrhunderte liegen dazwischen.

Aber daß Hartmuot eine heilige Scheu empfand, der Geweihten der Göttin sich zu nähern, das kann man verstehen. Es braucht die Aufforderung seiner Freunde, damit er sich aufrafft und den Versuch macht, das religiöse Tabu zu übertreten: »Ob es liebe oder leid seiner Mutter wäre, daß er die schöne Maid in seinen Willen brächte...«
Gerlint aber (*Ker-lint = die große Ker) gönnt zwar ihrem Sohn die Braut, aber auch sie ist gefangen in den Regeln ihres Glaubens. Kudrun ist nicht zu zwingen, solange sie im Kulte der Wanen Dienste tut.
Aber sehen wir, was eine »große Ker« ist[4]:
Zuerst Homer:

»Zwietracht tobt' und Tumult ringsum, und des Jammergeschicks Ker,
Die dort lebend erhielt den Verwundeten, jenen vor Wunden
Sicherte, jenen entseelt durch die Schlacht fortzog an den Füßen;
Und ihr Gewand an der Schulter war rot vom Blute der Männer.
Und sie entzogen einander die hingesunkenen Toten.« (Ilias, XVIII, 535–540)

Und jetzt das Speerlied der Walküren:

»Webet, webet / Gewebe des Speeres! / Begleitet den König. / Blutig sieht man / die blanken Schilde / Wo Gundr und Göndul / Den König schirmen.« (Aus der Njalsaga)

Mit anderen Worten, der mittelalterliche Dichter hat zwar noch eine Erinnerung (oder seine Gewährsleute), daß die Ormanierkönigin eine geweihte Person ist, »heilag«, aber er kann die verschiedenen Formen des göttlichen Numen nicht mehr auseinanderhalten. Es ist zu lange her.
So hält er die Ormanierkönigin sichtlich für eine Walküre. Was sie nicht ist. Aber kehren wir zu Kudrun und ihrem »Mägdedienst« zurück.
Natürlich ist das vorstehende nur ein Versuch, keine hundertprozentige Erklärung. Aber es respektiert den Dichter und den Text.
Ich ziehe es vor, die Darstellung des Dichters so wenig wie möglich anzurühren und meine Erklärungen im Umfeld (geographisch und historisch) der Ereignisse zu suchen, statt die Methode des Prokrustes anzuwenden.
So wende ich mich jetzt der 24. Aventiure zu:

Wi Kudrun wart ir Kunft kunt getan.

37. Kapitel

Kudruns Dienste und Herwigs Kundfahrt

(1165)
Nu swigen wir der Degene; ich wil iuch lan vernehmen,
[...]
Kudrun und Hildeburc   di wuoschen alle zit uf einem sande.

(Nun schweigen wir von den Degen. Ich will euch's hören lassen
...
Kudrun und Hildeburc die wuschen alle Zeit am Strand.)

Götterdienst? Magdliche Arbeit?
Die nächste Strophe erklärt es uns:

Es was in einer vasten umb einen mitten tac

Es war an einem Fasten um die Mittagstunde...
Mit anderen Worten, es war an einem geheiligten Tag um die Zeit, als die Sonne hoch stand... Es war die Feierstunde des Sonnengottes...

(1166)
Ein vogel kam geflozzen. Kudrun di sprach:
»Owe, vogel schoene, du erbarmest mir so sere,
daz du so vil gefliuzest uf disem fluote«...

(Ein Vogel kam geschwommen. Kudrun sprach:
Ach wehe, schöner Vogel, wie tust Du mir so leid,
So weit und einsam schwimmst Du auf der Flut...)

Und der Vogel antwortet mit menschlicher Stimme »sam ez waere ein man«:

(1167)
»Ich bin ein Bote von gote; und kanst du mich gefragen,
vil here maget edele, so sage ich dir von dinen Magen.

Ist er wirklich ein Bote des Christengottes? *Eines* Gottes? Oder der Bote Gauts des Spitzenahns so vieler Königsgeschlechter? Ein Ahnenbote also?

(1168)
Do di junkfrouwe die stimme da vernam,
do wolte si nit getrouwen, daz immer alse zam
der wilde vogel wurde, daz er reden kunde,
si hörte sine stimme, sam si gienge uz eines menschen munde.

(Da die junge Fraue die Stimme da vernahm,
da wollt sie's nicht glauben, daß immer also zahm
der wilde Vogel wurde, daß er reden konnte.
Und hörte doch seine Stimme wie aus Menschenmunde.)

(1169)
Do sprach der engel here:...
[...]
»Wilt du mich fragen von diner mage lande,
ich bin ein Bote der dine, wan mich got ze troste dir her sande.«

(Willst Du mich übers Land deiner Verwandten befragen.
Ich bin ein Bote der Deinen, den Gott zu Trost Dir sandte.)

Jetzt wissen wir's: *Ich bin ein Bote der Deinen, von Gaut gesandt.*

Im weiteren wird der Botenvogel als christlicher Engel dargestellt, eine katholische Version alter heidnischer Vorstellungen.
Um sie zu verstehen, müssen wir uns zunächst klar machen, daß dieser »Engelsbote« auf gotisch »Aggilus« heißt, beinahe das gleiche Wort wie »Aggilingen« (erinnern Sie sich an den »flumen aggilingus«), daß also der »Bote der dinen« ein »Aggilingen-aggilus« ist.
Mag das ein Zufall sein, so ist doch der Schwan (nur er kann mit einem schönen Wasservogel gemeint sein) ein dem Sonnengott heiliges Tier, denn Apoll kommt nach griechischer Vorstellung auf einem Schwan reitend aus dem Lande der Hyperboräer.
Zum anderen aber fügt sich die Vorstellung des Schwanenbotens in einen weiten Komplex von Vorstellungen ein, den man in ganz Nordeuropa und bis nach Zentralasien findet.
In der Wölundarqvida sind drei Walküren im Schwanenkleid »des Südens Kinder« und im gesamten slavisch-baltischen Bereich existiert eine Fülle von Sagen, die man als »Schwanenseemotiv« zusammenfassen kann, die Erzählung von den Schwanenjungfrauen, sprechenden Schwänen, Schwanenbotinnen. (Daß Wieland-Völundr in den warägischen Bereich gehört, ergibt sich aus der ihm zugeschriebenen Abstammung: In der Thidreksaga ist er Enkel des Wilzenkönigs, in der Edda ist er finnischer

Abstammung.) Das Schwanenseemotiv, überhaupt der Schwimmvogel als Gottesbote, stammt aber letzten Endes aus dem Altai (der Totenwagen von Pazyrik ist mit Schwänen geschmückt). In den russischen Varianten ist er vielfach eine Verkleidung des Teufels, was ihn für uns dem Sonnen-Feuergott Veles annähert. Schöpfungslegenden zeigen den Teufel als Schwan (gelegentlich als Taucherente) Schlamm aus dem Meer holend, aus dem der Christengott die Welt erschafft.
Der Schwanengott Veles also muß der Gott der Hegelingen gewesen sein und insofern trifft die Bezeichnung »Bote dine« (Bote der Deinen) durchaus zu.
Dieses Göttertier-Totemtier der Kudrun verschwindet und erscheint auf Beschwörung wieder (Str. 1178).
Was die »Kudrun« angeht, so ist die Verbindung mit dem Altai jedoch noch direkter. Wir haben gesehen, daß die Verbindung der Hegelingen mit den Avaren-Warchoniten eng war.
Das schafft aber eine Verbindung zu den Türken, und nach den chinesischen Annalen verwandelte sich einer der Söhne des Stammvaters der T'ou-kiue (Türken) in einen Schwan. So ist es nicht erstaunlich, wenn eine türkische Quelle (Irq Bitig) den rettenden Schwanenboten kennt: Ein Krieger, dessen Pferd erschöpft zusammenbricht, wird von einem Schwan auf dem Rücken zu seinen Eltern zurückgebracht.
Der Schwanenbote kündigt Kudrun das Kommen aller Hegelingenhelden an, und erklärt ihr zum Schluß,

»dir koment boten zwene morgen vil fruo.«

Als der Vogel verschwunden ist, waschen die beiden Frauen nur noch »seine« (= langsam), und unterhalten sich über das Erlebte.
Man sollte meinen, die beiden könnten sich vor Freude nicht fassen, aber das Gedicht weiß es anders:

(1186)
ja was in mit Gedanken lieb unde swaere,
di in da helfen solten, wa daz vil werde ingesinde waere.

(Ihnen war in Gedanken freudig und schwer,
sie fragten sich, wo das werte Gefolge, das ihnen helfen soll, wär.)

Merkwürdigerweise sehen die beiden also dem Kommen der Hegelingen mit gemischten Gefühlen entgegen.
Es muß hier darauf hingewiesen werden, daß kein Gesang der Kudrun so stark christliche Überarbeitung verrät, wie gerade dieser. Während etwa der »Dukus Horant« einen Kirchgang Hildes schildert, ist davon in der »Kudrun« keine Rede.

Lediglich die heidnischen Kampfspiele zu Ehren des toten Hetel und dieser heidnische Götterbote werden »mit Gewalt« christianisiert.
So ist es auch nicht unerwartet, daß Gerlint die beiden Wäscherinnen mit groben Worten zur Rede stellt und dabei erwähnt, daß Palmsonntag vor der Tür stünde.
Vergessen wir nicht, daß Palmsonntag der Tag ist, an dem Jesus nach Jerusalem kam, also das Fest des göttlichen Einzugs.
Mir scheint, es hat sich in der ursprünglichen Version um das Fest gehandelt, von dem Tacitus sagt: »... nur der Priester weiß, wann die Gottheit innewohnt... geheimer Schrecken daher und heilige Unwissenheit...«
Als der nächste Tag anbricht, sieht Hildeburg aus dem Fenster und stellt fest, daß Schnee gefallen ist. Das ist natürlich gegen Palmsonntag (Str. 1192) möglich, aber *unerwarteter* Schneefall erscheint glaubwürdiger im Frühherbst, den wir weiter oben als die wahrscheinliche Zeit für die Fahrt der Hegelingen festgestellt haben.
Trotz des Schneefalls schickt Gerlind »diu Wülpinne« Kudrun und Hildburg wieder zum Waschen, ohne die erbetenen Schuhe...

(1205)
Nach ir gewonheite giengens uf den sant.
si stuonden unde wuoschen...

In der uns überlieferten christlichen Redaktion handelt es sich wirklich nur noch um zwei arme Mädchen, die von einer bösen Herrin im Winter barfuß zum Waschen an den Strand geschickt wurden.
(Wir sollten aber trotzdem nicht vergessen, daß salziges Meerwasser zum Waschen ungeeignet ist. Wenn Kudrun trotzdem dorthin, statt an einen Bach oder Fluß, geschickt wird, so erklärt sich das, wie wir gesehen haben, am leichtesten durch rituelle Gründe.)
Die nächste Aventiure, XXV, berichtet:

Wie Ortwin und Herwic dar komen.

(1207)
Do si gewarten lange, do sahens uf dem se
zwene in einer barken und ander niemen me.
Do sprach frou Hildeburc ze Kudrunen der richen:
»Dort sihe ich fliezen zwene, di mügen dinen boten wol gelichen.«

(Da lange sie gewartet, da sahen sie auf der See
zwei in einer Barke und keinen andern mehr.
Da sprach Frau Hildeburc zu Kudrun der herrscherlichen [= die riche = Herrin eines Reiches]:
dort seh' ich fahren zweie, die könnten deinen Boten gleichen.)

Warum in einer Barke? Zu Fuß wäre es unauffälliger.
Weil sie über den Golf von Burgas setzen müssen!

(1208)
Do sprach diu jamers riche: »owe, ich armiu meit!
Mir ist es innecliche beide lieb und leit.
Sint es die boten Hilden, suln mich di sus hie vinden
waschen uf dem grieze, das laster kunde ich nimmer überwinden.«

(Da sprach die Jammerreiche: Oh weh, mir armen Maid!
Wie ist mir innerlich doch so lieb und auch so leid.
Sind das der Hilden Boten? Soll'n die mich so hier finden
beim Waschen auf dem Griese? Die Schande kann ich nie verwinden.)

(1209)
[...]
»trutgespiel Hildeburc, rat mir dar zuo:
soll ich von hinnen wichen oder lazen mich hie vinden
in diezen grozen schanden? E wolte ich immer heizen ingesinde«.

(Mein Trautgespiele Hildeburc, so rat mir doch dazu:
Soll ich von hinnen weichen? Oder lassen mich hier finden?
In dieser großen Schande? Da blieb ich lieber Ingesinde.)

Wir sind natürlich geneigt, das für bare Münze zu nehmen: Im Mittelalter waren Knechtsdienste eine so schwarze Schande, daß Kudrun, nach Meinung des Dichters lieber »ingesinde« bleibt, als sich in so beschämender Lage sehen zu lassen!
Nur stimmt das nicht.
Weder für das 5. Jahrhundert, noch für Wikinger des 9.–10. Jahrhunderts, noch für die edlen Frauen des 13. Jh.
Damit das Wäschewaschen zu einem bitteren Schicksal wird, muß der Dichter dick auftragen und auf die Tränendrüse drücken. Er läßt Kudrun nicht einfach waschen, sondern unter Umständen waschen, die keine vernünftige »Hauserin« ihren Mägden zumuten würde: unter Umständen, unter denen Wäsche nicht sauber und vor allem nicht trocken werden kann.

(1211)
Do kerten si sich umbe und giengen beide dan...

Die Wäscherinnen flüchten, wie seit eh und jeh Frauen am Strand taten, wenn sie fremde Seefahrer kommen sahen.

Herwic und Ortwin rufen den beiden Wäscherinnen nach, und diese entschließen sich auch endlich, zurückzukehren und Rede und Antwort zu stehen.
Der Dichter malt ein rührendes Bild der beiden Frauen, die in nassen Hemden im Frost und kalten Märzwind stehen. Das ist ein Bild, das sich notgedrungen aus der »Palmsonntag«datierung ergibt und ist der christianisierten Version natürlich willkommen:

(1217)
Ez was in den ziten, do der winter sich zerlie,
unde daz in widerstrite die vogele wolten hie
singen aber ir wise nach des merzen stunden.

(Es war in den Zeiten, da der Winter schmolz,
und da im Widerstreite die Vöglein im Holz
ihre Weisen sangen nach des Märzen Zeit.)

Aber der Dichter tut des Guten zu viel:
Morgens Neuschnee, Märzwinde und (1218) auch noch Regen und Schnee. Und zur Krönung der unglücklichen Umstände auch noch

(1219)
Der see allenthalben mit dem ise floz; das hete sich zelazen...

(Eisschollen auf dem Meer.)

Wenn wir also dem Dichter dieser letzten Version glauben wollen, so müssen sich die Hegelingen hinter einem Eisbrecher her auf die Fahrt gemacht haben. Aber das hinderte sie nicht, sich über »frische kalte Bronnen« zu freuen. Ein heißer Grog wäre näheliegender.
Wieder muß ich darauf hinweisen, daß diese Inkongruenz, gerade in einem der Gesänge auftritt, in denen es am dringendsten notwendig ist, die Spur eines heidnischen Gottesdienstes zu tilgen.
Wir haben hier also folgende Situation: Zwei Späher erforschen das Land, in das sie zu ziehen gedenken, und begegnen dabei zwei Frauen am Strande, die vor ihnen fliehen und dabei Kleidung zurücklassen. Diese Situation ist nicht so exzeptionell. Wir finden sie im Nibelungenlied, als Hagen an der Donau eine Überfahrtsmöglichkeit sucht, in der Parallelerzählung der Thidreksaga, wir finden ähnliches in der Völundarkvida. Und in einer großen Zahl der asiatischen Schwanenseevariationen finden wir den Helden, der den »Meerfrauen«, den »Schwanenmädchen«, den »Jungfrauen des Sees« begegnet – und immer sind es weissagende, halbgöttische bis hexenhafte Gestalten.

Suchen wir einen konkreten Gehalt hinter der Mythologie, so müssen wir die Besitzerinnen der Schwanenkleider als Seherinnen, Zauberinnen, Hexen, Priesterinnen auffassen. Sie kennen die Zukunft, sie kennen den Weg, sie kennen das Schicksal.

Unser Dichter, vermutlich nicht der gute Christ, sondern sein Vorgänger, hat alles ihm Mögliche getan, Kudrun und Hildburc diesem Modell anzunähern. Er konnte sie zwar nicht nackt beim Baden zeigen, aber er schildert sie wenigstens im nassen Hemd:

> (1219)
> in schein durch diu hemede   wiz alsam der snee
> ir lip der minnicliche…
>
> (So scheint durch die Hemden, weiß wie Schnee
> ihr zärtlicher Leib…)

Fazit: Ein weiterer Hinweis, daß Hervic und Ortwin »die Schwanenmädchen des Sonnengottes« bei der Ausübung des Kultes finden.

Kehren wir zu Kudrun zurück.

Die beiden Helden bieten den Wäscherinnen Gold gegen Auskünfte über die Einwohner und den Herrscher des Landes.

Kudrun lehnt das Gold ab, gibt aber Auskunft und erzählt, daß Hartmut und Ludwig 4000 Mann in ihrer Burg haben (vermutlich nicht vierzig hundert, sondern eher vierhundert).

Auf die Frage, vor wem die Könige so große Furcht haben, daß sie sich mit so vielen Kriegern umgeben, antwortet Kudrun:

> (1234)
> »ein lant daz liget wite, daz heizet Hegelingen: die führtents ze allen ziten…«
> Ofte erblihte Hervic   di juncfrouwen an.
> […]
> er gelichte si ze einer   der er vil ofte guetlichen gedahte.
>
> (»Ein Land liegt in der Ferne, geheißen Hegelingen, das fürchten sie zu allen Zeiten…«
> Oft schaute Hervic die junge Frau an,
> sie erinnert ihn an eine, an die er sich gerne erinnerte.)

(1238)
Do sprach der Fürste Herwic: »nu sehet, herr Ortwin,
so iuwer swester Kudrun indert lebentic sin
[...]
so ist daz diu selbe...«

(Da sprach der Fürst Herwic: Nun, seht, Herr Ortwin,
wenn eure Schwester Kudrun noch am Leben ist
...
so ist das sicher diese...

Aber Ortwin antwortet:

»si ist vil minniclich und doch miner swester nindert änelich...«

(»Sie ist sehr liebreizend und doch meiner Schwester nicht ähnlich...«)

Kudrun, die das mit anhört, versucht nun ihrerseits die beiden Männer auszukundschaften:

(1241)
»...einen ich erkande, dem sit ir anelich, der war geheizen Herwic und was von selanden...«

(»Ich kannt' einst einen, dem ihr ähnlich seht, geheißen Herwic von Seeland...«)

(1242)
»Ich bin ouch deren einiu, di von Hartmuotes heer
in strite wart gevangen...
ir suochet Kudrunen; daz tuot ir ane not.
Diu maget von Hegelingen ist in grozen arbeiten tot.«

(»Ich bin auch deren eine, die von des Hartmuot Heer
im Kampfe ward gefangen...
Ihr suchet Kudrun, aber das ist nicht mehr not.
Die Maid von Hegelingen ist von der Anstrengung tot.«)

Eine merkwürdige Bemerkung, nicht wahr? Statt sich dem angekündigten und nun eingetroffenen Retter, den sie erkennt, an den Hals zu werfen, versucht Kudrun zunächst, ihn wegzuschicken.

Als die beiden Helden zu weinen beginnen, sagt sie, sie schienen von Kudruns Sippe zu sein.

(1245)
Do sprach der fürste Herwic: »ja reuet mich ir lip
uf mines lebens ende. Diu maget was min wip.«

(Da sprach Fürst Herwic: ich trau'r um ihren Leib
bis an mein Lebensende. Die Maid, sie war mein Weib.)

Auf Kudruns Zweifel an seiner Identität zeigt Herwic den Goldreif an seiner Hand:

»da mite ward ich gemahelet   Kudrun ze minnen.«

Nun gibt sich lächelnd auch Kudrun zu erkennen und weist sich mit ihrem Ring aus.

(1251)
Er umbesloz mit armen   die herlichen meit.
In was ir beider maere   lieb unde leit.
Er kuste, ich weiz wie ofte, di küniginne riche,
si und Hildburgen...

(Mit Armen umschloß er die herrliche Maid.
Was beide erzählten, war ihnen Lieb und Leid.
Er küßte, ich weiß es, wie oft [aber ich sag's nicht] die herrliche Königin,
sie und Hildburgen...)

Daß er sich freut, Herwic, das kann man verstehen, aber so arg wild ist es mit seiner Zärtlichkeit nicht her. Hartmuot an seiner Stelle hätte zweifellos *nur* Kudrun abgebusselt.
Ortwin freilich, als wahrer Sohn der wodanischen Hegelingen, marschiert, kaum ist seine Schwester wiedergefunden, mit beiden Füßen ins Fettnäpfchen:

(1253)
»Nu saget mir, frou swester, wo sint iuwer kint,
diu ir bi Hartmuoten   habet getragen sint,
daz si iuch eine lazent   waschen an dem griezen?«

(Nun raus mit der Sprache, Frau Schwester, wo sind eure Bankert,
die ihr mit dem Hartmut gemacht habt inzwischen?
Daß man Euch so waschen läßt auf dem Gries?)

Mit anderen Worten, »als Mutter von Hartmuots Kindern sollte man euch eigentlich besser behandeln«. (Eine Seele von Mensch, dieser Ortwin.)
Das Feingefühl eines Berserkers.
Die Sympathien des Dichters sind entschieden auf der anderen Seite.
Unter Tränen erzählt ihm Kudrun die Wahrheit, und Herwic meint, nun sei ja alles gut. Sie könnten mit den beiden Frauen wegfahren.
Aber Ortwin meint nur:
»Und hätt ich hundert Schwestern, die ließe ich eher sterben, als daß ich mich so aus dem Land stehlen würde ...«
Jaja, so einer ist er, der Ortwin! Ein wahrer Wotanskrieger! Lieber hundert Schwestern umgekommen, als feige davongeschlichen ...
Er hat aber nicht hundert, sondern bloß eine.

(1257)
Do sprach der degen Herwic: »war tuost du dinen sinn?
Di mine triutinne di wil ich füeren hin.«
[...]
do sprach der degen Ortwin: »eh ließ ich mit der Swester mich zerhouwen.«

(Da sprach der Degen Herwic: wie denkst du dir das?
Meine Trauteste will ich mitnehmen.
Da sprach der Degen Ortwin: Eher ließ ich mich samt der Schwester in Stücke hauen.)

Widerspruch, Klage Kudruns, Entschuldigungen ...
Das Wotansethos trägt den Sieg davon und Kudrun bleibt am Strande zurück:

(1263)
Kudrun diu arme ruofte Herwigen nach:
»ehmals war ich die beste, nu hat man mich zer besten.
Wem last du mich ...«

(Kudrun die arme rief da Herwic nach:
Ehmals war ich die beste, nun hat man mich zum Besten.
Wem läßt du mich ...)

Nun ja, Herwic hat wenigstens tröstende Zurufe für sie bereit, wenigstens etwas: Am nächsten Tage wolle er mit achtzigtausend seiner Helden zur Befreiung kommen. Achtzigtausend, nicht weniger. Eine neue Zahl, und die sollen angeblich alle in 122 Schiffen gekommen sein (655 Mann pro Schiff). Da bleibe ich doch lieber wieder bei meiner Erklärung aus dem Gotischen (aht tehuntehunt = 800).

Der wesche do vergazen diu herliche kint.

(Auf die Wäsche völlig vergaßen die herrlichen Kinder.)

Man kanns verstehen.
Immerhin hat die Begegnung Kudruns Stolz so aufgestachelt, daß sie beschließt, nicht weiter zu waschen:

...zürnen si began. Si swanc si von den henden verre zu den ünden...

Gerlints Wäsche fliegt ins Meer.
Wie nicht anders zu erwarten, führt das zu Streit und Widerrede mit Gerlint. Als diese erfährt, daß ihre Wäsche verloren ist, befiehlt sie, Kudrun an ein Bett zu binden und mit Dornruten zu peitschen.

(1283)
si wollt ir haut die schöne, slahen von den beinen...

(Wollt' ihre Haut, die schöne, peitschen von den Beinen...)

(Die Kommentare übersetzen schamhaft »Beine« mit Gebein, Knochen, obwohl Kudrun in der nächsten Strophe sich zu rächen droht, wenn sie »hinte hie geslagen« würde.)
Mit doppeldeutigen Worten macht sie Gerlint glauben, sie sei anderen Sinnes geworden, und Gerlint meint:

»und ob du tusent sabene hetest mir verlorn...«

(Und hättst du tausend Hemden mir verloren..)

so wolle sie das verzeihen.
Als aber Hartmuot strahlend auf die gute Neuigkeit hin kommt, lehnt Kudrun ab, sich von ihm in die Arme nehmen zu lassen. Erst wenn sie seine Königin sei, wolle sie ihm das erlauben. Vorerst wolle sie ihre mitgefangenen Frauen um sich haben, gute Kleider, Essen und Trinken für alle und im übrigen solle Hartmut Boten aussenden, um Gäste zur Hochzeit zu laden. (Hundert ausgesandte Boten sind hundert Krieger weniger in der Burg.)
Offengestanden, das klingt alles recht überzeugend, aber diese Beschreibung ist mir zu gerissen für Kudrun. Diese hinterlistige Politik schmeckt mir nach dem Geist eines fahrenden Spielmanns, der an Tricks und Listen gewohnt ist. Es erscheint auch

wenig wahrscheinlich, daß die Beschreibung derartiger Gespräche über Jahrhunderte hin erhalten blieb.
Sagen wir also, Kudrun, hin und her gerissen unter den verschiedenen Einflüssen, versucht ihr Geschick selbst in die Hand zu nehmen und sich in eine Situation zu manövrieren, die ihr Sicherheit verspricht, gleichviel wie der nächste Tag ausgehen wird. Ortwins Reaktion hat gezeigt, daß ein Sieg der Hegelingen für sie nicht alle Probleme aus der Welt schafft.
Am nächsten Morgen wird Kudrun von einer ihrer Frauen geweckt:

»unser friunt da heime habent unser armen nit vergezzen.«

Ihre Reaktion ist sonderbar:

(1359)
...»nu ist mir erste weh.
Owe ich gotes armiu, daz ich den lib ie gewan!
Man sit hie hiute sterben manigen waetlichen mann.«

(Wie ist mir nun erst weh.
Oh weh, ich Gottesarme, daß ich geboren ward!
Heut wird man hier sterben sehen manchen stattlichen Mann.)

Auch der Wächter hat die Ankömmlinge bemerkt:

»wol uf, ir stolzen recken! Waffen, Herre, waffen...«

(Wohlauf ihr stolzen Recken! Alarm, ihr Herrn, Alarm...)

Ludwic glaubt noch einen Augenblick, es seien vielleicht »pilgerine«, aber Gerlint macht sich keine Illusionen: Der Sinneswandel Kudruns findet in diesen Ankömmlingen seine Erklärung.

daz lachen Kudrunen koufent dine recken hiute tiure.

(Daß Kudrun gestern lachte, bezahlen deine Recken heute teuer.)

In der XXVII. Aventiure, der folgenden, schauen Hartmut und Ludwig von der Mauer, und Hartmut nennt seinem Vater die Feldzeichen der Angreifer.

38. Kapitel

Mauerschau, Endkampf und Heimkehr

So blicken denn Ludwig und Hartmut aus dem Fenster nach den Belagerern:
»Der dort ist Atreus' weitherrschender Sohn Agamemnon,
Beides, ein trefflicher König zugleich, und ein tapferer Streiter...«
Oh, Pardon, ich habe mich geirrt!
Das ist die *andere* Mauerschau, vom hohen skäischen Tore (Ilias, III, 178), Urbild aller Teichoskopien. Daß der Verfasser des »Dukus Horant« mit dem Stoff der Ilias vertraut war, haben wir schon gesehen. Nun stellt sich also heraus, daß auch der Dichter der »Kudrun«, besser gesagt, *ein* Kudrundichter, Homer kannte.
Zitieren wir also richtig:
(Hartmut erklärt die Fahnen der Feinde.)

(1368)
»Ez ist ein bruner phelle da her von Karade.
E daz sich der geneige, dabi wirt helden we.
Darinne swebet ein houbet, daz ist von rotem golde.«

Daß das Feldzeichen Sifrits als »phelle« bezeichnet wird, scheint mir nicht, wie man allgemein deutet, als Stoff (Seidenstoff) erklärlich. Ich meine eher, es ist ein »Fell« gemeint. Der Dichter denkt an eine Roßschweifstandarte, das Goldhaupt wäre dann die dabei übliche krönende Goldkugel.[1]

(1371) Die Fahne Ortwins:
»Noch sihe ich ir einen mit lihten sparren rot:
da stent örter inne...«

»Lichte Sparren rot« scheint mir sich auf die Fahnenstange zu beziehen; »da stehen örter innen« beschreibt das Tuch. Wenn wir die Örter nicht als Hirsche (= Harte) deuten, sondern ausnahmsweise als »Spitzen« (von lat. ortus, das größer Werdende), so ist das keine üble Beschreibung der bayerischen Rautenfahne. Diese soll ursprünglich von den Grafen von Bogen geführt worden sein, deren erstes bekanntes Mitglied (nach Max Piendl) Aschwin von Bogen im 11. Jh. war. Ansäßig waren sie im östlichen Donaugau. Ihr Feldzeichen dem Hegelingen Ortwin Hetelsohn zuzuschreiben, war vielleicht eine Verbeugung des Dichters vor diesem mächtigen Geschlecht.

Weiter Hartmut:

(1372)
»Dort sihe ich vanen einen, der ist wizer danne ein swan.
Goldiniu bilde müget ir kiesen dran.
Den hat min swiger Hilde gesendet über ünde ...

(Der Fahnen seh ich eine weißer als ein Schwan,
goldne Bilderzeichen könnt ihr sehen dran,
die hat meine Schwiegerin Hilde geschickt über die Wogen ...)

»Schwanenweiß« ist Hildes Feldzeichen. Schon daß sie ein solches besitzt, ist erstaunlich – außer man akzeptiert meine Erklärungen zu ihrer sozialen Stellung. Darüber hinaus aber finden wir hier eine deutliche Anspielung auf das Schwanentotem der Hegelingen, besser gesagt der Veles-Ingfreyr-Anhänger unter den Hegelingen.
Schließlich nennt Hartmut noch Herwic von Selands Fahne: Wolkenblau mit Seeblättern. Freilich schmeckt ein derartig »sprechendes Wappen« für einen »Seeländer« sehr nach traditionsloser Erfindung.
Hartmut schließt seine Aufzählung. Horant, Frute, Morung, Irold werden genannt aber ohne Wappenbeschreibung.
(Der famose »Gefolgsmann« Vigaleis aber ist erst gar nicht mitgekommen ... Weil er ein Feigling war? Weil er zuhause unabkömmlich war?
Nein, sondern weil er ein König und auf dem Wülpensand erschlagen worden war!)

»ez nahet ze einem Sturme. Nu wafent iuch, ir recken ...«

So Hartmut.
Während sich die Ormanier zum Kampfe fertig machen, kommt Frau Gerlint und beschwört Mann und Sohn, in der Burg zu bleiben und es auf eine Belagerung ankommen zu lassen. (Die einzige vernünftige Strategin im ganzen Gedicht.) Hartmut lehnt das aber ab und erklärt, er wolle lieber sterben.
Hilde als seine Schwiegermutter zu bezeichnen zeigte schon einen gewissen Galgenhumor. Jetzt sich in die Burg einzuschließen und neben einer unerreichbaren Kudrun eine Belagerung abzuwarten, geht über Hartmuts Kräfte. Er sucht eine schnelle Entscheidung, so oder so.
In den Strophen 1390 und 1391 findet sich wieder ein sonderbares Rechenexempel: Tausend und hundert Krieger machen sich zum Ausfall fertig, fünfhundert bleiben in der Burg. Wir haben von Kudrun zuvor gehört, vierzig hundert Mann machten die Besatzung aus, von denen inzwischen etwa hundert als Boten ausgeschickt worden waren. Wo stecken also die anderen 2300?

Noch merkwürdiger aber erscheint es, daß die 1100, sobald sie die Burg verlassen, plötzlich, in der nächsten Strophe »drizic hundert« geworden sind. (Da dem wackeren Zöllner Hans Ried das anscheinend nicht aufgefallen ist, muß man sich fragen, wie wohl seine Zollregister ausgesehen haben. Vermutlich nahm Kaiser Maximilian an, daß er beim Gedichteschreiben besser aufgehoben war als in der Finanzverwaltung.)

Ich kann derartiges nur wieder als irrtümliche Übersetzung auffassen, muß aber gestehen, daß ich zwar die Mißverständnisse mir vorstellen kann (got. taihuntehund = 100 als mhd. tusenthundert = 1100), daß aber die Rechnung trotzdem nicht aufgeht.

Bei dem Ausfall verwundet Hartmut Ortwin und Horant, Ludwic Herwic. Der Kampf ist bunt und plastisch erzählt, doch da es sich zweifellos um erfundene Details handelt, aus denen nichts weiter zu entnehmen ist, verbiete ich mir das Zitieren in extenso.

Im weiteren (Aventiure XXVIII) verlegt Wate Hartmut den Rückweg zur Burg, Herwic ermannt sich und tötet Ludwic.

Gerlint, die die Ihren den Kürzeren ziehen sieht, bietet einem Knecht Geld, um Kudrun zu töten, aber Hartmut, der verzweifelt kämpft, um in seine Burg zurückzukehren, hört das Schreien, wird aufmerksam und bedroht den Mörder mit lautem Zuruf:

(1476)
»und slüget ir eine, iuwer leben waer zergangen.
Alle iuwer künne muese sicherlichen drumbe hangen.«

Frei übersetzt:
(Und krümmst du einer nur ein Haar, so ist dein Leben vergangen.
Mit deiner ganzen Sippschaft, Bursch, sollst du darum hangen.)

(1477)
daz er di gotes arme durch sine triuwe tröste,
do er selbe stuont in sorge, daz er si von dem grimmen tode erlöste.

(Daß er die Gottesarme durch seine treue Liebe tröste,
obwohl er selbst in Not war, daß er vom drohenden Tode sie erlöste.)

Wahrhaftig, der einzige Gentleman des Gedichts.

Man hat überhaupt den Eindruck, als schildere der Dichter die ormanische Königsfamilie nur widerwillig negativ, und selbst da, wo er um des Handlungsknotens willen eben Böses berichten muß, schiebt er es wenigstens Gerlint in die Schuhe, nach dem bekannten Stereotyp »böse Schwiegermutter«.

Auf Ortruns, der Ormanierprinzessin, verzweifeltes Bitten hin ruft Kudrun aus dem Fenster heraus Herwic an und bittet ihn, Hartmut zu schonen. Herwic versucht denn auch, um der Bitte seiner Frau willen, sich zwischen Hartmut und Wate zu stellen, wird aber von dem wütenden Alten kurzerhand mit der flachen Klinge zu Boden geschlagen.

Seine Recken springen dazwischen und bringen ihn und Hartmut vor Wate, dem alten Berserker, in Sicherheit.

In der XXIX. Aventiure wird uns die Erstürmung der Burg geschildert.

(1498)
so sach man nach gewinne   dringen vil der recken.
Do sprach Wate der grimme: »wo sint nu di knechte mit den secken?«

(Nach Beute sah man suchen viele Recken.
Da sprach der grimme Wate: Säck her, Buam, Säck her, eipackt werd jetz!)

Das Groteske mischt sich mit dem Schrecken:

(1501)
do sluoc man der inne   man unde wip.
Der kindel in den wiegen   verlos da manigez sinen lip.

(Da schlug man darinnen Männer und Weiber.
Den Wiegenkindern zerhacket man die Leiber.)

Natürlich ist das die Tat des alten Berserkers, Wate:

(1502)
Irolt der starke   ruofte Waten an:
»ja hant iu den tiuvel   diu jungen kint getan.«

Ja, was zum Teufel, haben ihm die Kinder getan?
Nicht nur Irold stellt die Frage. Auch wir.

(1503)
Do sprach Wate der alte...
[...]
»sollten die erwachsen,
so wolte ich in niht mere   getrouwen danne einem wilden sahsen.«[2]

Kurz und brutal. Ritterliche Haltung? Wate?

Daß ich nicht lache: »Laßt sie nicht erwachsen werden, dann sind sie später keine Gefahr.«
So denkt der alte Hunne aus den Sümpfen.

Kudrun tritt Wate in den Weg und nimmt in Schutz, so will es der Dichter, nicht nur Ortrun und ihre Frauen, zweiundsechzig Ormanierkrieger und Heregart, die einst als Ortruns Wasserträgerin gezeigt wurde, jetzt aber »junge Herzogin« genannt wird, sondern sogar Gerlint...
Aber Wate läßt sich nicht täuschen, heißt es. Er entdeckt die unter Kudruns Frauen versteckte Gerlint:

(1523)
er vienc si bi dem hare. Wer hete im daz erloubet?
Sin zürnen was gar swere; er sluog der küniginne ab daz houbet.

(Er fing sie an den Haaren. Wer hat ihm das erlaubt?
Seine Wut war ganz gewaltig; er schlug der Königin ab das Haupt.)

Aber Wate ist noch nicht zufrieden:

(1526)
»wo ist min frou Hergart, diu junge herzoginne,
diu in disem lande des küniges schenken nam durch hohe minne?«[3]

(Wo ist mein Frau Heregart, die junge Herzogin,
die in diesem Lande den Mundschenk nahm durch hohe Minne?)

Man sieht Wate förmlich nach »hohe Minne« ausspucken. In seinem Mund ist dieser Minnesängerbegriff blanker Hohn.

Auch Heregart wird von ihm erschlagen.
Allmählich läßt das Morden nach. Die Überlebenden werden gefangen genommen, und die Hegelingen richten sich in der Burg, Kassiane genannt, häuslich ein. Ehe sie aber in ihr eigenes Land zurückkehren, wird diese Burg mit ihren »vierzig Türmen, sechzig weiten Sälen und drei reichen Palasen« verbrannt, sechsundzwanzig andere Burgen gebrochen und ausgeraubt! Hauptsächliche Beute:

(1546)
vil manic schoeniu frouwe wart do gefangen von den Hegelingen.

(Viele schöne Frauen wurden da gefangen von den Hegelingen.)

Wie nicht anders zu erwarten ist:

(1547)
si waren ir urliuges (= Orlog, Krieg) vil stolz unde here.

(Ich kann mir nicht helfen, der Dichter ironisiert hier seine Helden! Warum?)
Wollen Sie den Rest noch hören?
Ich sage es Ihnen gleich, er scheint mir pure Erfindung zu sein, geschrieben, um die Wahrheit zu verbergen...
Sie wollen es trotzdem wissen?
Also dann:
Die Hegelingen kommen mit den befreiten Mädchen, den gefangenen Hartmut und Ortrun und mehr als tausend Gefangenen, schamhaft »Geiseln« genannt, nach Hegelingenland zurück.
Kudrun sorgt für allseitige Versöhnung – gegen die sich ihre Mutter anfangs sträubt –, und die Beuteverteilung und große Abrechnung der Verbündeten beginnt:
Ortwin bekommt Ortrun zur Frau und besetzt mit Horants und Moruncs Hilfe das Land der Ormanier.
Sifrit, der Moere, von schwärzlicher Farbe, von dem wir bei dieser Gelegenheit hören, daß er blond sei und Sohn eines Christen und einer Heidin (die Erklärung, die wirkliche, wurde schon gegeben), bekommt eine plötzlich aufgetauchte Schwester Herwics, von der bisher nie die Rede war.
Auf diese Weise wird gewissermaßen legitimiert, was er wirklich bekommt: Herwics Reich.[4]
Schließlich wird Hartmut, man höre und staune, mit Hildburc verheiratet. Diese ist zwar schon an die fünfzig (nicht sechzig, wie man auf Grund der angeblichen langen Gefangenschaft annahm) und bringt kein Herrschaftsgebiet mit in die Ehe, aber das hat vom Hegelingenstandpunkt aus den Vorzug, daß es ihn zum Vasallen macht, verhindert, daß er anderswo einheiratet, und angesichts des Alters seiner Braut auch wohl die Gründung einer Dynastie.
Wenigstens dürfte das die Idee des Erfinders dieser Massenheirat gewesen sein.
Immerhin, ganz unglaubwürdig ist es nicht.
Hochzeit also und Versöhnung.
Festliche Tage, trotz allem. Neues Leben sprießt aus den Ruinen...
Pferderennen, Bierzelt, Spießbraten, Steckerlfisch...
»eine wise von arabi sangen di baezzisten alle...« sagt das Gedicht.
Heldenlieder und Schnaderhüpfel...
Und sie lebten glücklich und zufrieden und bekamen viele viele Kinder...
War es so?
Eben nicht, Leser! Eben nicht!

Die Sache war ganz anders!
Traurig, sehr traurig!
Kaum traue ich mich, sie zu berichten.
Aber sie steht im Text.

39. Kapitel

Minnesang, Fylgia und Wates Ende

Eine traurige Geschichte, eine sehr traurige.
Wie war das gewesen?
Kudrun sah Sifrit den Dunklen gerne: »Sie war ihm wohlgesonnen. Ofte tat sie das.«
Sie war Hartmuot mehr als wohlgesonnen, dem sie »seines Willens viel wenig nicht gewährte.«
Aber geheiratet hat sie Herwic, der die Ehe mit dem Schwert in der Hand erzwang, und gleich darauf »mit schönen Frauen anderweitig vertriebe seine Zeit...« (Die Trennung, die scheinbare, ist tscherkessisches Ritual, die schönen Frauen nicht;), aber sie war ihm loyal: »Du solst immer mit mir haben Wünne;« obwohl er der wenigst sympathische der drei Freier ist.
Hartmut aber, erinnern Sie sich: Tougen ougen blicke, was da vil geschehn. Das heißt beim Vogelweider: »Si wundervoll gemachet wip, daß mir noch werd ihr Habedank...« und bei Bernart von Ventadour, dem provenzalischen Trobador:

Quand ieu la vey, be m'es parven
Als huelhs, al vis, a la color
(Quar aissi tremble de paor
cum fa la fuelha contra'l ven);

Wenn ich sie seh, wird es mir eng
Das Aug, der Blick, die Farbigkeit
(So beb ich vor Ergriffenheit
Wie's Blatt erbebt im Widerwind.)

Wie Jaufre Rudel, der Prinz v. Blaya, verzehrt er sich in der Ferne:

Ver ditz qui m'apella lechai
Ni desiran d'amor de lonh

Gar nulhs autres jois tant no'm plai
Cum jauzimons d'amor de lonh.

Wahr sagt man, daß ich heikel sei.
Nichts gehr ich als der Minn-ins-Fern.
Kein ander Lüsten ich mich freu
als Freude an der Minn-ins-Fern...

Und als er endlich kommt, sie zu entführen, »da lachte die Viel-Wohlgetane«. Wie es weiterging, haben wir gesehen: In einer Massenschlächterei endet das Abenteuer (Str. 1410):

Ir beider Ingesinde kom mit geneigten spern.
Daz geschadete manigem kinde. Einander sach mans wern
mit hurte tiefer wunden, die guoten ritter, sere.
Si waren alle biderbe unde wurben vaste umbe ere.

Wundern Sie sich nicht, Leser, daß ich meine Beispiele von weither hole. Der Geist, der sich in der Beziehung Hartmuot – Kudrun zeigt, ist näher dem provenzalischen Sang als dem deutschen.
Aber seit Wolfram von Eschenbach wissen wir schon:

»Von Provenze ins deutsche Land/sind uns die rechten Märe gesandt.«

Nicht nur Märe, möchte ich hinzufügen. Die Kudrun ist voll romanischer Lehnworte (französisch oder provenzalisch): Marnaere, kastelan, baniere, buckelaere, boie, golter, gabilote, puneiz, sinewel, trunzen, Ünde, Kovertiure...
Ich bin daher geneigt, ihre Abfassung in einen früheren Zeitpunkt zu legen als den allgemein Üblichen, die Mitte des 13. Jahrhunderts.
Die relativ späte Sprachform mag dann, wenn nicht auf Hans Ried, so auf einen ihm vorausgehenden Abschreiber zurückgehen.
Unterstützt fühle ich mich dabei von zwei edlen Herren, den ostbayerischen Minnesänger Kürenberger und Dietmar von Aist. Sie schrieben in einem der Kudrunstrophe ähnlichen Versmaß und beide schrieben Gedichte aus weiblicher Sicht.
Wir sollten nämlich nicht vergessen, daß die »Kudrun« das einzige Heldenlied um eine Frau ist.
Nehmen wir den Faden wieder auf:
Kudrun war ihre Haltung übel bekommen. Ihren Vater hatte sie das Leben gekostet und sie selbst in unlösbare seelische Konflikte gestürzt.

Die religiöse Sammlung im Dienste der Wanengötter, die ich ihr angemutet habe, kann ihr Dilemma nicht gelöst haben.
Was wirklich geschehen war, wissen wir nicht und wir sind auf Vermutungen angewiesen. Zu sehr haben die sukzessiven Bearbeiter die Wirklichkeit verschleiert.
Eine Bemerkung im »Alexanderlied« des Pfaffen Lamprecht zeigt uns das. Dort wird von dem Wülpenwerder gesprochen: »wo Hildes Vater tot gelach, zerwisken Hagenen und Waten.«
Das ist weder Hildesage noch Gudrunsage. Lamprecht muß eine andere Version der Ereignisse gekannt haben.
Der Dichter der »Kudrun« hat die alte Sage im Stil seiner Zeit behandelt. (Seine Auftraggeber wären ihm anders schwerlich dankbar gewesen.)
Wenn er uns am Ende aus seinem Gedicht entläßt, so ist die Bühne vorbereitet wie für das heitere Spiel eines Liebeshofes:
Kudrun, die edle Frau, die Herrin, vermählt mit König Hervic, von dem das beste Urteil des Dichters ist: »wie an die Wand gemalt steht er da«. Eine konventionelle Ehe.
Eine Schar edler Frauen, ein wahrer Minnehof, umgibt Kudrun, und zwei edle Fürsten liegen zu ihren Füßen; beide anderweitig vermählt: Sifrit und Hartmuot. Selbst der Sänger Horant fehlt nicht, und von den Sangeskünsten der Moere wird uns im Vorbeigehen berichtet.
Rings um dieses reizende Tableau:

(1671)
Der Fahrnden Kunst mußte scheinen den Tag
was jeglicher konnte wie gern er das pflag!

(1672)
Was mochte da sein mehre als Freude und Schall?
Von maniger Hände Tönen der Palas oft erscholl.

Mit beschwörenden Worten teilt uns der Dichter mit, daß am Ende ja nun alles gut sei...
Aber er ist ein ehrlicher Mann und schlechter Schwindler...
In seiner Erzählung ließ er einen Zug stehen, der zeigt, daß all das nur Wunschdenken ist, was er schildert; daß die Wirklichkeit ganz anders war.
Ein erratischer Urzeitblock ragt in die Erzählung herein, weithin seinen Schatten werfend. Drohend, verhängnisvoll:
Tragisch und düster:
Die Hamingja!
Die Fylgia!
Die beiden Ausdrücke sind altnordisch. Ihr kontinentales Äquivalent kennen wir nicht, aber daß es bestanden hat, läßt sich nachweisen.

Hamingja, so nannten die Skandinavier die Personifikation des Schicksals das sich an eine Familie, an eine Sippe heftete. Die Wurzel ist Hamr = Form, Gestalt. Hamingja ist die personifizierte »Gestalt des Schicksals«.

Im isländischen Thidrandathattr ist die Sippe des Sidu-Hall im Begriff, christlich zu werden. Die Hamingjar ziehen aus und fordern noch ein letztes Opfer: In der Nacht ihres Auszugs erschlagen sie Sidu-Halls Sohn, Thidrandi.

Hier und in der Viga-Glums-Saga erscheint die Hamingja als riesenhafte geheimnisvolle Frauengestalt, halb den Walküren ähnlich, halb den Nornen. Bei anderen Gelegenheiten tritt sie als Tier auf.

Das gleiche Konzept, die gleiche Gestalt, bezogen auf das Individuum statt auf Sippe oder Familie, heißt Fylgia = Folgerin, eine Art »Außenseele«. In der Vatnsdoelasaga wird von Thorolf Höllenhaut erzählt, daß er ein Zauberer sei, Opfergruben besäße, »denn man glaubte, er opfere Menschen wie Tiere« und »eine machtvolle Fylgia« besäße.

Die Fylgia kann ihrem Träger im Traum oder im Wachen erscheinen, als Frau oder in Tiergestalt.

Gisli der Skalde sieht sie als Norne und als Schneehuhn (Gislasaga), Thorkell silfri, der Hamrammr (= Gestaltwechsler) als rotes Pferd (Vatnsdoelasaga).

In der Njalsaga tritt sie als blutige Ziege auf und als hexenhafte Walküre. In der Saga von Gunnlaug Schlangenzunge erscheinen drei Fylgias, zwei als Adler für Gunnlaug und seinen Nebenbuhler Hrafn Omundarson. (Beide Männer töten sich gegenseitig nach langem Zwist.)

Die dritte Fylgia, die Helgas der Schönen, um die der Streit geht, erscheint als Schwan.

Und damit sind wir wieder bei Kudrun:

Der »schöne Wasservogel«, der »Bote der Deinen«, der Kudrun erscheint, ist zweifellos ein Schwan. *Nur Kudrun sieht und hört ihn.* Das wird nicht ausdrücklich gesagt, aber es heißt »do diu juncfrouwe die stimme da vernam ...«, (Jungfrau im Singular) und er redet nur mit ihr, nur sie mit ihm. Nicht Hildburg! Der Bote der Ihren, der »Aggilus der Aggilingen«, ist deren Hamingja und Kudruns Fylgia!

Als dem Skalden Hallfred das Ende nahe ist, erscheint seine Fylgia als Walküre, die über die Wellen schreitet. Nun weiß er: »Zwischen uns ist nun alles vorbei«. Sein Sohn »übernimmt« die Fylgia, worauf sie verschwindet. Er »nimmt das Wesen seines Vaters in sich auf« und erhält das Schwert und den Beinamen Hallfreds »Vandraedaskald« (der schwierige Skalde).

Im Gegensatz zum Norden ist auf dem Kontinent der Schwan die übliche Erscheinungsform der »Folgerin«.

Es ist unmöglich, die vielen Beispiele aufzuzählen, aber der Leser sei nur an die Lohengrinsage erinnert. Der Schwan holt den Ritter, wenn seine Stunde gekommen ist (wie im früher erwähnten türkischen Beispiel). Von dieser Sage allein haben die Gebrüder Grimm in ihren Deutschen Sagen acht Beispiele gegeben.

Der Schwan aus dem Hegelingenland, aus »Tenelant« kommt aus der Gegend der Dnjeprmündung. Dort kennt Konstantin Porphyriogenetos (de administrando imperii) Lebedia, das Schwanenland (slaw. lebed' = Schwan). Auch die Edda weiß darum. So heißt es in der Gudrunarkvida II (diese Gudrun ist die Kriemhild des Nibelungenliedes): »Ich blieb bei Thora / sieben Jahreszeiten / Hakons Tochter / im Dänenland; / sie stickte mit Goldfäden / zu meiner Zerstreuung / *eine Halle des Südens / und dänische Schwäne* ...«

In der nächsten Strophe schildert das Gedicht die gewebten Bilder, die Gudrun gestaltet: »Taten der Krieger, / des Königs Helden, / rote Schilde, / Recken der Hunnen / Helmvolk, Schwertvolk ...«

Wir haben die Hegelingen-Dänen »im Rücken der Hunnen« gefunden (Kap. 20), nun haben wir hunnische Krieger und dänische Schwäne im gleichen Zusammenhange. Die Fylgia kündet das Schicksal an, und so müssen wir auch die Ahnfrau eines burgundisch-aquitanischen Geschlechtes als Fylgia ansehen: Melusine, Ahnfrau der Grafen von Forez, der Häuser Lusignan, Luxenburg und Plantagenet. Zwar tritt sie nicht als Schwan auf, sondern als fliegende Schlange, aber wenn wir uns die Silhouette im Flug vorstellen, kann kein Zweifel sein. So besteht auch noch der englische König Richard Löwenherz, ein Plantagenet, mit Stolz auf dem Titel »Sohn der Dämonin« (nach Giraldus Cambrensis).

Am Ende kommt es so dazu, daß alle Schwäne Englands königlicher Besitz sind (ich glaube heute noch). Das erklärt sich, denn sie sind die »Fylgias der Thanen«, die »Außenseelen der königlichen Ritter«.

Wenn ein Mitglied des Hauses Lusignan stirbt, so will die Legende, dann kündet Melusine, die Ahnfrau, dies vom Turm der Stammburg aus an.

(Wenn aber ein Hohenzoller stirbt, so zeigt sich im Schloß »die weiße Frau«.)

Fragen wir uns, welcher Zusammenhang zwischen dem Schwan und tragischem Schicksal besteht, so gibt uns die neueste Forschung die Antwort:

Die Untersuchungen der Psychologin Elisabeth Kübler-Ross brachten in den letzten Jahren ans Licht, daß der letzte Eindruck Sterbender vielfach eine große weiße Gestalt ist, die den Weg in ein lichtes Jenseits öffnet.

Dem Skalden Björn Arngeirson wurde sein Tod durch das Erscheinen der Fylgia angekündigt. Daraufhin dichtet er: (Disen sind Göttinnen)

Winkten nicht – ein Wunder
wies sich mir – die Disen?
Feinds gewaltige Wildheit
wach oft hielt die Nacht mich.
Helmgeschmückt aus Himmels
Heim im Traum stand bei mir
leuchtend Weib: Zum Licht sie
lud aus Kampfes Blutbad. (Übers. F. Niedner)

Der Seelenführer ins Jenseits, ins heilige Sonnenland, das kann für Völker, die »Swithiod hinn mikla« (das heilige, das Sonnenland) mit Lebedia, dem Schwanenland, identifizieren, nur die große weiße Form eines Schwans sein. Wiederaufleben klinisch Toter, wie das der Gewährsleute von Frau Kübler-Ross, kam sicher selten, sehr selten vor. Aber um so eindrucksvoller müssen die wenigen Berichte gewesen sein. Die Reihenfolge wurde umgekehrt:
Nicht der Sterbende sah die Schwanenfylgia, die Schwanenerscheinung kündete den Tod an.
(Ich war gezwungen, hier ungewöhnlich viel Belegmaterial auf kleinstem Raume zusammenzudrängen und meinen Leser im Rösselsprung durch Europa zu schleppen. Vieles habe ich trotzdem unterdrücken müssen und hoffe nur, daß meine Konstruktion nicht zu schwer verständlich ist.
Kudrun hatte ihre Fylgia gesehen und weiß, was das bedeutet. So erwartet sie die Bestätigung durch die beiden Boten – und weiß deren Verhalten richtig zu deuten: Man läßt sie zurück, obwohl keinerlei Notwendigkeit dazu besteht. Ihre Entführung hätte einen Angriff auf Kassiane nicht gehindert, sondern eher erleichtert. Kudruns Verschwinden hätte zweifellos dazu geführt, daß Hartmut alle seine Krieger auf die Suche schickte...
Kudrun wirft die Wäsche ins Meer...
Alles ist sinnlos geworden...
Ihr einziger Wunsch: Noch einmal ihre Gefährtinnen zu sehen...
Das Lachen Kudruns, das Gerlint mißtrauisch stimmte, muß laut und verzweifelt gewesen sein.
Als am nächsten Morgen die Hegelingen vor der Burg stehen, ist ihre Reaktion:

(1359)
»... nu ist mir erste weh.
Owe ich gotes armiu, daz ich den lip ie gewan!«

Den Rest wissen Sie: Die Hegelingen dringen in die Burg und Wate, der alte Wotanskrieger, tobt mordend durch die Hallen.
Er erschlägt seine Intimfeindin (die ihrerseits ihn »fangen unde hahen« lassen wollte), die »alte Valandinne« Gerlint, die Priesterin der Wanengötter.
Jetzt wissen wir: Er wird auch die Wäscherin des Götterbildes, die junge Wanenverehrerin nicht verschonen.
Kudrun muß sterben.
Aber habe ich mit diesen Behauptungen wirklich recht?
Wenn die Hegelingen Bayern sind, so müßten die Schwanenfylgias doch auch an der Donau auftauchen?
Eben! Das tun sie auch:
Nibelungenlied: Hagen geht die Donau entlang, auf der Suche nach einem Boot.

(1533)
er hörte wazzer giezen (losen er began)
in einem schönen brunnen. Daz taten *wisiu wip.*

(Er hört Wasser rauschen [horchen er begann]
in einer schönen Quelle. Das taten weise Weiber.)

»Merwip« werden sie genannt.

(1536)
Si swebten sam die vogele vor im uf der fluot

(Sie schwammen wie Vögel auf der Flut.)

Hagen enthält ihnen ihre Kleider vor »ir wunderlich Gewant« (1538), um sie zum Reden zu bringen (es handelt sich wohl um die gleichen »Schwanenkleider«, wie wir sie in der Völundarkvida finden), und sie prophezeien ihm die Zukunft: Nur der Kaplan wird in die Heimat zurückkehren.

Fylgias der Nibelungen.

Bezeichnenderweise kennt die nordische Überlieferung diesen Zug nicht. Weder in der Edda noch bei Snorri Sturluson. Die Thidreksage nennt die beiden Frauen zwar auch Meerweiber, aber von »wunderlichem Gewand« weiß sie nichts. Es sind ganz gewöhnliche Kleider, die Hagen ihnen dort vorenthält. Ebenso ist ihre Auskunft ohne Prophezeiung: »Ihr mögt alle unversehrt über den Fluß kommen, aber niemals zurück; und du wirst noch viel Beschwerlichkeit haben vorher.« Keine Transzendenz also. Der Erzähler kennt zwar noch Tier-Fylgias (Thidreks Ende), aber identifiziert die »Meerweiber« nicht als solche. So erlaubt er Hagen, sie kurzerhand zu erschlagen.

Man sieht, die Schwanenfylgia war den Bayern geläufig. Sie stammt hier nicht aus dem Urstoff. Als ironischer Schnörkel der Geschichte muß es in diesem Zusammenhang erscheinen, daß das Ende der Agilolfingerherzöge durch das Auftreten des Namens Swanahilt in der Familie angekündigt wird: Swanahild, die Schwanen-Walküre (Tochter Tassilos II.?)

Kehren wir also zu Wate zurück.

Er hatte Kudrun erschlagen. Wohl nicht so sehr aus »moralischen« oder dynastischen Gründen – obwohl beide sicher eine Rolle spielten – als aus religiösem Furor.

Jeder Verehrer Wotan-Odins muß dafür Verständnis gehabt haben.

Aber das Volk hat ihm das nicht verziehen. Es stand auf Seiten Kudruns, bewahrte die wahre Erinnerung, das Gedächtnis an die junge Valandin – Veleda, an Gudruna, (die *gute Königin) – ballte die Faust in der Tasche – und erfand ihr einen Rächer. Der Asenglaube (das ist nicht meine Erfindung, sondern seit langem bekannt), war eine Sache der Aristokraten. Das Volk liebte die Wanengötter, die Fruchtbarkeitsspender. Es wollte nichts mit den Asen zu tun haben, und der alte Vat – Wotan war ihm nur ein Gott unter vielen, kein Götterkönig.

Wate, wie ihn uns die Kudrun zeigt, war eigentlich angelegt, wie Hildebrand (Dietrichsage) oder Gizurr (im Hunnenschlachtlied) einen Heldentyp zu verkörpern.

Seine weitere Entwicklung war anders.

Wir finden ihn wieder in einem Gedicht des Dietrich-von-Bern-Zyklus: Ein ungeheuer starker alter Krieger, betont unsympathisch und so gut wie unbesiegbar. Ihn zu erlegen bleibt Dietleib von Steiermark vorbehalten.

Dietleib ist eine merkwürdige Gestalt: Abwechselnd Sohn »Biterolfs von Dänemark«, »Biterolfs Königs der Westgoten«, oder eben ein Steyrer, ist er der eponyme Held der Dudlebi, eines slavischen Stammes, der östlich der Karpathen saß, also im ehemaligen Gebiet der Westgoten, später in der Nachbarschaft der Hegelingen-Dänen.

Nach den Wirren der Völkerwanderungsjahrhunderte fanden sie sich wieder in Steyermark-Kärnten, eingedeutschte Alpenslaven der windischen Mark. Dietleib zeigt in seinem ganzen Verhalten was er ist: Ein Volksheld, kein Adliger, ein starker, gutmütiger, Späße machender Bauernjunge.

Ausgerechnet er ist aufgerufen, einen riesenstarken übermenschlichen alten Wate zu besiegen...

Bauern waren es, die ihn erfanden. Bauern ließen ihn Wate erschlagen (und scherten sich nicht um die Chronologie, nicht um die historische, nicht um die legendäre: Dietleib gilt als Zeitgenosse Ermanarichs † 375 und Theoderichs † 526. Wate war der Zeitgenosse keines von beiden.)

Überzeugt es Sie? Nein?

Sie meinen, nichts bewiese diesen Zusammenhang und Dietleibs Wate brauche nicht der aus der Kudrun gewesen zu sein? Recht haben Sie. Er braucht nicht. Aber er wars!

Dietleib ist der Eponymos der Dudlebi, sein Vater Biterolf, der Westgote, der Däne (über deren Identität habe ich mich schon geäußert) ist der Namensgeber (oder -nehmer) der Bituguren, »ein hunnisches Volk« (Jordanes) oder Bittores (Agathias), die im 5. Jh. eben in der Gegend des ehemaligen Westgotenreiches am Dnjestr und Pruth erwähnt werden.

In dem Lied von Biterolf und Dietleib kommt aber auch fragmentarisch die Sage von Herbort von Dänemark vor, der nach der Thidreksage Dietrich von Berns Neffe sein soll.

Herbort hat Ormanie von einem Riesen befreit und Hildeburc, die Tochter Ludwigs und Schwester Hartmuts entführt. Er rühmt sich:

»... wie ich von Ormanie reit,
und wie min ellen da erstreit
des küneges Ludewiges kint.«

(Wie ich aus Ormanien ritt,
wo mir mein Kraft erstritt
des Königs Ludwig Kind.)

Es ist also klar, daß der Dichter dieses Liedes mit Dänen nicht die aus dem Norden meint, sondern die Daker-Dänen der mittelalterlichen Überlieferung. Herbort ist ein Amaler, der aus seiner Heimat geflohen ist, und die »westgotischen Dänen« Dietleib und Biterolf stammen weder aus Skandinavien, noch aus Südfrankreich. Der Wate des Dietleib ist ein Krieger Ermanarichs.
Zeitlich stimmt nichts zusammen, aber geographisch ist die Darstellung korrekt. Alle Beteiligten sind zwischen der Krim und dem Golf von Burgas anzusetzen. (Auch Dietrich von Bern, insofern er Ostgote ist. Kam er nicht selbst aus der Ukraine, so doch seine Sippe.)
Und doch, und doch, in gewissem Sinne teile ich Ihre Zweifel.
Denn es gibt noch etwas, und das läßt mich an Wates Täterschaft zweifeln. Ich habe noch einen Beleg.

40. Kapitel

Der Rasende Roland, Olimpia und Hervic

Die Geschichten um Kaiser Karl und seine Helden waren im Mittelalter ungeheuer beliebt und ihr Stoff wuchs im Laufe der Jahre über alles Maß. Niemand aber scheint ein größeres Vergnügen an diesen bunten Ritterspielen gehabt zu haben als die Italiener.
Ab 1300 etwa sprießen sie wie Pilze aus dem Boden, die Epen um den großen Kaiser: Reali di Francia, Aspramonte, Il Morgante, Orlando innamorata,... Die Reihe der »karolingischen Romane« reißt nicht ab, aber hier soll nur von Ariost die Rede sein.
Ludovico Ariosto schrieb seinen Versroman vom rasenden Roland zwischen 1504 und 1515 zu Ehren des Fürstenhauses der Este von Ferrara, die ihre Abkunft auf einen legendären Paladin des Kaisers Karl, namens Ruggiero (Rüdiger), zurückführten.[1] Ariost baute auf einem früheren Epos, dem »Verliebten Roland« des Matteo Boiardo auf.

Auffallend dabei ist, daß er, über allen Inhalt hinaus, einen Zug mit der »Kudrun« gemeinsam hat: Frauen spielen eine große Rolle in seinem Gedicht und sind gleichberechtigte Helden seiner Erzählung. Angelika, Marphisa, Bradamante, Galaciella. (Sogar ein Land der Amazonen kommt vor).
So könnte man ohne Schwierigkeit Ariosts Anfangsverse auf die »Kudrun« anwenden:

»Der Frauen, Ritter, Waffen, Liebesbande,
Die Zartheit sing ich, den verwegnen Mut
Der Zeiten, da der Mohr von Libyens Strande (nein, das ist nicht Sifrit v. Moere)
Zog übers Meer und Frankreich setzt in Glut...« (Übers. J. D. Gries)

Ariosto, aus dem Hause der Malaguzzi, ist in Modena geboren und wuchs in Reggio, Rovigo und Ferrara auf. Seine Kenntnis des karolingischen Zyklus ist Buchgelehrsamkeit, aber mitten in diesem Stoff taucht unerwarteterweise eine Paraphrase der Gudrunsage (Kudrun, Teil III) auf. (Canto IX)
Die einfachste Erklärung für seine Kenntnis dieses Stoffes ist die Annahme, daß es sich dabei um eine Jugenderinnerung, um eine Volksüberlieferung handelte, langobardische Tradition.
Die Verbindung der Bayern und Langobarden war kulturell, politisch und dynastisch jahrhundertelang so eng, daß man schon angenommen hat, beide Völker seien ursprünglich nur eines gewesen.
Wir wollen diese Frage hier nicht auch noch aufgreifen und beschränken uns auf die Geschichte, die im 9. Gesang steht:
Olimpia, die langobardische Gudrun.
Roland, Ariosts Allzweckheld, kommt nach Holland und wird dort von der Tochter des Grafen um Hilfe gebeten, der schönen Olimpia. Die Vorgeschichte ist folgende: Olimpia war mit Bireno, dem Herzog von Seeland verlobt und sollte ihn heiraten, sobald er vom Kampf gegen die Mauren in Spanien zurück war. In der Zwischenzeit kommt aber Cimosco, König von Friesland, der für seinen Sohn Arbante um sie werben läßt. Nach einer Ablehnung überfällt Cimosco Holland und tötet Olimpias zwei Brüder und ihren Vater. Die Bevölkerung der letzten treuen Stadt liefert daraufhin die Prinzessin aus. Diese beschließt

»Ich fand zu meinem Schmerz, nach langem Sinnen,
Verstellung steh allein mir zu Gebot,
Und tat, als scheu ich nicht, vielmehr verlange,
daß er vergeb und mich zur Schnur (Schwiegertochter) empfange.« (IX, 36)

Unterbrechen wir hier einen Augenblick und vergleichen wir: Daß Ariost mit Holland Flandern-Flamland meint, ist unverkennbar. Das aber ist ein Mißverständnis für das *Velandria-Flämingia, das wir oben als mit Hetels Reich identisch gefunden haben. Die Tochter des dortigen Herrschers ist mit *Bireno*, dem Herzog von Seeland (Hervic von Sewen), versprochen. Dieser ist aber abwesend, um in Spanien (Mißverständnis: Ariost verwechselt die beiden Iberien, das kaukasische und das westeuropäische) gegen die »Mauren« (die »Moere«) zu kämpfen. Zu diesem Zeitpunkt wirbt der König von Friesland (Uferland oder Steppenland) für seinen Sohn Arbante-Areobindus um sie. (Dieser Name, ebenso wie das pseudogriechische Olimpia und Cimosco = Tsimisces weisen auf einen östlichen und nicht nördlichen Ursprung hin).

Der Herr *Velandrias fällt in dem entstehenden Kampf, lediglich die Reihenfolge der Ereignisse ist umgekehrt. Der Tod von Olimpias beiden Brüdern ist Ariosts Manier, von schweren Verlusten zu sprechen. Die oben zitierte Halboktave ist seine Zusammenfassung von Olimpia-Gudruns Aufenthalt bei den Normannen, der in der »Kudrun« ebenfalls mit einer Verstellung endet. (Str. 1285)

Zurück zu Ariost:

Olimpia hat zwei treue Diener, Brüder, von denen sie einen nach Flandern schickt, um ein Schiff zu besorgen. Inzwischen erfährt man, Bireno sei mit vielen Schiffen auf der Rückfahrt nach Holland begriffen, (nach der ersten Niederlage gegen Cimosco hatte man ihn verständigt), er wird aber von Cimosco in einer Seeschlacht geschlagen und gefangen genommen. Im gleichen Moment läßt aber Olimpia in der Hochzeitsnacht Arbante ermorden und flieht mit dem Schiff aus Flandern.

Cimosco findet die Katastrophe vor, als er siegreich zurückkehrt. Er läßt alle töten, die er für Olimpias Freunde hält und verkündet, daß Birenos Familie ein Jahr Zeit habe, ihm Olimpia auszuliefern, andernfalls er Bireno töten ließe. Als es aber Olimpia nicht gelingt, Bireno mit List oder Gewalt zu befreien, beschließt sie, sich selbst dem Friesenkönig auszuliefern, um Bireno zu retten. Um aber nicht in einen Hinterhalt zu fallen und um sicher zu sein, daß dieser auch wirklich freikommt, bittet sie Orlando um seine Intervention.

Ist die Situation vergleichbar zwischen den beiden Darstellungen so ist die Entwicklung verschieden. Wir dürfen das auf Ariost zurückführen, der für seinen Superhelden Orlando eine schönere Rolle braucht als ihn sich einfach auf Birenos Seite ins Getümmel stürzen zu lassen.

Orlando, statt die Transaktion nur zu überwachen, fordert Cimosco zum Zweikampf heraus. Siegt er, läßt Cimosco Bireno frei, verliert er, erhält der Friese Olimpia. Als aber Cimosco statt eines Zweikampfes einen Hinterhalt inszeniert, wird er von Orlando erschlagen, der wie Wate unter den Normannen hier unter den Friesen haust. Im gleichen Augenblick aber dringen die Vettern Birenos und die Reste seiner Seeländer in die Stadt und überwältigen die Garnison.

Der befreite Bireno zieht mit Olimpia und Cimoscos Tochter, die er seinem Bruder zudenkt, nach Seeland.

Auffallend ist hier die Beschreibung Orlandos:

»In voller Wehr verläßt der Graf die Wogen
auf einem Gaul, der schwärzlich grau von Haar,
geborner Dän', in Flandern aufgezogen
und größer, stärker als behende war.« (IX,60)

Mit anderen Worten: Orlando reitet ein »Dahen«roß, einen »Schwarzrücken«, einen Saurag und wie Sifrit-Saurag taucht er aus dem Meere auf.
Der Vergleich geht aber noch weiter.
Im Gesang XI, Str. 50 heißt es von ihm, Orlando:

[...]
»Weil man ihn sah mit keiner Art von Waffen,
mit keinem Panzer, keinem Schild bewehrt.
Daß seine Haut, vom Kopf bis zu den Sohlen,
hart sei wie Demant, war dem Volk verhohlen.«

Ariosto hält also sichtlich den Helden, der ursprünglich an Orlandos Stelle stand, für den »gehürnten Sifrit«. Er verwechselt zwei Sifrits miteinander und ersetzt sie durch seinen Orlando.
Das ist um so auffallender und bezeichnender, weil er bis zur Olimpiaepisode nie diese Unverwundbarkeit erwähnt, und sie auch später nur ein einziges mal noch verwendet (XXIV, 10).
Eine derartige Häufung von Parallelen kann kein Zufall sein. Diese Erzählung steht, wie erwähnt, völlig isoliert innerhalb des karolingischen Materials, das sonst das Gedicht Ariosts ausmacht. Da dieser aber im übrigen immer nur die Erzählungen seiner Vorgänger »weiter gehäkelt« hat, müssen wir auch für diese Episode ein Vorbild annehmen.
Eben eine Variante der Gudrunsage.
Merkwürdigerweise hat diese »Langobardische Gudrun« aber noch ein Nachspiel. Bireno nämlich (10. Gesang) verliebt sich in Cimoscos Tochter, die er seinem Bruder zugedacht hatte, und setzt die dieser Neigung im Wege stehende Olimpia an der Küste Schottlands aus. Dort wird sie von Piraten aufgegriffen, die sie an die Einwohner von Ebuda (nach Ptolemäus Aebudae, die Shetlands oder Faeroer) verkaufen. Diese haben die Gewohnheit, einem Meerungeheuer jeden Tag ein Mädchen als Opfer darzubringen (an sich nur eine klassische Reminiszenz Ariosts an die Perseussage, aber in ihrer Herkunft aus dem Osten doch bezeichnend). Dieses Schicksal soll auch Olimpia erleiden, jedoch taucht wieder der deus ex machina, der unvermeindliche Orlando auf, und erschlägt das Ungeheuer. Auffallend aber ist, daß er sich in Gesellschaft des Irenkönigs Osbert oder Hubert befindet, mit dem zusammen er Rache an den Ebudiern für ihre barbarische Sitte

nimmt. Der Irenkönig verliebt sich in die Schöne, und nachdem er von Birenos Treulosigkeit erfahren hat, besiegt und tötet er diesen und heiratet Olimpia.
Lassen wir Ariosts Neuerung, den unvermeidlichen Orlando, beiseite, so lautet die Geschichte:
Der König der Iren, Hucbert (=Haganbert, der glänzende oder strahlende Hagen = Hagen Valant), befreit in einem wilden Land eine schöne Gefangene, erschlägt ein Ungeheuer und wird durch die Ehe mit der Befreiten zum Herrn Vallands – Hollands (wo nach Beda Venerabilis Wilzen leben), Frieslands und Seelands.
Wir sehen, das ist nichts anderes als eine Kurzfassung der Hagensage. Daß Ariost sie als Nachtrag zu einer Olimpia-Gudrun im elften Gesang bringt, obwohl ihn das zwingt, den von seiner Heldin zärtlich geliebten Bireno zu einem Schuft zu machen, das zeigt, daß die dynastische Verknüpfung der Kudrun nicht ursprünglich ist. Die Lombarden kannten beide Sagen, aber sie – oder Ariost – setzten sie anders zusammen.
H. Frenzel (Ariost und die Ambraser Handschrift, GRM 38) glaubt, die »Kudrun« sei Ariosts Quelle gewesen, aber mir scheint, der sonderbare Gebrauch, den er von der Hagensage macht, schließt das aus. Andere Gelehrte glaubten an eine französische oder flämische Erzählung. Schließlich arbeitet Ariost sonst nach französischem Material. (so O. Grüters).
Mir scheint, beide irren sich.
Von Ariost sind nämlich Notizen zum Orlando Furioso erhalten, und aus diesen geht hervor, daß Bireno ursprünglich »Pruteno« war, was Jean Charles, dem ich diese Tatsache verdanke, als »le Prussien«, der Preuße deutet. Sein Land war zunächst Olsatia (Elsaß), dann Selandia. Olimpia hieß zunächst Hispulla und Artulla.
Nun heißt aber Bireno »der Einwohner von Birea«. Das ist die alte Stadt Bireo oder Beroia in Thrazien, auch Trajanopolis genannt, 150 km westlich vom Golf von Burgas (heute Staraia Zagora). Pruteno aber heißt »der Mann vom Prut«, nicht der Preuße.
Daß Ariost nicht recht an sein Olsatia-Elsaß glaubte, kann man ihm nicht verdenken. Er wußte, daß das nicht am Meer lag.
Wir aber haben ein Elsaß-Haelsingeland in der Orvar-Oddsaga kennen gelernt, das eben auch am Schwarzen Meer lag.
Hispulla schließlich, die kleine Hispanierin, deutet darauf hin, daß Ariost eine vage Erinnerung an eine westgotische Herkunft der Geschichte hatte, was geographisch nicht falsch ist. Vermutlich war ihm aber die Bezeichnung Artulla »Die Ortländerin« so unverständlich, daß er sich kurzerhand zu Olimpia entschloß.[2]
Freilich hätte Ariost auch diese Sage anderweitig einarbeiten können. Nichts zwang ihn, seinen Bireno zum Verräter an Olimpia-Gudrun zu machen. Nichts, es sei denn, dieser »Herzog von Seeland« war in seinem Vorbild schon so geschildert.
Und jetzt wissen Sie, warum ich nicht sicher bin, daß Wate Kudrun erschlug. Ich kann mir nicht helfen, so gefühllos wie der Dichter Herwic schildert (mit der einzigen

Ausnahme der Begegnung am Ufer, wo er sich hauptsächlich selber leid tut), es würde mich nicht wundern, wenn er der geheime Schurke im Spiel wäre.
So habe ich also die Ereignisse der Kudrun zuerst in Raum und Zeit identifiziert, als beinahe historisch nachgewiesen, nur um sie so am Ende wieder in ein unbestimmtes Bündel von Vermutungen aufzulösen.
Ich kann nicht anders, Leser. Ich bin meiner Sache nicht so sicher wie meine Vorgänger, die bereits wußten wie das war, *bevor* sie die Beschreibungen ansahen. Ich weiß, wieviel von alledem hier Zufall sein kann...
Aber bedenken Sie: Ich habe ihnen keine Sicherheiten versprochen, sondern nur eine Expedition in einen Kontinent »Vergangenheit«.
Da mögen denn fremdartige Spuren täuschen und gewaltige Ungeheuer hinter dem nächsten Busch lauern, ohne daß wir es ahnen...
Ungeheuer oder seltsame Eingeborene...
Ich kann nur sagen, »da sind die Spuren und dort lauert vielleicht ein Hunne hinter dem Baum« ...aber Genaues weiß man nicht.

41. Kapitel

Kutrigur, Utigur und Attilas Söhne

Wenden wir uns den Hinterbliebenen in der »Kudrun« zu:
Herwic konnte als Witwer eigentlich nichts Besseres tun, als Hilde einen Antrag machen – und diese nichts Besseres, als ihn anzunehmen. Herwic hat, nach der »Kudrun«, sein Reich und seine Schwester an Sifrit den Moeren gegeben. Er war ein landloser Heerkönig geworden. Genau die richtige Ergänzung für Hilde. Sie wäre sonst gezwungen gewesen, einen ihrer Untertanen zu ehelichen.
Diese Lösung erscheint mir daher, wenn nicht sicher, so doch vernünftig und wahrscheinlich. Gefühle? Sie meinen, Hilde würde nie und nimmer ihr Schicksal an den Mörder ihrer Tochter binden?
Wir dürfen das aber nicht vom heutigen Standpunkt aus sehen. Gefühle spielten in diesen Dingen eine geringe Rolle. Die Sippe, die Herrschaft der Sippe über das Reich, die Macht der Königin Hilde, das waren wichtigere Elemente der Entscheidung als persönliche Gefühle. Staatsräson nannte man das später.
Es ist aber hier nötig, einmal die Frage zu stellen, wer dieser Hervic, nun nicht mehr von Seeland (das hatte jetzt Sifrit), eigentlich war.
Ich habe das Reich Hetels zeitlich kurz nach dem Zerbrechen des Attilareiches angesetzt, und aus gewissen kulturellen Zügen geschlossen, daß die Hegelingen irgendwie mit den Awaren-Warchoniten zusammenhängen.

Dabei ist zu unterscheiden zwischen den »echten Awaren« einerseits, die Priskos vor 465 etwa östlich des Don erwähnt, und den Warchoniten-Pseudabaroi, die weiter im Westen wohnen, und zu denen ich unsere Hegelingen zählen möchte. Während dieses Zeitraums werden die Bulgaren mehrfach an der unteren Donau erwähnt (Regierung der Kaiser Zenon und Anastasius), von wo sie tiefe Vorstöße in den Balkan unternehmen, die Leute, denen wir später den Schatz v. Nagyszentmiklos verdanken. Im Zusammenhang mit ihnen werden die beiden Hunnenstämme Kutrigur und, östlich von diesen, Utigur erwähnt.
Was die Bulgaren anlangt, so sind diese zwar nach Ausweis ihrer Inschriften Türken, jedoch weist die halblegendäre Liste ihrer ersten Könige deutlichen Bezug auf die Attiladynastie auf. Auch der Khan Asparukh, der 680 die Donau überschritt, trägt noch die Marke der alanisch-gotischen Onomastik (Aspar-Rukhs, das Sonnenpferd?). Wer immer die Sippe der Reichsgründer war, es ist ausgeschlossen, daß das Volk in seiner Gesamtheit türkischer Herkunft war. Dagegen spricht nicht nur die Wahrscheinlichkeit, sondern auch die weitere Entwicklung ihres Staates. Bezeichnenderweise ist ja auch »Bolgar« kein ethnischer Name, sondern eine Herkunftsbezeichnung: »Die Männer von der Wolga«.
(Ihre türkische Sprache und Schrift dürfte also nicht mehr bedeuten als das Aramäisch der Parther oder das Griechisch der Baktrer. Nicht alle mittelalterlichen Mönche waren Römer – und schrieben doch Latein.)
Während der gleichen Zeit sind uns, wie erwähnt, die »hunnischen« Utiguren und Kutriguren überliefert, die ihre Namen von zwei Brüdern erhalten haben sollen, wobei betont werden muß, daß »Hunnen«höchstens eine politische Situation bedeutet, eher aber noch eine nomadische Lebensform, keinesfalls aber eine ethnische oder gar »rassische« Definition.
Ob wir diese Namen ihnen selbst verdanken, oder sie nicht eher auf einen germanisch sprechenden Gewährsmann des Agathias zurückgehen, muß dahingestellt bleiben. Wir können aber nicht umhin, sie als »Mannen des Utig« und »Kutrig« aufzufassen, genauer als: Männer des *Uto und des Reik *Kuto. (König Kuto)
Man sieht, wir haben hier östlich des Don jenen »König Oten« der »Kudrun«, mit dessen Bruder sich »Ludwig von Normandie« überwarf. Igurun heißt auf Ossetisch-Alanisch: geboren. Das zeigt uns die beiden Völker als Kuto-geborene und Uto-geborene, *Kutr-igurun und *Uto-igurun.
Wir haben im vorstehenden gesehen, daß sowohl die Ir wie die Ormanier und in etwas geringerem Maße auch die Hegelingen (siehe Wate) weibliche Erbfolge zu haben scheinen. Unter diesen Umständen ist es vielleicht nicht unangebracht, den »König Oten«, der ja eigentlich in der Kudrun keinen Platz hat, als ein Mißverständnis für »Königin Uote« aufzufassen. (Das war aber unvermeidlich in einer Umwelt wie der der Goten, in der weibliche Herrschaft undenkbar war. Vergessen wir nicht, daß Abstammung in weiblicher Linie für Jordanes ja gerade die Definition für Hunnentum ist (= Getica 89,11).

War aber »Uote« Eponyme der Utiguren, dann können wir Kudrun-Chautrun dem zweiten Stammesnamen annähern und ihren Namen als Kut-Runa, Chud-Runa auffassen, »Königin *Khuta«. (»Runa« als Femininum zu Reiks ist nicht unwahrscheinlicher als eine Ableitung von Runa = Raunerin. Gudrun als *Gund-runa aufzufassen, Kampf-Raunerin, ist nicht sehr überzeugend).
Die geographischen Verhältnisse entsprechen, soweit wir sie übersehen, den aus der Kudrun erarbeiteten durchaus. Östlich des Asowschen Meeres haben wir die Akatziren, vermutlich Alanen, die nach Priskos von den Saraguren besiegt wurden.[1]
Bei letzteren finden wir wieder den Namen Saurag-Sifrit, denn sie sind entweder *Saurag-warioz, oder *Saur-igurun, Sauragsmannen oder »Schwarz-Geborene«, nämlich »von salver Varwe«. (Nach der Peutingerkarte heißt das Land östlich des Don *Saurica*, aber Sarai war später der Name Astrachans an der Wolga.)
Unter diesen Umständen ist es auch erklärlich, weshalb die Kutriguren später im Bulgarenreich auftauchen. Es handelt sich hier um den Zweig des Volkes, der die Herrschaft über »Ormanie« an sich riß. Das Epos ist nicht mißzuverstehen: Mit den Ehen Ortwin-Ortrun und Hervic-Hilde? wurden zwei Dynastien gegründet, die das Hegelingenvolk unzweifelhaft spalten mußte.
Die beiden Gruppen scheinen sich erst nach dem Tode des Attilasohns Dengizich (469) ausgeformt zu haben – und zu feindlichen Brüdern geworden zu sein.
Dengizich hatte nach 462 die Angasciren, Bittugoren und Bardoren gegen die pannonischen Ostgoten geführt, war aber von deren König Walamir über die Donau zurückgeschlagen worden. Die wenigen Jahre bis zu seinem Tod erschöpfte er den Rest seiner Macht in fruchtlosen Kämpfen gegen Byzanz.
Attilas Lieblingssohn war aber nicht Ellac, der älteste, oder Dengizich, sondern der jüngste, der nach einer Weissagung als einziger die Herrschaft der Hunnen in der Zeit nach Attila erhalten sollte.[2]
Sein Name war Hernak, in des Priskos griechischer Transkription, Ἠϱνάχ. Er wird meist mit dem Irnikh (ИРНИКЪ) der altbulgarischen Fürstenliste identifiziert. Wir können daher annehmen, daß neben der Orthographie des Priskos mit a auch eine Schreibweise mit i üblich war.
Vergleichen wir aber *Hernik mit Herwic (Kudrun) in griechischer Schrift, so ist der Unterschied minimal: ν (Ny) statt υ (Ypsilon)
Ἠϱνιχ statt Ἠϱυιχ.
Aus einer Priskosnotiz wissen wir, daß Hernak 468 mit Kämpfen im eigenen Land beschäftigt war, nördlich und östlich der Donau. Das aber ist das Reich der Hegelingen, oder seine unmittelbare Nachbarschaft.
Versuchen wir den Namen zu deuten:
Maenchen-Helfen zählt ihn als Name unbekannter Herkunft auf, zitiert aber O. Pritsak, der ein türkisches *är-näk = Großer Held vermutet.
Das setzt jedoch voraus, daß wir Hernak a priori als türkischen Namen ansehen, was erst noch zu beweisen wäre.

Nun wird uns von einem Hunnen Hormidac berichtet, der im Winter 465–466 Dacia ripensis und Dacia Mediterranea verwüstete, aber von dem Konsul Anthemius in Sardica (heute Sofia) eingeschlossen wurde. Nach einem vergeblichen Ausbruchsversuch ließen die Byzantiner ihn ungeschoren abziehen, um die Zerstörung der Stadt zu vermeiden. Ob dieses Abenteuer in unserer »Kudrun« ein Echo fand, will ich dahingestellt sein lassen, jedoch müßte die Koseform von Hormidac etwa Hormic gelautet haben, und das ist nicht so sehr verschieden von Hernik-Herwic. Man kann sich schlecht vorstellen, daß in einer Gegend, die von den Attilasöhnen Hernik und Dengizich beherrscht wird, noch ein dritter Häuptling umfangreiche Heerscharen rekrutieren konnte. Gelingt es ihm aber doch, gegen den Willen der Brüder, so kann er eigentlich nicht riskieren, mit dezimiertem Heer und ohne Gepäck in ihr Herrschaftsgebiet zurückzukehren. Auch die Frage nach Hormidacs Identiät bleibt also offen.

Meine eigene Erklärung für den Namen Hernik-Herwic ist germanisch. In der Edda findet sich der Name Arwakr als Bezeichnung eines der beiden Sonnenrosse. Das andere heißt Alswidr, und diesen Namen führt in der Wälsungensage ein Gefolgsmann Brynhilds. Es ist also anzunehmen, daß auch Arwakr ein Männername sein kann, und die kontinentale Form des nordischen Arwakr müßte *Erwekr sein (Erwecker paßt gut für ein Sonnenpferd).

Nun findet sich der Name Sonnenpferd später wieder in der bulgarischen Königsliste, freilich unter der iranischen Form Isperikh (= Asparukh). Im übrigen hieß der ältere Bruder Attilas (Herniks Onkel) Bleda, was vermutlich nicht germanisch, sondern slavisch ist, Wlada, Kurzform von Wladimir etwa, ein theophorer Name des Veleskultes. Schließlich ist noch zu bedenken, daß das Attilageschlecht in der nordischen Sage Budlungr, im Nibelungenlied Butilinge heißt, was dem russischen boudit' anzunähern ist »Wecker« (= Arwakr).

Wir finden also die gleiche Onomastik in drei Sprachen im Hunnenreich, dessen Mehrsprachigkeit bekannt ist, und können den eben erwähnten Hormidac hinzufügen, wenn wir uns entschließen, ihn mit Maenchen-Helfen als Verschreibung des mittelpersischen Hormizdas, »Geschenk des Lichtgottes Ormuzd« (Ahuramazda) aufzufassen.

Auffallend ist, daß Hervic als »lihtes Künne« bezeichnet wird, was vielleicht »Sohn des Lichtes« heißt (ich verweise hier auf das früher über die Hunnen und andere Schwarzköpfe im lichten Land Gesagte) und nicht, wie meist angenommen: »niederer Herkunft«.

Wenn Hervic zu Kudrun sagt, er habe vernommen, daß sie ihn wegen dieser Herkunft verachte, so dürfen wir nicht vergessen, daß (nach Jordanes) die Goten die Hunnen für Nachkommen von Hexen und Sumpfteufeln hielten. Bezeichnenderweise geht Kudrun nicht darauf ein: Sie ist selbst Wanenanhängerin (ob wanischer Sonnengott Freyr oder hunnischer Sonnengott, der Unterschied dürfte unwichtig gewesen sein).

Auf jeden Fall aber, wenn »lihtes Künne« niederer Herkunft heißt, so ist nicht zu vergessen, daß Hernac und seine Brüder das Reich Attilas verloren hatten.
Aber Kudrun habe ich doch als »Warchonitin« bezeichnet? Und jetzt, weil mir das so paßt, als Gotin?
Ja, sehen Sie, ich kann mir einfach nicht vorstellen, daß diese Leute mit Pässen und Personalausweisen herumgelaufen sind. Von dem Attilareich wissen wir, daß es polyglott war, und die Religionen waren sicher nicht in einem Katechismus versteinert. »Goten« waren die Einwohner des Gotenreiches. Nach Abzug der herrschenden Stämme (Vesier –Westgoten und* Austri – Glanzgoten – Ostrogoten) trugen die Zurückgebliebenen andere Namen – und waren doch die gleiche Bevölkerung.
Hernac, Herr der Kutriguren, müßte in deren Herrschaftsgebiet gewohnt haben. Nun läßt sich aus Prokop (VIII, 5) herauslesen, daß die Kutrigurer im Norden der Krim, jenseits des Asowschen Meeres lebten, d. h. in »Lebedia«.
Nach Agathias aber waren die Kutriguren, Utiguren, Ultizuren und Burugundoi berühmt und gefürchtet bis zur Zeit Kaiser Leons († 474). Zu seiner, Agathias, Zeit, also ein Jahrhundert später, »hört man nichts mehr von ihnen«. Von diesen Völkern werden die Ultizuren auch von Jordanes erwähnt. Sie nahmen an Dengizichs unglücklichem Vorstoß nach Pannonien (462) teil. Alle diese Völker aber finden wir in der »Kudrun« wieder.
Die Utiguren müssen sich, wenn wir Agathias Glauben schenken, nach 470–475 von den *Kudrunsmannen-Kutriguren getrennt haben. Endgültig. Die Ultizuren (Ulzinzuren: Jordanes) sind die Waleisen oder Wilzen, Bittuguren (*Vitugur) entweder lateinische Umschrift für Utigur, oder eher die *Vitu-warioz, Wate-Krieger (Oetenses bei Ptolemäus). Angasciros dürften eine Abteilung Sciren sein, vielleicht die Sciren von Aeningia, einem Land, das laut Plinius irgendwo am Oberlauf des Pruth oder etwas westlich davon anzusetzen ist. Vielleicht können wir sie mit den »Dietmers« identifizieren, die nach Nestor (siehe oben Dietmers = Tivertsen) von der Küste nach Norden ausgewichen sind. Die Burugundoi des Agathias finden sich, wohl durch den Einfluß des Nibelungenliedes im mittelalterlichen Epos, in Einwohner von »Niflant« verwandelt, und schließlich haben wir in diesem Zusammenhang die »Bardores« des Jordanes, die angesichts des Zeitpunkts, in dem er sie erwähnt, kaum etwas anderes sein können als *Lango-Bardores = Langobarden.
Wenn diese Zusammenstellung also recht hat, so waren die Langobarden an den Kämpfen um das Hetelreich beteiligt. Kein Wunder also, daß sie eine eigene Gudrunsage hatten.
Wieder muß ich hier vom eigentlichen Thema abschweifen.
Wie wir gesehen haben, läßt die »Kudrun«, als historischer Text behandelt, einen Zusammenhang zwischen der Familie Attilas und dem ersten bayerischen Herzogshaus vermuten.

Beschäftigen wir uns also einen Augenblick mit Attila, beziehungsweise dem Bild, das er hinterließ.
Immer wieder kann man in der einschlägigen Literatur lesen, daß dieser zwar von den römischen, den lateinischen, Chronisten als Geißel Gottes betrachtet wurde, daß er aber in der germanischen Heldensage ein völlig anderes Bild hinterlassen habe. Dort sei »Etzel« der mächtige König, der gütige Herrscher, der Hirte der Völker.
Nun, ich gestatte mir, diese Erklärung anzuzweifeln.
Wo, meine Herren Professoren, haben Sie das gefunden?
In den Eddaliedern ist Atli der geldgierige Schurke (Atlaqvida, Atlamal), der seine Schwäger unter Bruch der Gastfreundschaft überfallen läßt und sie eines elenden Todes sterben läßt (Ausschneiden des Herzens, Tod in der Schlangengrube).
Zu Recht wird er, mitsamt seinen Kindern, von der Schwester der Toten, seiner Frau Gudrun ermordet. Das ganze verfluchte Geschlecht der Budlinge findet so ein Ende, und Atlis Gefolgschaft findet ihren Untergang im Brande der Halle:

»Die Balken stürzten,
die Schatzkammern rauchten
die Schildmaide innen
sanken entseelt,
in sengende Lohe.«

Auch die Völsungensage und Snorri Sturluson haben keine bessere Meinung von ihm. Auch sie sind der Meinung, seine Schuld sei es gewesen, daß die »Niflunge« den Tod fanden.
Etwas anderes ist es mit den Verhältnissen in der Thidreksaga. Einmal ist dort Atli nicht der Sohn Budlis wie in den anderen Varianten, sondern der Sohn des Friesenkönigs Osid, was darauf hindeutet, daß wir es hier mit zwei verschiedenen Personen zu tun haben, die der Sagamann verschmolz. Zum anderen aber ist zwar Atlis Gemahlin Kriemhild schuld am Tode ihrer Brüder, aber Atli wird zumindest als schwach, feige und habgierig dargestellt: »Er war aber der goldgierigste aller Menschen, und es mißfiel ihm, daß er den Niflungenhort nicht besaß.«
Wo, meine Herren, ist da das Bild des gütigen Hirten der Völker?
Im Nibelungenlied natürlich, in »Dietrichs Flucht«, in der »Rabenschlacht« und vielleicht noch in dem lateinischen Waltharigedicht.
Und das nennen sie das Attilabild der Germanen?
Das Nibelungenlied entstand in Passau, die Dietrichsepen in Steiermark. Mit anderen Worten: *Das positive Attilabild ist ausschließlich bayerisch.* Aber die Waltharisage?
Sie existiert in drei Versionen. Ein altenglisches »Walderefragment« zeigt überhaupt keinen Attila, läßt aber vermuten, daß seine Stelle in der angelsächsischen

Überlieferung von dem Goten Ermanarich eingenommen wurde. Eine polnische Tradition müssen wir auf die schon erwähnten Jaggelonen und damit auf Hegelingische Umgebung zurückführen.
Es bleibt der lateinische Waltarius.
Zwar sind Zweifel an seinem Autoren geäußert worden (Ekkehart oder Gerold), aber auf jeden Fall stammt seine Niederschrift aus dem Umkreis des Klosters Sankt Gallen, also aus alamannischem Bereich.
Die ersten Herzogsnamen der Alamannen, die uns überliefert sind, lauten *Butilin* und Liuthari (bei Agathias), die in die Auseinandersetzung zwischen italienischen Ostgoten und Byzantinern eingreifen.
Erich Zöllner (Die Herkunft der Agilolfinger) schreibt von ihnen: »Daß zwischen ihnen und den später genannten Herzögen, unter denen sich ein Liutfried und ein zweiter Liuthari finden, ein genealogischer Zusammenhang besteht, ist wahrscheinlich, wenngleich nicht beweisbar.«
Über diese späteren Herzöge aber kommt er zur Schlußfolgerung: »...daß das Geschlecht der Agilolfinger eine Familie adeligen burgundischen Stammes, vielleicht sogar königlichen Geblütes, sowohl die bairischen wie die schwäbischen Stammesherzöge stellte...«, wobei der Name Butilin für meine Argumentation noch besonders interessant ist. »Butilingen Kind« nennt das Nibelungenlied Etzel, und die nordische Überlieferung zählt ihn zum Geschlecht der Budlungar.
Ein positives Attilabild mehr? Gewiß! Aus dem Umkreis der alamannischen Agilolfinger.
Gibt es noch andere vergleichbare Auffassungen?
Allerdings! In den Dietrichsepen »Biterolf und Dietleib« zum Beispiel, und dem »Wunderer«. Beide sind bayrischer Herkunft.
Bei dem italienischen Chronisten Malaspina? Aus dem Bereich der Langobarden! Und schließlich will die Lokalüberlieferung, daß Attila das römische Argentoratum in Straßburg umgetauft hätte. Aber dort herrschten die alamannischen Etichoniden und diese gelten im 17. Jh. (Gabriel Bucelin) als Agilolfinger (Ethico sive Attico Agilolphingo Alsatiae Dux).
Man sieht, das Bild des mächtigen Etzel ist ausschließlich agilolfingisch. Wo sie herrschten, und nur dort, wird er positiv beurteilt.
Meinen Sie nicht, Herr Professor, daß diese Feststellung überfällig war? Aber halt! Es gibt in der Tat noch ein positives Attilabild.
Bei den Ungarn nämlich. Bei Simon von Keza.
Historisch ist es nicht. Aber das war auch nicht zu erwarten.
Warum aber hat Attila bei ihnen (und, nebenbei bemerkt, bei den Türken) das, was man »eine gute Presse« nennt?
Weil sie der Meinung sind, daß er zu ihrem Volkstum gehörte. Weil sie von ihm glauben, daß er zu ihren eigenen Vorfahren gehöre!
Und warum hat Etzel-Attila bei den Bayern, den Agilolfingern eine »gute Presse«?

Wohlgemerkt, die Ungarn stammen schwerlich von den Attilahunnen ab, und die Masse des bayerischen Volkes hat sich zweifellos aus allerhand Bevölkerungssplittern in seinem jetzigen Wohnraum gebildet.
Aber die Adelsschicht der Ungarn und die ihnen zuliebe schreibenden Gelehrten des Mittelalters hatten sich diese Abstammung zurechtgelegt.
Würde man in Bayern eine gleiche Tradition bewahren, so wäre ein gerütteltes Maß an Skepsis angebracht. »Nachahmung« könnte man sagen.
Aber die Bayern dachten nicht daran, Etzel als Bayernkönig zu reklamieren, und auch der Kudrundichter weiß nichts davon. Gerade deswegen ist es glaubhaft. Erst eine Analyse der »Kudrun« in ihrem richtigen Zusammenhang legt die Verbindungen frei.
Beweis ist das keiner. Das weiß ich auch. Aber erklären Sie mir, wie sonst das bayerische Attilabild zustandegekommen sein kann!
Die »Attilahunnen« waren nicht die einzigen Hunnen, und der Zusammenhang zwischen ihnen und all den Gruppen, die sonst noch unter diesem Namen erwähnt wurden, ist noch für viele dicke Bücher gut.
Nicht zu bestreiten ist aber,daß etwa Paulus Diakonus, der Langobardenhistoriker, »Hunnen« schreibt, wenn er Awaren meint.
Daß wir unter den Hegelingen-Hahilingen-Agilolfingern awarische Elemente finden und daß Wate, der die Heilkunde von hunnischen Alraunen gelernt hat, auf kulturelle Verwandtschaft hindeutet, das scheint mir unbestreitbar. Daß zeitlich und räumlich ein Zusammenhang zwischen dem Attilasohn Hernac-Irnik und dem Hervic der Kudrun wahrscheinlich ist, ebenfalls. Fassen wir die »Kudrun« als einen Schlüsseltext der Geschichte auf, so wird vieles klar. Lehnen wir diese Deutung ab, so werden wir mit einer Fülle von Problemen konfrontiert.
(Das ist freilich kein Grund, meiner Argumentation zu folgen, denn wir sind hier nicht auf dem Gebiet der Naturwissenschaften, wo von einem formulierten Gesetz nur verlangt wird, daß es besser über die vorhandenen Phänomene Rechenschaft gibt als die bisherigen Theorien.)
Wenden wir uns den Langobarden zu, deren Geschichte durch Jahrhunderte eng mit der bayerischen verzahnt war.

42. Kapitel

Langobarden, Vulgares und ein Sumpfknabe. Nochmals Wigaleis

In der nationalen Überlieferung der Langobarden, der Origo gentis Langobardorum, wird berichtet:

»Es heißt, daß die Langobarden einige Jahre Anthaib (Ant-heimb, die Heimat der slavischen Anten), Bathaib (die Heimat der Bitturigen-Bittagoren-Ostenses) und in gleicher Weise Vurgundaib (die Heimat der östlichen Burgunder) besaßen. Dort machten sie Agelmund zu ihrem König. Dieser führte sie über einen Fluß, der von Amazonen verteidigt wurde... (und sie) hielten sich dort einige Zeit auf... Zur Nachtzeit, als alle ruhten, stürzten sich die Vulgares über sie, ... *töteten Agelmund, den König, und führten seine einzige Tochter in Gefangenschaft*[1].

Als die Langobarden ... ihre Kräfte wiedergewonnen hatten, machten sie Lamissio zu ihrem König. Und dieser wandte die Waffen gegen die Vulgares. Doch nach Beginn der ersten Schlacht ... flohen die Langobarden ... (Aber) angestachelt durch die Mahnung ihres Anführers, fielen sie über den Feind her, kämpften wacker und richteten ein großes Blutbad unter den Feinden an.«

Daß die drei Länder der Langobarden grosso modo das Hegelingenreich sind, steht wohl außer Zweifel, und Agelmund (= der Walter der Agel-ingen), dessen Tochter von den »Vulgares« (nach Paulus Diakonus die Bulgaren) geraubt wird, das müßte »der Edle«, nämlich Hetel sein.

Und sehen Sie, da sind wir wieder bei Wigalais, dem Geheimnisvollen. Ich habe, gestützt auf Wirnt von Grafenberg und Renaut von Beaujeu, diesen Namen mit dem altfranzösischen Guinglain und weiter mit Gvenolin, Wendelin, Ganelon in Verbindung gebracht, und habe versprochen, darauf zurückzukommen. Runden wir jetzt diese Beweisführung ab:

Paulus Diaconus (Paul Warnefried, der Geschichtsschreiber der Langobarden):

»Als die Herzöge Ibor und Agio gestorben waren... wollten die Langobarden sich nicht mehr Herzögen unterstellen, sondern gaben sich wie die anderen Völker einen König.

Zuerst herrschte über sie Agelmund, Agios Sohn, aus der Sippe der *Gunginger,* die bei ihnen für *besonders edel* galt. Die Alten berichten uns, daß er durch dreiunddreißig Jahre König der Langobarden war.«

Da haben wir ihn also, den edlen Gungling, den Edeling Guinglain, Hetel Vigaleis. Seine Tochter wurde von den »Donaubulgaren« geraubt, und wir hören nicht, daß sie wieder auftauchte.

Der Nachfolger des »Hetel Vigaleis von den Hegelingen«, des »Edlen Gungling, Walter der *Agio-Linge«, wurde sein Adoptivsohn Lamissio.

Von ihm weiß Paulus Diakonus eine sonderbare Geschichte zu erzählen:
»Zu dieser Zeit gebar eine niedere Dirne sieben Kinder gleichzeitig und, grausamer als jedes Tier, warf sie sie in einen Fischteich...
Und es geschah, daß der König Agelmund dort vorüberkam... Er hielt sein Pferd an, und wandte die armen Kinder erstaunt mit seinem Speer um. Da ergriff eines der Kinder mit seiner kleinen Hand die Lanze des Königs.
Erstaunt und gerührt sagte dieser, daß dieses Kind einmal ein großer Mann werden würde. Er ließ es aus dem Teich ziehen, gab es einer Amme und ließ es mit Sorgfalt aufziehen.
Und weil dieser Knabe aus einem Teich gezogen worden war, den sie in ihrer Sprache *Lama* nennen, nannte man ihn Lamissio.«
»Aus dem Fischteich«, sagt Paulus, aber ich glaub's nicht. Aus'm Loam ham'sn zogn, den Lamissio, aus'm Baaz, aus'm Dreck, aus'm Sumpf. Aus dem fischreichen faulen Meer, der westlichen Bucht des Asowschen Meeres. Er war es später, der gegen die »Amazonen« und anschließend gegen die Vulgares-Bulgaren kämpfte. Diese Zusammenstellung ist verräterisch. Paulus kann nämlich nicht zwischen Bulgaren und Hunnen unterscheiden. Aber wir wissen, daß unter den Hunnen kämpfende Frauen waren (erinnern Sie sich, was ich anläßlich des Widsith erzählte), und sogar noch das Eddagedicht Atlamal weiß von den »Schildmaiden der Hunnen«.
Es sind also nicht die türkisch-slavischen Bulgaren, die Agelmunds Tochter raubten, sondern die Hunnen im oströmischen Sold, die in der Nähe des Golfes von Burgas wohnten, die Sacromontisi und Fossatisii (Jordanes L, 266), die inmitten der thrakischen »Kleingoten« saßen.
Die Nachfolger Lamissios waren Lethu (40 Jahre Herrschaft), Hildeoc und Gudeoc. »Zu dessen Zeit brach ein heftiger Streit zwischen Odoaker und Felethaus, dem Rugierkönig, aus...« (Paulus). Das bringt uns ins Jahr 487–488. Der Bericht über die Nachfolger Lamissios kann nicht stimmen, denn dann müßte Adelmund rund hundert Jahre vor diesem Datum geboren sein. Wir haben aber nur etwa 20 bis 25 Jahre zwischen Lamissios Herrschaftsantritt und Odoakers Rugiersieg, und zu diesem Zeitpunkt sind die Langobarden bereits im Rugiland in Niederösterreich.
Es erscheint mir daher wahrscheinlich, daß Lamissio und Lethu nur eine Person sind (Paulus erzählt auch an anderer Stelle zweimal die gleiche Geschichte, ohne es gewahr zu werden) und Hildeoc und Gudeoc Brüder.
Freilich, wer sagt mir, daß Adelmund Hetel sei, und Lamissio-Lethu dann Hernak-Hervic?
Denn auf das kommt meine Beweisführung ja heraus.
Die Namen Hernac-Herwic einerseits und Lamissio-Letho andererseits haben nichts miteinander zu tun. Wie also soll ich sie unter einen Hunnenhelm, Galea incurvata (Ammian), bringen?
Zugestanden, sie haben nichts miteinander zu tun, die *Namen* der Hetel-Agelmund-Nachfolger, aber bitte, erinnern Sie sich an Lamissios Herkunft: Er war im Sumpf

unter einem Haufen toter Kinder gefunden worden. Keiner konnte wissen, daß er ein »Siebenling« von zweifelhafter Herkunft war.
Außer, man wußte, wer diese Kinder waren. Die Langobarden wußten es. Und ich auch.
Ich habe schon einmal auf des Jordanes Geschichte von der Herkunft der Hunnen hingewiesen: Söhne von in die Sümpfe vertriebenen Alraunen (Halirunnas) und schwärzlichen Moorteufeln. Sie standen im Ruf, ganz besonders unzüchtig zu sein (kein Wunder, bei dieser Herkunft), und das erklärt natürlich, für die keuschen Wodans-Odins-Anhänger, daß die Hunnenfrauen eben gleich sieben Kinder auf einen Streich kriegen[2]. Da aber »Hunnentum« eine Religion ist, der alte, unterdrückte Fruchtbarkeitskult, so muß die »Hunnin« ihre sieben Kinder ersäufen. Heimlich! Oder umgekehrt: Wenn man sieben Kinder im Wasser findet, im Lama, im Schlamm, so können das nur Hunnenkinder sein.
Die langobardischen Sherlockse Holmese wissen das!
Je nachdem aber, ob man dieser Tatsache sympathisch oder abweisend gegenübersteht, nennt man das Sumpfbüblein Lethu (vgl. lihtes künne) den »Lichten«, oder Lamissio, den »Dreckskerl«. Lama-missio, Der-in-den-Schlamm-Geworfene. Wohlgemerkt, ich bin der Meinung, daß der Nachfolger Hetel-Agelmunds tatsächlich Hernac-Hervic war, kein Sumpffindling.
Aber die Art und Weise, wie unser Kudrundichter über ihn schreibt, läßt vermuten, daß er in einem Teil des Hegelingenvolkes eine »schlechte Presse« hatte, der »hunnische Dreckskerl«, *und man dazu nachträglich eine etymologische Legende erfand.* (Die Bezeichnung der Sippe war übrigens »Lithinger«, litheskünne.) In einem Teil des Volkes, sagte ich.
Ich habe schon darauf hingewiesen, daß der Konflikt der Kudrun aus dem religiösen Zwiespalt innerhalb der Hegelingensippe zu erklären sei.
Nun sehen wir hier die gleiche Tatsache, und da der Beginn der Langobardengeschichte schildert, daß diese ursprünglich Winniler hießen und Freia verehrten, dann aber in höchster Not sich Odin zuwandten und Langobarden wurden, so müssen wir annehmen, daß der neue Glaube noch nicht sehr fest saß. Diese Bekehrung soll nämlich erst zu Agios, Agelmunds (Hetels) Vater, Zeiten geschehen sein, also kaum eine Generation vorher.
Lassen wirs genug sein. Völlige Gewißheit ist natürlich nicht zu erreichen.
Aber wir sehen, daß die bayerische Sage, die langobardische Stammestradition, armenische Chroniken und byzantinische Geschichtsschreiber alle ihren Teil zu dem hier versuchten Mosaik beitragen können. Viele Lücken hat das Bild, aber kein Teil widerspricht.
Und jetzt wissen Sie auch, warum ich glaube, auf dem Krug von Nagyszentmiklos, diesem »bulgarischen« Goldkrug, die Hagensage dargestellt zu finden. Falls unter meinen Lesern immer noch ein Fachmann ist, wird er mir wenigstens in einem meiner Ansprüche zustimmen:

Noch niemand hat bisher die Erklärung der »Kudrun« mit so vielen, von einander unabhängigen Argumenten aufgebaut.
Dem Nichtfachmann will ich aber ein aufschlußreiches Zitat von Maenchen-Helfen hersetzen (Die Welt der Hunnen, Seite 95):
»Kemp Malone (Studies in Heroic Legend, Kopenhagen 1959, Seite 86–107) datiert den Krieg zwischen den Langobarden und den Vulgares in die zweite Hälfte des zweiten Jahrhunderts und lokalisiert die Geschichte im Baltikum. Er gelangt zu diesem erstaunlichen Ergebnis dadurch, daß er Vulgares als die latinisierte Form des langobardischen *Wulg(w)aras = wulg, »Wölfin«, mit einem germanischen Pluralsuffix auffaßt. Es ist wohl schwierig, eine phantasievollere Etymologie zu finden; sie wurde unter völliger Mißachtung des Textes erdacht.«
Soweit Maenchen-Helfen. Ich habe die »Studies in Heroic Legend« nicht gelesen, aber wenn ich mich auf den sorgfältig zitierenden Maenchen-Helfen verlasse, dann ist diese Etymologie die *einzige* Stütze für Datierung und Lokalisierung. So einfach ist das. *Und so wird Geschichte geschrieben.*
Kehren wir zur »Kudrun« zurück.
Hetels Tochter war geraubt worden und nicht wieder aufgetaucht. Das von den Hegelingen beherrschte Volk hatte sich gespalten, sei es in Utiguren und Kutriguren, sei es in Hervicsmannen und Gefolgsleute Ortwins, sei es in, jawohl, Langobarden und Bajuwaren. Byzantiner, Langobarden und Bayern wissen es, auch wenn sie verschiedene Namen verwenden.
Hernac-Hervic hat sein Ziel erreicht. Zwar ohne Ehefrau, aber mit Krone. Wir können verstehen, daß die Bajuwaren ihm das krumm nahmen und ihm im Laufe der Jahre allerhand nachsagten (die Langobarden ebenfalls). Der Dichter, oder die Dichter, versuchen dieses Bild zurechtzurücken, im Geschmack ihrer Zeit, aber es bleibt noch genügend übrig.
Andererseits aber erklärt uns eine derartige Abstammung, warum Attila-Etzel in der bayerischen Überlieferung so positiv dargestellt wird (Nibelungenlied und Dietrichsepen).
Daß Vater und Sohn so unterschiedlich gezeichnet werden, ist aus der Tatsache zu erklären, daß der eine der mächtige König ist, der andere mit seinen Brüdern das Reich verschleuderte.
Das wär's.
Fast! Denn noch bin ich Ihnen ein Zitat schuldig:
Das deutsche Rolandslied, von einem »Pfaffen Konrad« in Regensburg geschrieben, kennt einen »Helt Oigier«, der anscheinend stolz darauf ist, von Wate abzustammen. Konrad nennt ihn nämlich »des Waten Chunnes«, also Sippengenosse oder Abkömmling, sichtlich eine andere Überlieferung als die im »Dietleib von Steyermark«. Die Bedeutung dieses Zitats werde ich später erklären.
Zunächst möchte ich aber die lang versprochene Erklärung geben, was es mit der nordischen Hildesage auf sich hat.

43. Kapitel

Geste des Normanz:
Mag-Tured und die Abenteuer eines Katers

»Longe est la Geste des Normanz
et a mettre est grieve en romanz.«
Robert Wace: Roman de Rou

(Lang ist die Geschichte der Nordmänner
und schwierig zu erzählen.)

Und ich muß sie noch dazu nebenbei abhandeln.
Die Geschichte Hildes und Hetels, wie sie die »Kudrun« erzählt, gilt allgemein als späte und entstellte Nacherzählung einer nordischen Sage.
Erinnern Sie sich, was ich zitierte, ehe ich auf den Hegelingenfluß zu sprechen kam:
Karl Stackmann: » ... kommen wir ... auf eine ostseegermanische Hildesage. ... Im Endergebnis führen solche Kombinationen zu der Annahme, daß in der Hildesage eine der ältesten germanischen Heldensagen überhaupt vorliegt.«
Die berühmteste Darstellung dieser Sage findet sich bei Snorri Sturluson:

Der Hadningavic:

Ein König Högni hatte eine Tochter, die hieß Hild. Ein König Hedin, Hjarrandis Sohn, nahm sie als Heerbeute, als Högni zu einer Versammlung der Könige gefahren war. Als er aber hörte, daß in seinem Reich geheert und seine Tochter entführt worden sei, brach er mit seinen Mannen auf, Hedin zu suchen. Er hörte, dieser sei entlang der Küste nach Norden gefahren. Als er nach Norwegen kam, hörte er, Hedin sei nach Westen übers Meer gesegelt. Da segelte Högni ihm nach, bis zu den Orkneys, und als er zur Insel Haey kam, lag dort Hedin mit seinen Schiffen. Da kam Hild zu ihrem Vater und bot ihm zur Versöhnung im Namen Hedins ein kostbares Halsband an. Aber danach sagte sie, Hedin sei zur Schlacht gerüstet und Högni hätte von ihm keine Schonung zu erwarten. Högni gab seiner Tochter harte Worte und als sie zu Hedin zurückkam, sagte sie ihm, Högni wolle keine Versöhnung und er solle sich zum Kampf bereiten. Das taten beide Teile, gingen auf die Insel und ordneten ihre Scharen.
Da rief Hedin seinen Schwiegervater Högni an, bot ihm Versöhnung und viel Gold als Buße.
Högni antwortete: »Zu spät zur Versöhnung bietest du dies, denn jetzt habe ich das Schwert Dainsleif gezogen, das die Zwerge schmiedeten, und jedesmal wenn es

gezogen ist, muß es eines Mannes Töter werden. Es fehlt niemals und keine Wunde heilt, die es ritzt.«

Da sagte Hedin: »Du rühmst dich des Schwertes, doch nicht des Sieges. Das nenne ich ein gutes Schwert, das seinem Herrn treu ist.«

Da hoben sie die Schlacht an, die man Kampf-der-Hadningar nennt (Hadningavic), und schlugen sich den ganzen Tag. Und am Abend gingen die Könige zu den Schiffen. Aber während der Nacht ging Hild auf die Kampfstätte und erweckte durch Zauberei die Toten.

Am nächsten Tag aber kamen die Könige wieder auf das Walfeld und kämpften, und ebenso alle am Vortag Gefallenen. So ging die Schlacht weiter, Tag um Tag und alle Gefallenen und alle Waffen, die auf dem Kampffelde lagen, auch die Schilde, wurden zu Stein.

Aber sobald es Tag wurde, standen alle Toten auf und schlugen sich und alle Waffen wurden dann brauchbar.

So, heißt es im Gedicht, erwarten die Hadningar die Götterdämmerung. (Skaldskarpamal)

Daß diese Geschichte als Urtext gilt, ist leicht zu verstehen. Es gilt nun einmal als ausgemacht, daß die Originalversion einer Erzählung immer die ist, bei der es am blutigsten hergeht.

Das entspricht einmal der Vorstellung von germanischen Helden, zum anderen der Idee, daß die weichlichen Nachkommen solche Geschichten immer mildern, weil sie die wahre Heldenhaftigkeit (mit Vorliebe »altgermanisch« genannt) nicht mehr ertragen.

Ich möchte aber eines zu bedenken geben.

Als sich im Jahre 451 Attila und der römische Feldherr Aetius auf den Feldern der Champagne gegenüberstanden (Schlacht auf den Katalaunischen Feldern), da war dies keine so bedeutende und folgenreiche Schlacht, wie die Zeitgenossen und die Berichterstatter in den folgenden Jahrhunderten meinten.

Trotzdem aber diese Schlacht weit überschätzt wurde, vor allem was Attilas Heer angeht, so kam doch niemand auf die Idee, darin ein übermenschliches Ereignis zu sehen. Erst nach 500 Jahren tritt auf einmal die Behauptung auf, daß die Gefallenen dort immer noch nächtlich weiterkämpfen. (Rubens hat's gemalt.) Wenn Snorris Darstellung also derartige Elemente enthält, so ist es klar, daß es sich hier eben gerade *nicht* um eine alte Darstellung handelt, von der die »Kudrun« oder sonstwer abgeleitet sind, sondern selber um das Endprodukt einer langen Überlieferungskette. Snorri Sturluson ist 1178 geboren, seine Schriften nach 1220 verfaßt, also praktisch gleichzeitig mit dem vermuteten Entstehungsdatum der »Kudrun«.

Es gehört ein gerüttelt Maß von Vorurteilen dazu, anzunehmen, der Isländer hätte die Originalversion bewahrt, die kontinentalen Autoren aber nach Herzenslust »rewriting« betrieben.

Nun gibt es freilich eine andere Quelle, die diesen Bericht im großen und ganzen

bestätigt. Es handelt sich um die Dänengeschichte des Saxo Grammaticus, die um 1200 entstand. Sie erzählt von mehreren Kämpfen zwischen den beiden Männern und erklärt die Endauseinandersetzung anders:
Hithinus war mit Hild verlobt, hielt sich aber erotisch nicht bis nach der Hochzeit zurück. Schließlich gibt Saxo als Ort der Auseinandersetzung eine Insel Hedinsey an.
Dazu ist folgendes zu sagen:
Snorris Lokalisation auf der Heu-Insel (nicht der »Hohen Insel« wie behauptet wird) in den Orkneys zeigt, wo die Herkunft der Geisterschlacht zu suchen ist[1]. Die Orkneys waren bis zum Beginn des 9. Jh. keltisch besiedelt und wurden dann von Wikingern so gründlich erobert, daß heute keine keltischen Ortsnamen mehr übrig sind. Im keltischen Bereich mangelt es aber nicht an solchen Darstellungen. Berühmtestes Beispiel ist der Bericht über die mythische Schlacht von Mag-Tured, die die beiden Völker der Tuatha-de-Danaan und der Fomore gegeneinander stellt. Ich will diese nicht mit den Mannen Hedins, der wie die Fomore aus dem Norden kommt, und Högni, der als Däne gilt, identifizieren, obwohl Tuatha-de-Danaan das »Danaan-Volk« heißt, aber eine Übernahme des Elementes Unsterblichkeit liegt nahe.
Lesen wir also den Bericht über die zweite Schlacht von Mag-Tured. Cath Maige Turedh (nach C. J. Guyonvarc'h, der den irischen Text ins Französische übersetzte), Manuskript Harleian 5280:
Strophe 123. So tat man dies: Die Krieger anfeuern, alle, die verwundet waren, auf daß sie glänzender am nächsten Tag seien. Deshalb sangen Diancecht, seine Söhne und seine Tochter, das sind Octruil, Airmed und Miach, Zaubergesänge über der Quelle »Gesundheit«. Die tödlich Verwundeten warf man hinein, so wie sie geschlagen waren, und lebend kamen sie heraus. Ihre tödlichen Verwundungen waren geheilt durch die Zaubergesänge der vier Heiler.
Eine andere Darstellung lautet:

Dindshenchas von der Quelle Lusmag:

Wißt ihr woher kommt der Name
Lusmags von leuchtendem Glanze?
Vor der Schlacht von Mag-Tured
War sie Mag Muired Moncaide.
Seit dem Kampfe von Mag-Tured im Norden
War ihr Name Lusmag vom Ruhme des Kampfes:
[...]
Jeder Krieger, den man dort tauchte
heil und gesund erhob sich, ohne Fehl
ohne Flecken, ohne Verletzung,

nicht im Gesicht, nicht auf dem adligen Leib.
Von dort kommt
Lusmag den singenden Heilern,
Durch Diancechts Kunst der Gesänge;
[...]

(Aus den metrischen Dindshenchas)

Noch genauer ist die Parallele zwischen dem Hadningavic und der keltischen Tradition in dem Gedicht vom Kampf zwischen Fothadh Canann aus Connaught und Ailill, König von Munster. Ersterer hatte die Gattin des anderen entführt, mit ihrer Zustimmung. Beide Helden töten sich gegenseitig im Zweikampf. Fothadh erscheint der Geliebten:

1. Still, Weib, versuche mich nicht. Mein Sinn weilt nicht bei dir.
Meine Gedanken sind noch bei dem Treffen von Féic.

5. Aber nicht ich allein bin in der Fülle meiner Sehnsucht irre gegangen...
Kein Vorwurf soll es für dich sein, obwohl es um deinetwillen geschah...

6. Von weither bin ich zum Stelldichein gekommen, meiner edlen Gefährtin zum Entsetzen;
Hätten wir gewußt, daß es so ausfallen würde, wir hätten wohl kaum darauf bestanden.

8. Die edle Kriegerschar auf grauen Rossen, sie hat mich nicht verraten;
Weh', daß die hochragenden Helden ins Grab gesunken.

18. Dann schleuderten wir die Speere gegeneinander, ich und Ailill, Eoghans Sohn.
Wir beide fielen dadurch – oh, wie gewaltig waren jene Stöße!
Wir fielen einer durch des anderen Hand, – unsinnig war es, – aber ein Kampf zweier Helden.

32. Um uns herum liegen mancherlei Beutestücke ruhmvoller Herkunft;
Furchtbar sind die zahllosen Eingeweide, welche die Morrighan wäscht.

33. Von der Spitze des Speeres ist sie zu uns gekommen, uns anzufeuern.
Vieles sind der Beutestücke, die sie wäscht; schaurig klingt ihr verhaßtes Lachen.

36. Zu allen Zeiten wird man sich an dies Lied des Fothadh Canann erinnern.
Meine Rede an dich wird nicht ruhmlos verhallen...

(Übers. Julius Pokorny)

Man sieht, die Nordmänner haben wahrscheinlich die Idee von den Kelten übernommen, denn die umgekehrte Beeinflussung ist unwahrscheinlich: Der Hedin-Högni-Kampf ist der einzige dieser Art, der in Skandinavien bekannt ist. Und ausgerechnet der findet am Rande der keltischen Einflußsphäre statt. Schließlich gibt es noch einen Beleg aus dem keltischen Raume. Diesmal nicht aus Irland, sondern aus Wales.

Ich überlasse es anderen, herauszufinden, wer hier von wem beeinflußt ist. Aus dem Mabinogion, »wie Culhwch Olwen gewann«:

> »Die schönen edlen Frauen dieser Insel (sind):
> Die erste Dame der Insel, Gwenhwyvar, ihre Schwester Gwenhwyach, Rathyen, Clememyls einzige Tochter, ...
> Creiddylad, Tochter Lludd Silberhands, das herrlichste Mädchen, das es je in Brittanien und den drei Küsteninseln gab. *Um sie kämpfen Gwythyr,* Sohn Greidyawls *und Gwynn,* Nudds Sohn, *jeden Maitag* bis zum *jüngsten Gericht.«*
> (nach der englischen Übersetzung v. Jeffrey Gantz)

Nun, das ist ja alles recht schön, aber an den Gespensterkrieg glaubt heute schließlich sowieso kein Mensch mehr. Es bleibt trotzdem zu erklären, wieso dieser Kampf *nicht* das Vorbild zu der Hildesage der »Kudrun« sein kann. Ziehen wir dafür zuerst die Ragnarsdrapa heran, das Preislied des »Urskalden« Bragi Boddasohn auf den Seekönig Ragnar Lodbrock:

Das ist die Beschreibung eines Schildes, auf dem der Hedningavig dargestellt ist (Trud = die Walküre Hild):

> Arge Göttin
> gierend nach Adernsaft
> feindwütig dem Vater
> Sturm der Sehnen erregte (Bogensehnen),
> Schönhaarige, schwertschwingend
> Schlimmen Sinns ging da
> hinzubringen zum Seehengst
> Halsreif dem Helden.
>
> Nicht bot die Besserin
> blutiger Wunden, Thrud,
> edlem Helmträger den Halsreif
> daß schwach er werde im Stahlsturm.
> Schien sie auch stets
> abzuraten von Ansturm
> regt doch die Recken auf, hinzu-
> fahren zur Hel, Schwester des Schreckens.

Nicht ließ der Fürst der Leute
landlos, am Strande –
Heiß brannte Högnis Haß –
hungern die Wölfe,
als die Erreger des Schwertlärms
lieber Hedin bedrängten als
Hildes Halsring empfingen.

Und sie, die den Sieg bannt, die Hexe
unter den Herrinen, herrschte
auf der Insel des Widrir (= Odin)
mit dem Brünnentroll. (= Axt)
Heer unter Hjarrandis Gattern (= Odins geflochtene Schilde)
vorging geborgen
rasch auf dem Reifnirpfad (= Meeresufer)
aus des Seealben Wogenroß (= Schiff des Meer-Alanen).

Man hat diese Beschreibung schon oft herangezogen, aber im Grunde gibt sie nur die hexenhafte Beschreibung der Walküre Hild her, die diese einerseits der irischen Schlachtgöttin Morrigane, andererseits der griechischen Ker annähert.
Aber wir sind noch nicht am Ende mit Ragnar Lodbrock, der den so bemalten Schild dem Skalden Bragi schenkte.
Zunächst ist darauf hinzuweisen, daß Ragnaris der Name des letzten gotischen Fürsten ist, der im Feldzug 552–554 in Italien den Byzantinern entgegentrat. Agathias sagt von ihm, er sei gar kein Gote gewesen, sondern ein Hunne von den Bittores (den Bittugoren), die wir im Zusammenhang mit Hernak-Hervic in der Umgebung der Hegelingen kennengelernt haben. Ragnar ist also ein Name aus Südrußland, was natürlich nicht ausschließt, daß er auch im Norden gebräuchlich war.
Immerhin ist Ragnar, »die Mächte«, eine Bezeichnung der Asen, und das paßt ausgezeichnet zur Herkunft des Ragnaris, wenn wir annehmen, daß Bittores (griech. B = lat. V) oder *Vitoren ein theophorer Name des Wotanskultes ist. (Vgl. auch Wate und Oetenses in der gleichen Gegend.)
Im übrigen erzählt die Ragnarsage von dessen Sohn Yvar, daß er in Gefangenschaft geriet und getötet werden sollte. Da verlangte er, daß man ihn umbringe, indem man ihn auf aufgepflanzte Speere lege.
Diese Sitte ist von den Skythen durch Herodot bezeugt, die Boten an die Götter senden, indem sie die Gefangenen in die Höhe werfen und mit einer Hecke von Speeren auffangen.
Entweder müssen wir also annehmen, daß in der Ragnarsippe echte skythische Bräuche herrschten, oder daß der Sagamann auf irgendeine Weise davon wußte und

der Meinung war, die Mitglieder der Familie seien eben Skythen gewesen. (Übrigens sind die »Hjarrandis Gatter« der Drapa auch echte skythische Flechtschilde, Gerrhes, und nicht die Bretterschilde des Nordens.)

Wenden wir uns dem anderen Gedicht zu, das von Ragnar handelt. Es ist das sogenannte Krakumal, »Ragnars Totenlied«. Er soll es gesungen haben, als ihn sein Feind Aella in die Schlangengrube warf.

Natürlich ist das Fiktion, aber es ist bezeichnend, daß man das Lied Kraka, der Frau Ragnars, zuschrieb. Sie war eine Kriegerin und Zauberin, die ihren Sohn Björn »fest« machte, so daß keine Waffe ihm etwas anhaben konnte, weswegen er Jarnsida (Eisenseite) genannt wurde.

(Kraka, eigentlich Aslaug genannt, soll angeblich die Tochter Sigurds des Wölsungen und Brynhilds gewesen sein, was darauf hindeutet, daß die Lodbrocksöhne, in Ermangelung einer vorzeigbaren Abstammung, sich hier mit den falschen Federn einer halbmythischen Herkunft schmückten.)

Die nordische Literatur kennt nun mehrere Gedichte, in denen eine Magierin Tote beschwört, so das Eddalied Völuspa (Zauberspruch der Völa), das Hyndluliod (Lied der Hyndla) und das Lied der Hervara aus der gleichnamigen Sage.

Das Krakumal, so scheint die Fiktion zu sein, ist demnach entstanden, als Kraka-Aslaug den Geist des toten Ragnar beschwor:

1. Mit dem Schwert schlugen wir zu!
Kurz ist es her, seit wir kämpften gegen den Drachen auf gotischer Erde.
Siegreich gab mein blitzendes Schwert ihm tödliche Wunden.
Thora ward mir zum Lohn und die Krieger nannten mich Lodbrock für meine Tat.

2. Mit dem Schwert schlugen wir zu!
Jung war ich noch, als im Osten, im Inselsund wir den Blutstrom fließen machten
die Adler zu laben, und die Gelbfüße zum Leichenfraß luden.
Rot war die See wie eine Wunde und die Raben nahmen ein Blutbad.

10. Mit dem Schwert schlugen wir zu!
Härtet und härter wurde der Kampf als Freyr-König fiel, blutüberströmt, im Lande Flemingia.
Haugni sah die blaue Stahlspitze in seinen Panzer dringen.
Diesen Morgen weinte Hild über der Beute der Wölfe.

13. Mit dem Schwert schlugen wir zu!
Am Ufer Hjatnings haben wir den Schild getragen in den Spielen Hilds (= im Kampf).
Umgeben von schwirrenden Lanzen sah man uns Helme brechen und Panzer zerreißen.
Schön war der Tag wie jener, da die Braut ihren Mund meinem Kuß überließ.

25. Mit dem Schwert schlugen wir zu!
Freude bereitet's dem Herzen zu wissen, daß Balders Vater den Sitz mir in Walhall bereiten hieß.
Bald werde das Bier ich trinken aus den Schädeln meiner Feinde.
Wer in die Halle Walvaters tritt, klagt nicht zu sterben, betritt nicht die Pforte, Klagwort im Munde.

29. Zu Ende ists.
Odin entsendet die Disen, um mich nach Walhall zu führen.
Freudig werde das Bier ich mit Asen dort trinken im Hochsitz.
Meines Lebens Stunden neigen sich und lachend trotz' ich dem Tod.

(Freie Übersetzung nach Schlauch)

Der Rest des Textes wallt über von Blutströmen und Leichenbergen, Schlachten und Kämpfen an bekannten und unbekannten Orten. Auffallend ist hier die, sonst nicht häufige, ausgeprägte Verbindung zwischen Sexualität und Totschlag. (Übrigens muß ich dem Leser gestehen, daß ich mir keinen Originaltext und nur eine schlechte Übersetzung verschaffen konnte, und er deshalb mit dem hier vorgelegten Material vorlieb nehmen muß.
Immerhin, wenn auch die Form des Gedichtes durch drei Übersetzungen gelitten hat, die uns interessierenden Punkte sind nicht zu bezweifeln.)
Ragnar Lodbrock also hat, nach dem Krakumal, am Hadningavig teilgenommen. Und zu seiner Zeit war sichtlich noch keine Magie im Spiele.
Es ist dabei interessant, daß die Drapa von der »Insel vom Namen des Stürmischen«, der Insel Wotan-Odins, spricht, also einer Odinsey, wie Saxo. Andererseits soll sie aber nach dem Krakumal im Lande Flemingia sein, was natürlich Flandern mit dem Wulpensand (= Strandläufersand) an der Scheldemündung sein kann, meiner Meinung nach aber das südrussische *Velemingia ist, das ich aus der Orvar-Odd-Saga erschlossen habe.
Jedenfalls sind es die Söhne Ragnar Lodbrocks, die 867 in England York erstürmen, so daß wir Ragnars Teilnahme an der Schlacht auf Odinsey in die ersten Dezennien des 9. Jh. legen müssen.
Diese Datierung stimmt mit einer weiteren Überlieferung überein, nämlich der spätisländischen Sage Sörlathattr, die dieses Ereignis genau datiert: 854 habe es stattgefunden, »146 Jahre vor der Thronbesteigung Olaf Tryggvassons«. Gewiß, das gibt uns 20 bis 30 Jahre Differenz, aber für das vorhandene Material ist das schon sehr genau.
Irische Überlieferung berichtet von Ragnar (O'Donovan: Three Fragments, copied from ancient sources) folgendes:
»Die jüngeren Söhne König Albdans von Lochlann (= Llychlinn, Norwegen oder

Skythien) hatten ihren älteren Bruder Raghnall vertrieben, der sich mit seinen Söhnen auf den Orkneys niederließ, von wo er Raubzüge bis Spanien unternahm.«
Da Spanien 844 und 858–860 von Normannen angegriffen wurde, müssen die Unruhen in Lochlann vor diesem Zeitpunkt stattgefunden haben.
Die Frage, was mit Lochlann gemeint ist, beantwortet sich (gegen alle Wahrscheinlichkeit) mit Südrußland, nicht Norwegen, denn der arabische Geschichtsschreiber Ya'qubi nennt die Normannen, die Spanien angreifen, »Majus, die man Rus nennt«, also unzweifelhafte Waräger.
(Eine schwedische Volkssage von Prinz Regner und der Prinzessin Schwanweiß bestätigt eine russische Herkunft Ragnars.)
Daß zu dieser Zeit irgend etwas dort im Südosten vorging, ohne daß wir sagen können, um was es sich handelte, das können wir auch aus den fränkischen Reichsannalen entnehmen.
So berichten die Annales Bertiniani, daß im Jahre 839 mit einer byzantinischen Gesandtschaft mehrere »Rhus« in Ingelheim eintrafen, die nicht mehr über das Schwarze Meer zu ihrem »Gaganus« an der Wolga zurückkehren konnten. In Ingelheim, am Hofe Ludwigs des Frommen, ist man aber mißtrauisch und setzt die Rhus zunächst einmal fest, denn man stellte fest, »esse Suenos«, sie seien Schweden. Mit Schweden-Normannen aber, die sich für etwas anderes ausgeben, hatte man so seine Erfahrungen gemacht in dieser Zeit der ersten Wikingerüberfälle.
Welche Ereignisse also spielten sich dort ab?
Der Sörlathattr gibt uns eine romanhafte Darstellung davon und gleichzeitig eine Bestätigung des Hadningavig.
Der König Albdan der irischen Version heißt in dieser Darstellung Halfdan und besitzt ein berühmtes Schiff »Halfdanarnautr« (Halfdansstier).
Seine Frau heißt »Hervara Hjörvardsdottir Heidreksonar Ulfhemsonar«, und dieser Name verbindet sie mit den südrussischen Goten, trotz einiger Ungenauigkeit in der Genealogie.
Hervara hat ihre eigene Sage, und dort ist sie nicht Tochter Hjörvards, sondern Tochter seines Bruders Angatyr Arngrimsonar. Aber Heidrek heißt der Sohn Hervaras, und alle Arngrimsöhne sind Berserker, Ulfhednar, Wolfshäuter, Werwölfe, so daß die Bezeichnung »Söhne des Wolfsheims« für sie durchaus passend ist. Die Hervarasaga berichtet nun, daß Hervara ihren toten Vater aus dem Grabe beschwor, um von ihm das Familienschwert Tyrfingr zu bekommen, dem der Ruf vorausging, daß es nicht ohne Blutvergießen aus der Scheide gezogen werden konnte.
Wie sagt nun Högni in Snorris Version?
»Ich habe das Schwert Dainsleif (= wörtlich Totenerbe) aus der Scheide gezogen, das eines Mannes Mörder sein muß, wann immer es entblößt wird.«
Mit anderen Worten, Dainsleif *ist* Tyrfingr, Halfdan ist Högni, seine Frau ist ein Mitglied der Arngrimsippe.
Kehren wir uns noch einmal zu Snorris Version: Hedin antwortet Högni: »Des

Schwertes rühmst du dich, doch nicht des Sieges. Das nenne ich ein gutes Schwert, das seinem Herrn treu ist.«
Soll das heißen, Dainsleif-Tyrfingr sei seinem Herrn nicht treu? Allerdings, denn der tote Arngrim warnt seine Tochter:

»Der Tyrfingr, Tochter
vertilgen soll –
dein ganzes Geschlecht.«

Und tatsächlich fällt durch ihn auch Hervaras Sohn Heidrek und dessen Sohn Hlödr, der von seinem Halbbruder Angatyr mit dem Tyrfingr erschlagen wird. Das ist der Inhalt des berühmten Hunnenschlachtliedes, das als die 12.-Jh.-Version einer sehr alten Sage gilt, denn es spielt »Auf der Don-Heide, unter den Jassarbergen«, am Dnjepr und im Dunkelwald zwischen Hunnen und Goten. Tyrfingr ist seinem Herrn also nicht treu, und das hat einen besonderen Grund. Tyrfingr ist, wie sein Name sagt, ein Schwert des Kriegsgottes Tyr, den nach Ausweis der Edda und Herodots die Normannen mit den Skythen gemeinsam hatten. Nun wissen wir, daß die Skythen ihren Kriegsgott als aufgepflanztes Schwert verehrten, und Priskos, der byzantinische Diplomat, schreibt von der Freude Attilas, als ein Hirte ein derartiges vergessenes »Schwert des Kriegsgottes« fand und ihm brachte. Er hielt sich nun für den Gesegneten des Gottes und zur Weltherrschaft berufen.
Attila also war Träger eines Tyr-Schwertes, eines Tyrfingr.
So ist es nur logisch, daß Lampert von Hersfeld im 12. Jh. von Attilas unerbittlichem Schwert weiß, das seinen Besitzer durch die Brust sticht. Lampert aber ist auch einer der ersten, wenn nicht überhaupt der erste Autor, der von den Geisterkämpfen über dem Schlachtfeld der katalaunischen Felder berichtet. Dieser Bericht stammt also aus dem gleichen Komplex halb historischer, halb mythischer Nachrichten, deren Ursprung wir Ende des 8. bis Anfang des 9. Jahrhunderts in Südrußland ansetzen müssen, von wo die Ereignisse, Nachrichten und Sagen nach Westen, vor allem aber nach Norden, ausstrahlten. Diese Wende vom 8. zum 9. Jahrhundert sieht aber nicht nur die ersten Wikingerangriffe (786 Linisfarne, 796 Dorchester, 799 Vendee), sondern, weit aufschlußreicher, in dieser Zeit wechselt die Runenschrift den Charakter. Das ältere wird zum jüngeren Futhark. Die Anzahl der Zeichen schrumpft von 24 auf 16, *Zeichen einer sprachlichen Umwälzung.*
(Wollen Sie wissen, was das bedeutet, so versuchen Sie, ohne die Buchstaben D O E P G W J Ng zu schreiben.)
Wollen wir Näheres über diese Vorgänge wissen, so sind wir freilich auf Raten angewiesen. Eine Tatsache, die allerdings allein nicht zur Erklärung genügt, ist uns eben im schon erwähnten Sörlathattr erhalten.
Es heißt dort, Hedinn, der Halfdan-Högnis Tochter Hilde raubte (samt ihres Vaters Schiff) und ihre Mutter tötete, sei durch eine Zauberin, Göndul, dazu bewogen oder

gezwungen worden. Eigentlicher Grund aber sei eine Art Wette zwischen den Göttern Odin und Freia gewesen. (Göndul ist ein Walkürenname.) Das deutet auf einen religiösen Hintergrund hin. Noch wichtiger aber ist die merkwürdige Feststellung, Hedinn sei ein »König von Serkland« gewesen. Serkland, das ist die Gegend östlich des Kaspischen Meeres, und wenn wir diese Ortsangabe auch nicht ganz ernst nehmen wollen – daß der »Raub Hildes auf Beschluß der Götter« im Götterland »östlich des Tanakwisl« im oder bei dem »Asaland« Snorris stattfand, daran kann gar kein Zweifel sein.

Denn wenn Hedinn auch kein »König von Serkland« gewesen sein *muß,* sondern einfacher ein »Serklandfahrer«, der von der Wolgamündung aus Handel trieb, auf jeden Fall war *Högni* kein Germane und kein Wikinger.

Das mag erstaunen, aber urteilen Sie selbst:

Die logische und natürliche Weiterentwicklung des Namens Hagen wäre in Skandinavien nicht Högni, sondern Hakon. Und so heißt Högnis *Bruder* im Sörlathattr. Högni, das ist etwas ganz anderes. Sie können es in einem isländischen Wörterbuch nachprüfen:

Högni heißt Kater.

Högni war kein Germane und kein Wikinger, habe ich gesagt. Er war ein Kater, eine männliche Katze, ein »Katzer«, Bruder des Hakon (des Khagan).

Kurzum, der Streit der beiden Helden spielte sich zwischen einem Khazarenkönig und einem Fürsten aus Serkland ab.

44. Kapitel

Khazaren, Wülpensand und Leuke

Ibn Hawkal berichtet, die Armee des Khazarenkönigs hätte aus 12 000 Mann bestanden, davon 4000 Muslimin. Wer oder was waren die anderen?

Ich wette, Waräger. Wie die Männer des Gaganus von der Wolga, die am Hofe Ludwigs des Frommen auftauchten.

Wir müssen uns halt endlich daran gewöhnen, daß die nordischen Helden gelegentlich auch so etwas Verächtlichem wie einem türkischen König der Khazaren Gefolgschaft leisteten. Im übrigen gab es im Khazarenreich, nach Ibn Fadhlan, der dort war, nicht weniger als vier Khagane, nämlich den Großen Khagan, den Khagan Bek, den K-nd-r Khagan und den Jawshygr Khagan. Und wer weiß, ob das alle sind. Dort also, im Khazarenreich von Ithil-Astrachan-Sarai finden wir einen Zusammenhang zwischen dem skandinavischen Norden und Zentralasien.

Wir können also dem Sörlathattr unbesorgt Glauben schenken.
Die Khazaren aber werden von dem schon erwähnten Anonymus Ravennatis mit den Akatziren identifiziert. Daß ihre Dynastie und aristokratische Überschicht türkischen Ursprungs und türkischer Sprache war, bedeutet noch lange nicht, daß das ganze Volk Türken gewesen seien.
Um 740 bekehrte sich ihr König Bulan zum Judentum, anscheinend um seine Nation sowohl dem islamischen wie dem christlichen Einfluß (Bagdad wie Byzanz) zu entziehen. Zweihundert Jahre später berichtet sein Nachkomme Joseph, Bulan habe »die Zauberer und Götzenanbeter vertrieben«.
Fällt Ihnen an diesem Datum nichts auf? Das ist ein Menschenalter, ehe Ragnar im Norden auftaucht! 740–810 (830).
Kurze Zeit später aber, so wird berichtet, gab der Khazarenkönig den Ungarn, die, von ihm abhängig, in Lebedia (= dem Schwanenland) zwischen Dnjepr und Don lebten, einen König. Das war Arpad, der »nach Gebrauch und Sitte der Khazaren auf den Schild erhoben wurde« (Konstantin Porphyriogenetos um 950). Die »Erste Horde der Ungarn« sind überhaupt ein khazarischer Stamm, die Kabaren.
(Wäre nicht der Respekt vor dem purpurgeborenen Gewährsmann, so würde ich sagen, er berichtet uns hier, wie ein warägischer Arvid nach germanischer Sitte auf den Schild gehoben wurde.)
Ibn Said al Maghribi weiß von den Khazaren, sie hätten »weiße Gesichtsfarbe, blaue Augen, meist rote Haare, große Statur und ein kaltes Temperament«. Ein armenischer Geschichtsschreiber aber berichtet von »der schrecklichen Schar der Khazaren mit ihren breiten unverschämten Gesichtern, ohne Brauen (oder Wimpern), und ihren langen Haaren«.
Entweder waren sie also hellblond (dann sieht man die Wimpern nicht) oder glichen den Warägern, von denen Michael Psellos berichtet.
Also Krönungsriten, Doppelherrschaft, Titel, Kampfweise und wohl noch manches andere war so ähnlich, daß kein Mensch von diesen Kriegern sagen kann, ob sie Waräger oder Khazaren, Avaren, Ungarn oder Slaven waren.
Kurzum, Ragnar kann sehr gut aus dieser Gegend gestammt haben, und die Teilnahme an dem im Sörlathattr beschriebenen Kampf ist durchaus glaubwürdig.
Hatte man aber erst einmal die Herkunft Ragnars aus dem Südosten vergessen, so war es naheliegend, seine Abenteuer alle in die Nord- und Ostsee zu verlegen und darunter den Hadningavic auf Ragnars besonderen Wohnsitz, die Orkneyinseln. Es genügte dann ein Mißverständnis zwischen Orkney und Wargey (Werwolfsinsel), um den Wülpenwerder zu erfinden.
Daß aber Ragnar mit diesen Vorgängen in Verbindung stand, das läßt sich aus einer unabhängigen Quelle entnehmen, den Annalen von St. Neot, die berichten, die Lodbrocksöhne hätten unter einem Banner gekämpft, das »der Rabe« hieß und das Sieg oder Niederlage anzeigte, »und *drei ungarische Schwestern* und Habba, Lodbrocks Tochter, hatten dieses Feldzeichen gewebt und in einem Mittag vollen-

det«. Die Ungarn waren aber zeitweise von den Khazaren abhängig. Unter *nordischen* Wikingern haben sie nichts zu suchen.
Kommen wir noch einmal einen Moment auf die Vorgeschichte Ragnars zurück: Nein, nicht auf die Sage, sondern auf den Bericht, den Guilleaume von Jumieges seinem Gewährsmann Dudo entnommen hat und der letzten Endes auf die Familie der Herzöge von Rouen zurückgeht.
De Ducum Normannorum Gestis: Buch I, Kap. 2.
(Über die Gleichung Dazien = Dänemark habe ich schon gesprochen.)
»Dazien ... ist wie eine Stadt von den hohen Bergen der Alpen (= Albis = Karpaten) verteidigt, die es wie eine Krone umgeben, ... (und) bewohnt von wilden und kriegerischen Völkern, den Geten, auch Goten genannt, den Sarmaten, Hamaxoebiae, Trogloditen, Alanen und vielen anderen Völkern, die noch immer um den Palus Maetidus (Asowsches Meer) herum wohnen.
Kap. 4:
... die Dänen stammen von den Goten ab. In der Folge vermehrten sie sich so sehr, daß alle Inseln voll von ihnen waren und eine große Menge gezwungen war, auszuwandern, nach dem Gesetz ihrer Könige ... Die herangewachsenen Söhne wurden von ihrem Vater verjagt, mit Ausnahme eines einzigen, des Erben.
Kap. 1:
Zu dieser Zeit kamen die Heiden in großer Menge aus dem Lande Noricum (ich kann nichts dafür, Guilleaume behauptet, die Normannen seien aus Noricum = Österreich gekommen) und aus Dänemark mit dem Sohn ihres Königs Lodbrock, genannt Bier Eisenseite (= Björn) und mit Hastings, dem Schlimmsten aller Heiden ... (Nach dem französischen Chronisten Raoul Glaber soll dieser ein fränkischer Bauernsohn aus der Gegend von Troyes gewesen sein.)
Kap. 5:
Das Gesetz (der Auswanderung) blieb lange unbeachtet, bis Lodbrock seinem Vater folgte. Er erinnerte sich an die Gesetze seiner Vorfahren und zwang seinen Sohn Bier Eisenseite aus dem Reich, zusammen mit einer riesigen Gefolgschaft junger Männer und seinem Waffenmeister Hastings, einem von Bosheit erfüllten Menschen, damit Bier in fremdem Land sich durch die Waffen eine neue Heimstätte schaffe ... Er war unverletzlich und widerstand allen Waffen, denn er war von seiner Mutter mit allerhand Giften eingerieben worden ...
die gefräßigen Wölfe gingen die Lämmer des Herrn zu zerreißen und ihrem Gott Thur (Tyr) zu Ehren blutige Menschenopfer zu verbreiten.«
Natürlich haben wir es hier wieder mit einer Mischung von Sagen, allgemeinen geographischen Vorstellungen und echten Berichten zu tun, die zu entwirren hier nicht der Ort ist. Aber es läßt sich nicht von der Hand weisen, daß die Tradition, die hier wiedergegeben ist, aus der unmittelbaren Umgebung der Beteiligten stammt und um einiges älter ist als die nordische Überlieferung der gleichen Ereignisse, die in der Sage und bei Snorri erscheinen. Auffallend ist dabei die Erwähnung

Noricums, die, selbst in diesem Rahmen, verfehlt erscheint. Ich werde aber im weiteren noch auf ein »dänisches« Geschlecht zu sprechen kommen, das vermutlich schuld an diesem Irrtum war. Wie dem aber auch im einzelnen gewesen sein mag, wir können, angesichts der hier aufgeführten Zitate, wohl kaum daran zweifeln, daß die Bewegung, die wir als die Wikingerfahrten des 8., 9. und 10. Jh. bezeichnen, nicht als eine hausgemachte skandinavische Bewegung aufzufassen ist. Das Epizentrum dieses Sturmes liegt sichtlich im Süden Rußlands.

Die Bezeichnung »Wülpensand« mit einer Verballhornung von Wargey-Orkney zu erklären, ist aber nur ein Notbehelf.

Wenn der Hadningavig tatsächlich unter Warägern und Khazaren spielt, so müssen wir diesen Schlachtort an der Kaspis oder am Schwarzen Meer suchen.

Nun gibt es tatsächlich eine Insel, auf die diese Beschreibung zutrifft. Es ist die von den Griechen Leuke (die Weiße) genannte Insel vor der Donaumündung, also an der dakischen Küste. Wir haben aber schon gesehen, daß Daker-Daoi wahrscheinlich »Wolfsmänner« sind.

Von Leuke wird berichtet:

»Einst besuchte ein Krotoner, Leonymos ... auf den Rat des delphischen Orakels Leuke ... Er kehrte zurück und berichtete, daß er dort Achill, jetzt mit Helena verheiratet, Helena, Patroklos, Antilochos und die beiden Aiax gesehen habe« (Pausanias III, 19).

Sie ist »voll von wilden und zahmen Tieren«, trägt einen Achillestempel, und man hört von dort vorbeifahrenden Schiffen aus Kampflärm und Gesang. Achill, dieser Name gilt als Kurzform von Achillogonos-Schlangensohn, und Schlangensöhne sind nach Herodot die Skythen.

Wenn also der griechische Held in dieser Gegend, wo »Thraker mit Skythen gemischt« (Apollonios v. Rhodos) leben, einen Kult hat, so kann dies nur auf einem Mißverständnis, einer falschen Identifikation, beruhen.

(Daß die Griechen solche gerne vornehmen und ihre eigenen Götter und Heroen überall wiederfanden, ist bekannt.)

Ich nehme daher an, daß es sich bei dem angeblichen Paar Achill-Helena in Wirklichkeit um ein Heroenpaar Aghila-Hild handelte.

Mit anderen Worten, um Dahoi-Dänen.

Die Kampfspiele dieses Kultes können sehr wohl als »immerwährende Geisterkämpfe« aufgefaßt werden. Da wir Aghilas als Variante des Wodan-Odin-Namens Hagal-Ygg betrachten müssen, ist diese Dahen(Wolfs)insel auch eine Odinsey.

Diese Erklärung aber wird bestätigt durch die Nachricht, daß Hermes-Merkur der Spezialgott der Thrakerfürsten sei, denn er gilt andererseits als römisches Äquivalent des germanischen Wodan.

(Wie nahe die Bezeichnungen einander sind, ergibt sich aus der thrakischen Bezeichnung der Artemis: Bendis. Das ist etymologisch nichts anderes als Vanadis, ein Name der Freya.)

Aus dem nordischen Bereich ist dazu ein Bericht des Saxo beizutragen, von der Jenseitsreise des Helden Haddingus (nicht mit Hithinus-Hedin zu verwechseln), der in der Unterwelt zwei Armeen kämpfen sieht:
»Diese, die unter dem Schwert fielen, zeigen die Art ihres Todes durch dauernde Wiederholung an und führen die Taten ihres Lebens in einem dauernden Schauspiel auf« (Gesta Danorum I, 8, 14).
Fragen wir uns aber, wo dieses Ereignis stattfindet, so werden wir unweigerlich auf Südrußland verwiesen. Die Unterweltsreise des Haddingus beginnt: »Aus dem Herdfeuer tauchte eine Frau mit halbem Oberkörper auf und winkte dem Helden. Er näherte sich ihr, sie umschlang ihn mit ihrem Mantel und nahm ihn mit in die Unterwelt.«
Die nordische Mythologie gibt aber keine solche Gestalt her. Es handelt sich vielmehr um die skythische Herdgöttin Tabiti-Hestia (Herodot IV, 59), vielleicht eben die schlangenschwänzige chthonische Skythenahnin. Bezeichnenderweise schlägt ein Ausdruck des Eddagedichtes Gudrunarkvida II eine Brücke zum germanischen Bereich. Dort wird die Schlange nämlich »Heidefisch des Haddingenlandes« genannt.
Die Haddingjar der Skandinavier aber müssen wir mit den Asdingen der vandalischen Königssippe in Verbindung bringen (Dio Cassius: Astiggoi).
(Der fränkische Bauernsohn aus der Champagne, der mit den Lodbrocksöhnen, laut Raoul Glaber, Karriere machte, wußte also recht gut, was er tat, als er sich den Namen Hasting zulegte.)
Kehren wir schließlich noch einmal kurz zu der Insel Leuke zurück. Leuke heißt »die Weiße«, und das ist für eine Sandinsel im Delta eines großen Stromes (so wird sie beschrieben) durchaus angemessen.
Andererseits heißt aber Lykos (griechisch) und Vloc (Slavisch) nichts anderes als Wolf, und die Strandlagune der Donaumündung war danach als Hiulcea oder Oulkaios, der Wolfssee, bekannt (Kommentar Mommsens zu Jordanes: Mursianos).
Der Flußarm aber, der dort in das Meer mündet, hieß der »Heilige«. Warum, ist unbekannt, es sei denn, daß wir annehmen: weil er gegenüber der heiligen Wolfsinsel mündet.
Im Mittelalter wurde er St. Georgsarm genannt, und das bestätigt diese Identifikation: St. Georg ist ein apokrypher Heiliger, ein Reiterkrieger, der einen Drachen mit der Lanze erlegte, einen »Riesenwurm«, um eine Prinzessin zu befreien.
Und jetzt erinnere ich Sie an das angeblich Olimpia zugedachte Schicksal, an die Geschichte von der Langobardenkönigin Theodolinde und der Mutter Merowechs. Alle drei waren von einem »Seeungeheuer« bedroht, wenn auch auf verschiedene Weise. Und alle Angaben weisen auf die Umgebung der Donaumündung hin. Sollte da der Kult des »St. Georg«-St. Warg, des »Werwolfsheiligen«, nicht eine Rolle gespielt haben?

Gewiß, das sind alles keine Beweise, aber eine Fülle von Fingerzeigen in der gleichen Richtung sollte man nicht vernachlässigen.

So will ich auch noch den Namen eines arianischen Missionars, des Westgoten Ajax, mit den beiden Ajax auf Leuke in Verbindung bringen. Welcher germanische Name hinter dem einen wie dem anderen steckt, das wage ich freilich nicht zu entscheiden.

Wir sehen also, daß Wülpensand-Odinsey am Schwarzen Meer lag und das schon lange vor Hegelingen und Haddingjar. Die irische Tradition hatte also nur noch Details zu dieser Überlieferung beizutragen, und die Lokalisierungen des Krakumal finden so ihre Bestätigung.

Lassen wir es genug sein.

Was ich versucht habe, ist die zeitliche und räumliche Festlegung des Hadningavig. Ob dieser Kampf im Süden, am Schwarzen oder Kaspischen Meer, stattfand, wie ich annehme, oder tatsächlich im Norden, sein zeitlicher Ansatz muß in die Epoche Karls des Großen gelegt werden. In jedem Fall.

Mit den Hegelingen der »Kudrun« hat der Hadningavig also wohl die räumlichen Verhältnisse gemeinsam, nicht jedoch die Zeit und die Personen. Er fand rund 350 Jahre später statt.

45. Kapitel

Bayern und Burgunder, Balthen und Söhne Mechthilds

Kehren wir zu den Hegelingen- Bayuwaren-Langobarden im Süden zurück: Daß die »Kudrun« die Spaltung des Hegelingenreiches in einen langobardischen Teil Hervics und einen bayuwarischen Teil Ortwins darstellt, habe ich schon erwähnt. Möglicherweise trennten sich auch andere Teile des Volkskernes von ihnen, sicher die abgelegenen Untertanen (Frisen, Holtsäten etc.).

Daß die Langobarden 487 ins Land der Rugier zogen, nachdem sie vorher eine Weile in Südmähren (nach archäologischen Spuren) lebten, steht heute fest. Die Bayuwaren ihrerseits sind zum erstenmal 536 erwähnt. Bei Jordanes. Wenigstens kann man das fast überall so lesen. Wenn man auf dessen Vorbild Cassiodor zurückgeht, so kann man das Datum auf etwa 525 verlegen. Die Frage ist jedoch nebensächlich, denn die Erwähnung bei Jordanes bezieht sich auf das Jahr 470, nicht auf 530.

Jordanes berichtet, daß damals eine Koalition von Sueven, Rugiern, Sciren und

Gepiden in Gesellschaft der Sarmaten die Ostgoten in Pannonien angriff, aber am Fluß Bolia geschlagen wurde.

Einige Zeit später überschritt der Gotenkönig Theodemir (Vater Theoderichs des Großen) im Winter die gefrorene Donau und fiel über die »Suavi« her. Hier erfolgt nun die Nennung der Bayern (Jordanes LV, 280):

»Denn diese Gegend der Suavorum hat im Osten die Baibari, im Westen die Franci, im Süden die Burgundzonen, im Norden die Thuringi, die damals mit den Suavi verbunden waren...«

Da nach der Lebensbeschreibung des heiligen Severin es diese »Thuringi« waren, die die letzten römischen Verteidiger Passaus massakrierten, müssen diese von dort nicht allzuweit entfernt gelebt haben.

Da die »Suavi« südlich davon hausten und die »Baibari« östlich von diesen, müssen sie in der Gegend um das tschechisch-russisch-ungarische Dreiländereck in Transkarpatien gelebt haben[1]. Die Burgundzonen des Jordanes (nicht zu verwechseln mit seinen Burgundiones, den rheinischen Burgundern) müssen dann in der Pußta gewohnt haben und die »Franci« auf dem rechten Donauufer, etwa im Leithagebirge.

(Letzteres wird von dem fränkischen Geschichtsschreiber Gregor von Tours bestätigt, der sagt, daß »viele« berichten, das Volk käme aus Pannonien. Zumindest ein kleiner Beitrag zum fränkischen Volkstum scheint auch tatsächlich von dort gekommen zu sein, wie sich aus der Wahl eines Pannoniers zum fränkischen Nationalheiligen schließen läßt. Sankt Martin von Tours war wenigstens für einen Teil der Franken ein Landsmann.)

Ob der Name Bayuwaren, *Baiwarioz, Männer aus Baia, auf diese transkarpatische Gegend zurückzuführen ist, in der sich tatsächlich ein Baia vermuten läßt, oder ob es die Ufergegenden des Schwarzen Meeres sind, die in der anonymen moldauischen Chronik von Urechi eben Baia heißen, das zu untersuchen geht hier nicht an.

Jedenfalls hatten die Bayern von 471 bis 525 Zeit, in ihre heutige Heimat zu ziehen, da sie 530 von Venantius Fortunatus am Lech erwähnt werden. Und da blieben sie den Rest ihrer Tage bis heute.

Mit Ausnahme ausgerechnet der Hegelingen-Hahilingen-Agilolfinger, deren Abenteuer ging weiter.

So nämlich:

Der erste Bayernherzog, der uns sicher bekannt ist, der Agilolfinger Garibald, ist nach seiner Herkunft nicht festzulegen. Es scheint, daß er ein Franke oder Burgunder war, und viel spricht für letztere Möglichkeit, denn während unter den Franken und Bayuwaren kein Agilolf bekannt ist, finden sich unter den französischen Burgundern fast ein Dutzend Aeghila, Agila und ähnliches. Sie scheinen zur Sippe der Burgunderkönige, den Burgundofaronen, zu gehören, aber nicht zur engeren, erbbrechtigten Königsfamilie.

Da uns aber Fredegar von einem »Chrodoald und seinem Sohn Fara, aus der edlen

Sippe der Ayglulfinger« zu berichten weiß, wird diese Vermutung fast zur Gewißheit. Wie aber kamen diese Agilufinger nach Burgund?
Wir haben gesehen, daß im Bereich des Hegelingenreiches Ourougundoi (Agathias) lebten und daß »Niflant« angeblich dazu gehört haben soll.
Wenn wir nun lesen, daß Gregor von Tours sagt, die Genfer und Lyoner Burgunderkönige stammten aus der Familie des Westgoten-»Richters« Athanarich, der eben dort herrschte, wo später Hetel saß, so können wir nicht umhin, einen engen Zusammenhang zwischen Burgundern und Bayern anzunehmen (was durch die Popularität der Burgundersage in Bayern bestätigt wird – oder diese erklärt).
Sehen wir weiter:
Seit 488 waren die römischen Truppen von der Donaugrenze und die römische Verwaltung aus dem zukünftigen Bayern südlich der Donau abgezogen. Das Tor stand offen. Für die Hegelingen-Hahilingen, aber auch für allerhand andere Scharen. Mit diesem Schub nach Burgund aber, so vermute ich, kam ein Zweig der Hahilingen nach Frankreich, Verwandte der Burgundofaronen, und aus diesen »Aggilingen« wählte der Frankenkönig seinen Kandidaten, als es galt, die Lehnsherrschaft (oder wie immer man das zu dieser Zeit nennen will) über das inzwischen entstandene Herzogtum Bayern zu besetzen.
Hier müssen wir einen kurzen Abstecher zu den Burgundern machen:
Als im Winter des Jahres 404 Alamannen, Vandalen und Alanen den Rhein überschritten und sich vernichtend ins römische Gallien ergossen, folgten ihnen auch die Burgunder unter ihrem König Gundahar.
Besser gesagt »auch Burgunder«, denn es handelte sich um etwa 20–30 000 Köpfe, obwohl die Burgunder ein halbes Jahrhundert vorher als »immensis« (Ammian) bezeichnet wurden, »ungeheuer zahlreich«.
Diese linksrheinischen Burgunder spielten eine gewisse Rolle in der römischen Politik, teils als Einsatztruppe im Spiel zwischen Kaisern, Heermeistern und Usurpatoren, teils als land- und herrschaftsuchende Föderierte. Der einzige unbezweifelbare Bericht über diese Ereignisse ist ein Fragment des Olympiodor, der uns mitteilt, daß Gundahar und sein alanischer Kumpan Goar zu Mundiacum in der Germania secunda (also etwa zwischen Rhein, Ahr und Schelde, und nicht in Worms, wie man aufgrund des Nibelungenliedes annahm) dem römischen Usurpator Jovianus zum Purpur verhalfen.
Die Verhältnisse änderten sich freilich bald. Mitte der dreißiger Jahre geriet Gundahar mit dem Heermeister Aëtius aneinander und wurde besiegt. Sein Volk saß damals immer noch in Belgien, wie wir aus einer Bemerkung des Sidonius Apollinaris (carmen VII) entnehmen können. Kurz darauf wurde das geschwächte Volk von Hunnen (nicht *den* Hunnen) überfallen, der König mitsamt seiner Sippe und einem großen Teil des Volkes erschlagen.
Die Reste siedelte Aëtius in der Gegend von Genf an.
Zwanzigtausend seien getötet worden, wird berichtet, aber nach dem Kirchenhisto-

riker Sokrates Scholastikus hatten sie nur 3000 Krieger vor der Niederlage gegen Aëtius, und man pflegte sich damals nicht damit aufzuhalten, »zivile« Tote zu zählen. Wie dem aber auch gewesen sein mag, die Genfer Burgunder waren ein kleines, dezimiertes Häuflein ohne Dynastie, ohne Führungsstrukturen.
Um so erstaunlicher ist, daß zwanzig Jahre nach Gundahars Tod (436–437) dieses Volk wieder eine Macht ist, mit der man rechnen muß.
»Die Burgunder nahmen einen Teil Galliens in Besitz und teilten die Erde mit den gallischen Senatoren«, schreibt Marius von Avenches zum Jahr 456. Der Vorstoß ging nach Westen, nach Lyon (entlang der Rhone) und streckte sich bis fast nach Orleans und südlich bis Vienne. Zwei Könige waren dafür verantwortlich, vermutlich Brüder, Gundioch und Hilperich.
Wo kamen sie her? Wo kamen die Truppen her, mit denen diese Expansion unternommen wurde?
Wir müssen annehmen, aus dem Osten.
Es ist gleichermaßen rührend und irritierend, wenn man liest, mit welchem Eifer Hypothesen gebaut worden sind, um die Historizität des Nibelungenliedes zu retten, und dabei diese Genf-Lyoner Dynastie auf Gundahar und seine Familie zurückgeführt wird. So schreibt Helmut de Boor 1939 (Hat Siegfried gelebt?) Seiten über Seiten, um seine Vermutung abzusichern, die beiden Könige seien – Söhne Siegfrieds und Kriemhilds gewesen. Es ist hier nicht der Platz, darauf einzugehen, aber selbst wenn er recht hätte, würde das nicht erklären, mit welchen Mitteln sie ihre neue Macht aufbauten. Eine neu herangewachsene Generation? Die Kindersterblichkeit muß erschreckend gewesen sein in dem elenden Haufen, der sich da auf den Treck nach Süden gemacht hatte. Man kann sich allerhand ausdenken, aber wer einen Vergleich haben will, der muß ein Beispiel aus dem neunzehnten Jahrhundert heranziehen: Als die Cherokeeindianer 1839 von amerikanischen Truppen über den »Pfad der Tränen« von Georgia nach Oklahoma getrieben wurden, starben fast ein Viertel vor Erschöpfung. Achtzig Jahre später hatten sie ihre Kopfzahl noch nicht wieder erreicht. Aber natürlich, ich vergesse, das waren ja bloß Indianer, keine germanischen Helden, nicht wahr?
Im Ernst, die Macht der Burgunder erklärt sich nicht mit der bloßen Zurückführung auf die Gundaharsmannen von Mundiacum. Bei allem Respekt vor den Nibelungen. Fragen wir aber, wo die neue Bevölkerung und wahrscheinlich auch die beiden Könige herkamen, so werden wir durch die Quellen nicht auf die Gegend verwiesen, in der man die Burgunder im 4. Jahrhundert vermutet, nämlich den Bereich des ehemaligen Limes in Württemberg, sondern nach Bayern. Nach Bayern an der Donau oder nach »Bayuvarien« im Lande Baya, dem Reich der Hegelingen. Dort gab es Niflant (»Kudrun«) und daher Nifländer (Nibelungen?). Dort gab es auf jeden Fall »Ourougundoi«-Burgunder, mehrfach belegt, zuletzt von Agathias, und dort war auch das Doppelkönigtum heimisch, das wir bei Gunioch und Hilperich finden.

Zu den interessantesten Feststellungen der Anthropologie, angewandt auf die uns interessierende Zeit, gehört die Feststellung, daß zwischen Hunnen und Burgundern ethnische Zusammenhänge bestehen, kulturell und biologisch (Marc Sauter). Wohlgemerkt, es ist von den Genfer Burgundern die Rede. Die Gundahar-Burgunder sind nicht nachzuweisen und das ist auch verständlich. Gleich, ob wir sie richtig in Belgien oder fälschlich bei Worms suchen, Gräber mit diesen Charakteristiken sind nicht nachzuweisen.

Argumentum ex nihilo, ich weiß, und deshalb nicht zulässig.

Nun, wenn die Wissenschaft alle historischen Beschreibungen und Schlußfolgerungen zurückzieht, die auf gleiche Weise entstanden sind, so werde ich es auch tun. Dann brauche ich mein Argument nämlich nicht mehr.

Aber wir haben auch positive Beweise. So berichtet Sidonius Apollinaris, daß 451 Burgunder in Attilas Heerscharen waren, als er in Gallien einbrach, und Jordanes erwähnt Burgunder unter den Truppen, die ihm auf den katalaunischen Feldern entgegentraten. Zweierlei Burgunder also, und das wenige Jahre, ehe die Krieger aus Genf nach Westen vorrückten. Und die Lebensbeschreibung des Burgunderkönigs Sigismund (Passio sancti Sigismondi), späte, aber burgundische, Tradition, berichtet, daß sich die Burgunder Gundioch zum König gegeben hätten, *nachdem sie in Gallien eingefallen* waren (Genf lag nicht in Gallien, sondern in Sapaudia), obwohl sie sonst Gundioch und Gundahar verwechselt. Dieser aber war schon König *vor dem Einfall,* so daß also wirklich von Gundioch die Rede ist. In diesem Licht aber bekommt die Nachricht Gregors von Tours Gewicht, daß er Nachkomme Athanarichs des Westgoten gewesen sei.

Aber auch aus der Regensburger Gegend kamen Burgunder, die Leute vom Teilstamm der Warasken, deren »pagus Warasconum« (Waraskengau) noch im hohen Mittelalter erwähnt wird. Von ihnen wissen wir, dank der »Vita sancti Ermenfridi«, daß sie ursprünglich aus »Stadevanga am Fluße Regen« stammten, und so weiß ihr Bekehrer Eustasius denn auch nichts Eiligeres zu tun, als anschließend nach Bayern zu ziehen, um seine Talente an den hagebuchenen Niederbayern und Oberpfälzern auszuprobieren. Die aber waren weniger dem Neuen aufgeschlossen, als die ausgewanderten Vettern. Die Konservativen bleiben halt zu Hause. In diesem Zusammenhang aber werden wir wieder auf die »Kudrun« verwiesen, von der ich so lange abgewichen bin.

Erinnern Sie sich, daß Uote, Hagen-Valants Mutter, aus »Frideschotten« kam und daß Ludwic, der Normanne, auch eine Weile dort war (Kudrun 611)? Uote brachte sogar eine Schar Ritter, siebenhundert (Str. 9), von dort mit, und diese, oder Ludwics Mannen, scheinen einen Teilstamm von »Schotten« gebildet zu haben: Die »Passio sancti Sigismondi« kennt sie. Sie sind zusammen mit den Warasken als Burgunder genannt. Sie haben dem Pagus Scotingi, dem »Gau der Schottensöhne«, den Namen gegeben, heute Escouens in der Franche Comté.

Kurzum, die Verbindung zwischen Hegelingen-Bayuwaren und Burgundern erstreckten sich über fast ein Jahrhundert, während dem das Genf-Lyoner Königreich ständig Nachzug aus dem Osten bekam, von den zurückgebliebenen Vettern und ihren Nachbarn.

Die letzte nachweisbare Gelegenheit stammt aus dem Jahre 524, aus einem Nachtrag zum burgundischen Gesetzbuch (XXXI, 2), in dem von burgundischen Flüchtlingen gesprochen und vorgeschrieben wird, alle assimilierbaren Elemente aufzunehmen, Westgoten zum Beispiel und selbst flüchtige Sklaven. Das Reich fühlte sich bedroht. Zieht man in Betracht, daß Westgoten und Burgunder 508–510 Krieg geführt hatten und letztere um 524 unter Druck der Ostgoten und Franken standen, die von Süden und Norden anrückten, so können die gemeinten Wisigothen nur aus einer Gegend kommen, in der man die Verhältnisse an der Rhône nicht kannte, oder in der feindlicher Druck noch stärker war und das bedrohte Reich als ein – relativer – Schutzhafen erschien: aus dem Osten, von den Vesiern im Umkreis der Hegelingen. Die »Sklaven« aber sind wahrscheinlich keine Leibeigenen, sondern Sclaveni aus derselben Gegend, denn die Burgunder konnten es sich schwerlich leisten, ihren eigenen Untertanen ein solch schlechtes Beispiel zu geben.

In diesem Zusammenhang also müssen wir die »burgundischen Agilolfinger« sehen, und es erscheint daher nicht unerwartet, daß das bayerische Gesetzbuch bei ihnen Anleihen machte, von einer Mehrheit von Burgundern geschrieben war und ein Agilulf unter diesen vorkommt.

Damit wollen wir es genug sein lassen. Die vielfachen Beziehungen zwischen Bayern und Burgundern sind höchst aufschlußreich in einer Untersuchung von Erich Zöllner aufgeführt (Die Herkunft der Agilolfinger in »Zur Geschichte der Bayern«, Darmstadt 1965).

Aber da wir nun schon bei dem Ausbreiten mehr oder weniger gut beurkundeter Vermutungen angekommen sind, so will ich hier noch eine Hypothese aufstellen. Wohlgemerkt, eine Hypothese:

Wie erwähnt, tauchen in den fünfziger Jahren des 5. Jahrhunderts unter den Burgundern der Sapaudia (Savoyens) die beiden Könige Gundioch und Hilperich auf, deren Abkunft von Gundahar recht zweifelhaft erscheint (was nicht nur auf allgemeine Überlegungen, sondern auch auf den Formulierungen in der Präambel des burgundischen Gesetzbuches beruht). Was aus Gundioch wurde, wissen wir nicht. 30 Jahre später regierte an seiner Stelle Hilperichs Neffe Gundobald (Gondebaud). Da wir aber nicht ganz sicher sein können, ob Hilperich und Gundioch Brüder waren, können wir nicht sagen, ob hier der Sohn dem Vater nachgefolgt ist. Wie dem aber auch war, dieses Geschlecht gilt also, wie gesagt, als Nachkommen aus der Sippe (Stirps) des Westgoten Athanarich (nach Gregor v. Tours). Sehen wir uns jetzt noch einmal die Langobarden an: Zur Zeit des Krieges zwischen Odoaker und Feletheus (siehe Kap. 42), d. h. 488, sollen bei den Langobarden Hildeoc und Gudeoc geherrscht haben (Paulus Diakonus). Das ist aber auch der Augenblick, wir haben es gesehen, da Jordanes die Burgunder und

Bayuwaren als Nachbarn erwähnt. Hilperich-Gundioch: Hildeoc-Gudeoc. Die Namen weichen weniger voneinander ab als viele andere Manuskriptvarianten.
Nehmen wir versuchsweise an, daß die hier zitierten Namen auf einen Sippenzusammenhang zurückzuführen sind, an deren Ursprung der Westgotenrichter Athanarich steht (da er 381 in Byzanz starb, ist es so gut wie ausgeschlossen, daß er der Vater Gundahar-Gunthers war, der 25 Jahre später die Burgunder über den Rhein führte).
Diese Sippe des *Athana-Reiks, diese Sippe des »*Königs Etene« könnte also sowohl unter den Burgundern wie unter den Langobarden und den Bayuwaren eine Rolle gespielt haben. Da, wie wir gesehen haben, Etene-Hetel kein Name, sondern ein Titel ist (»der Edle«), müssen wir annehmen, daß wir somit, dank der »Kudrun«, auf die Spur von Sekundogenituren der westgotischen Balthenkönige gekommen sind. Die erste Sippe, die des burgundischen Gundahar von 406, scheint nach Ammian eine theokratische Verfassung gehabt zu haben. Die zweite Sippe des Geschlechtes wären dann die »jüngeren Balthen«, die das Reich von Toulouse gründeten. Beide waren dann Anbeter der Wanengötter (Balthen = die Glänzenden, aber auch die Balder oder Veles Verehrenden.)
Der dritte Zweig wären dann die Hegelingen, die zum Odingsglauben übertraten, wie die langobardische Origo beschreibt.
Daß es noch in der »Kudrun« Spuren dieses Zwiespaltes gibt, glaube ich gezeigt zu haben.
Da sie vor ihrer Konversion *Winniler* hießen, und von einer Frau Gambara und ihren beiden Söhnen beherrscht worden sein sollen, finden wir in dieser Beschreibung nicht nur die Erklärung für den Namen Vigoleis = *Venilo* unseres Hetel (Kudrun), sondern auch einen Verweis auf die große Göttin Freya und darüber hinaus auf die iranische Anaitis mit ihren beiden Akolythen Haurvatat und Amaratat. Alle diese Verzweigungen der Balthensippe aber setzen voraus, daß diese *Baldersöhne, diese Wanenverehrer (Winniler) sich deutlich von ihren Untertanen abhoben. Herwig Wolfram spricht in seiner »Geschichte der Gothen« von der »polyethnischen Gemeinschaft der terwingischen Goten« (Westgoten). Sich dieser aufzuzwingen, setzte von seiten der »Baldersöhne« einmal einen toleranten heidnischen Synkretismus, zum anderen aber eine überlegene Kriegstechnik voraus. Der erstere wurde durch die christliche Mission unter den Goten zerstört, die letztere durch die ebenbürtige ostgotisch-hunnische Feindschaft ins Wanken gebracht. Das Tervingenreich brach zusammen, Teile zogen davon und wurden durch Splitter der Ostgoten ersetzt. Ein neues Reich entstand, das der pannonischen Hunnen, mit dem primitiven Kitt gemeinsamen Raubes im römischen Reich zusammengehalten. Der Odinsglaube war seiner ganzen Wesenart nach unfähig, sich im Volke auszubreiten (wir sehen das einige Jahrhunderte später in Skandinavien), und so brach nach den Mißerfolgen Attilas bei seinen gallischen und italienischen Feldzügen das Reich wieder auseinander. (Sein unerklärlicher plötzlicher Tod in der Hochzeitsnacht war

wohl nicht so zufällig, wie die Großen des Reiches glauben machen wollten, als sie seinen Nachruf dichten ließen.)

Der letzte noch in der alten Heimat verbliebene Rest der Balthen scheinen demnach die Hegelingen-Heteningen der »Kudrun« gewesen zu sein.

Ob Attila selber nicht auch zu diesem Sippenverband gehörte, bleibt erwägenswert. Nach Priskos beschwerte er sich 442, daß die Einwohner der römischen Stadt Margos die Gräber der hunnischen Könige geplündert hätten. Bei einer Dynastie, die 70 Jahre vorher noch hinter dem Don lebte, ist die Existenz von Königsgräbern an der Donau recht unwahrscheinlich. (Und Attila spricht nicht vom Grab seines Vaters Mundioc oder seines Großvaters. Es scheint sich um ältere Begräbnisse gehandelt zu haben.) Da zudem der Name seines Bruders auch auf balthische Abkunft deutet (Bleda-Veledas) und sein eigener ein Diminutiv von Etene-Atana-Hetel zu sein scheint, wäre das nicht unglaubwürdig und könnte manchen bisher schwer verständlichen Zug seines Reiches erklären. Eine derartige Konstruktion schlägt natürlich allen vermeintlichen Gewißheiten ins Gesicht, aber bei näherer Betrachtung der Quellenlage stellt man fest, daß viele der »sicheren Erkenntnisse« nicht besser dokumentiert sind als die bisher vorgetragenen Vermutungen.

Der Zusammenhang von Burgundern, Langobarden und Bayuwaren aber würde vieles erklären. Nicht nur die Popularität der gotischen Heldensagen bei Bayern und Langobarden, nicht nur die Lokalisierung der Nibelungenabenteuer an der Donau (und ihre Aufzeichnung in Passau), sondern auch eine Reihe von bisher schwerverständlichen und schwererklärlichen Querverbindungen kultureller und dynastischer Natur, deren wichtigste für uns die burgundische Herkunft oder Versippung der Agilolfinger ist.

Es handelt sich hier aber nicht darum, den Verästelungen des agilolfingischen Stammbaums nachzugehen (doch möchte ich am Rand bemerken, daß das von mir anläßlich des Gottesboten in der »Kudrun« erwähnte Geschlecht der Grafen von Forez mit seiner Schwanen-Drachenahnin Melusine burgundischen Ursprungs ist). Interessanter ist eine andere Tatsache.

Nach dem Ende des burgundischen Königshauses lebte dessen weitere Sippe unbelästigt und läßt sich bis zu den karolingischen Grafen von Meaux verfolgen. Es sind die sogenannten Burgundofaronen, die immer noch Querverbindungen dynastischer Art nach Bayern haben.

Unter den späteren Mitgliedern der »Burgundofaronen«, die als Verwandte der Königssippe belegt sind, befindet sich der Herzog Autichar, Graf von Meaux, der, ein treuer Gefolgsmann von Karls des Großen Bruder Karlmann, nach dessen Ableben seine unmündigen Erben zu ihrem Onkel mütterlicherseits nach Mailand brachte. Dieser Autichar war aber (nach Chaume, Les origines de la Duché de Bourgogne) ein Neffe Herzog Odilos von Bayern, also ein »Halb -Agilolfinger«, und – mit seinem Bruder zusammen – der Gründer des Klosters Tegernsee.

Er aber ist gemeint, wenn der Pfaffe Konrad am welfischen Herzogshof in Regensburg sein Rolandslied dichtet, in dem es heißt:

»Unt thu, helet Oigier,
vil wole getriuwe ich thir:
thu bist thes Waten kunnes.«

(Und du, Held Ogier,
viel vertrau ich dir:
Du bist des Waten Gesippe.)

»Wates Verwandter« also ist Oigier-Autichar, ein Hegelinge-Agilolfinger. Die väterliche Abstammung kann nicht gemeint sein, denn sein Vater ist der um 740 erwähnte Graf Adalhar oder Asoar, der später (759–804) Abt von Prüm war. (Von Autichars Bruder Adalbert stammen die späteren Markgrafen von Steyermark.) Damit wird aber auch klar, was ich ganz am Anfang meiner Untersuchung sagte: Warum der Name Horant-Hjarrandi in der Gegend von Tegernsee populär war. Horant ist ein Hegelinge, vielleicht trägt er sogar den Namen von Hetels-Vigoleis Vater. Kein Wunder also, daß im Lande, das der »Hegelinge« Autichar der Kirche stiftete, dieser Name gebraucht wurde.

Autichar-Ogier ist aber noch auf andere Weise für uns von Interesse. Er ist ein Held des »Karolingischen Zyklus«, wo er unter dem Namen »Ogier le Danois« auftritt. Man hat, wie nicht anders zu erwarten, ihn für einen »Dänen« gehalten, und diese Identifikation ging so weit, daß man ihn in Dänemark umtaufte in »Holger Danske«. Ebenso falsch war freilich der Versuch, ihn als »Ogier l'Ardennois« in den belgischen Ardennen zu suchen. Im französischen Rolandslied führt er die Schar der Bayern an, und der Pseudo-Turpin berichtet, »von ihm singt man Lieder bis zum heutigen Tag, wie er zahlreiche wunderbare Taten vollbrachte«; und Metellus von Tegernsee weiß Mitte des 12. Jahrhunderts, daß er der Held einer alten Sage sei. (Von Roland habe ich erwähnt, daß er im Rolandslied qvens genannt wird, das heißt Khan, Held, und das gleiche gilt von Ogier.)

Interessant ist aber, was die Chansons de Geste und die belgischen Chroniken sonst noch von ihm wissen: Er stammt ab von Gottfried von Dänemark, Sohn des Doon, Sohn des Gui (Guido, Wito) von Mainz.

Nachweisbar ist diese Familie nicht. Wir wissen aber, daß es in Mainz ganz bestimmt keine Sippe gab, die im entferntesten zu den Beschreibungen der Sagen paßt.

Es ist jedoch eine Erklärung denkbar.

Wenn wir annehmen, daß diese »Mainzer« ein burgundisch-bayuwarisch-westgotisches Geschlecht waren, so ist anzunehmen, daß ihr Gedächtnis vor allem in Südfrankreich bewahrt wurde, und zwar im positiven Sinne, angesichts der bis in die Gegenwart schwelender Auseinandersetzung zwischen Francia und Occitania, Erben der Franken und Westgoten.

Im Altprovenzalischen ist nun »Maenz« die lokale Form des Namens Mathilde-Mechthild. Die »Mainzer« sind also eigentlich »Maenzer«, »Söhne Mechthilds«, was mit der feministischen Tradition des Wanenglaubens zusammen vergessen wurde. Erst im Zusammenhang der hier vorgelegten Beweise und Deutungen und im Anschluß an die »Kudrun« macht diese Ableitung wieder Sinn.

Söhne *Maethilds (so vermutlich die alte Form) sind die Ahnen Autichars, und gleichgültig, ob wir dahinter eine »mächtige Hild«, eine »mäotische Hild« oder eine »Matt-Hild aus Mattlan« (Kudrun) vermuten, wir finden immer wieder die kriegerischen Herrinnen des Wanenkultes (wie Gambara bei den Langobarden).

Diese Familie hat schlechte Presse in den Chansons de Geste. Es ist die »Verräterrasse«, aus der auch der Verräter Ganelon stammt, der Roland bei Roncesvaux verriet. Ganelon, erinnert Sie das nicht an etwas?

Ganelon ist essentiell der gleiche Name wie Wendelin, Guinglain, Vigoleis. Was aber seinen »Verrat« angeht, so ist die einzige vergleichbare Tat zu Karls des Großen Lebzeiten das Verlassen des fränkischen Heeres durch Herzog Tassilo im Jahre 763. Ihretwegen wurde er 788 der Herisliz, des Hochverrates, angeklagt und abgesetzt. Würde diese Tatsache nicht genügen, die »Mainzer« mit den Hegelingen-Agilolfingern zu identifizieren, so ist auf den »legendären« Vater Ogiers hinzuweisen. »Gottfried von Dänemark« ist in Wirklichkeit Gottfried von Alamannien, der von Erich Zöllner als Agilolfinger und Vater Odilos von Bayern nachgewiesen wurde. Die legendäre Überlieferung hat also lediglich die Familie um eine Generation verkürzt.

Wenn aber im übrigen unter den Agilolfingern nicht, wie zu erwarten wäre, die Hegelingennamen sich häufen, so erklärt sich das aus einer Tatsache, die ich vorhin nebenbei erwähnte.

Die Agilolfingerherzöge waren zweifellos nicht aus der eigentlichen Herzogsfamilie, die die Landnahme in Noricum und Rhätien vornahm. Garibald, ihr erster Vertreter, taucht um 550 auf, aus Gallien kommend, was bedeutet, daß er zwar ein Hegelinge sein kann, aber eben aus einer Nebenlinie, einer burgundischen Hegelingenfamilie.

Die eigentliche Landnahme soll durch einen Herzog Theodo, nach anderer Überlieferung Adalger (*Hetel und Ger?) erfolgt sein. Angeblich geht ihr Volk auf Noricus, den Sohn des Herkules, zurück, und sie seien aus Armenien gekommen. Die Bezeichnung Armenien ist am leichtesten folgendermaßen zu erklären und hätte schon lange erfolgen können.

Eremos (gr.), Eremus (lat.) heißt nämlich die Wüstenei, die Heide, und ein analoges Wort scheint auch das Germanische gekannt zu haben, wie der Name des Gotenkönigs Ermanarich (der König der Steppe) beweist. Im Deutschen ist dessen Name bezeichnenderweise später zu Armentrick geworden. (Lied von König

Armentricks Tod). Daß die Midgardschlange der nordischen Mythologie auch als Jörmungandr bezeichnet wird (gandr = Stab), zeigt nur, daß diese Figur nicht im Wikingermilieu, oder gar unter irgendwelchen Nordländern entwickelt wurde, sondern daß Midgart, das Mittelland, und Jörmund-Armen-Eremus, die Mittelsteppe, Südrußland, die Heimat dieses Konzepts ist. (Über den Zusammenhang zwischen Schlange und Steppe ließe sich freilich noch viel sagen. Einiges, so die skythische Schlangenahnin oder die »Riesenschlange im gotischen Land« des Krakumal wurde im vorstehenden schon berührt.) Aus der Steppe also kamen die Bayern, die Baywarioz (welche pittoreske Bezeichnung weitgehend an die Stelle von Argumenten treten muß, weswegen ich sie möglichst vermieden habe).

46. Kapitel

Die Rückkehr der Herakliden. Verschobene Himmelsrichtungen und die bayerischen Überlieferungen. Ein Hoch auf Aventinus

Soviel über die Versippungen der Hegelingen-Hahilingen-Agilolfinger. Eine andere Frage ist es, was es mit der angeblichen Herkunft aus Noricum auf sich hat. Da Noricum das östliche und nördliche Österreich ist, macht diese Schilderung nicht viel Sinn (obwohl man sie schon einmal als Erinnerung an den, belegten, Rückzug der Markomannen nach Böhmen zu deuten versuchte).

Aber diese Herkunft muß mit der angeblichen Abstammung von Herakles zusammen gesehen werden (Noricus gilt als sein Sohn):

Die griechische Überlieferung spricht von der »Rückkehr der Herakliden« (und meint die Dorische Wanderung); die germanische Tradition (Snorri Sturluson) weiß, daß nach der Götterdämmerung Thors (des nordischen Herakles) Söhne Modi und Magni wiederkehren. Eine derartige Wiederkehr-Tradition scheint also sehr alt zu sein. Die Bayern haben wohl Teil daran (falls es nicht gelehrte Spekulation ist).

Anders verhält es sich aber mit »Noricum« als Urheimat. Das ist nicht in der »Heraklidentradition« enthalten.

Was steckt also dahinter?

Wir haben gesehen, daß die »Kudrun« ein »Norwegen« kennt, das irgendwo in der Gegen des Ural liegen muß. Diese Bezeichnung ist natürlich mittelalterlich, aber wenn wir antike Himmelsrichtungsangaben heranziehen, so sehen wir, daß der

Norden damals, von Italien aus gesehen, etwa in der Gegend von Moskau gelegen haben muß.

Es handelt sich freilich nicht um eine Wanderung des Poles, sondern um ungenügende Astronomie. Da der Norden im Lateinischen »Die sieben Pflugochsen« sind, das Sternbild des Wagens, der um den Polarstern kreist, so konnte der durchschnittliche römische Reisende seinen Norden nur approximativ feststellen. Hauptsächliche Orientierung war wohl weder der Polarstern, noch die Mittagshöhe, die nur bei Sonnenschein und Verweilen festzustellen war, sondern Sonnenauf- und -untergang. Daß diese mit der Jahreszeit wechselten, wußten zweifellos die Völker der Antike, aber daß sie auch mit dem Breitengrad wechselten, ist wohl selbst den Astronomen nicht klar gewesen.

Ein Vergleich zwischen Sonnenaufgang und -untergang hätte dem bis zu einem gewissen Grad abhelfen können, aber wer orientiert sich schon abends? Es genügt doch, daß man sich morgens, wenn man sich auf den Weg macht, orientiert, nicht wahr? Eine Selbstverständlichkeit brauchte man nicht zu überprüfen.

So kommt es, daß der Norden der Antike im Osten liegt, oder, wenn man will, der Osten nach Norden wanderte.

Noricum-*Nordicum liegt also im Osten, und jetzt begreifen Sie sicher auch, warum nicht nur ein Noricus Ahne der Bayern sein soll, sondern auch eine »dänische« Familie von »Normannen«, die Lodbrocksöhne, aus Noricum stammen sollen, wie ich Guilleaume von Jumieges zitiert habe.

Diese Erklärung löst aber auch das Rätsel, warum die Einwanderung in die römische Provinz Noricum in der bayerischen Überlieferung der Kaiserchronik als Rückkehr geschildert wird. Nicht die Wanderungen der Markomannen über die Bayerwaldhöhen hin und her sind Anlaß zu dieser Behauptung, sondern ein falsches Verständnis des Begriffes Norden.

Daß dies zutrifft, ergibt sich deutlich aus den Karten des Agathodaimon zu der Erdbeschreibung des Claudius Ptolemäus oder der römischen Straßenkarte (Peutingerkarte.)

Wir sehen dort deutlich die Verschiebung der Himmelsrichtungen, und ein Volk, das laut dieser Karten aus dem Norden kommt, stammt ganz eindeutig aus dem Osten. Die literarischen Quellen bestätigen diese Vorstellung:

So sagt der Poet Claudianus in seinem Lobgedicht auf den Heermeister Stilicho von den Westgoten, die aus Bessarabien kamen:

»Das Volk, das der harte Bärenstern erzog im schneereichen Land.«

Merobaudes, in seinem zweiten Lobpreis auf Aetius (ca. 446), nennt die Hunnen:

»Ein Volk, von den äußersten Grenzen Skythiens, jenseits des eisigen Don...«

»... Stämme, die im äußersten Norden wohnen...«, am »... drohenden Kaukasus und am starrenden Don ...«.

Was unter diesen Aspekten von der berühmten Abstammung der Goten aus Skandinavien übrig bleibt, das wollen wir hier lieber nicht überlegen. Jedenfalls

kennt Prokop ein Skanda in Lazien, im Kaukasus, und das ist eine Grenzfestung. Schließlich die Heraklesabstammung:
Da muß ich wieder auf einen Beleg aus der Antike zurückgreifen und das Argonautenepos des Valerius Flaccus (etwa 92 a. d.) zitieren:
(Buch VI, Verse 33–41, 48–54, 56–59)

»Hier, die du sahst mit Augen die Wut am riphäischen Berge,
Muse, besinn dich, als Skythien aufrief der regsame Perses,
Aufrief die Pferdezähmer und aufrief alle die Männer.
Wahrlich, ich kann nicht die Zahlen im Geist, nicht die Namen bewahren
Nicht mit tausend Mündern die Länder und Völker erzählen.
Wenn auch Mars in Ewigkeit mäht die Mäotischen Scharen
Immer wächst im Überfluß nach, was von ihnen auch schwindet,
Was die Zwillingsbären, *was riesig die Schlange* hervorbringt.
Sag mir die Führer drum nur, O Göttin, zeig mir die Völker.
[...]
(Zuerst kommen die Alanen und Heniochen unter Anausis.)
[...]
Nächst ihm kommt der Bisalter Heer und ihr Führer Colaxes
Selber göttlichen Blutes, der Skythe, den Jupiter zeugte,
Nahe dem grünen Myrace und nahe der Bucht des Tibisus,
Liebt den halbtierischen Leib (und ist es würdig zu glauben)
Schreckt' nicht zurück vor den Zwillingsschlangenbeinen der Nymphe.
Und sein ganzes Gefolge führt Jupiters Zeichen gegraben
auf dem Schilde, verstreut das Feuer dreifachen Blitzes.
[...]
Oben darüber liegen zusammen golden die Drachen
Horas, der Mutter, Zeichen und beide rühren die Zungen
gegeneinander, und glänzend die Schlange beißt ins Juwel.«

Das also ist um 90 nach Christus geschrieben, und wenn wir uns fragen, was das Staccato dieser hier nur unvollkommen wiedergegebenen Hexameter sagt, so kommen wir auf ein merkwürdiges, aber aufschlußreiches Bild. Die Muse wird aufgerufen zu erzählen, was sie mit Augen sah: Daß Perses, also ein Perser, ein Iranier, die skythischen Reiter und Fußkrieger aufrief. Die rhiphäischen Berge sind im Norden, denn von ihnen kommen, nach antiker Vorstellung, die großen Flüsse Rußlands. An ihrem Fuß also sind die Skythen, die auch Mäotische Scharen genannt werden – Anwohner des Asowschen Meeres.
Es ist also ganz klar, die Skythen, die in Wirklichkeit auf der Breite von Mailand lebten, sind für den Dichter Bewohner des fabelhaften Nordens. Die Alanen lebten

in ganz Südrußland, die Heniochen am Fuß des Kaukasus. (Erinnern Sie sich an die famosen Kamariten mit ihren »Wikinger«schiffen? Das sind die Heniochen.)

Die Bisalten dagegen sind ein thrakisches Volk im heutigen Bulgarien (an der Struma, auf der Breite Roms), und wir müssen somit eigentlich dem Dichter vorwerfen, daß er nicht nur wie alle seine Zeitgenossen die Himmelsrichtung verschoben hat, sondern auch noch die Bisalten um fast tausend Kilometer nach Osten verpflanzte.

Der Leser weiß aber nachgerade, daß ich ungern den Dichtern Vorwürfe mache, und mich im Zweifelsfalle auf ihre Seite gegen die Interpreten und Sekundärliteraten stelle (obwohl ich selber zu letzteren gehöre).

Ich habe mich also über die Bisalten informiert und folgendes erfahren: Die thrakischen Bisalten führen ihren Namen nach einem Heros eponymos Bisaltes, der nach Stephanos von Byzanz ein Sohn der Gaia (Erde) und des Sonnengottes Helios ist. Damit entpuppen sich die Bisalter des Valerius Flaccus, eines sehr gelehrten Autoren, als sonnenverehrende Erdsöhne. Wie wir sie nennen wollen, ob Svithonen, Wanen, Waleisen, Wilzen oder mit einer der anderen im vorstehenden aufgewiesenen Bezeichnungen, das bleibt dahingestellt. Bisaltes jedenfalls scheint, nach Hyginus (fab. 188) der Vater der Theophane (leuchtende Göttin) zu sein, die dem erderschütternden Herrn der Rosse, Poseidon, den goldenen Widder gebar, der die Ursache für die Fahrt der Argonauten darstellte. Alles Züge, die weit nach Osten weisen.

Colaxes, der Anführer der »Bisalten«, ist der Sohn der Nymphe Hora, was auf slavisch Berg heißt, und das gleiche gilt von Thor-Donar, der als Sohn Jörds (der Erde) oder Fjörgynns Sohn bezeichnet wird. (Letztere Version scheint nordslavisch-baltisch beeinflußt zu sein, denn die Berggöttin Fjörgynn ist wahrscheinlich die Gemahlin des litauischen Donnergottes Perkunos.)

Der Vater des Colaxes ist Jupiter, der Donnergott. Das ist freilich nicht Herakles, wie bei den Bayern behauptet wird, doch sind beide, Jupiter und Herkules, Interpretatio Romana des Thor-Donar. Die Liebesgeschichte des Gottes und der schlangenbeinigen Nymphe aber erzählt Herodot von Herakles.

Das hier erwähnte Zeichen Horas, die Doppelschlange, die in ein Juwel beißt, findet sich von Thrazien bis Norwegen, auf dem Stein von Hornhausen, auf Wikingerschmuck und auf den Schilden römischer Auxilia (Hilfstruppen).

Nur nicht bei den wirklichen nomadischen Skythen.

Natürlich, denn Hora-Fjörgynn ist eine seßhafte Göttin.

Ich kehre zur bayerischen Tradition zurück.

Ich meine, angesichts des hier vorgelegten Materials läßt sich nicht daran zweifeln, daß die Bayern, das heißt ihre Herrschaftsschicht, recht gut wußten, woher sie kamen: Aus »Nordikum«, dem Osten, aus der Steppe Eremon-Armenien, und daß sie dort einen Donnergott verehrten und sich als seine Söhne bezeichneten. (Übrigens gilt Snorri auch Frigga-Freya als Tochter Fjörgynns und somit als

Schwester Thors, was ausgezeichnet zur langobardischen Origo und meiner Hypothese paßt.)
So erklärt es sich auch, daß Kudrun-Hagensage, »Dukus Horant« und »Heinrich-der-Löwe« immer von einer Löwenüberwindung ihrer Helden wissen, denn das ist die berühmteste Heraklestat.
Und so, bayerischer Leser, ist auch der wackere alte Johannes Thurmair-Aventinus mit seiner Geschichte vom König Herkules der Bayern glänzend gerechtfertigt. Wenn nicht im politischen, so doch im religiös-mythologischen Sinne. Und das ist der einzige, der in dieser Zeit zählt. Ein Hoch auf ihn!
Die Landnahme, habe ich gesagt, wird einem Herzog Theodo zugeschrieben, der nach seinem Namen eben einfach ein »Volksführer« ist. Es handelt sich also um eine Verlegenheitsbezeichnung, weswegen Adalger (= Hetelger) wahrscheinlicher ist. Von Adalger aber wird erzählt, daß er sein Volk nach vorübergehender Abhängigkeit durch die Schlacht bei Brixen, »einen sommerlangen Tag lang« zum Sieg führte. Am Haselbrunnen aber stieß er seinen Speer in die Erde, und rief aus:

> »Das Lant han ich gewunnen /Den Beiern ze eren /Diu marke diene in immer mêre.«

Erfindung, Legende, Märchen? Vielleicht.
Aber schlagen wir die »Geschichte des Heraklios« auf, die Biographie, die der armenische Bischof Sebeos über Kaiser Heraklius schrieb. Da lesen wir: »Es gab in dieser Zeit (d.h. vor 600) einen gewissen Vahram Merhevandak (= Bahram Tschobin, aus der Familie Mihran, Nachkomme der parthischen Arsakiden), Statthalter der östlichen Provinzen Persiens. Durch seine Tapferkeit hatte er die Armee der Thetals geschlagen (Thates heißt ein Fluß östlich des Asowschen Meeres, Thetals sind Khazaren, Waräger-Rhus oder aber Krimgoten) und mit Waffengewalt Bahl erobert und das ganze Land der Kushans bis über den großen Fluß Vehgot (Amu Darja)...
Er war somit weiter gelangt als bis zum Speer des tapferen Spandiaten (armenisch: Ritter) *von dem die Barbaren sagten: »Kämpfend kam er an diesen Ort und stieß seinen Speer in die Erde...«*
Um sechshundert war er schon Legende, der tapfere Spandiat. Wo hatte er seinen Speer in die Erde gestoßen? Warum verhielt sich Adalger genau so?
Manchmal frage ich mich, ob die Bayern nicht am Ende doch aus Armenien stammen oder wenigstens aus der Nähe.
Was ist nun noch zu sagen?
Daß es die Balladen von der schönen Mörerin gibt, der »Kudrun« ähnlich, die uns in der »Gottschee« überliefert sind. Aber die Gottscheer sind bayerische Auswanderer.
Dann gibt es noch die Südeliballaden und eine angebliche Prosafassung der

»Kudrun« aus Mecklenburg. Ende des 19. Jh. aufgezeichnet, als die »Kudrun« schon eine Weile gedruckt im Umlauf war.
Wer mir nicht glaubt, der ist eingeladen, darin Material zu suchen, um meine Argumentation aus dem Sattel zu heben.
Etwas anderes ist es mit einer entstellten bayerischen Fassung, die, laut ihrem Herausgeber, aus der Regensburger Gegend stammt und, soweit ich sehe, noch nie als Kudrunversion identifiziert wurde.
Es ist das Volksbuch von »König Eginhard von Böhmen«, dessen erster Herausgeber »Leopold Richter, gebürtig zu Lambach in Oberösterreich« es »in einem einsamen Schlößlein geschrieben gefunden« haben will. Es erweckt den Eindruck eines argen Flickwerkes, vermutlich aus halbzerfallenen Resten eines Kodex, jedoch scheint der ehrliche oder einfallsarme Richter wenig Eigenes zugefügt zu haben. Sonst wäre der Gang der Handlung logischer. Wir dürfen ihm daher wohl Glauben schenken, daß er »nächst dieser noch viele andere sehr alt geschriebene Historien in besagtem Schlößlein an dem Fluß der Nabe gefunden, die man vor Alter kaum mehr lesen kann...« (Zwanzig deutsche Volksbücher, Hersg. G. L. Klee, Gütersloh 1881)
Die Geschichte erzählt, wie »Kaiser Ottos Tochter Adelheid« im Obermünster zu Regensburg im Kloster war um Nonne zu werden. Auf dem Hradschin zu Prag aber herrschte Eginhard, »König im Böhmerland«.
»Er war aber noch ledig und ein gar schöner junger Herr«. Sein »Hofmeister Dietwald, ein ganz durchtriebener Gesell«, schlägt ihm vor zu heiraten und hat auch gleich eine Braut zur Hand: Adelheid, die zukünftige Nonne.
»Ich will selbst Vermittler sein und ausdenken, wie ich sie mit List aus dem Kloster bringe. Ist es nun Euer Wille, so gebet mir vierzig der trefflichsten Ritter und Knechte mit.«
Diese Begleitung läßt Dietwald aber im Wald vor der Stadt warten und gibt sich im Kloster als Bote des Kaisers an seine Tochter aus.
Unter vier Augen erzählt er Adelheid von Eginhard, von dem sie schon viel gehört hat, und überredet sie, mit ihm zu fliehen.
Das gelingt. Eginhard und Adelheid heiraten, aber der Kaiser ist unzufrieden. »Ich will mich nun aufmachen und Eginhard mit Heeresmacht überziehen. Böhmen soll mir untertan sein und er soll mir bei Tische aufwarten.«
Der Kaiser kommt mit 30 000 Mann, und in Prag entsteht »Aufruhr wider den König, weil er so schweres Unheil über sein Volk brachte.« Dieser macht seinen Hofmeister verantwortlich und ersticht ihn im Zorn.
Adelheid bittet ihren Vater schriftlich um Verzeihung, aber der Kaiser will unbedingt »Eginhard den Kopf abhauen« und seine Tochter »im Kloster ... ewig vermauert und verschlossen« haben.
Das Paar flieht mit wenigen Getreuen daraufhin in die Burg Schildeiß, während der Kaiser ganz Böhmen besetzt. Bei einer Jagd aber kommt er mit nur einem »Schildknecht« ausgerechnet auf die Burg Schildeiß.

Dort gibt es, nachdem beide Teile zunächst voreinander Angst hatten, eine große Versöhnung.
Die Parallelen mit der Hildesage liegen auf der Hand. Im weiteren gibt es dann ein wirres Durcheinander von Riesenabenteuern: Ungeheure Kerle mit phantastischen Namen kommen von Osten und die Geschichte verschiebt sich auf die nächste Generation; Eginhards Tochter Amalia und sein Sohn Friedrich sind die Helden. Amalia wird von den Riesen entführt und muß befreit werden, was erst gelingt, als man einen der Riesen bewegt, die Seite zu wechseln. Die Riesen werden »Volande« genannt und tragen groteske, vage slavische Namen. Das Ganze verrät den Rüpelgeschmack des Barock, doch sind die verstreuten Elemente der »Kudrun« unverkennbar. So etwa der Seitenwechsel des Kerls aus dem Osten: Sifrit. Weiterführende Schlußfolgerungen freilich erlaubt diese buntscheckig bemalte Ruine nicht.
Lassen wir es also dabei bewenden.
Ich habe aber noch eine Version der »Kudrun« auf Lager, die zu den merkwürdigsten gehört, wenn sie nicht überhaupt die merkwürdigste von allen ist.
Also, die Geschichte ist folgende:
Wie Sie sich erinnern, scheint unter den Langobarden-Lombarden eine Sage umgegangen zu sein, die Ariost in seinem Orlando Furioso verwendet hat. Wie wir nun gesehen haben, scheint das Motiv der »Kudrun« in Bayern nicht nur durch das Versepos vertreten zu sein, sondern auch durch diese Prosafassung des »Eginhard von Böhmen«.
Ich habe nun vermutet, daß ein derartiger Vorgang auch in Italien stattgefunden habe und einer der Novellenautoren der Renaissance die Geschichte erzählt haben könnte. Natürlich war er sich wohl ebensowenig wie Ariost über die wahre Geographie der Geschichte im klaren, und auch die Handlung dürfte abgeschliffen worden sein. Höchst wahrscheinlich ohne tragischen Ausgang, ja vielleicht sogar ohne den Raubkonflikt der »Kudrun«.
So etwa stellte ich mir diese Novelle vor:

Il tempesta de la isola degli lupi (der Sturm, der auf dem Wülpenwert geschah. (oder so ähnlich)

Ein reicher Fürst von Mailand (Milano-Mediolanum-Mattlan) war mit seiner wunderbar schönen Tochter auf einer Insel am Ufer seines Landes.
Unter seinem Hofstaat waren ein mächtiger, wilder Krieger aus den slavischen Sümpfen und ein magischer Sänger, namens (H)Arriando.
Während eines Sturmes kam der König von Neapel und sein Sohn auf die Insel und der junge Mann verliebte sich in die wunderbare Prinzessin. Vater und Sohn gelang es, sie zu entführen und nach Neapel (ursprünglich eine Verwechslung mit Neapolis auf der Krim) zurückzukehren. Verwicklungen, Verfolgungen und schließliche Versöhnung.
Wie die Neapolitaner heißen? Lodovico und Artemudo natürlich!

Aber halt! Lodovico hieß man in *Mailand* und Artemudo gibt's nicht. Nennen wir sie also (in Neapel waren spanische Namen häufig) Alonso und den Sohn (den Hartmütigen) Ferrante, den Eisernen (Ferdinand).
Was das soll?
Nun, es gibt einen Dichter, der aus verschiedenen solchen italienischen Novellen englische Theaterstücke...
Natürlich, Sie haben es erkannt, Leser! Was ich Ihnen da erzählte, ist William Shakespeares »The Tempest«.
The Tempest (der Wolfswerder fiel unter den Tisch, als aus der Tragödie ein Feenmärchen wurde). Hetel, der Edle, »der was riche« wurde zum Fürsten Prospero (dem Prosperierenden), die ganz wunderschöne Kudrun verlor ihren Namen und war nur noch wunderbar, Miranda.
Der mächtige wilde Krieger aus den slavischen Sümpfen, Wate, der seine Heil-Kunst »von einem wilden wibe« gelernt hat, der Hunnensprößling, wurde zu »Caliban, a savage and deformed slave«, Sohn der Sumpfhexe Sycorax.
Sycorax stammt aus Argiers (Algier), ist also eine Maurin, eine *Mörin und »for mischiefs manifold and sorceries terrible«... »this blue-eyed hag was hither brougth with child and here was left by sailors.« Ihr Sohn ist »a freckled whelp hag-born« und »a demi-devil, – ... a bastard one.« Die blauäugige Mörin, für vielfache Untaten und schreckliche Zaubereien verbannt, und ihr sommersprossiger Wölfling, von der Hexe geboren, ein Teufelsbastard, sie sind nichts anderes als eine Halirunna (Jordanes) und ihr Hunnensohn. Der edle Sänger Horand aber, dem selbst die Tiere wie gebannt lauschten, er wurde zum Luftgeist und magischen Sänger Ariel.
Ein Alane-Albanier (das Mißverständnis ist häufig) war er vielleicht ursprünglich schon. Nun wurde er zum Elfen-Alben. Sein Name in der vermutlichen italienischen Form *Arriando oder *Ariano bekam die Dimunitiv-Endung -ello.
Von der Handlung der »Kudrun« blieb freilich so gut wie nichts. Vage Reste, schattenhafte, von denen man nur sagen kann, daß sie der uns bekannten Handlung nicht geradezu widersprechen.
Ich würde diese Idee auch nicht vorgebracht haben, wenn nicht ein anderes Shakespearestück, das nur wenige Monate vorher geschriebene »Wintermärchen«, die berühmte, viel berätselte und viel verspottete Ortsangabe enthielte: (III,3) »... our ship has touched upon the deserts of Bohemia.«
»Die böhmische Wüste am Meer«, was hat man sich nicht schon darüber mokiert. Aber ich halte es wieder einmal mit dem Dichter und stelle fest, daß er hier von der Desertas Boiorum am Schwarzen Meer spricht, von der Steppe von Baiaheim, vom Land der Hegelingen. Und da dachte er sich wohl auch die Insel, von der im nächsten Stück die wunderschöne Miranda von Milan (Kudrun von Mattlan) entführt wurde.
Habe ich Sie überzeugt, Leser? Glauben Sie mir, daß der »Sturm« Shakespeares ein Abkömmling der langobardischen Wülpensandsage ist?

Aber leider stimmt das nicht. Ich hatte mir das so schön zurechtgelegt, und dann informiere ich mich und muß mir sagen lassen, daß es gar keine italienische Novelle gibt, die Pate für den Sturm gestanden haben könnte.
Wo Shakespeare die Geschichte her hat, ob er sie selber erfunden hat, kein Mensch weiß es. Worüber aber diskutiert wird, das ist die Frage, ob ein Zeitgenosse des »Schwans vom Avon« nicht etwas damit zu tun hat. Der hat nämlich, einige Jahre früher schon, ein Stück geschrieben, das beunruhigende Parallelen zeigt. Nur ist es viel schlechter. Zwischen den beiden Poeten, dem großen und dem kleinen aber gab es Verbindungen durch die englischen Schauspieler, die damals auf dem Kontinent umherzogen (um 1600).
Natürlich ist alle Welt davon überzeugt, daß der kleine Dichter vom großen oder seinen Schauspielern abgekupfert habe.
Bloß paßt das mit den Daten nicht so recht zusammen.
Hat also der große William da ein interessantes Material in die Hand bekommen und verarbeitet?
Kein italienischer Novellist also, sondern ein Dramatiker. Ein bürgerlicher Scenenbauer und Verseschmied. Einer, der für die Feste der reichen Handelsherren von Florenz oder Mailand werkelte?
Auch nicht, Leser, und jetzt muß ich die Katz aus dem Sack lassen:
Der mögliche Stofflieferant für Shakespeares »Sturm«
... war ein Bayer! (Tusch!)
Aus Nürnberg!
Jakob Ayrer hieß er und sein Stück »Die schöne Sidea.« Gestorben ist er 1605 und Shakespeares Stück soll zwischen 1609 und 1610 geschrieben sein. Nun hat man freilich noch ein mögliches Vorbild ausfindig gemacht, eine spanische Novelle von Antonio de Eslava »Noches de Invierno« (1609), und deren Handlung wurde von Henri Gregoire als vom Schwarzen Meer stammend ausgemacht (The bulgarian Origins of the Tempest), in Diokleas Presbyters »Regnum Slavorum«.
Die Frage ist umstritten und ich will sie hier nicht unnötig in die Breite ziehen, aber doch auf eine Tatsache hinweisen, die mich Ayrer als Anreger vorziehen läßt:
Es scheint nämlich, daß es in Nürnberg eine Hilde-Tradition gab, die inzwischen vergessen wurde, eine Überlieferung von den Walküren, den Mädchen im Federkleid. Der Beweis? Das Nürnberger Stadtwappen: Die Harpye, der sogenannte »Jungfrauenadler«. Ein heraldischer Adler mit dem Kopf einer Frau.
So etwas erfindet man nicht ohne Anlaß, nur so. Das ist ein Zeichen, das »lesbar« war. Und die Geschichte, die dahinter stand, die bayerische Hildesage, wäre dann ein Zeichen, daß Ayrer und die englischen Komödianten eine Version der »Kudrun« kannten. (Die schöne Sidea = Die Schöne aus *Suidhiod?) Genug davon. Jedenfalls verweisen beide Möglichkeiten, Ayrer wie Eslava, letzten Endes den Ursprung des »Sturm« ans Schwarze Meer.

47. Kapitel

In den Tiefen der Vergangenheit. Hegelingen und Pandava

Und nun? Die Geschichte von dem, was auf dem Wülpensand geschah, neigt sich dem Ende zu.

Unsere Reise in die Vergangenheit hat uns verblüffende Dinge gezeigt. Der Kudrundichter war ein guter Führer, meinen Sie nicht? Soll ich also zusammenfassen, was wir gesehen haben, was er uns zeigte? Soll ich die Geschichte von Kudrun erzählen, wie sie vermutlich xar? Die Versuchung ist groß. Aber ich werde es mir verkneifen.

Kein Reisender liebt es, wenn ihm der Fremdenführer die Fotos aufnimmt, wenn der Reisebegleiter versucht, ihm eine Beschreibung dessen zu verkaufen, was er gesehen hat...

Keinem Großwildjäger macht es Vergnügen, wenn der Gewehrträger versucht, an seiner Statt den Löwen oder Büffel zu schießen...

Das Material haben Sie jetzt, schreiben Sie also Ihre eigene Geschichte von der wirklichen Kudrun und der Sippe der Hegelingen!

Aber ehe Sie damit beginnen, habe ich Ihnen noch etwas zu erzählen. Die Geschichte von Kudrun hat noch eine letzte Überraschung für uns bereit:

Wie Sie gesehen haben, scheint die kurze Notiz des Paulus Diaconus (alias Paul Warnefried) über den langobardischen König Agelmund und seine geraubte Tochter eine Spur der wirklichen Ereignisse darzustellen.

(Und Sie verstehen sicherlich, warum ich Agelmund »langobardischen König« nenne und nicht »Langobardenkönig«?)

Von den verschiedenen Mitgliedern der Hegelingensippe weiß er freilich nichts. Sind sie also nicht historisch?

Ich fürchte es.

Warum aber hat der Dichter sie sich ausgedacht? Oder hat er am Ende eine unbekannte Überlieferung, die für ihre Existenz spricht?

Angesichts der Entwicklung, die die Erzählung von Wate genommen hat, scheint mir das unwahrscheinlich.

Oder hat der Dichter sich an den fünf großen Adelsgenealogiae des bayerischen Gesetzbuches orientiert?

Huosi, Drozza, Fagana, Hahilinga, und Anniona.

Ganz ausgeschlossen ist das nicht; wir haben gesehen, daß die Hahilinga-Hegelingen mit ihrer vermutlichen Nebenlinie (oder auch Hauptlinie), den Agilolfingern, vermutlich auf die Hegelingen zurückgehen. Die Form *Hagil-olf-inger ließe sich dann als »Hegel-Wölfe« oder »Burgundische Hagilingen« deuten, denn die Burgun-

dar sind nach Ausweis ihres Namens *Wargundar, und tragen Warg, den Werwolf im Namen.
Huosi-*Wuoti (analog ahd. Wanti = Handschuh) hätten dann einen Wuot-Wate als Eponymos, dessen Dimintiv Otilo Erich Zöllner (Die Gründung von Innichen) als »typischen Agilolfingernamen« bezeichnet. Andererseits scheinen die Namen Odalker und Oatachar aus der Familie der Huosi zu stammen (loc. cit.), und daß Oatachar-Otgar-Autichar-Ogier als »Waten Künnes« bezeichnet wird, haben wir gesehen.
Im Namen der Fagana, die nicht »die Heiteren« sind, wie man vermutet hat, könnte der Name oder Titel Hagen-Kagan-Gaganus stecken, denn im Osten scheint die Schreibweise geschwankt zu haben. Das Griechische hatte sogar ein doppeltes G, das Digamma, das wie ein F aussah (yy = F) und die Römer nannten Sklaven aus Dakien nicht Dacus, sondern Davus.
Der Namengeber der Fagana aus dem Osten könnte also ein Gagan gewesen sein.
Was die »Genealogia« der Drozza andererseits betrifft, so handelt es sich nicht um eine Famile von »Verdrossenen«, sondern eine Gefolgschaft (ahd. Drucht, russ. Druzina) eines Herrn, eines Drost. Und das ist vielleicht ein Synonym von Frut = Herr. Gewiß, das ist nicht sehr wahrscheinlich, aber doch denkbar, vorstellbar. Das letzte Geschlecht, die Anniona, sind nach ihrem Namen *Anniones, Männer aus dem Lande Ann-, also vielleicht eine Familie aus Aeningia, einem nicht lokalisierten Land, das der anonyme Geograph von Ravenna kennt, und das vermutlich irgendwo in der Nähe der Karpathen lag (Denken Sie an Widsith im Kap. 18). Aber wie gesagt, es ist nicht sehr wahrscheinlich.
Sehen wir sie also unter einem anderen Blickwinkel an:
Die Sippe der Hegelingen besteht in der »Kudrun« aus vier miteinander nahe verwandten Helden und einem nicht (oder nicht nah) verwandten Gefolgsmann:
Hetel (oder Vigaleis), der König,
Wate, sein »Mage« (Verwandter),
Frute, der als Hetels »Neve« bezeichnet wird (Str. 220),
Horant, Wates »Schwesterkind« (206), »Neve« Hetels (220), Frutes (251), Wates (254) und
Marunc-Irold, dem nicht blutsverwandten Gefolgsmann, der indessen doch als Hegelinge gilt.
Die Parallelüberlieferung des »Dukus Horant« sieht die Sippe etwas anders: Wate ist ein Riese »von den Kriechen«, an Stelle von Frute und Irolt sind (unter dem Einfluß des »König Rother«) die Riesen Witold und Asprian getreten und schließlich ist Morunc der Bruder Horants.
Lamprecht kennt anscheinend nur Wate und den Schwiegersohn Hetels, Herewich-Herwic und möglicherweise einen Wolfwin.
Die spezielle Konstellation ist also auf die »Kudrun« beschränkt. Fassen wir also zusammen:

Drei Gestalten bilden den Kern der Sippe: Hetel und seine »Neven« Wate und Frute (wobei Neve nicht Neffe bedeuten kann).

Dazu kommt der weitgereiste Horant, der aber in keinem Lehensverhältnis zu Hetel zu stehen scheint, sondern nur in verwandtschaftlichen Bindungen. Auffallend ist dabei, daß dieses Verhältnis das einzige ist, das näher bestimmt wird: Horant ist Wates »Schwesterkind«. Er steht also in kognatischem Zusammenhang mit den Hegelingen, die untereinander Agnaten sind. Sein Verhältnis ist aber auch räumlich entfernter, denn er pflegt für den Herrn von »Givers« zu fechten (Str. 564) und tritt aus verwandtschaftlichen Gefühlen oder Abenteuerlust auf Hetels Seite, doch ohne Lehensbindung.

Auffallend ist dabei, daß er in enger Beziehung zu Frute steht. Beide werden »von Tenemarke« genannt und treten oft gemeinsam auf. Schließlich habe ich noch aus den Lehensverhältnissen geschlossen, daß Irolt und Morunc in Wirklichkeit eine Person sind und nur von dem Kudrun-Dichter getrennt wurden. Sie zeigen wenig Individualität und ihre Rollen sind gewissermaßen austauschbar. So sind sie eine Art von Zwillingen, wie die Haddingjar der nordischen Sagen, die »zusammen die Kraft eines Mannes haben« (Hervarasaga, Orvar-Odd-saga).

Warum hat unser Dichter diese Gestalt gespalten? Es bestand keine Notwendigkeit.

Und jetzt stoßen wir auf eine ganz unglaubliche Tatsache: Die Darstellung der Hegelingenhelden stammt aus einer alten, einer uralten Quelle. Sie kann eigentlich gar nicht älter sein.

Um das zu verstehen, müssen wir tief in die Vergangenheit tauchen. Durch alle Schichten der Sage und Mythologie...

Tiefer als alle germanische Helden- und Göttersagenwelt reicht... Bis dorthin, wo sich die Traditionen der indoeuropäischen Völker aus gemeinsamen Quellen speisen...

Und wenn wir wieder auftauchen, so sind wir nicht mehr am Schwarzen Meer, nicht mehr bei den Langobarden, nicht mehr bei den Bayern... Sondern in Indien.

Das riesige indische Epos Mahabharata umfaßt 200 000 Zeilen. Es ist zwanzigmal so lang wie das Nibelungenlied, dreißig mal die »Kudrun«. Ein Ungeheuer.

Geschrieben angeblich im 3. bis 1. Jahrhundert vor Christus, von Wyasa (= Einiger). Es behandelt den Streit zweier verwandter Fürstenfamilien, der Kaurava und der Pandava, um das Reich von Hastinapura.

Seine eigentlichen Helden sind die Pandava, die Söhne Pandus, die am Ende Sieger bleiben.

Was uns hier interessiert, ist jedoch nicht der Ablauf der Ereignisse, sondern die familiäre Struktur dieser Sippe.

Die Situation ist folgende:

Pandu und Dhratarasta sind Brüder. Letzterer ist blind und hat hundert Söhne, die

Kaurava. Pandu, »der Bleiche«, ist zwar mit zwei Frauen verheiratet, Kunti und Madri, kann aber keine Kinder zeugen.
(Warum, tut hier nichts zur Sache.)
Glücklicherweise ist Kunti die Gabe gegeben, auf ihren Wunsch hin von den Göttern zu empfangen, und so gebiert sie ihrem Ehemann drei Söhne: Yuddhistira, den Sohn Dharmas, den zukünftigen König.
Bhima, den Sohn des Windgottes Vayu, den mächtigen Krieger.
Arjuna, den Schönen, den Bogenschützen, den Sohn des Donnergottes Indra. Aber Kunti läßt auch ihre Mitgemahlin Madri an ihrer Gabe teilhaben, und diese empfängt von den Asvins, den Himmelszwillingen, den indischen Dioskuren, die Zwillinge Nakula und Sahadeva.
Zu diesen fünf Helden gesellt sich als sechster ihr Verwandter (durch seine Mutter Satyavati) Krishna, genannt Dvaipayama (= von der Insel), der auch Hari genannt wird.
Er ist eine Inkarnation des Gottes Vishnu.
(Ja, das ist der: »Hare Krishna hare, hare«.)

Und nun vergleichen wir:
Alle fünf Göttersöhne sind »legal« Söhne Pandus, stellen die Pandava dar. Aber drei von ihnen sind enger verbunden, die Kuntisöhne Yuddhistira, Bhima und Arjuna. Sie sind nicht nur Söhne der Götter, sondern verkörpern auch die drei Funktionen der indoeuropäischen Mythologie.
Yuddhistira, der Sohn des Dharma (Gesetz), ist der Repräsentant der Brahmanenkaste, der Heilige, der Weltenkönig, der Opferherr. Er verkörpert die erste Funktion, die priesterliche.
Die zweite Funktion, die der Krieger, findet sich bei den Göttern in zwei Aspekten: Indra, der Rechtsprecher, und Varuna (Vayu), der Kampfeswütige. Ihre »Söhne« sind die Kshatriya (Kriegerfürsten), Arjuna, der Schöne, und Bhima, der Gewaltige.
(Bei den Iraniern sind die entsprechenden Götter Mithras und Vat.)
Der dritten Funktion aber, den Produzenten (Bauern und Händlern), der Kaste der Vayshias, entsprechen, mit einem gewissen Abstand, Nakula und Sahadeva, die von einer anderen Mutter stammen und von den Götterzwillingen, den Asvins.
Diese hat Georges Dumezil (Du Mythe au Roman, les Haddingjar, Paris 1970) ausdrücklich mit den Wanen, aber auch mit den germanischen Dioskuren, (Alci des Tacitus) in Verbindung gebracht, auch sie als Götter der Fruchtbarkeit Vertreter der dritten Funktion.
Krishna aber, der kognatische Vetter, tritt im Kampfe als besonderer Freund Arjunas und als dessen Wagenlenker auf. Er lehrt ihn Weisheit in einem langen Gesange, dem berühmten »Gesang des Erhabenen«, der Bhagavadgita.

Der Leser hat sicher bereits die Entsprechungen bemerkt, doch will ich sie hier noch einmal zusammenstellen:
Yuddhistira, der König, entspricht dem Hetel-Wigoleis der »Kudrun«.
Bhima, der gewaltige Krieger, Sohn des Sturmgottes Vayu (iranisch Vat) entspricht Wate, dem gewaltigen Krieger, der Wat-Wodan im Namen trägt, den »Wütenden«, der im Wintersturm durch die Bäume fegt.
Arjuna, der Weise, der von einem Gott belehrte Held, Sohn des blitzeschleudernden Indra, der mit Mithras identifiziert werden kann, er ist das Äquivalent Frutes, des Klugen, des Vielerfahrenen.
(Frute aber trägt den gleichen Namen wie der Frodi der nordischen Mythologie und findet über diesen Sohn Freyrs Anschluß an den sonnenhaften Wanengott Ingfreyr).
Die drei Inder sind einer Mutter Söhne.
Die drei Hegelingen sind einander »Neve«.
Neben den ersteren stehen die beiden Asvinsöhne Nakula und Sahadeva, deren relative Farblosigkeit sich aus dem Desinteresse der beiden ersten Kasten an der dritten Funktion erklärt.
Neben die blutsverwandten vier Hegelingen hat unser Kudrun-Dichter die beiden Irolt und Morunc gestellt, die ebenso farblos sind wie die indischen Asvinsöhne. Deren Vorbild aber erklärt, oder besser gesagt, das Vorbild der Alci, ihres germanischen Äquivalents, erklärt, warum unser Poet den einen »Märensohn, Walter der Ir«, in zwei Gestalten aufspalten mußte.
Wie Irolt (und) Morunc nur »legal« Hegelingen, so sind Nakula und Sahadeva (mit anderer Mutter und anderen Vätern) nur juristisch mit den drei Kuntisöhnen verwandt.
Schließlich entspricht Krishna (Vishnu), dem die Bhagavadgita, der »Gesang des Erhabenen«, zugeschrieben wird, dem Sänger Horant, der »das liet von Amile« kennt, das »kein kristenmensch je gehört hat«.
Krishnas Beiname ist Hari. Er steht zu Arjuna wie Horant (Hjarrandi) zu Frute (ein »hübescher Man« mit »suessem sange« heißt er im »Dukus Horant«)
Krishna ist den Pandava durch seine Mutter verwandt, Horant ist Wates »Schwestersohn«.
Krishna bringt den Pandava ihre gemeinsame Braut »Krishna Draupadi«, Horant bringt Hetel seine Braut »Hilde von Ir-lant«.
(Daß die mythologische Struktur der Iron-Osseten, wie sie sich in den Nartengeschichten zeigt, gewissermaßen das Bindeglied zwischen der Souveränität der Hegelingenkönigin einerseits und der Polyandrie der Pandava andererseits darstellt, sei nur nebenbei erwähnt.)
Schließlich geht der Kampf um das Reich Hastinapura; was wie ein fernes Echo der wandalischen Hasdinge (Astiggoi) klingt, die, wie wir gesehen haben, aus dem Herrschaftsgebiet der Hegelingen-Hahilingen kamen, und von denen eine mittelalterliche Glosse wissen will ». . . sunt Paiwari«, sie seien Bayern.[1] Auf dieser Ebene

aber, und nicht im historischen Sinne, berühren sich auch die Hegelingen der »Kudrun« mit den nordischen Haddingar.
Weitere Parallelen zwischen der »Kudrun« und dem Mahabharata aufzuzeigen ist hier nicht der Ort. Es handelt sich zudem zum großen Teil um »Versatzstücke«, deren Bewahrung in der bayerischen Überlieferung zwar erstaunlich, aber nicht unglaubwürdig ist.
Wo aber, so müssen wir uns fragen, hat der Kudrundichter diese Beschreibung her? Was bewegte ihn, »Irolt-Morunc« in zwei Gestalten aufzuspalten?
Ist die »Kudrun« am Ende nicht nur die älteste »germanische« Sage, sondern das Fossil einer Überlieferung, so alt wie die Anfänge des Mahabharata? Nach der hier vorgelegten historischen Einordnung der »Kudrun« erscheint das unmöglich.
Hat also der Dichter, im Gegensatz zu dem Autor des »Dukus Horant«, seine Sage bewußt einem älteren Modell angenähert?
War der Kudrun-Dichter in Indien?
Unglaubhaft.
Hat er diese Struktur von Iraniern (Alanen, Osseten, Persern) auf der Krim kennen gelernt?
Selbst wenn das möglich wäre, so erklärte es uns nicht seine Motivation. Warum tat er das?
Oder ist diese Struktur in der bayerischen Überlieferung gegeben gewesen und von unserem Dichter nur auf die historische Hahilingentradition angewandt worden? Aber warum zeigt sich dieses Drei-Funktionen-Prinzip nicht in den anderen Sagen und Liedern der bayerisch-österreichischen Autoren?

Wo hat der Kudrundichter seine indoeuropäische Mythologie her?
Ich weiß es nicht, Leser. Ich weiß es wirklich nicht.
Aber ich kann nicht an einen Zufall glauben.
Ich berichte, was ich entdeckt habe.
»Entdeckt zu haben glaube«, sage ich wohl besser.
Denn ich höre schon die gewichtigen Denker die mahnenden Stimmen erheben und auf die langjährigen Forschungen hinweisen, die ich hier so leichtfertig in Frage stelle...
Die Wissenschaft weiß nichts von alledem, was mir zu schaffen macht.
Es ist alles nur Zufall!
Daß die Ortsangaben der Kudrun so gut ans Schwarze Meer passen...
Daß die Zeitangaben und die Ereignisse sie datieren...
Daß es in Bayern Hahilingen gibt...
Daß der namenlose Dichter ausgerechnet diesen Stoff behandelte...
Es ist Zufall, daß Hervic und Hernac der gleiche Name sind...
Es ist Zufall, daß die Bayern Attila als großen Herrscher und nicht als Teufelsbraten ansehen...

Es ist Zufall, daß die Familienstruktur der Hegelingen die gleiche ist wie die der indischen Pandava...
Zufall auch, daß unter den letzten Heiden des Hindukusch, den Kafir, die Legende umgeht, sie seien die Nachkommen der Krieger Alexanders des Großen. Die gleiche Legende, wie sie der Sachsenspiegel von den Sachsen erzählt. Daß in der Sprache der Kalasch, des letzten, noch nicht zum Islam bekehrten Kafirstammes, der höchste Gott »Kodai« heißt. (Gaut = Odin)
Ihr »Führergott« heißt Baluman, und ein Balamir führte die Hunnen aus den Sümpfen, als sie die Goten überfielen...
Warin heißt ein Kriegergott bei ihnen, aber Warnen sind Germanen und der Name Warin (Warinhar-Werner) ist nicht unbekannt, nicht wahr? Der Warin der Kalasch gilt als Erscheinungsform des iranisch-indischen Indra, Arjuna (= Frute) ist sein Sohn.
Ingao ist der Kalash-Gott der Fruchtbarkeit und Ernte.
Ingfreyr ist der Wanengott der Fruchtbarkeit...
Alles Zufall, ich weiß, alles Zufall.
Und Beijer heißt auf kalasch: Bruder.
Alles Zufall, alles Zufall...[2], bayerische Brüder.
Da wir aber mit der Geschichte der kleinen Hegelingenprinzessin begonnen haben, wollen wir so tun, als sei eben nicht doch alles nur ein Zufall:

48. Kapitel

Abschied von Kudrun

So sind wir am Ende angekommen und wollen ein letztes Mal von Kudrun sprechen, die wir so lange gesucht haben.
Sie wurde zerrieben zwischen zwei Religionen, in der Auseinandersetzung zwischen Mächten, die stärker waren als sie und ihr Volk.
Sie hatte das Unglück, im falschen Augenblicke geboren zu sein, die kleine Hegelingenprinzessin.
Eine böse Fylgia hatte sie... Kudrun starb am Schwarzen Meer.
Ihre schmalen Reste liegen irgendwo im Staube Thraziens, über den so viele Völker und Nationen gezogen sind.
Vergessen, verweht...
Ihre verstörte, zärtliche Seele hat, so wollen wir hoffen, die große Mutter lächelnd in barmherzige Hände genommen, sie, die alle diese Völker unter dem einen oder anderen Namen verehrten:

Artemis, Eleithya, Leto, Anaitis, Nana, Tabithi, Frigga, Freia, Mokosch, Matraguna, Theotokos, Madonna, Notre Dame, Unsre liebe Fraue, Frau Sälde...
Sie selber, Kudrun, nannte sie wahrscheinlich »Freia, die tränenschöne Vanadis.« In deren Reich herrscht die Heiterkeit, die Kudrun so übel bekam.
Wo die Kinder ohne Schmerzen geboren werden...
(Denn Freya, die »Halsbandfrohe«, ist auch Frau Holle mit dem Kinderteich, und die Hyperboräerin Eileithya, die Geburtshelfergöttin des delischen Apollohymnus:

»Denn es saß auf der Höhe Olymps unter goldenen Wolken
Eileithya. Und auf flog Iris vom steinernen Eiland
Herzubringen die Wehmutter, ihr verheißend ein herrliches
Halsband, Ellen lang neune, gedreht aus goldenen Fäden.
Und sie wußt' ihr das Herz zu bewegen im liebenden Busen
Bis sie die Füße erhob im Fluge wie flüchtige Turteln...«

Und Frau Perchta, die Berggöttin aus Perchtasgaden ist sie ebenfalls.)
Dort, wo Idun die goldenen Hesperidenäpfel ewiger Jugend verwaltet, kleine Kudrun, dort mögen dir schlanke Ritter den Hof machen...
Ritter, die Besseres wissen, als dir mit dem Schwerte zu nahen...
Hier auf der Erde aber hat dir ein namenloser Poet deines Volkes die Unsterblichkeit geschenkt mit seinem Heldenlied einer »Minneclichen Frouwe«, das alle Federfuchser überlebte, denen es nicht »altheldisch« genug war.
Sein Werk kommt aus dem gleichen Urgrund, aus dem die erste große gemeinsame Dichtung Europas erblühte, von Barcelona bis Wien, von Toulouse bis Florenz. Man diskutiert noch immer über die Wege, auf denen sich die Einflüsse dieser Dichtung verbreiteten, »Einflüsse«, »Übermittlungen«, »Verbindungen«...
Trobar clus, dolce stil nuovo, Minnesang...
Corteza und Domnei...
Frauendienst und hohe Minne...
Vita nuova...
Man wird noch lange diskutieren, mit viel weisen Gründen.
Ach, glauben Sie mir:
Besseres als »Einflüsse« hatten uns die Mächte der Geschichte zugedacht...
Flugsamen des Geistes, ferne getrieben im gotischen Wind,
Frühlingsblüte, die aus schlafenden Keimen brach.
»Kudrun« ist eine dieser Blüten.
Seelische Verhaltensweise und dichterischer Funke glomm überall unter der Asche der dunklen Jahrhunderte, wo immer die Erben des alten Glaubens sich niedergelassen hatten.
Die Verehrung der großen Wanin, der Herrin der Tiere, der Bergmutter, der

souveränen Göttin, Freya im Falkenkleid, – oder wie immer wir sie nennen wollen – sie übersteht alle dunklen Epochen...
Denn so lehrt uns das Eddagedicht Fjölsvinsmal:
»Windkalt, Frühlingskalts Sohn, Sehrkalts Enkel« warb um Menglöd, die Halsbandfrohe. Aber als sie ihm ihre Arme öffnete, verwandelte er sich in »Tagesantlitz, Sohn des Sonnenlichtes« (Swipdag, Solbjarts Sohn):

> Froh sei gegrüßt,
> Mein Sehnen erfüllt,
> Küsse folgen dem Gruß
> [...]
> Wahr nun wirds,
> Daß wir uns trennen
> Nie-nimmermehr.

Weil sie ein Bedürfnis des Herzens stillt.
»Gudrun kam vom Schwarzen Meer«.
Gudrun liegt am Schwarzen Meer begraben...

Aber:
En cor gentil Domnei per mort no passa.
In edlem Herzen Hohe Liebe durch den Tod vergehet nicht.

Nachwort und Abgesang

An den Leser:
Ich hoffe, Sie bereuen die Zeit nicht, die Sie aufgewandt haben, mit mir durch die gotische Steppe, die Sümpfe Mösiens, die dakischen Berge und die bayerischen Wälder zu ziehen... (Den Abstecher in die Weinberge Burgunds nicht zu vergessen). Ich hoffe, es hat Ihnen Vergnügen gemacht, sich einzuschiffen mit den Hegelingen auf dem blauen Wasser des Pontus Euxeinos, dem »vinster mer«...
Seien Sie bedankt!
Sei bedankt, Domna-m-cor, für die Geduld, die du aufbrachtest, als ich mit Klio fremdzugehen begann.
Seid bedankt, daß euch meine endlosen Monologe über unbekannte, vergessene Historien nicht zu viel wurden, Tigrelet, fiston...
Sei bedankt, Freund Georges, dessen Beispiel mir Mut machte...

Dank auch Ihnen, wertgeschätzter Herr Lektor, der mich gezwungen hat, meine erste, möchtegern wissenschaftliche Geschichte umzuschreiben. Sie haben wohl nicht geahnt, was Sie da in Gang gebracht haben. Seien Sie bedankt.
Seid bedankt! Alle!

An Klio, zum anderen Male:
Lächle, o Muse, der alten Geschichten und ihres Erzählers,
Du, die nicht gescheut hat, die Nächte mit mir zu verbringen,
da ich, mit Sorgfalt zwar, doch voll boshaften Sinnes, die Lieder
und die Legenden durchsuchte vergangener Zeiten. Ja mehr noch:
Mit thersitischer Lust die Bücher der docti doctores
und was »Bekenner« geduldigen Seiten vertrauten, durchstöbert.
(Ah, ich kenne es wohl, das Schicksal, das list'ge Odysse
möchten bereiten dem Frechling, der ihr Szepter nicht fürchtet.)
Sparsam verwalten den göttlichen Funken hast du mich gesehen,
(Hekatomben sind es der Opfer, die ich verschonte)
Herrin, der Lieder Gewohnte, verzeih die nüchterne Prosa.
Einen »Macher« hast du dir erwählt, doch keinen »Poeites«
(holprig nur ihm der Hexameter quillt aus der spritzenden Feder.)
Und so weiß er zwar von dem alten Gesang zu berichten,
aber nicht im Liede zu feiern was einstmals geschehen.
Lächle, o Göttin, denn mag auch Apollon runzeln die Brauen,
sei es doch dir und Hermes, dem Spötter, genehm.

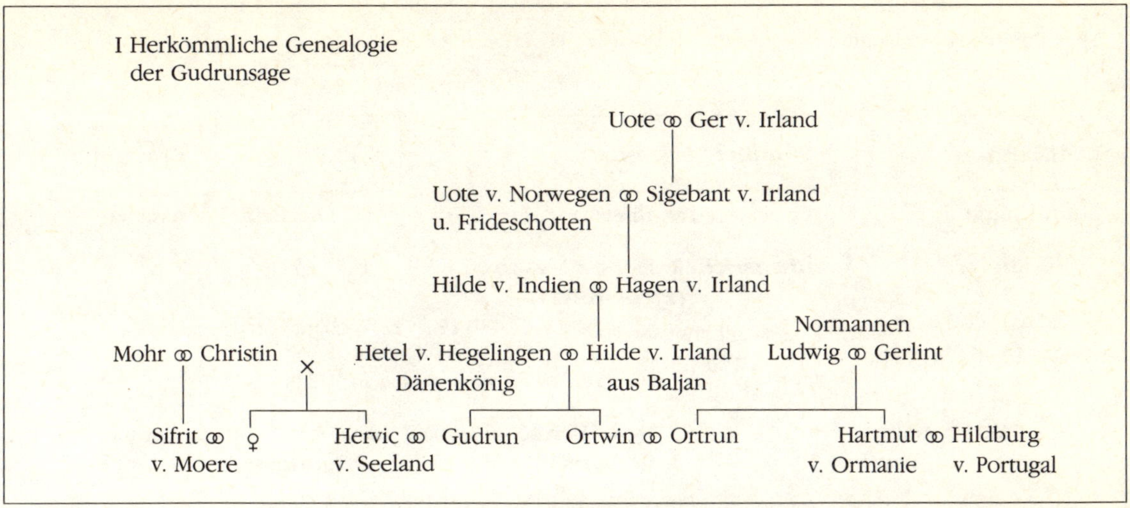
I Herkömmliche Genealogie
der Gudrunsage
Uote ⚭ Ger v. Irland
Uote v. Norwegen ⚭ Sigebant v. Irland
u. Frideschotten
Hilde v. Indien ⚭ Hagen v. Irland
Normannen
Mohr ⚭ Christin
Hetel v. Hegelingen ⚭ Hilde v. Irland
Dänenkönig
aus Baljan
Ludwig ⚭ Gerlint
×
Sifrit ⚭ ♀
v. Moere
Hervic ⚭ Gudrun
v. Seeland
Ortwin ⚭ Ortrun
Hartmut ⚭ Hildburg
v. Ormanie
v. Portugal

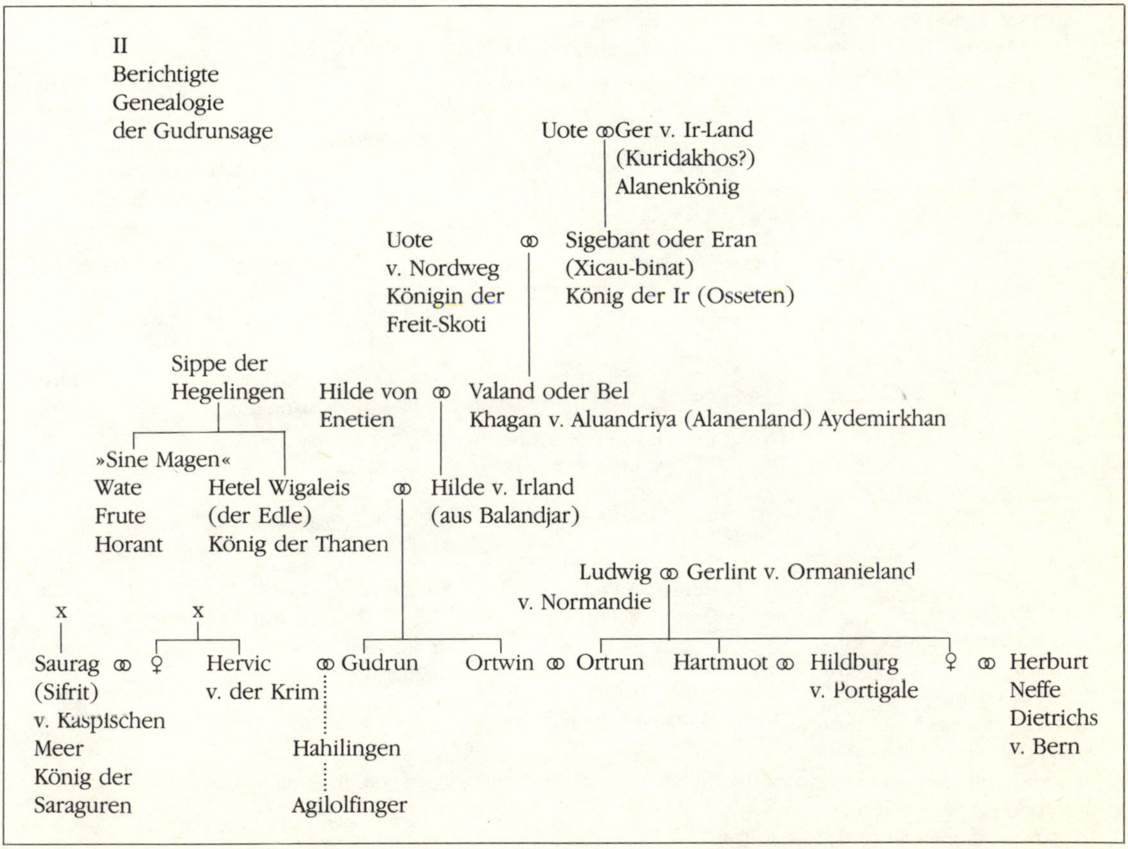
II
Berichtigte
Genealogie
der Gudrunsage
Uote ⚭Ger v. Ir-Land
(Kuridakhos?)
Alanenkönig
Uote
v. Nordweg
Königin der
Freit-Skoti
⚭
Sigebant oder Eran
(Xicau-binat)
König der Ir (Osseten)
Sippe der
Hegelingen
Hilde von
Enetien
⚭
Valand oder Bel
Khagan v. Aluandriya (Alanenland) Aydemirkhan
»Sine Magen«
Wate
Frute
Horant
Hetel Wigaleis
(der Edle)
König der Thanen
⚭
Hilde v. Irland
(aus Balandjar)
Ludwig ⚭ Gerlint v. Ormanieland
v. Normandie
x
x
Saurag ⚭ ♀
(Sifrit)
v. Kaspischen
Meer
König der
Saraguren
Hervic
v. der Krim
⚭ Gudrun
Hahilingen
Agilolfinger
Ortwin ⚭ Ortrun
Hartmuot ⚭ Hildburg
v. Portigale
♀ ⚭ Herburt
Neffe
Dietrichs
v. Bern

III
Hypothetische Genealogie
der Gudrunsage

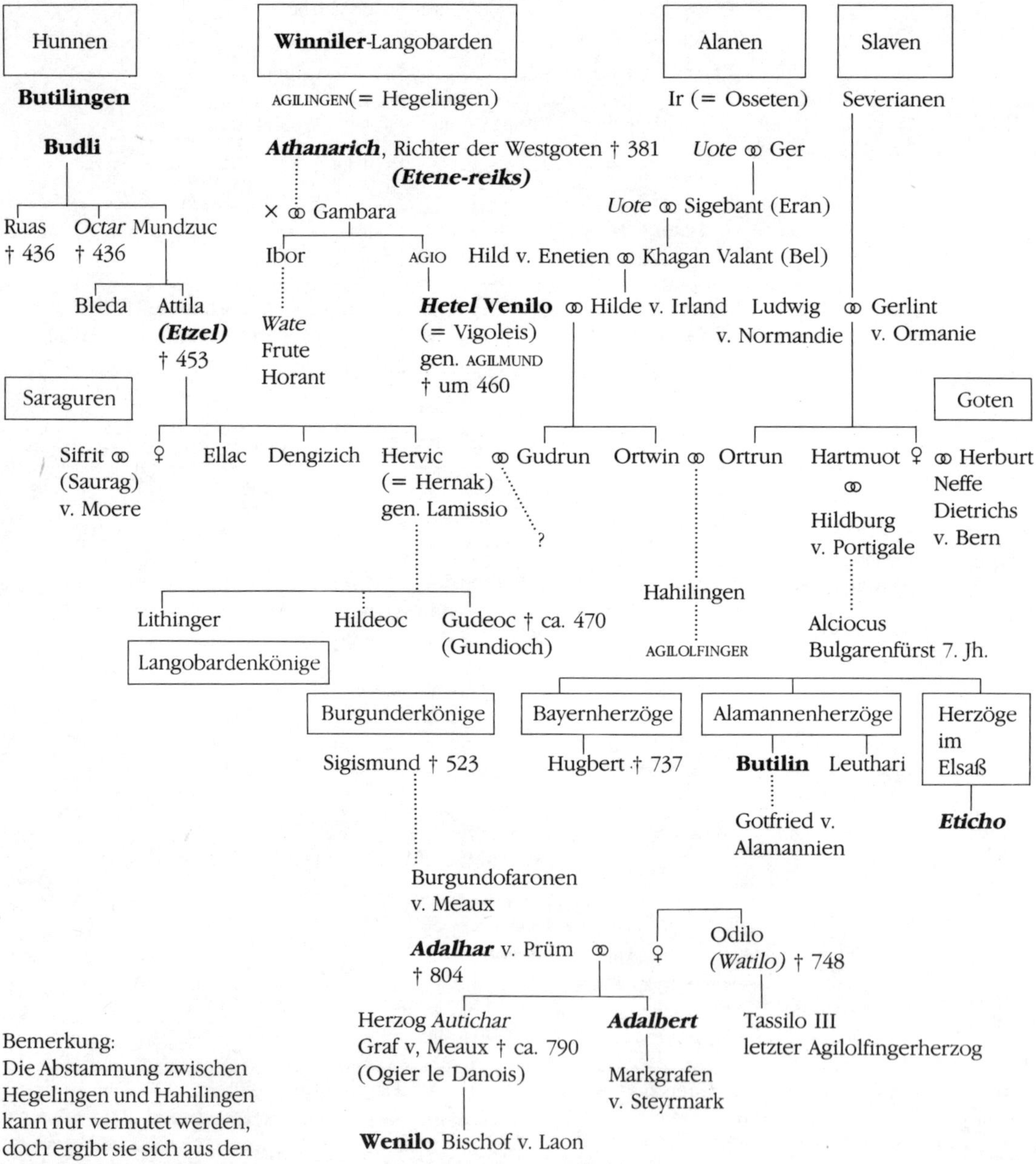

Bemerkung:
Die Abstammung zwischen Hegelingen und Hahilingen kann nur vermutet werden, doch ergibt sie sich aus den Namen.
Ob sie sich allerdings auf Gudrun, Ortwin oder Herwic und eine andere Frau (Lithinger) zurückführt, muß offen gelassen werden.
Die Abstammung Odilos ist zweifelhaft.

Anmerkungen

VIERTES KAPITEL

1 Daß er dagegen angekündigt haben soll, die Hildesage sei mit Arminius und Thusnelda zu verknüpfen, halte ich für eine böswillige Unterstellung. »Thusnelden! Wie du mich entzückst! /Mir wär die Göttliche so nah'?/Oh so eröffne schnell die Tore mir!« (Kleist: Hermannschlacht) Und dann fraß ihn die Bärin von Cheruska.
Den Ventidius nämlich, nicht den Rosenfeld. Obwohl – der angekündigte Artikel scheint nie erschienen zu sein... die Bärin?

FÜNFTES KAPITEL

1 Unter den Agilolfingern mangelt es nicht an Namen mit Kudrunanklängen: Guntrut, Hucbert (= Haganbert), Odilo (= Watilo), Uta (= Uote), Svanahilt (nach dem hegelingischen Schwanenzeichen), Grifo (nach der »Greiffenbeute« Hagen). Weitere Namen, so die der Söhne Tassilos III, werden später besprochen.

SIEBENTES KAPITEL

1 Von beiden wird berichtet (Str. 355), daß sie grauhaarig seien.

NEUNTES KAPITEL

1 Ein Herr Jellinek wußte es noch genauer. Er dachte an Otto IV, weil dieser Lehen in England besaß und beinahe eine Schottin geheiratet hätte.
Daß aber der Kudrundichter, der um 1230 schrieb, in die alten Geschichten seines Liedes einen König hineinbrachte, der 1214 gestorben ist, das kann man mir nicht weismachen. Aber solche Ideen geben immerhin einen Artikel für die »Zeitschrift für deutsche Altertumskunde« (72, 201) her. Meine Deutung ist dafür freilich zu simpel.

ELFTES KAPITEL

1 Es ist nur ein schmales Bändchen, aber gerade darum verbreitet. Und auf Seite 44 schreiben diese Herren: »Im Kaukasus gab es (Goten) noch in unseren Tagen unter dem Namen Inguschen mit altgermanischer Sprache... Sie dürften im (ersten) Weltkrieg und Revolution aufgerieben worden sein...« Natürlich! Das sieht den bösen Russen ähnlich, nicht wahr? (Ich komme noch auf die Inguschen zu sprechen.)

ZWÖLFTES KAPITEL

1 Die französische Überlieferung (Gesta Francorum 7. Jh.) behauptet, daß die Vorfahren der Franken einst unter einem König Friga an der Donaumündung lebten.

2 Dromitae können freilich auch ihren Namen von den Dromonen, einem Schiffstyp (= Schnelläufer) haben.

3 Weder Westgoten noch Ostgoten scheinen im oströmischen Reich die geringsten Verständigungsschwierigkeiten gehabt zu haben. Im Reich Attilas wurde, laut Priskus, lateinisch, gotisch und »Hunnisch« gesprochen.

4 Moglano hieß auch die makedonische Landschaft Almopia bei den Byzantinern.

DREIZEHNTES KAPITEL

1 So etwa, als vor Jahren (1943) N. C. Lukmann (Skjöldinge und Skilfinge) in den Dänenkönigen von Hleidra (heute Leyre) Hunnen sehen wollte. (Übrigens heißt Hleidra auf gotisch »die Zelte«! Jedermann weiß, daß Germanen in Zelten zu leben pflegten, nicht wahr?)

2 Yazik heißt (russ.) »Sprache«. »Slovar«, wovon man »Slaven« abgeleitet hat, heißt »Sprechen«. Slaven untereinander nennen sich also »Die (verständlich) Sprechenden« (die Deutschen, »Njemetz«, sind »die Stummen«). Hier besteht wohl ein Zusammenhang. Sarmaten ist eine Bezeichnung, die von Sarma (gr. Eidechse) abgeleitet ist, eine Anspielung auf deren Schuppenpanzer. Es handelt sich also nicht um einen Volksnamen, sondern um eine kulturelle Bezeichnung. Sarmate bezeichnet sowenig ein Volk wie Husar oder Ulan.

3 Der adlige Königsgefolgsmann aber, also genau die Person, die als erste die überlegene Kampfesweise der iranischen Reiterkrieger anzunehmen geneigt (und wirtschaftlich in der Lage dazu) war, dieser Adlige heißt, je nach Aussprache und Schreibweise: Thane (engl.), Thegn (nord.) oder Degen (deutsch). Was also auch immer ursprünglich »Daker« bedeutet haben mag, zur Völkerwanderungszeit bezeichnete es den nach iranischer Mode bewaffneten Gefolgsmann. Wie »Sarmate« ist Thane-Däne-Degen ein militärtechnischer Begriff.

VIERZEHNTES KAPITEL

1 Interessanterweise wird der »westgotische« Held Walter von Aquitanien in einem Manuskript »Waltharius Manufortis« genannt, das heißt »Walter von Starkhand« (in den »casus sancti Galli«). Der skythische Name von Olbia aber ist Ourgbazos (awestisch ugra-bāzu), *Starkarm.* (E. Benveniste) Walter stammte also aus Olbia in *Axaena-dania.

2 Beda Venerabilis († 735), und die »Triaden der Insel Britannien« nennen sowohl Norwegen wie das Skythenland Lochlan oder Lychlynh. Marco Polo aber nennt das kaspische Meer »Meer von Gelachelan« (1298). Die Verwechslung erklärt sich durch die gemeinsame Benutzung eines die Wirklichkeit verzerrenden Itinerars (Tabula Peutingeriana) römischer Herkunft. Aber: Die Iren unterschieden schwarze und weiße Lochlanann (Wikinger) verschiedener Herkunft. Es gab also zwei Lochlan.

3 Von letzteren weiß Dr. Janos Szilagyi in »Paulys Lexikon der Antike« zu sagen, daß sie »wohl nordöstlich der röm. Provinz Dacia (an der oberen Theiss?) oder an der mittleren Weichsel, vielleicht auch im Raum des Sereth (am Ufer des Schwarzen Meeres?) saßen und thrakischer (dakischer) Herkunft waren.«
Seien Sie bedankt, Herr Doktor, für diese präzisen Angaben, einschließlich Klammern und Fragezeichen.

4 Galinder sind freilich auch ein baltischer Stamm.

FÜNFZEHNTES KAPITEL

1 Als die Wikinger das irische Kloster Clonmacnois erstürmt hatten, bestieg die Frau ihres Anführers Thorgeistr den Hochaltar und prophezeite, anscheinend in Trance. Ihr Name war Oda!

2 Allerdings ist auch eine andere Verwechslung möglich: Schottland wurde auch Alban oder Albanien genannt. Ein Albanien aber gibt es im Kaukasus, was zu einer Überlieferung von kaukasischer Herkunft der Schotten führte. Ebenso berichtet Jean Cardin (1670), daß die kaukasischen Iberier als Verwandte der Spanier (von der iberischen Halbinsel) galten. Solche Parallelen führten zu allerhand merkwürdigen Identifikationen, aber der Kudrundichter ist ein Kind seiner Zeit, für die die Idee von Schotten-Albanern im Kaukasus ganz natürlich war. »Honni soit qui mal-y-pense« (Devise des Hosenbandordens). Übrigens heißen die Nachkommen der Albaner des Kaukasus heute – Uden. Es ist auch möglich, daß Baljan am Golf von Taganrog zu suchen ist, wo der italienische Atlas des P. Visconti (1313), ein halbes Jahrhundert nach der Kudrun, einen Ort Palestra kennt. Der türkische Reisende Evliya Tschelebi nennt ihn Balisira. (Russisch später Belosarai)

SECHZEHNTES KAPITEL

1 Daß derartige Bezeichnungen sich über Jahrhunderte halten konnten, obwohl ihr genauer Sinn verloren gegangen war (das Rolandslied ist um 1100 geschrieben) zeigt sich auch an

einem anderen Zug dieses Textes: Rolands, des Unbesieglichen, Herzliebste heißt Alde. Die moderne Form dieses Namens ist Aude, also Uote-Oda. Ich bin aber doch eher geneigt, in ihr eine Hilde zu vermuten, da das besser zu Roland paßt. Freilich mögen beide Namen in Alde verschmolzen sein.

2 Diese »Rhos« waren vielleicht im Dienste eines Khazaren-Khagan. Es muß jedoch auch einen Waräger-Khagan gegeben haben, da der Araber Ibn Khorradadbeh († ca. 885) die Rhus und ihren Khaquan-rus von den übrigen Slaven unterscheidet. (B. Delmaire »origines de l'etat russe« Annales 29,1)

3 Der harmlose Leser, der sich eine leicht zugängliche Ausgabe besorgt (z. B. Ernst Doblhofer: Byzantinische Diplomaten und östliche Barbaren. 1955) findet freilich diese Greifen nicht. Sie sind, ohne Hinweis auf die Streichung, unter den Tisch gefallen, weil der Übersetzer »weiß«, daß es keine Greifen gibt. Wieviel andere Stellen noch? Dabei ist der Herausgeber ein wirklicher Universitätsprofessor. Aber er hat dem Doblhofer nicht auf die Finger geschaut. Wozu ist er also Herausgeber?

4 Ich muß hier auf eine persönliche Erinnerung zurückgreifen. Viele Jahre, ehe ich mich für die Kudrun interessierte, habe ich folgende Anekdote gelesen, weiß aber nicht mehr wo. Vermutlich in Vasaris Künstlerbiographien der Renaissance. Ein, ich glaube, römischer Künstler, erhielt den Auftrag, die vier Elemente zu malen, in Gestalt von Tieren. Die Luft sollte durch ein Chamäleon dargestellt werden. Mangels naturwissenschaftlicher, zu dieser Zeit humanistischer, Kenntnisse, verstand er diese Bezeichnung als »Kamellöwe« und stellte ein Kamel mit langer Mähne dar, das mit aufgerissenem Rachen Luft schluckt. (Das Chamäleon, glaubte man, lebe von Luft, weswegen es unwahrscheinlich ist, daß der Kudrundichter es jemand »verslinden« ließe.) Die lieben Kollegen, die es besser wußten, ließen den Maler sein Bild ausführen, um sich dann über ihn zu mokieren.

5 Nach Diodor (II, 43, 6–7) lebten Meder auch nördlich des Kaukasus. Nach den georgischen Chroniken sind die Osseten medischer Abstammung.

SIEBZEHNTES KAPITEL

1 Die Wielandsage berichtet, daß dieser im Hunnenland bei Mime, im Berg Ballova oder Kallova, oder im Berge Glockensachs sein Handwerk lernte. Das Hunnenland war, nach Jordanes, ursprünglich östlich des asowschen Meeres, Glockensachs scheint eine Volksetymologie für Kaukasus zu sein. Ballova könnte das Flußbecken des westkaukasischen Flußes Laba sein, das den Namen Balkan trägt. Ob Baljan damit zusammenhängt, müssen wir dahingestellt sein lassen, zudem die Existenz des westfälischen Balve mit seiner Eisenverarbeitung die Frage verwirrt. Diese Bezeichnung stammt aus der norddeutschen Tradition (Thidreksaga), Glockensachs aus der bayerisch-langobardisch-gotischen Überlieferung (Dietrichsepen).

ACHTZEHNTES KAPITEL

1 Die slavische Deutung wäre *Sviatevich = Sohn des Lichtes, aber da die Schwäne dem Lichtgott heilig sind, muß die Frage offen bleiben.

NEUNZEHNTES KAPITEL

1 Odds Tod wird genau so geschildert, wie die russische Tradition es von Oleg von Kiew darstellt: Beiden wird der Tod durch ein Pferd geweissagt. Beide treffen Vorsichtsmaßregeln und beide sterben am Biß einer Schlange, die sich im Schädel des toten Rosses aufhielt (Orvar-Oddsaga und Nestorchronik).

ZWANZIGSTES KAPITEL

1 Das könnte das Albanien-Frideschotten im Kaukasus sein. Siehe Anm. 15,2.

2 Ich wage nicht, die Überlegung anzustellen, ob Sanesan etwa als *San-San beziehungsweise Tschetschene zu lesen ist, nach dem Namen dieses kaukasischen Volkes, oder ob gar eine

Verbindung zwischen *Čečen und Cici (Tscherkesse) und Gagan herzustellen sei. Auf jeden Fall werden wir immer wieder in die gleiche Gegend verwiesen.

EINUNDZWANZIGSTES KAPITEL

1 Aus ihnen stammt vermutlich die armenische Dynastie der Aghuan oder Gorigean die 982 mit Gorige I. beginnt. Auch wenn diese Vermutung nicht zutrifft, könnte sie doch mit den verschiedenen Hinweisen auf die angebliche Herkunft der Bayern aus Armenien zusammenhängen. Interessant sind in diesem Zusammenhang die Namen der Söhne Tassilos III., nämlich Cotadeo und Cotari. Sie klingen nicht sehr germanisch, eher wie ein Hinweis auf den Ort Koutaissi am Rion in Georgien (bei Ptolemäus: Cotatene am Phasis). Hatte Tassilo Erinnerungen an eine kaukasische Herkunft seines Geschlechtes? Oder gibt es einen von dort stammenden Heiligen?

2 Michael der Syrer († 1199): »... das Gebiet der Alanen, das Berzylia (Birkenland) genannt wird, dessen Städte von den Römern gebaut sind, die zusammen jenes Kaspia bilden ... die Puguraye, ihre Bewohner, wurden zeitig Christen.«
Es handelt sich um die Griechischen Städte an der Straße von Kertsch. (Kaspia ist ein Irrtum) Birken sind im Kubantal verbreitet. Sind also »Burgaere« die »Puguraye«?

3 Der »Franke« ist vermutlich durch den Reim erzwungen. Aber nach mittelalterlicher Meinung gab es einmal Franken an der Donaumündung, und dort hat Wate ja gekämpft. Was die Sachsen angeht, so kennen die antiken Autoren nordöstlich des Kaukasus Zakatai (Strabo), Cecetae (Plinius) Zakatai (Ptolemäus), *Sasones* (Tab. Peutingeriana). Es handelt sich wohl um Saken, aber diese Bezeichnungen müssen geradezu herausgefordert haben »wilde Sahsen« einzuführen.

ZWEIUNDZWANZIGSTES KAPITEL

1 W. Jungandreas (Die Gudrunsage in den Ober- und Niederlanden. Göttingen 1948) leitet Horand-Heorrenda aus einem von ihm erschlossenen urgermanischen Wort ab, das die Bedeutung »der Tönende« habe. Er verbindet es mit altnordischem hjarri = Türangel (die Kreischende). Wie muß da erst Deor gesungen haben, wenn ihn ein Skop, der wie eine ungeölte Türangel sang, ausstechen konnte.

DREIUNDZWANZIGSTES KAPITEL

1 Ähnliche Verhältnisse lassen sich aus mittelalterlichen georgischen Chroniken erschließen und noch Jean Chardin beschreibt das Verhalten georgischer Prinzessinnen, die sich wie Paraphrasen zu Kudruns Verhalten lesen.

VIERUNDZWANZIGSTES KAPITEL

1 (754)
»daz wolte er immer dienen dieweil er möchte leben.
sines vaters erbe wolte er Kudrun geben.«
Diweil er mechte hobn gelebt, Hartmuot, misst'er hobn gedirft schprechn wi der Rebbe von Chelm, lemoschl!

2 Ein Vorteil der hebräischen Schrift war, daß man in ihr keine Vokale ausschrieb, was Platz und damit das teure Pergament sparte. Trotzdem st Dtsch n dr wngn Sprchn, d trtzdm nch vrstndlch snd.

3 Aus diesem Grunde nehme ich eine griechische Überlieferung an und nicht eine Anspielung auf die mittelalterlichen Darstellungen der Trojasage.

FÜNFUNDZWANZIGSTES KAPITEL

1 Siehe Anmerkung 15,2.

SECHSUNDZWANZIGSTES KAPITEL

1 Nach eigener Überlieferung wurden die Langobarden ursprünglich von der Fürstin Gambara regiert, verehrten die Göttin Freia-Frigga und nannten sich Winniler. Wini heißt aber althochdeutsch Freund, mit einer ausgesprochenen erotischen Komponente. Nach einer Quelle (MGH. Capitularia I,63) bedeutet Wehiloedes sowiel wie Liebeslied. (Auch der Wenilo-Ganelon des Rolandliedes ist ein ausgesprochen schöner Mann und Frauenfreund, obwohl sonst allgemein Schurken und Verräter häßlich geschildert werden.) Wir sehen also, daß schon damals die Vorfahren der Norditaliener den Damen feurige Augen machten. Im übrigen darf ich an die früher gemachte Identifikation Hetel-Vigoleis-Gwinglain-Winilo-Ganelon erinnern.

SIEBENUNDZWANZIGSTES KAPITEL

1 Hrafnkelsaga Kap. 3: »Hrafnkel (Der Freyrpriester) hatte einen besonderen Schatz, der ihm lieber war, als all sein anderer Besitz. Es war ein fahl-grau-brauner Hengst mit schwarzer Mähne und schwarzem Rückenstreifen, den er Freyfaxi nannte.« (H. Pàlsson: pale-dun, Gwyn Jones: mouse-grey)

Vatsadoelasaga Kap. 34: (»Faxa-Brandr) Brandr hatte ein Pferd, dessen Mähne von anderer Farbe war als der Körper, genannt Freyfaxi. Brandr liebte es sehr.«

In der Thidreksage reitet Sifrit ein Roß Grani (der Graue). Anscheinend heißen dort auch Falbe »Falken« (Thidreks Pferd) isländisch Falki oder Valur. Letztere Bezeichnung hängt vermutlich mit Veles (sl. Sonnengott) zusammen, dem Äquivalent Freyrs.

2 Der Wildesel:

Hiob 39, 5–8/Wer hat den Onager frei gehen lassen, wer löste die Fessel des Wildesels?/Dem ich die Wüste zum Hause gegeben und die Salzsteppe zur Wohnung./Er spottet des Getümmels der Städte und hört nicht das Geschrei der Treiber./Auf den Bergen erspäht er seine Weide und sucht wo es grünt./

Übrigens frißt er nicht nur Grünzeug:

Lessing »Von dem Vortrage der Fabel«. Über die Fabel vom Löwenanteil: »Im Griechischen ist diese Fabel zwischen dem Löwen und dem wilden Esel (Onagros). Von dem wilden Esel *ist es bekannt daß er ludert;* und folglich konnte er an der Beute teilnehmen.« (Ludern heißt Aas fressen, Fleisch fressen)

3 Ammian hat seine Ortsangabe »Saramanna« vermutlich von einem gotisch sprechenden Gewährsmann, und Masudi berichtet, daß Aboskun 902–912 von den Rus-Warägern angegriffen wurde. Die Gegend war den »Germanen« also nicht unbekannt. 500 Jahre lang.

4 Als was wir Sifrit bezeichnen wollen, als Chioniten, Hephtaliten, Hunnen, Kidariten, Kushan, hängt von der Datierung ab und davon, auf welche Identifikationen sich die einschlägigen Wissenschaftler in dieser Frage einigen werden. Aber da ist's noch weit hin.

5 Wenn also ein hochgradig unwahrscheinlicher Kampf an der Schelde (nach 950) mit einem fast hundert Jahre früher aufgetretenen Piraten kombiniert wird, so muß man doch fragen, warum keine der wichtigeren Personen Spuren hinterlassen hat. Ein so frei mit der Geschichte umspringender Dichter hätte doch keinen Mangel an Vorbildern für Hetel, Hagen, Hervic, Wate gehabt. Aber nur die Randfigur Sifrit soll nachzuweisen sein. Warum?

6 Die »Gudrun« war bereits abgeschlossen, als mir bei erneuter Lektüre von Mandevilles Reisen Dinge auffielen, die mir vor Jahren entgangen waren. Ich zitiere:

Kap. 1. (Wer ins heilige Land reisen will) kann durch Almayne (Deutschland) ziehen und durch das königliche Ungarn, das an die Grenze von Polainie (der Polé = der Steppe) reicht und an das Land Pannonien und an Allesye (das Haelsingeland-Elsaß der Orvar-Oddsaga).

Der König von Ungarn besitzt viele wichtige Länder, als da sind Ungarn, Slavonien, Cumania (das Land der Kumanen, eines türkischen Reitervolkes, das zu dieser Zeit östlich der Karpaten nomadisierte), einen großen Teil Bulgariens und viel von Ruscy (wohl eher das subkarpatische Ruthenien als Rußland), das sich bis Nyfeland (Niflant der »Kudrun«) und an die Grenze von Pruysse (eher das Land am Pruth als Preußen), erstreckt.

Kap. 14. ... wer will, kann durch Deutschland und Pruysse ins Land der Tataren (an der Wolga) reisen.
3 Tagesreisen bringen einen zu den Grenzen der Sarrazenen (!) Und die Christen, die jedes Jahr die Reise machen, führen ihre Vorräte auf Schlitten und räderlosen Karren mit sich... Ich war nie dort, aber ich war in anderen Ländern an ihren Grenzen, als da sind Rußland, Nyfeland, das Königreich Krakau (Polen) und Lettow (Littauen)...
Kap. 27. Nördlich von Turquesten (Turkestan) ist das Königreich Khorasan (nicht die persische Landschaft ist gemeint, sondern* Khazaristan, das Land der Khazaren), das fruchtbar und gut ist, aber keinen Wein hat...
Die Einwohner sind gute Krieger und sehr kühn. Diesseits davon ist das Land Cumania... das sich bis Preußen und Rußland (oder Pruthenien und Ruthenien) erstreckt.
Der Fluß Ethille durchströmt es, einer der großen Flüsse der Welt (Ithil = Wolga)...
Nahebei ist der große Meerozean, den man Maure nennt... (das Land der Moere)...
Zwischen beiden liegt der größte Teil des Landes Khorasan (Khazarenland). Weiter ist da der Berg Kaspis (Kaukasus) und zwischen dem Berg und dem Ozean ist ein schmaler Paß, durch den der Weg nach Indien geht (die »Pforte von Derbent«)...
Das also ist das Weltbild, hundert Jahre nach dem Gudrundichter:Niflant an der Grenze Ungarns, Allesye (Hälsingerland) zwischen Pannonien, Bulgarien und der Steppe, Moere an der Kaspis, Saure südlich oder östlich dieses Meeres.

7 Arimaspen heißt entweder »Arische Pferdemänner« oder »Pferdemänner vom Rymgebirge« östlich der Wolga. (Tab. Peuting.: Rumi Scythae)

8 Chardin lernte in Georgien die Schneeschuhe (nicht Ski) kennen und beschreibt sie mit großem Erstaunen. Der kaiserliche Gesandte Sigismund von Herberstein (1517) staunt ebenso in Moskau über sie.

9 Jan Potocki (1797) erwähnt die »Republik von Kubitschi«, »das Genf des Kaukasus, ein Herd der Erleuchtung und des Gewerbefleißes.« Eine Art von Asyl. Seine Bewohner »nennen sich Frenki der Abstammung nach«, sprechen aber lesghisch. Herrenhuter Missionare von der wolgadfutschen Kolonie wurden aber schnell und ohne Federlesens wieder heimgeschickt.

ACHTUNDZWANZIGSTES KAPITEL

1 Ormanie, Ormandie, Ormanin kommt in der Kudrun siebenundachtzigmal (!) vor. Normandie viermal (!); Zudem spricht das Prinzip der lectio difficilior für Ormanie. Aber wer Normandie für seine Beweisführung braucht, schert sich um solche Bagatellen nicht.

2 Vorwürfe, die an die des türkischen Khagan Turxantos gegen die Awaren-Warchoniten erinnern, die sich seiner Herrschaft entzogen hatten. (Nach Menander Protector a. d. 575)

NEUNUNDZWANZIGSTES KAPITEL

1 »Blaues Meer« nannten die Türken das Asowsche Meer. (Chardin)

2 Die Vita des Slawenapostels Constantin-Cyrillus berichtet, daß er die Einwohner von Phullae (verm. Alanen) bekehrte und ihre heilige Eiche fällte. Baumkult (eine Art von Weihnachtsbaum oder Maibaum) ist bei den Alanen bis in die Neuzeit bekannt, aber wer wird da nicht an Bonifatius und die Fällung der Donar-Eiche erinnert?

3 Wir können uns natürlich allerhand Gründe dafür ausdenken, wenn wir das Verhalten wilder Brauträuber der Völkerwanderungszeit nach dem biedermeierlichen Verhaltensmuster des 19. Jh. modellieren, wie es so oft geschehen ist und bis heute nachwirkt. Sinn macht's keinen.

4 Nach Chardin klagt man im Kaukasus um die Toten, indem man sich rhythmisch an die Brust schlägt und ruft: Vaih, Vaih!
»Weh, Weh«, in welcher Sprache?
Der heutige Fluß Ingiri hieß im Altertum Astelephus, im Mittelalter Astolf. Astolf ist ein langobardischer Männername.
Die Gegend am Oberlauf des Rion-Phasis heißt heute Ratcha.

Ratchis ist ein langobardischer Männername.
Die Fürsten Mingreliens (westl. Georgien) hießen Dadian (von iranisch Tat = Gerechtigkeit) Tato ist … Sie wissen schon.
Wachan (Vakhan) König von Albanien führt einen iranischen Namen; Wacho, der Name eines Langobardenkönigs, ist aus dem Germanischen kaum zu erklären. Aber das ist natürlich alles nur Zufall, nicht wahr?
Nur, welches Geschichtsbild hatte ein Volk, das seine Fürstenkinder (die Agilolfinger waren langobardisch versippt) Venilo, Astolf, Ratchis, Tato, Wacho, Cotadeo nannte? Siehe auch Anm. 21,1

5 Wir haben aber bei Zosimos einen Bericht aus der Mitte des 3. Jh., der erzählt, daß die Goten und Boranen die Flotte des bosporanischen Reiches (an der Straße von Kertsch) beschlagnahmten um auf Seeraub auszuziehen. Da die Boranen damals schon seit Jahrhunderten als Seeräuber berüchtigt waren, muß die Beschlagnahme zu Gunsten ihrer gotischen Verbündeten erfolgt sein. Ein Präzedenzfall also!

DREISSIGSTES KAPITEL

1 Dr. H. Cüppers im »Pauly« leitet den Namen der baltisch sprechenden Aestii (Esten) aus dem Germanischen ab. Gotisch »aisteis« heißt »achtbar, ehrenwert«. Diese Bezeichnung sollen sie angeblich wegen ihres friedfertigen Charakters erhalten haben. Das entbehrt nicht einer gewissen Komik, denn abgesehen davon, daß die Friedfertigkeit nicht stimmt, sollen die Esten ihren Namen in der Sprache ihrer höchst unfriedlichen und damit doch wohl wenig ehrenwerten Nachbarn gesucht haben. Vor allem aber stammt diese Erklärung von Leuten, die behaupten, die Germanen hätten nichts mehr geschätzt »… als wie vom Feind erschlagen.« Kriegerisch, friedlich, achtbar oder nicht … Hauptsache germanisch. Angeblich nennen die Russen sich auch selber Rus, weil die Finnen die Schweden Ruotsi nennen. Das ist, auf den knappsten Nenner gebracht, die Meinung so ziemlich aller deutschen und skandinavischen Gelehrten. (Nur die Russen selber wollen's nicht glauben. Die haben eben Vorurteile.)

2 Die schon mehrfach erwähnten Langobarden sind dafür ein schönes Beispiel: Sie wechseln nicht nur die Dynastie, sondern füllen mehrfach auch ihr Heer mit freigelassenen Gefangenen und Sklaven auf. So sind die Eroberer Italiens schon lange nicht mehr die Nachkommen derer die einst aus der Urheimat kamen. Aber es gibt da ein Patentrezept: Der Traditionskern. Er bewahrt die Stammesidentität, sagt die Wissenschaft. Worin diese Tradition besteht, wenn man Bevölkerung, Dynastie, Religion, Name und Wohnsitz wechselt, das weiß sie freilich auch nicht. Das ist das berühmte Messer, an dem man nach und nach Klinge, Griff und Heft erneuert hat. Aber der »Traditionskern« des Messers ist natürlich intakt geblieben.

3 Deswegen setzte etwa das Königshaus von Wessex vor seinen tatsächlichen Gründer Cerdic (534) noch die Herren Elissa, Gewis, Brond, Baeldaeg und, natürlich, Woden. Da Cerdic ein keltischer Name zu sein scheint, muß diese Genealogie als Spur einer Bekehrung aufgefaßt werden.
(Es könnte freilich sein, daß der Name Cerdic hunnisch ist, Kuridakhos, aber damit käme man noch mehr in die Traufe.)

4 Versuchen wir ihre Herkunft festzustellen, so stoßen wir auf die »Orthokorybanten« (die hohen Waffentänzer?) des Herodot, die von M. Kissling (1900) als die Saka tigrakhauda (Spitzmützensaken) der Perser erkannt wurden, mehr oder weniger identisch mit den Massageten, die unter ihrer Königin Thomyris den großen Kyros schlugen und töteten, auch Daoi genannt.

5 Die Sagen der Osseten aber kennen die mächtigen Frauen Dzerasse, Satana, Agunda und Atsyruhs, die Tochter der Sonne.

6 Hesus, der Bäumebrecher, hieß er bei den Kelten (verm. lat. Transkription von *Ueth)… Oder Mider, der Speergott, der nächtlich durch die Herbstwälder wandert… Wuotas oder Müotas nannten ihn noch im Mittelalter die Schwaben, Herr der wilden Jagd…

Als Hermes bezeichneten die Griechen einen Thrakergott, dessen Namen wir nicht kennen, Sondergott der Fürsten, mächtiger als der thrakische Kriegsgott... Hermes der Seelenführer, der Gott im Schlapphut, geflügelten Fußes, der sich unsichtbar machen kann, Gott der Händler und Magier...

Den Wind und das Schwert verehrten die Skythen...

Vat hieß der iranische Herr der Stürme...

Und Wodan war der Name des »germanischen« Gottes, der als letzter auftrat, Herr der wilden Jagd, der abgestorbenen Helden, Speergott, Magiergott aus dem Dunkelwald, Farmatyr (Händlergott).

Seine älteste Erwähnung datiert erst aus dem 7. Jahrhundert: »... Logathore Wodan...« (auf der Spange von Nordendorf bei Augsburg). Vielleicht sogar ein Verb und kein Name. Das hindert aber die Wissenschaft nicht, ihn womöglich schon in der Prähistorie zu finden (Felsbilder von Bohuslan) und natürlich als spezifisch germanischen Gott.

7 Die Diskussion über die sprachliche und rassische Zuordnung der Awaren ist immer noch nicht abgeschlossen. Mongolen (Jüan-Jüan) sollen sie gewesen sein, Türken (Uiguren), Hephtaliten, Iranier... alles Völker von weit her. So erlaube ich mir denn auch hier meine eigene Meinung zu haben.

Vorsicht! Ich behaupte nicht, daß die Hegelingen echte Awaren gewesen seien. Pseudabaroi, waren sie, Warchoniten, mit hunnischen Kultureinflüssen. Vergessen wir nicht, daß wir Abaroi und Hegelingen, beide, nur durch eine mittelalterliche Brille sehen.

Wir haben nicht, wie manche Gelehrte, intime Einblicke in das Familienleben der Jüan-Jüan, Uiguren und Nordiranier.

8 Nach den sogenannten »Berner Scholien«, die Hesus mit Merkur-Hermes identifizieren, werden diesem Menschenopfer durch Erhängen dargebracht. Wie Odin also.

9 Ihr Name wird für gewöhnlich auf ein keltisches Wort Veles, Veleta zurückgeführt, das Seherin heißen soll. Diese Erklärung bleibt aber die Deutung des slavischen »Vilja« schuldig, was der Name einer »Waldfrau«, einer Art Fee, ist. Das trifft aber auf die Brukterische Veleda zu.

10 Auch Sigurd, der Balmungträger, ist die Frucht eines Inzests, wie Roland und Rolf Krake. Rolands Schwert Durindal aber ist wörtlich »Durins Gabe«, nach dem Namen des Feueralben Durin. Allerdings scheinen die Franken das vergessen zu haben. (Ich komme noch darauf zurück.)

11 Emma, Imma, die Biene, erinnert an die goldenen Bienen, die im Grab des Frankenkönigs Childerich gefunden wurden. Sie sind ein iranisches Schmuckelement, das von den Alanen in Europa verbreitet wurde. Darda (gr. Biene) bezeichnet auch zwei iranische Völker (in Nordindien bzw. *Medien).*

12 Ludwig ist kein ausgesprochen »germanischer« Name. Der kroatische Zupan (Fürst) Ljudovit in Pannonien kämpfte 813–823 gegen die Franken. (In den Reichsannalen: Bellum Ljudevitium) Die Wurzel scheint ein germanisch-slavisches Wort zu sein, dessen altnordische Form Hlaut heißt. Hlauttein ist ein »Zweig der Weissagung« Hlautbolli ein Weissagungskessel. Angelsächsisch tanhlytere (vgl. Lothar) heißt mit Zweigen oder Stäben weissagen. Nach der nordischen Sage ist der »Zweig der Weissagung« eine Art Aspergill mit dem Opferblut versprengt wird. Weissagen mit einem Bündel von Stäben war bei den Skythen üblich (Herodot) und bei den Magiern, den Feuerpriestern der Meder (es hieß Barsman). Und wie bestellt finden wir bei den mittelalterichen arabischen Geographen die Bezeichnung Madjus, was Meder heißt, Magier, oder – Waräger. Die Wahrsagestäbe kennt Tacitus auch bei den Germanen und Miller im 19. Jh. bei den Osseten-Iron. (Nach Widengren.)

13 Seit dem Untergang des Mederreiches kamen immer wieder iranische Kultureinflüsse nach Südrußland. Ohne sie ist die »Völkerwanderung« gar nicht denkbar. Ihr Ausstrahlen nach Westen und Norden ist evident. Ludwig, (Hlautwich) der »Sohn des Blutzaubers« ist der Normannenkönig der Kudrun. Bezeichnenderweise aber beginnt die Verbreitung des Mithraskultes im römischen Heer mit der Einstellung »germanischer« Auxilia (Hilfstruppen) von

jenseits des Limes. Mithrasheiligtümer im Umkreis der »Burgi« und »Castella« gehörten zu den Aufnahmestrukturen, die das Imperium Romanum für diese spezielle Sorte von »Gastarbeitern« bereitstellte. An was erinnert Sie das, Leser?
(Einige Zeit später finden wir dann sonore Phrasen in den Schriften der Rhetoren, die sich in zwei Worten zusammenfassen lassen: »Germanen Rraus«. Es gibt nichts Neues unter der Sonne.)

14 Eine Darstellung aus Khaltschayan in Usbekistan (zwischen 100 vor und 100 n. Chr. zeigt in hellenistischem Stil Mithra, Nike [eine geflügelte Göttin] und einen bärtigen unidentifizierten Gott. Stammte diese Darstellung aus Nordeuropa, so wäre es evident: Njörd, Freyr und Freya. Ein Tonmedaillon vom gleichen Ort zeigt verblüffende Ähnlichkeit mit dem Helmschmuck des Langobardenkönigs Agilolf einerseits und der Darstellung von Indoskythischen Kushankönigen andererseits.

15 Allerdings übersetzte zu Karls des Großen Zeiten ein gewisser Smaragdus den Namen Reinmir (Reinmar) als »Nitida mea« (Meine Fettglänzendheit, meine Sauberkeit) und Watmir (Vithimir) als »Vestitus mihi« (mein Sonntagsanzug). Aber das ist lange her.

EINUNDDREISSIGSTES KAPITEL

1 Dieses bei Oslo ansässige Geschlecht behauptete, von den Ynglingen in Uppsala abzustammen. Gleichgültig, ob das zutrifft, die Geschichten, die sie davon erzählen, müssen stimmen. (Niemand kennt sich besser aus im »Gotha« aus als Emporkömmlinge und Hochstapler.) Das wiederholte Auftauchen des Namens Halfdan in diesem Geschlecht deutet geradezu auf die Alanen hin. (*Alb-dan = Alanen-Thane). Man hat Snorri dadurch erklärt, daß das sog. Ynglingatal des Thiodolf von Hvin seine Quelle gewesen sei. Danach läßt sich Odin auf das erste Jh. v. Ch. datieren, und das soll Snorri auf die Idee gebracht haben, ihn mit der römischen Expansion in Kleinasien in Verbindung zu bringen. Aber gerade gewisse Unstimmigkeiten in seinen Berichten (Odin stammt einmal aus Troja, ein anderes Mal aus Zentralasien) zeigen, daß er nicht erfand, sondern treulich überlieferte. War es aber nicht der humanistisch gebildete Snorri, der sich das zurechtlegte, so müssen wir entweder an einen früheren, klassisch gebildeten Redakteur denken, von dem wir nichts wissen ... oder die Möglichkeit in Betracht ziehen, daß Snorri recht hat.

2 Daß Don und Wolga nicht aus einer Quelle kommen, das wurde in Westeuropa erst durch den kaiserlichen Gesandten Herberstein im 16. Jh. bekannt. Noch die Cosmographia des Sebastian Münster von 1544 zeigt den »Zwiesel der Gewässer«, Tanakvisl, Vanakvisl.

3 Fügen wir hinzu, daß die aus Skaninaviern und Engländern, (und Rhus) bestehende byzantinische Warägergarde als Fläminge bekannt war, obwohl von Flamen keine Nachricht spricht, und erinnern wir uns an das südrussische Flaemingialand der Orvar-Oddsaga.

4 Siegfried Gutenbrunner aber, der 1966 ein Nachwort zur Neuauflage schrieb, weiß auch nur zu sagen: » ... den Prolog zur Edda hat Gustav Neckel aus der Übersetzung ausgeschlossen, weil die Verfasserschaft des Snorri nicht genügend gesichert schien.« *Schien!* Philologische Eiertänze.

ZWEIDUNDDREISSIGSTES KAPITEL

1 Wir sehen, daß auch diese Zahlenerklärung auf eine Beziehung zur Krim hindeutet. Das Mißverständnis muß aber recht spät erfolgt sein, da es voraussetzt, daß man bereits mittelhochdeutsch »hund (hunt)« sagte. Althochdeutsch »Zehanzo (100)« hätte den Irrtum nicht aufkommen lassen.

2 Bei diesen Beispielen handelt es sich jedesmal um überseeische Expeditionen, um Feudalheere, nicht um Volksaufgebote. Genau wie der Dichter die Fahrten seiner Helden darstellt. Ob das allerdings historisch zutrifft, ist eine andere Frage. (siehe weiter unten)

DREIUNDDREISSIGTES KAPITEL

1 Junger Krieger, junger Held, Jüngling heißt auf altnordisch »Svein« im Tscherkessischen »šswe (šewe)«. Der Gefährte »γ« des »šawe« ist sein »sawe«. Ga- ist im Gotischen eine Vorsilbe mit assoziativem Sinn: gahlaifs, Brotgenosse, galigri, Bettgenosse.
Swinps, wovon vielleicht Svein und sawe herkommen, ist ein gotisches Adjektiv: stark, energisch.

VIERUNDDREISSIGSTES KAPITEL

1 Man sollte nicht übersehen, daß altnordisch »Kona« Frau heißt, »Konr« Nachkomme und »Konungr« König (wörtlich: Der von einer Kona abstammt.) Man ist demnach König, weil man von einer Sippenherrin (got. Kuni = Sippe) abstammt. Man findet also hier Spuren einer matrilinearen Abstammung.

2 Jean Chardin berichtet im 16. Jh., daß die Seeleute der Schwarzmeerschiffahrt weder Kompaß noch Karten haben, nicht gegen den Wind kreuzen können, sich nur bei schönem Wetter aus dem Hafen trauen, sich immer dicht am Ufer halten und zwischen Anfang Oktober und Ende April keine Fahrten unternehmen.
Anfang des 15. Jh. schrieb der bayerische Ritter Hans Schiltberger in seinen Erinnerungen: »In einer stadt, die Sinop genannt ist, lagen wir fünf Tage. Und danach fuhren wir weiter, und fuhren anderthalb Monate auf dem Meere und mochten nicht zu Land kommen. Und uns ging die Speise ab, daß wir nicht zu essen hätten noch zu trinken. Da kamen wir auf dem Meere zu einem Felsen, und da funden wir Schnecken und Meerspinnen, die klaubten wir auf und speisten uns vier Tage damit... Und also fuhren wir drei Monate auf dem Meere (einschließlich der Fahrt vom Batum bis Sinop) und kamen darnach gen Konstantinopel, und die Kogge fuhr danach hin ins welsche Land.«
Die Strecke Sinop-Konstantinopel beträgt etwa 500 km. Entweder macht also Schiltbergers Kogge (er schreibt nüchtern und ohne Aufschneiderei) nur etwa 10 km am Tag (man legt nicht an, also ca 400 Meter pro Stunde) oder sie wird als hilfloser Spielball kreuz und quer übers Meer getrieben und kommt nur durch Zufall an. (Nach Chardin ging auf dem schwarzen Meer jährlich ein Schiff von 15 unter, trotz der Schönwetterschiffahrt.)
Die Seefahrt der Hegelingen muß wirklich eine außerordentliche Tat gewesen sein.

3 Angeblich soll er 40 Fuß hoch gewesen sein (13 Meter), die Höhe eines fünfstöckigen Hauses. Das scheint selbst für einen Pfahlgötzen reichlich übertrieben. Ein Rest eines Menschenopfers auf dem Gipfel eines entästeten Baumes ist glaubwürdiger.

4 Wer Ögmund der Däne war, scheint der Sagamann selber nicht zu wissen (Er wird sonst nicht erwähnt), doch scheint mir »synir Lodbrokar« eine Anrede zu sein. Es sind also nicht die Höklinge die Lodbrocksöhne.

FÜNFUNDDREISSIGSTES KAPITEL

1 Noch einmal Jean Chardin: »Am meisten auf diesem Meer ist der Schiffbruch am Eingang des Bosporus zu fürchten. Dieser Eingang ist eng. Immerzu weht ein Wind aus der Gegenrichtung (gemeint ist von Osten)... Wenn er stark weht, wirft er die Schiffe auf die rauhe Felsenküste. Soviel Schiffe und Galeeren zerbricht er, daß man sie nicht zählen kann. Vor kurzem scheiterten 17 Galeeren an einem Tag und letztes Jahr gingen 36 Saiquen (Segler) am Tage St. Demetrius auf einmal unter...«

2 Gifr heißt auf altnordisch Unholdin, Hexe (= die mit Gift vergibt bzw. verzaubert) Givers kann also sowohl ein Vergifterhafen, ein Hexenhafen (Medea!) wie ein »unholder Hafen« sein.

SECHSUNDDREISSIGSTES KAPITEL

1 »mošiga« = das Rebhuhn (das sterben muß), sagt der Text (nach G. Dumezil). Ich habe mir erlaubt, »moša« statt dessen als Lehnwort (Muschik) aus dem Russischen aufzufassen. Es ist schwer einzusehen, warum der Nebenbuhler als Rebhuhn bezeichnet wird.

2 Schande über mich!
Ich habe es hier wie mancher Historiker getrieben und den »c'ox = Tiger« in einen Luchs verwandelt, weil ich ihn für eine Sprachfigur hielt. Inzwischen muß ich feststellen, daß der sibirische Tiger noch im 18. Jahrhundert im Kaukasus vorkam (J. P. de Tournefort). Es wird mir eine Lehre sein.
3 Das germanische Wort »Hasding« mag hier erstaunen. Es gilt als Bezeichnung des Wandalischen Fürstengeschlechtes. Im vorliegenden Gedicht heißt es aber wörtlich: älen ozding = Des Fürsten Höfling (Mundschenk, Truchsess) und zuvor: älen maler= Des Fürsten Getränk.
Alan heißt auf Ingusch also Fürst und Ozding (uzden) Gefolgsmann. Ziehen Sie Ihre Schlußfolgerungen, Leser.
»Altgermanische Sprache« wie die Herren Haller und Dannenbauer meinten, ist das freilich nicht – aber vielleicht haben die »alten Germanen« ursprünglich etwas von den Inguschen gelernt? Was meinen Sie?
4 Nebenbei bemerkt: Ker heißt Geier – auf Ingusch.

ACHTUNDDREISSIGSTES KAPITEL

1 Von manchen Steppenvölkern wird berichtet, daß sie unterlegene Feinde skalpierten (es ist das auch schon von den Merowingern vermutet worden). Von den Skythen berichtet Herodot, daß sie die Schädel erschlagener Feinde vergolden und als Trinkschale verwenden. Eine ähnliche Anekdote weiß Paulus Diaconus von den Langobarden zu berichten.
Dachte also unser Dichter am Ende an eine Art Trophäe mit vergoldeter Hirnschale und Skalpen?
2 Das ist die Stelle, an der Wate angeblich abfällig über die Sachsen urteilt, »wie es nur ein Nachbar tut«. Finden Sie das auch?
3 »Des Königs Schenken«, heißt das Mundschenk oder Geschenk? Die Entscheidung ist, wie sich im weiteren zeigen wird, wichtig.
4 In beiden Fällen legitimiert also die Ehe mit der Prinzessin den Herrschaftsanspruch des Königs. Aber wir haben das ja schon bei Hagen-Hilde, Hetel-Hilde und Hervic-Kudrun vermutet. Wir sehen, es ist eine Konstante in der »Kudrun«.

VIERZIGSTES KAPITEL

1 Dieser Ruggiero, alias Roger, oder eigentlich Rüdiger, ist einer der »Vier Haimonskinder« (Quatre fils Aimon). Sein Bruder »Raynaud de Montauban« wurde angeblich heilig gesprochen und gab der Reinoldikirche in Thorta (Dortmund) ihren Namen. Die ganze Geschichte ist als Erinnerung an Auseinandersetzungen zwischen Karl (dem Großen, – oder Martell) und ostfränkischen Adelssippen erklärt worden, es ist aber möglicherweise ein viel älterer Stoff, der nur an den populären Kaiser angehängt wurde.
2 Auffallend, wenn auch ohne Bedeutung, ist, daß auch in Wolframs »Parzival« eine Olimpia vorkommt. Parzivals heidnischer Halbbruder Feirefiz, der in Indien und am Kaukasus (!) herrscht, ist in sie verliebt. Es ist also auch hier der Name Olimpia deutlich mit dem Osten verbunden.

EINUNDVIERZIGSTES KAPITEL

1 Franz Altheim erklärt diesen Namen durch eine türkische Etymologie als »Waldleute«, aber damit hat O. J. Maenchen-Helfen so vernichtend aufgeräumt, daß sich eigentlich niemand mehr trauen sollte, unter den Hunnen türkische Stämme zu vermuten. Auch er selber nicht. Aber er tut's trotzdem. Warum? Mysterium.
2 Geboren war er, nach Priskos, etwa um 443.

ZWEIUNDVIERZIGSTES KAPITEL

1 Die Langobarden gelten als ursprünglich aus Skandinavien gekommen. Später sollen sie dann im »Bardengau« um Bardowiek an der Elbe gelebt haben, wobei man auf die Langobardi in der Germania des Tacitus hinweist. Zunächst ist zu sagen, daß Agelmund der Sohn eines der Gründerherzöge in »Wurgundheit« zum König gemacht wurde, und die Jahreszählung zwischen ihm und den historisch nachweisbaren Königen es nicht erlaubt, ihn im Norden, oder auch nur an der Elbe, anzusetzen. Zum Anderen ist die angebliche skandinavische Herkunft ein deutlicher, teilweise wörtlicher Abklatsch der Gotengeschichte. Das gleiche tut die burgundische Überlieferung in der Vita sancti Sigismondi. Die Wissenschaft schließt aber, daß diese Behauptung bei den Langobarden wahr ist, und bei den Burgunden erfunden. Im einen Fall paßt's ihr in den Kram, im anderen ist die Übernahme gar zu augenscheinlich. Was die Langobarden bei Tacitus angeht, so steht diesen die nachträgliche Interpolation auf die Stirn geschrieben. Der Satz, der sie erwähnt, ist ein völliger Fremdkörper, und, fürchte ich, nicht einmal gut taciteisch. Der Volksname hat eine völlig andere Struktur, als die seiner angeblichen Nachbarn Semnonen, Reudignen, Avionen, etc. Sollten diese Langobarden wirklich von Tacitus sein, so muß es sich nicht um einen Namen, sondern um eine Beschreibung handeln: die Langbärte.

Was schließlich den Bardengau angeht, so hat er seine Bezeichnung nach einem karolingischen Grafen erhalten (Maenchen-Helfen, Kap. II Anm. 599), im 9. Jh. erst.

2 Genau so wird von antiken Autoren immer behauptet, daß der Bevölkerungsüberschuß der Barbaren von deren Polygamie käme. Daß eine Frau eine Anzahl Kinder kriegt, gleichgültig, ob sie ihren Mann für sich alleine hat, oder ihn mit anderen Frauen teilt, das ging ihnen nicht auf. Erst recht nicht, daß die Raubzüge junger Stammeskrieger eher auf Frauenmangel als auf Überschuß deuten. Desgleichen mußte eine Frau, die an einer Orgie teilgenommen hatte, natürlich gleich Siebenlinge gebären.

DREIUNDVIERZIGSTES KAPITEL

1 Es ist dabei zu bedenken, daß zwar das Hattalykill (Strophenschlüssel) des Jarls Rögnwald von den Orkneys die Geschichte kennt, aber die Landnahmesage dieser Inseln, die Orkneyingasaga, kein Wort davon erwähnt. Dieses berühmte Ereignis war also am Ort, an dem es stattgefunden haben soll, zwar nicht unbekannt, aber jedenfalls nicht als lokale Begebenheit geläufig.

FÜNFUNDVIERZIGSTES KAPITEL

1 Auch der Ansatz Joachim Werners »Die Herkunft der Bayuwaren und der östlich-merowingische Reihengräberkreis« (1962) paßt nicht schlecht zu dieser Annahme. Aus seiner Analyse läßt sich allerdings nur die kulturelle Gruppe nachweisen, aus der sich der Kern des Stammes bildete. Den eigentlichen, ethnischen Traditionskern aber scheinen, wie wir hier sehen, die Hegelingen gebildet zu haben.

SIEBENUNDVIERZIGSTES KAPITEL

1 Hastinapura heißt die Elefantenstadt. Eine merkwürdige Entsprechung läßt sich aus der Thidreksage ablesen:

Thetleif oder Dietleib, den wir als eponymen Helden der Dudlebi aus dem Westgotenreich an Pruth und Donau identifiziert haben, zieht aus, um zu Thidrek-Dietrich von Bern zu gelangen, dessen Wohnsitz sich der Sagamann in der Umgebung des Ostgotenkönigs Ermanarich denkt. Auf die südrussische Steppe übertragen, heißt das, daß er von den Karpathen zur Krim zieht, also wohl irgendwann durch das Land der Wandalen kommt. Auf dieser Reise aber begegnet er einem gewissen »Sigurd dem Alten«, einem Krieger, der auf einem Elefanten reitet. Thetleif kämpft mit ihm lange unentschieden und versöhnt sich schließlich mit ihm. Sigurds Tochter besucht den jungen Helden nachts in seinem Bett, was den Schreiber der Sage in höchste Verlegenheit stürzt. »Sie legte sich zu ihm, um ihm mit lehrhaften Geschichten und höfischen

Reden die Zeit zu kürzen ...« (mitten in der Nacht) Wir sehen also hier Verhältnisse, die wieder an die sexuelle Freizügigkeit des Wanenglaubens (der Wan-dalen?) erinnern. Auffallend ist, daß Thetleif später den Elefanten als Schildzeichen trägt, »das Tier, das die Deutschen Alpendier nenne, die Waräger aber Fil.« (âl Fil: arabisch: Elefant.) Die Sage behauptet: »weil Sigurd der Alte einen Elefanten geritten hatte ... und Thetleif Sieg und Ehre gewonnen hatte.«

Sigurd der Alte aber trägt den gleichen Namen wie Sigurd der Välsunge aus der Edda (= der *Velesinge) dessen Sippe dort auch Ylfinge genannt wird. Ilf aber heißt wiederum nichts anderes als Elefant.

Nach Ktesias besaßen die Derbiken, ein Stamm östlich der Kaspis, Kriegselefanten, nach Herodot scheinen sie aber mit den Massageten identisch zu sein, die unter der Herrschaft der kriegerischen Königin Thomyris den großen Perserkönig Kyros töteten, und nach Berosos sind es die Dahoi. Und damit sind wir wieder bei Thetleif dem »Dänen« angelangt, denn echte Kriegselefanten in der Steppe zwischen Kaspis und Aralsee oder in der Parthiene sind so gut wie sicher unmöglich. Handelt es sich also um ein Elefantentotem der Dahen, wie es unser dänischer Held auf dem Schild führt?

Auf jeden Fall zieht sich von dem indischen Hastinapura bis zu den wandalischen Hasdingen eine schwer erklärbare Kette von Elefanten, wirklichen und bildlichen, hin, deren Erklärung noch dadurch erschwert wird, daß im Gotischen das Wort Olbend (= Elefant) das Kamel bezeichnet (vermutlich das zweihöckerige).

2 Denn die indo-europäische Gemeinsamkeit, die man in Deutschland hartnäckig und widersinnig »indogermanisch« nennt (warum wohl?), sie ist natürlich uralt, irgendwann aus der jüngeren Steinzeit stammend, weswegen alle meine Behauptungen Unsinn sind. Solche Beziehungen noch kurz vor der Völkerwanderung oder gar bis in sie hinein reichend, das kann doch gar nicht wahr sein, das darf nicht wahr sein, weswegen mir auch heute Nacht der Herr Professor Gustav Kosinna im Traume erschien, der mich einen widrigen Römling schalt, der keine Achtung vor den großen, blonden, nordischen Germanen habe, einen nichtswürdigen vaterlandslosen Schwarzalben. Also sprach der Professor Kosinna – mit litauischem Zungenschlag. Kann ich beschwören, Perunnja! Und weil ich weiß, daß seine Schüler, vielmehr, seiner Schüler Schüler, immer noch umgehen, deswegen habe ich Angst und sage Ihnen, verehrter Leser: Alles das ist nur Zufall! Ganz bestimmt nur Zufall! *Gaut* sei mir gnädig!

Bibliographie

Neben den hier aufgeführten Büchern finden sich einige im Text erwähnt. Wenn bei einem Zitat keine vollständige Referenz aufgeführt ist, stammt es aus einem der nachfolgenden Werke.

A. Unmittelbar auf die »Kudrun« bezügliche Werke und Ausgaben

Gudrun*), Kürschners deutsche Nationalliteratur Bd. 6; Hrsg. P. Piper 1895
Kudrun, Hrsg. K. Bartsch, überarbeitet und eingeleitet von K. Stackmann; Wiesbaden 1980
Kudrun, Karl Simrocks Übersetzung, eingeleitet und überarbeitet von F. Neumann; Stuttgart 1958
Dukus Horant, Hrsg. P. F. Ganz, F. Norman, W. Schwarz; Tübingen 1964
R. Wisniewski: Kudrun; Stuttgart 1963
Schneider-Wisniewski: Deutsche Heldensagen; Berlin 1964
J. Carles: Le poème de Kûdrûn. Etude de sa matiere; Paris 1963

B. Nordische und angelsächsische Texte

Edda, Slg. Thule Bd. 1 und 2, Hrsg. Niedner-Neckel; Darmstadt 1975
Edda, in: Boyer und Lot-Falck, Les religions de l'europe du nord; Paris 1974
Eddica minora, A. Heusler und W. Ranisch; Darmstadt 1974 (Trémadrstrophen)
Thidreksaga, Slg. Thule Bd. 22, Übers. F. Erichsen; Jena 1924
Deors Klage, Widsith, Waldere } Michel Alexander: The earliest English poems; 1966 Penguin Classics
The Anglo-Saxon Chronicle, Hrsg. G. N. Gormondsway; London 1972
Snorri Sturluson Heimskringla (2 Bd.), Hrsg. S. Laing; London 1961
Die jüngere Edda (Gylfaginning, Scaldscarpamal), Slg. Thule Bd. 20; Düsseldorf 1966
Arrow-Odd: A medieval novel (Orvar-Odd-Saga), Übers. von P. Edwards, H. Palsson; New York 1970
Eirik the red and other icelandic Sagas, Übers. G. Jones; Oxford 1980
Hrafnkelsaga freyrsgodi, Übers. H. Palsson; New York 1971
Orkneyingasaga, Übers. Palsson-Edwards; New York 1981
Ragnarssaga Lodbrokar, Übers. H. Schlauch; London o. D
Renauld-Krantz: Anthologie de la poesie nordique ancienne; Paris 1964

C. Deutsche Texte

Kaiserchronik, Biterolf und Dietleib, Rosengarten, Herzog Ernst, König Rothers Brautfahrt } alle nach Kürschners Deutsche Nationalliteratur
Grimm (Gebrüder): Deutsche Sagen; Darmstadt 1982
Eginhard von Böhmen, in: G. Klee, Zwanzig deutsche Volksbücher; Gütersloh 1923

D. Texte aus Osteuropa und dem Orient

Acoghi de Daron: Histoire Universelle (übers. a. d. Armenischen, G. Dulaurier); Paris 1883, 1887
Firdusi: Schah Name, Übers. Fr. Schack; Stuttgart 1877
Ibn Fadhlan: Voyage chez les bulgares de la Volga; Paris 1983
Igor Lied, in: »Aus dem alten Rußland«, Hrsg. S. A. Zenkowsky; München-Wien 1968
Inguschen: Textes populaires Inguš, Übers. G. Dumezil; Paris 1935
Kalewala, Übers. L. u. H. Fromm; München 1967

*) enthält auch den Hadningavic, Sörlathattr und andere Quellen

Masudi: Bis zu den Grenzen der Erde, Übers. G. Rotter; Tübingen-Basel 1978
Narten: (ossetische Sagen) Le livre des Heros, Übers. G. Dumezil; Paris 1965
Narten: Romans de la Scythie et d'alentour (G. Dumezil); Paris 1978
Nestorchronik, Übers. L. Leger (franz.); Paris 1884
Sebeos: Histoire de Heraklius, Übers. F. Makler; Paris 1904
G. Vrechi: Chronique de Moldavie (Übers. Picot); Paris 1888
Ubik: Contes et legendes des Oubykhs, Übers. G. Dumezil; Paris 1957
M. Brosset, Chronique Georgienne; Paris 1831

E. Autoren in lateinischer und griechischer Sprache

Ammianus Marcellinus: Röm. Gesch. (Übers. W. Seyfarth); Berlin 1970
Apollonius Rhodios: Die Argonauten (Th. v. Scheffer), Wiesbaden 1947
Avienus: Ora Maritima (H. Stichtenoth); Darmstadt 1968
Beda Venerabilis: History of the english church and people (L. Shirley-Price); New York 1977
Diodor: Bibliotheque (P. Goukowski); Paris 1976
Dudo de St. Quentin: De Moribus et actis primorum Normanniae ducum; Rouen 1865
Fredegar, Hrsg. A. Kustenig, in: Quellen z. Gesch. d. 7. u. 8 Jh.; Darmstadt 1882
Gregor v. Tours: Zehn Bücher Geschichten (R. Buchner); Darmstadt 1955
Herodot: Historien (Legrand); Paris 1962
Jordanes: Getica (Hrsg. K. Mommsen) Mon. Germ. Hist.
Lukian de Samosata: Œvres complètes (E. Talbot); Paris 1857
Paulus Diaconus: Historia Langobardorum, Mon. Germ. Hist.
Plinius: Opera, Ed. Budé; Paris
Pomponius Mela: De Situ Orbis, Ed. Nisard; Paris 1895
Priskus, in: Byzantinische Diplomaten u. östliche Barbaren (E. Doblhofer); Graz 1955
Prokop v. Kaiseraia: ges. Werke (O. Veh); München 1966
Michael Psellus: Chronographia. Fourteen byzantine rulers (E. R. A. Sewter); Yale 1953
Claudius Ptolemäus: Geographica (C. Müller); Paris 1901
Saxo Grammatikus: Gesta Danorum (P. Fisher), Cambridge 1979
Scriptores hist. Aug., Ed. Nisard; Paris 1845
Strabon Geographica; Paris 1853
Tabula Peutingeriana (K. Miller); Graz 1961
Tacitus: Œvres complètes (J. Burnouf) Class. Garnier; Paris o. D.
Valerius Flaccus: Argonautica, Ed. Nisard; Paris 1868
Xenophon: Anabasis (C. Woyte); Leipzig 1927
Zosimus: Histoires (J. Buchon); Paris 1836
Lex Gondebaud (Burgund. Gesetzbuch), in: Dom Bouquet Recueil des Historiens des Gaules; Paris 1738

F. Sekundärliteratur

F. Altheim: Die Hunnen, Bd. 1; Berlin 1959
J. Bedier: Les legendes epiques (1 u. 2); Paris 1908
J. de Belloguet: Questions bourgignonnes; Dijon 1846
P. Bosch-Gimpera: Les Indoeuropéens; Paris 1961
K. Bosl: Zur Geschichte der Bayern (Sammelband); Darmstadt 1965
H. Bott: Bayuwarischer Schmuck der Agilolfingerzeit; München 1952
M. Chaume: Les origins de la Duché de Bourgogne (3 Bde.); Dijon 1925–36
R. Clozier: Histoire de la Geographie; Paris 1967
P. Courcelle: Histoire litteraire des grandes invasions germaniques; Paris 1964
S. H. Cross: Les Civilisations slaves a travers les siecles; Paris 1955

D. Delmaire: L'historiographie sovietique et le problème des origins russes (Annales 29,1); Paris 1974
G. Dumezil: Du Mythe au Roman; Paris 1970
Heur et Malheur du Guerrier; Paris 1970
Mythe et Epopée II; Paris 1971
M. Eliade: De Zalmoxis a Gengis-Khan; Paris 1970
J. Erdelyi: The Art of the Avars Corvinus Press; Budapest o. D.
J. Graham-Campbell: Das Leben der Wikinger; Berlin 1980
A. Grigoriantz« Etrange Caucase; Paris 1978
J. Grisward: Archeologie de la epopée medievale; Paris 1981
R. Grousset: L'Empire des Steppes; Paris 1969
L. Hambis: Attila et les Huns; Paris 1972
K. Hauck: Zur germanisch-deutschen Heldensage (Sammelband); Darmstadt 1965
A. Koestler: Le treizième tribu; Paris 1976 (über die Khazaren)
F. Lot: La fin du Monde antique et le debut du moyen age; Paris 1927
O. J. Maenchen-Helfen: Die Welt der Hunnen; Wien 1978
J. de Morgan: Mission scientifique au Caucase Bd. 1; Paris 1889
L. Musset: Les peuples Scandinaves au moyen age; Paris 1951
Les Invasions (Nouvelle Clio) 2 Bde.; Paris 1969–1971
E. Norden: Die germanische Urgeschichte in Tacitus Germania; Darmstadt 1974
Palsson-Edwards: Legendary fiction in Medieval Iceland; Reykjavik 1971
G. Pepe: Le moyen age barbare en Italie; Paris 1956
H. Prentout: Essai sur les origines et la fondation du Duché de Normandie; Paris 1911
K. Lang: Die Haushaltungen der Menschen unter allen Himmelsstrichen; Leipzig o. D. (um 1820)
P. Riche: Les Invasions barbares; Paris 1968
M. Rostovtzeff: Iranians and Greeks in South Russia; New York 1960
J. P. Roux: Faune et flore sacrées dans les societés altaiques; Paris 1966
P. Samuel: Amazones, Guerrieres et Gaillardes; Grenoble 1975
E. Schwarz: Zur Germanischen Stammeskunde (Sammelband); Darmstadt 1972
Spindler: Handbuch der bayerischen Geschichte
J. Steenstrup: Les Invasions normandes en France; Paris 1969
S. P. Tolstov: Kharezm, in: Ourartov, Neapolis des Skythes, Kharezm; Paris 1954
G. Vernadsky: Essay sur les origines russes (2 Bde.); Paris 1959
N. Wagner: Getica (Unters. zum Leben d. Jordanes u. zur frühen Gesch. der Goten); Berlin 1967
L. White Jr.: Medieval Technology and social change; Oxford 1962
G. Widengren: Die Religionen Irans; Stuttgart 1965
D. M. Wilson: Les Mondes nordiques; Paris 1980
The Anglo-Saxons; Harmondsway 1971
H. Wolfram: Geschichte der Goten; München 1979
R. Zirngibl: Geschichte der Probstey Hainspach; München 1802

G. Sonstige Texte

Chronik v. St. Denis in Dom Bouquet Recueil des Historiens des Gaules et de la france; Paris 1738
Ariost: Rasender Roland, Übers. J. D. Gries; Leipzig 1886
Irische Texte: Chr.-J. Guyonvarc'h, Textes mythologiques irlandaises; Rennes 1980
Walisischer Text: The Mabinogion, Übers. J. Gantz; New York 1976
W. Shakespeare: The Tempest, herausg. u. Vorw. F. Kermode; London 1964
J. Pokorny: Altkeltische Dichtungen; Bern 1944
J. Potocki: Voyages au Caucase; Paris 1980
Herberstein: La Moscovie du XV. siecle (Ed. Delort); Paris 1965

Register

2. 3. 4.

Klausenburg

Mojgrad

Silistria

Rassowa

Iglitza

Gözeken

Varna

Dzamal

DemirHissar

Adrianopel

Saloniki

Filibah Kawala

Mukdar

Tokra Tolmi

Benga